高等职业教育新形态一体化教材——铁道机车类

机车控制系统

主 编 ◎ 付 娟 林 辉 王 博
主 审 ◎ 郭团生 李益民 崔 晶

西南交通大学出版社
·成 都·

内容简介

本书采用任务驱动模式编写，内容包括：电力牵引传动系统的分类、组成和功能；机车的分类、工作原理和速度调节；机车的控制策略、牵引特性和制动特性；牵引变流器的组成、工作原理及应用；机车自动控制的概念、功能和应用；SS_4G、HX_D3、HX_D1C、HX_N5 型机车的电气线路、相关试验和常见故障判断处理；CRH_2 型动车组牵引控制系统的组成、布置和特点；HX_D3 型机车的操纵及其注意事项。

本书可作为高等职业院校铁道机车专业学生的教材，职工培训用书及有关技术人员的参考用书。

图书在版编目（CIP）数据

机车控制系统 / 付娟，林辉，王博主编. —成都：西南交通大学出版社，2023.1（2024.11 重印）
ISBN 978-7-5643-8949-9

Ⅰ. ①机… Ⅱ. ①付… ②林… ③王… Ⅲ. ①电力机车 – 自动控制系统 – 高等职业教育 – 教材 Ⅳ. ①U264.91

中国版本图书馆 CIP 数据核字（2022）第 190084 号

Jiche Kongzhi Xitong
机车控制系统

主编　付娟　林辉　王博

责任编辑　　　王　旻
特邀编辑　　　王玉珂
封面设计　　　曹天擎

出版发行　西南交通大学出版社
　　　　　（四川省成都市金牛区二环路北一段 111 号
　　　　　西南交通大学创新大厦 21 楼）
邮政编码　610031
发行部电话　028-87600564　028-87600533
网址　http://www.xnjdcbs.com
印刷　四川玖艺呈现印刷有限公司

成品尺寸　　185 mm × 260 mm
印张　　　　19.25
插页　　　　3
字数　　　　442 千
版次　　　　2023 年 1 月第 1 版
印次　　　　2024 年 11 月第 2 次
定价　　　　52.00 元
书号　　　　ISBN 978-7-5643-8949-9

课件咨询电话：028-81435775
图书如有印装质量问题　本社负责退换
版权所有　盗版必究　举报电话：028-87600562

前　言

"机车控制系统"是铁道机车专业的一门核心课程。我们根据2020年全国铁道职业教育指导委员会《高等职业学校铁道机车专业建设指导标准》的要求编写了本书。

结合我国铁路动力牵引的实际情况，本教材以交流传动控制技术为主，兼顾直流传动控制技术，主要分析 HX_D3、HX_D1C、HX_N5、SS_4G 型机车和 CRH_2 型动车组的电气线路，并介绍机车操纵、相关试验和常见故障判断处理方法。重点阐述了交流传动机车的控制策略、牵引变流器及微机网络控制等多项新技术。

本教材数字资源丰富，有与纸制教材配套的PPT和授课视频或微课，是一本既适合于理论教学，又贴近生产实际的教材。教材使用建议：

（1）教学中要坚持理论与实践相结合的原则，避免"重理论、轻实践"的错误做法。为提高学生的实际动手能力，应结合其他专业课内容，在适当的时候安排学生去现场进行一段时间的实习，将课堂知识转化为实际技能。

（2）突出教学的直观性。"机车控制系统"是一门直观性、实践性很强的专业课，如果只是强调书本上的内容，不追求实物所带来的直观性，那就会使教学效果事倍功半。因此，教师在授课时，一方面要充分利用实物、模型等教具或多媒体课件激发学生的学习兴趣，另一方面要适当增加实验、实训课的学时。

（3）目前，我国铁路干线运行的国产和进口机车型号多达数十种，加之新型机车的不断推出，本教材由于篇幅所限，很难包罗所有车型，仅选择具有代表性的机车加以介绍。因此，作为本专业教师，应该时刻关注机车发展的新动向，在教学中，随时将机车领域的新技术、新知识、新工艺补充进去；及时更新配套的数字资源内容；同时，在教学中总结出各型机车的异同点，做到举一反三，使学生具有较强的适应性和应变能力。

本书在"王小卫大师工作室"的指导下编写，由西安铁路职业技术学院付娟、林辉、王博担任主编，中国铁路兰州局集团有限公司职工培训部席银祥、中国铁路西安局集团有限公司西安机车检修厂韩永生、湖南高速铁路职业技术学院王小刚担任副主编。参加编写的有西安铁路职业技术学院付娟（绪论、项目三、项目五）、林辉（项目四）、王博（项目六）、张笛（项目二）。中国铁路兰州局集团有限公司职工培训部席银祥（项目七）、中国铁路西安局集团有限公司西安机车检修厂韩永生（项目八），湖南高速铁路职业技术学院王小刚（项目一）。

本书由昆明地铁建设管理公司高级工程师郭团生、西安铁路职业技术学院教授李益民、崔晶主审。主审在审阅过程中提出了许多宝贵意见，在此表示衷心的感谢！

由于编者水平所限，书中难免有疏漏和不足之处，恳请读者批评指正。

编　者

2022 年 5 月

数字资源目录

序号	二维码名称	资源类型	书籍页码
1	我国牵引动力的发展概述	微课	009
2	内燃机车发展概述	微课	009
3	项目一 电力牵引传动系统	PPT	010
4	高速动车组技术	微课	018
5	项目二 机车的速度调节	PPT	024
6	刹车也精彩	微课	052
7	项目三 HX_D3 直流传动机车电气线路	PPT	062
8	SS_4G 型机车牵引电路	视频	073
9	SS_4G 型机车辅助电路分析	视频	079
10	电力机车的操纵	视频	085
11	SS_4G 型机车受电弓控制	视频	089
12	SS_4G 型机车常见故障处理	视频	099
13	项目四 HX_D3 型电力机车电气线路	PPT	114
14	HX_D3 机车与 SS_4G 机车主要技术参数对比	微课	115
15	控制监视系统功能	视频	150
16	HX_D3 机车蓄电池充电装置 PSU 故障	视频	153

续表

序号	二维码名称	资源类型	书籍页码
17	HX_D3 机车司机室设备布置	视频	155
18	HX_D3 机车 BVAC.N99 型应急转换	视频	158
19	HX_D3 型机车全自动过分相控制系统	视频	173
20	项目五　HX_D1C 型电力机车电气线路	PPT	182
21	HX_D1C 型机车主电路概述	视频	183
22	HX_D1C 型机车辅助电路概述	视频	193
23	HX_D1C 型机车控制电路概述	视频	198
24	项目六　HX_N5 型内燃机车电气线路	PPT	214
25	我国重载与快速机车技术	微课	215
26	项目七　机车自动控制系统	PPT	251
27	微机监测与控制系统	微课	260
28	项目八　机车高低压试验和电气动作试验	PPT	273
29	HX_D3 型电力机车低压试验	视频	282
30	HX_D3 型电力机车高压试验	视频	284

目 录

绪 论 ··· 001

项目一 电力牵引传动系统 ·· 010
    任务一 机车的工作原理 ··· 010
    任务二 电力牵引传动控制系统 ·· 013
    任务三 CRH_2 型动车组牵引传动系统 ································· 017

项目二 机车的速度调节 ·· 024
    任务一 交-直型机车的速度调节 ··· 024
    任务二 交-直型机车的起动及其特性 ····································· 033
    任务三 交-直-交型机车的调速控制 ······································ 038
    任务四 交-直-交型机车的牵引特性 ······································ 046
    任务五 机车的电气制动 ··· 052

项目三 SS_4G 型电力机车电气线路 ·· 062
    任务一 机车电气线路概述 ·· 062
    任务二 SS_4G 型电力机车主电路 ·· 070
    任务三 SS_4G 型电力机车辅助电路 ····································· 078
    任务四 SS_4G 型电力机车控制电路 ····································· 084

项目四 HX_D3 型电力机车电气系统 ·· 114
    任务一 牵引变流器的组成及工作原理 ··································· 114
    任务二 HX_D3 型电力机车的变流装置 ································ 125
    任务三 HX_D3 型电力机车主电路 ······································· 133
    任务四 HX_D3 型电力机车辅助电路 ··································· 139
    任务五 HX_D3 型电力机车控制系统 ··································· 149
    任务六 HX_D3 型电力机车操纵 ··· 174

项目五　HX_D1C 型电力机车电气系统　　182
　　任务一　HX_D1C 型电力机车主电路　　182
　　任务二　HX_D1C 型电力机车辅助电路　　192
　　任务三　HX_D1C 型电力机车控制系统　　196

项目六　HX_N5 型内燃机车电气系统　　214
　　任务一　HX_N5 型内燃机车牵引电机传动系统　　214
　　任务二　HX_N5 型内燃机车辅助电气系统　　223
　　任务三　HX_N5 型内燃机车微机网络控制系统　　239

项目七　机车自动控制系统　　251
　　任务一　直流传动机车的闭环自动控制　　251
　　任务二　直流传动机车的微机控制系统　　259
　　任务三　交流传动列车的微机控制　　269

项目八　机车相关试验程序　　273
　　任务一　SS_4G 型电力机车高、低压试验程序　　273
　　任务二　HX_D3 型电力机车高、低压试验程序　　281
　　任务三　HX_D1C 型电力机车高、低压试验程序　　287
　　任务四　HX_N5 型内燃机车智能显示器检测操作程序　　293

参考文献　　298

绪 论

机车是干线机车和电动车组（EMU）的总称，包括牵引列车的机车和担任客运的城际电动车组与地下铁道电动列车。

一、机车的分类

根据牵引力的不同，机车有蒸汽机车（已淘汰）、内燃机车和电力机车3种类型。

1. 按传动方式分类

个别传动：机车每一轮对都有单独的牵引电动机驱动，每根车轴都是动轴。

组合传动：机车某几个轮对（通常为一个转向架上的几个轮对）互相连接成组，然后由一台牵引电动机驱动。

目前，电力机车均采用个别传动，内燃机车轴列式 C_0-C_0 为个别传动，B-B 为组合传动。

2. 按轴数分类

4轴机车：轴列式 B_0-B_0，如 SS_5、SS_8、AC4000 等。

6轴机车：轴列式 B_0-B_0-B_0，如 SS_7、SS_{7C}、SS_{7D} 等；轴列式 C_0-C_0，如 DF_{4B}、DF_7、DF_8、SS_6、SS_9、HX_D1C、HX_D3C 等。

8轴机车：轴列式为 2（B_0-B_0），如 SS_4G、SS_{4B}、HX_D1、HX_D2、FXD1、FXD3 等。

12轴机车：轴列式为 2（C_0-C_0），如 DF_{7B} 双机、DF_{4E} 双机、SS_{3B} 等。

一般动轴数少的用作客运机车，动轴数多的用作货运机车。

二、电力机车的分类

电力机车是通过受流器从接触网或第三轨上获得电能,由电动机驱动的机车或动车组。电力机车自身不带能源,属于非自给式机车,因此在提高铁路运输能力、合理利用能源、保护生态环境方面已成为铁路最理想的牵引动力。

1. 按用途分类

(1) 客运电力机车:用来牵引客运列车,牵引力不大,运行速度高,如 SS_{7E}、SS_8、SS_9、HX_D1D、HX_D3D 等。

(2) 货运电力机车:用来牵引货物列车,牵引力大,运行速度不高,如 SS_4G、SS_{4B}、HX_D1、HX_D2、HX_D3 等。

(3) 客货两用电力机车:用来牵引客运或货运列车,其牵引力和速度介于客、货运电力机车之间,如 SS_{3B}、SS_6 等。

(4) 调车用电力机车:用于调车场进行列车编组、解体作业、牵引、转线等。

2. 按电流制-传动形式分类

(1) 直-直型电力机车。在城市轨道交通运输中速度要求不高,常采用直流供电方式,接触网网压为直流 1 500~3 000 V,机车采用直流串励牵引电动机。我国大部分工矿用电力机车、城市无轨电车、城轨电动列车都采用这一种形式。

(2) 交-直型电力机车。又称交-直型整流器式电力机车。我国 20 世纪 50 年代开始生产的韶山(SS)系列电力机车即属于此种车型。

(3) 交-直-交型电力机车。该型电力机车是目前世界发达国家采用的主导机车形式。我国 20 世纪初生产的和谐(HX_D)系列电力机车、高速动车组(CRH)系列即属于此种机车。

(4) 交-交型电力机车。对于采用单相交流供电的系统,变频器只能改变频率提供单向电源,不能向三相交流电动机供电,至今这种电力机车还没有应用的范例。

交流供电按接触网供电频率的不同可分为单相低频(25 Hz 或 $16\frac{2}{3}$ Hz)制和单相工频(50 Hz)制。目前,世界上绝大多数国家都采用单相工频交流电网供电。此外,世界上还有多电流制电力机车,这是针对不同电力牵引供电系统的铁路,为了在两种或多种供电系统衔接区段的连续运输和其他特定需要生产的,主要为交直流两用电力机车。

三、内燃机车的分类

内燃机车是通过柴油机-发电机组获得电能,由电动机驱动的机车或动车组。内燃机车自身需要带能源,属于自给式机车。因其投资少、见效快、经济性能好等特点,可应用于高速列车的牵引,如英国的 HST 高速列车、德国的 VT610 动车组。

内燃机车还可用于尚未电气化的高速铁路区段，也可作为加速发展高速铁路建设的一种过渡牵引形式。

1. 按用途分类

（1）干线机车。主要用于牵引铁路干线上的客、货列车。干线机车一般为车体承载方式，内部走廊结构，如 DF_4、DF_{8B}、DF_{11} 等。

（2）调车机车。主要用于调车场进行列车编组、解体作业及站段内调车。调车机车一般为车架承载方式，外部走廊结构，其工作特点是频繁地起动和停车，如 DF_2、DFH_1、DF_5、DF_7、DF_{7C} 等。

（3）内燃动车组。内燃动车组是指具有内燃动力装置的动车和客车编成的车组，用于市郊或临近城市间的短途客运，如和谐长城号动车组 NDJ3、新曙光号动车组 NZJ1。

（4）小型机车。主要用于工矿企业内部，担任场内运输任务或作为短途、小运转牵引作业，如 GKD 系列工矿内燃机车、GK 系列工矿内燃机车。

2. 按传动装置分类

传动装置是一种能将柴油机的动力传递到轮对上的装置，使机车获得所需求的牵引性能并改变机车前进或后退的方向。按传动装置的不同，内燃机车分为 3 类。

1）机械传动

在柴油机与轮对之间设离合器和变速箱，利用变速箱来改变柴油机曲轴与轮对间的传动比，以调节机车牵引力和运行速度。这种传动方式结构简单、效率高，但在换挡过程中容易功率中断，造成列车冲动。所以干线机车一般不采用这种传动方式，只应用于小型机车上。

2）液力传动

柴油机工作泵轮高速旋转，带动工作油高速旋转，从叶片出口处高压流出，并冲击涡轮叶片，使涡轮与泵轮以相同方向转动，通过齿轮将柴油机的输出功率传到机车动轮上，使列车前进。其特点是机车质量较轻、耗铜少、牵引性能好，但在整个运行范围内平均效率较低、制造工艺要求较高，北京型（BJ）和部分东方红（DFH）型内燃机车采用液力传动。

3）电力传动

柴油机带动牵引发电机发电，然后向牵引电动机供电，通过齿轮驱动机车动轮，实现机车牵引运行。其优点是牵引性能好、效率高、运行可靠，其缺点是质量大、耗铜多。

按照牵引发电机和牵引电动机所采用的电流制不同，电力传动装置分为直-直流、交-直流、交-交流三类。

（1）直-直流电传动装置。采用直流牵引发电机和直流串励牵引电动机，调速方法比较简单。直流串励牵引电动机的转速特性较软，适合于机车牵引。但直流牵引发电机的功率受换向条件和机车限界尺寸以及机车轴重的限制，使直流电传动内燃机车的功率几乎限制在 2 200 kW 以下。我国20世纪60年代初开始生产，主要机型有 DF、DF_2、DFH_3 型以及进口的 ND_1 型、ND_2 型。

（2）交-直流电传动装置。这种传动方式采用交流牵引发电机，无换向器、结构简单、运行可靠、质量轻、维护简便，同时保留了直流串励牵引电动机调速的特点。我国20世纪70年代初开始生产，主要机型有 DF_4 系列、DF_5 系列、DF_7 系列、DF_8 系列、DF_{11} 系列、DFH_{10} 系列以及进口的 ND_4 型、ND_5 型等。

（3）交-交流传动装置。交流传动装置采用交流牵引发电机和牵引电动机，因两者都是交流电机，故称为交流电传动。交流电传动可分为两种类型：具有中间直流环节的交-直-交电传动和没有中间直流环节的交-交电传动。

交-交变频装置输出的频率要低于输入频率，一般最高输出频率只能达到输入频率的 1/3，因而要求交流牵引发电机具有较高的频率，适合原动机转速较高的设备。交-交变频装置应用于大功率机车还存在一些困难和问题，比如控制系统复杂、可靠性差、成本高等。

四、国产电力机车的发展概况

我国电力机车自1958年诞生至今，已走过了60多年的历程，形成了四代产品。目前我国干线交-直型电力机车，一般采用多段桥顺序控制的晶闸管相控调压，其发展历程如表0.1所示。

表0.1 我国交-直型电力机车的发展历程

产品	年代	型号	轴列式	机车功率/kW	电机功率/kW	悬挂方式	最高速度/(km/h)	用途
第一代	1958	SS_1	C_0-C_0	3 780	630	抱轴	90	客/货
	1969	SS_2	C_0-C_0	4 620	770	抱轴	100	客/货
第二代	1978	SS_3	C_0-C_0	4 350（持续）	800	抱轴	100	客/货
第三代	1985	SS_4	2（B_0-B_0）	6 400	800	抱轴	100	货运
	1990	SS_5	B_0-B_0	3 200	800	抱轴	140	客运
	1991	SS_6	C_0-C_0	4 800	800	抱轴	100	客/货
	1992	SS_7	B_0-B_0-B_0	4 800	800	抱轴	100	货运
	1992	SS_{3B}（4 000）	C_0-C_0	4 350（持续）	800	抱轴	100	客/货

续表

产品	年代	型号	轴列式	机车功率/kW	电机功率/kW	悬挂方式	最高速度/(km/h)	用途
第三代	1993	SS_4G	$2(B_0-B_0)$	6 400	800	抱轴	100	货运
	1994	SS_8	B_0-B_0	3 200	800	架承	170	客运
	1995	SS_{6B}	C_0-C_0	4 800	800	滚抱	100	货运
	1997	SS_{4B}	$2(B_0-B_0)$	6 400	800	滚抱	100	货运
	1997	TM_1	B_0-B_0	3 200	800	架承	140	客运
	1998	SS_{7B}	$B_0-B_0-B_0$	4 800	800	滚抱	100	货运
	1998	SS_9	C_0-C_0	4 800/5 400	800/900	架承	170	客运
	1999	DDJ_1	B_0-B_0	4 000	1 000	架承	200	客运
	1999	SS_{7C}	$B_0-B_0-B_0$	4 800	800	滚抱	120	货运
	2001	SS_{7D}	$B_0-B_0-B_0$	4 800	800	架承	170	客运
	2001	SS_{7E}	B_0-B_0	4 800	800	架承	170	客运
	2002	SS_{3B}	$2(C_0-C_0)$	$2\times4\,350$（持续）	800	滚抱	100	货运

国产交-直型电力机车代表车型为韶山（SS），第一代产品 SS_1 型电力机车，采用调压开关 33 级变压器低压侧有级调压，二极管全波整流。第二代产品 SS_3 型电力机车，采用调压开关 8 级低压侧有级调压和级间晶闸管相控调压。第三代产品均采用多段桥晶闸管相控调压。第一代至第三代产品均为交-直流传动方式，仅以调压调速方式和单轴功率等级来区分。

第四代产品交-直-交型电力机车集中了当今科技发展的最新成果，体现了现代牵引动力发展的方向，其代表车型为和谐（HX_D）、高速动车组（CRH）、复兴（FXD），发展历程如表 0.2 所示。

表 0.2 我国交-直-交型电力机车发展历程

产品	年代	代号	轴列式	机车功率/kW	电机功率/kW	悬挂方式	最高速度/(km/h)	用途
第四代	1996	AC4000	B_0-B_0	4 000	1 025	滚抱	120	货运
	2000	DJ（熊猫）	B_0-B_0	4 800	1 200	架悬	210	客运
	2000	DJJ_1（蓝剑）	B_0-B_0	4 800	1 200	半悬挂	210	客运
	2001	DJ_2（奥星）	B_0-B_0	4 800	1 200	架悬	210	客运
	2001	DJF_1（中原之星）	B_0-B_0	3 200-4 (4×200)	200	架悬	160	客运
	2001	先锋号	B_0-B_0	4 800-4 (4×300)	300	架悬	200	客运

续表

产品	年代	代号	轴列式	机车功率/kW	电机功率/kW	悬挂方式	最高速度/(km/h)	用途
第四代	2002	DJJ_2（中华之星）	B_0-B_0	4 800	1 225	架悬	270	客运
	2002	天梭	B_0-B_0	4 800	1 200	架悬	200	客运
	2003	SS_{J3}	C_0-C_0	7 200	1 250	滚抱	120	货运
	2003	KAZ_4	B_0-B_0	4 800	1 200	架悬	210	客运
	2006以后	CRH_1	5动3拖	5 300-5 (4×265)	265	架悬	200	客运
		CRH_2	4动4拖	4 800-4 (4×300)	300	架悬	200	客运
		CRH_3	4动4拖	8 800-4 (4×550)	550	架悬	350	客运
		CRH_5	5动3拖	5 500-5 (2×550)	550	架悬	220	客运
		HX_D1	2(B_0-B_0)	9 600	1 200	滚抱	120	货运
		HX_D1B	C_0-C_0	9 600	1 600	滚抱	120	货运
		HX_D1C	C_0-C_0	7 200	1 200	滚抱	120	货运
		HX_D1D	C_0-C_0	7 200	1 200	滚抱	160	客运
		HX_D2	2(B_0-B_0)	9 600	1 200	滚抱	120	货运
		HX_D2B	C_0-C_0	9 600	1 600	滚抱	120	货运
		HX_D2C	C_0-C_0	7 200	1 200	滚抱	120	货运
		HX_D3	C_0-C_0	7 200	1 200	滚抱	120	货运
		HX_D3B	C_0-C_0	9 600	1 600	滚抱	120	货运
		HX_D3C	C_0-C_0	7 200	1 200	滚抱	120	货运
		HX_D3C	C_0-C_0	7 200	1 200	滚抱	160	客运
		HX_D3D	C_0-C_0	7 200	1 200	滚抱	120	客运
		FXD1	2(B_0-B_0)	11 200	1 400	滚抱	160	客运
		FXD3	2(B_0-B_0)	11 200	1 400	滚抱	210	客运

五、国产内燃机车的发展概况

我国内燃机车自1958年诞生至今，也已走过了60多年的历程，形成了四代产品。

第一代机车是机车的仿制阶段（1964—1984年），主要技术特点是：柴油机基本上是仿制产品，采用自主设计的电传动装置或液力传动装置；技术性能和可靠性较早期试制的机车有一定的提高，可以有效地投入铁路牵引作业。代表车型有 DF 型电传动货运内燃机车、DF_{11} 型液力传动客运内燃机车、DF_2 型电传动调车机车、DF_3 型电传动客运机车等。

第二代机车是机车的自主开发阶段（1969—1999），主要技术特点是：柴油机是我国自主开发的产品，采用自主设计的电传动装置或改进的液力传动装置；技术性能和可靠性有较大提高。代表车型有 DF_4、DF_7、DF_5 等，其主要技术参数如表 0.3 所示。

表 0.3 国产第二代电传动内燃机车的主要技术参数

年代	型号	轴列式	机车功率/kW	柴油机型号	最高速度/（km/h）	传动方式	用途	制造厂
1982	DF_7	C_0-C_0	1 470	12 V 240ZJ1	100	交-直电	调车	二七
1984	DF_{4B}	C_0-C_0	2 426	16 V 240ZJB	100	交-直电	客/货	大连 资阳 大同
1984	DF_5	C_0-C_0	1 213	8240ZJ	100	交-直电	调车	二七
1984	DF_8	C_0-C_0	3 309	16 V 280ZJ	100	交-直电	货运	戚墅堰
1985	DF_{4C}	C_0-C_0	2 647	16 V 240ZJC	100	交-直电	货运	四方
1990	DF_{7B}	C_0-C_0	1 840	12 V 240ZJ7	100	交-直电	调车	二七
1991	DF_{7C}	C_0-C_0	1 470	12 V 240ZJ6	100	交-直电	调车	二七
1993	DF_{7B} 双机	2（C_0-C_0）	2×1 840	12 V 240ZJ7	100	交-直电	货运	二七
1994	DF_{4E} 双机	2（C_0-C_0）	2×2 430	16 V 240ZJB	100	交-直电	货运	四方 大连
1995	DF_{7D}	C_0-C_0	1 840	12 V 240ZJ6A	100	交-直电	货运	二七

第三代机车是机车的发展阶段（1992—至今），主要技术特点是：采用与国外合作开发的新型柴油机和自主设计的交-直流传动装置；采用计算机控制系统，可靠性大幅提高，技术性能可与国外先进的同类产品媲美，在我国铁路第六次大提速中起到了重要作用。代表车型有 DF_6、DF_{11}、DF_{4D} 等，其主要技术参数如表 0.4 所示。

表 0.4 国产第三代电传动内燃机车的主要技术参数

年代	型号	轴列式	机车功率/kW	柴油机型号	最高速度/（km/h）	传动方式	用途	制造厂
1989	DF_6	C_0-C_0	2 940	16 V 240ZJD	118	交-直电传动	货运	大连
1992	DF_{11}	C_0-C_0	3 610	16 V 280ZJA	160	交-直电传动	客运	戚墅堰
1996	DF_{4D}	C_0-C_0	2 940	16 V 240ZJD	140	交-直电传动	客运	大连
1997	DF_{8B}	C_0-C_0	3 680	16 V 280ZJA	100	交-直电传动	货运	戚墅堰

第四代机车是机车发展的第二阶段，1999 年我国研制成功第一台交流传动内燃机车，标志着我国进入交流电传动时代，其技术特点是：柴油机主要是与国外合作开发的新型产品，大多采用电子喷射系统；采用交流电传动形式，计算机控制系统；技术性能接近国外同类产品的先进水平；在运行试验和运行考核中可靠性良好；机车最大功率大于 4 400 kW，能满足列车重载的牵引需求。代表车型有 DF_{4DJ}、DF_{7J}、DF_{8BJ} 等，其主要技术参数如表 0.5 所示。

表 0.5 国产第四代电传动内燃机车的技术参数

年代	型号	轴列式	机车功率/kW	柴油机型号	最高速度/（km/h）	传动方式	用途	制造厂
1999	$NJ1$	C_0-C_0	1 324	8240ZJ	80	交-直-交电传动	调车	四方
2000	DF_{4DJ}	C_0-C_0	2 940	16 V 240ZJD	145/100	交-直-交电传动	客/货运	大连
2001	DF_{8BJ}	C_0-C_0	4 000	16 V 280/285ZJD	120	交-直-交电传动	货运	资阳
2003	DF_{8CJ}	C_0-C_0	4 410	R16 V 280ZJ	120	交-直-交电传动	货运	戚墅堰
2006	DF_{8DJ}	C_0-C_0	4 780	Cat3616	120	交-直-交电传动	货运	戚墅堰
2008	HX_N3	C_0-C_0	4 660	16 V 265H	120	交-直-交电传动	货运	大连
2008	HX_N5	C_0-C_0	4 660	GEVO-16	120	交-直-交电传动	货运	戚墅堰

国产机车随着电力电子技术、微电子技术、计算机技术的发展而不断发展，经历了有节点控制：SS_1 型电力机车、DF_4 型内燃机车等；模拟控制：SS_4G 型电力机车、DF_{4B} 型内燃机车等；微机控制：SS_{7E} 型、HX_{D3} 型电力机车，DF_{11} 型、HX_N5 内燃机车等的发展历程。国内外大功率电传动机车发展的特点如下：

（1）普遍采用交-直流电传动，大力发展交-直-交电传动。

（2）使用新型大功率电子元器件，提高电传动系统的可靠性。

（3）机车部件通用化，甚至可以内燃、电力机车两用，以便集中生产，提高产品质量，降低制造成本。

思考题

1. 电力机车为外接能源的（   ）式机车，内燃机车为自带能源的（   ）式机车。

2. 交流电传动机车一般采用（　　　）电传动系统。
3. 电力机车按照电流制和传动形式分为哪四类？

我国牵引动力的发展概述

内燃机车发展概述

项目一

电力牵引传动系统

知识目标

（1）掌握电力牵引传动系统的组成和功能。
（2）了解 CRH_2 型动车组牵引控制系统的结构和功能。

技能目标

（1）能正确描述电力牵引传动系统的类型和特点。
（2）能正确描述电力机车的工作原理。
（3）能正确描述内燃电传动机车的工作原理。

素质目标

（1）了解我国装配制造业的发展历程，增强民族自豪感。
（2）培养学生获取信息、查找资料的能力。

电力牵引传动系统

任务一　机车的工作原理

任务提出

要应用机车，就需要知道机车的工作原理。本节主要分析交-直型、交-直-交型机车的工作原理。

任务目标

（1）能分析交-直型、交-直-交型电力机车的工作原理；

（2）能分析交-直型、交-直-交型内燃机车的工作原理；
（3）具有责任意识、安全意识和技术报国的思想品质。

任务内容

一、电力机车工作原理

1. 交-直型电力机车工作原理

交-直流型电力机车的工作原理如图 1.1 所示。

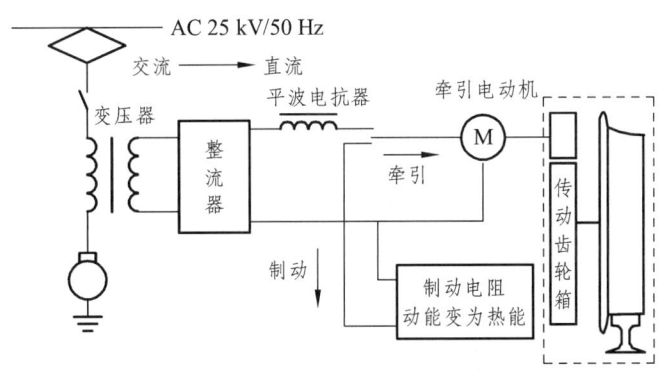

图 1.1　交-直型电力机车的工作原理

牵引变电所将来自国家电网的高压三相交流电，经变压器降压转换成 25 kV，并以单相形式供给接触网。机车通过受电弓将 25 kV/50 Hz 单相交流电引入牵引变压器一次绕组，电流流过一次侧绕组，经车体接地装置传到钢轨，通过回流线与牵引变电所连接形成高压供电回路。同时经牵引变压器降压后，在二次侧绕组输出 1 000 V 左右的单相交流电压，供给可控整流器，进行相控调压，输出交流分量较大的脉动电压，经过平波电抗器滤波后，向直流（脉流）牵引电动机提供电能。直流牵引电动机将电能转化为机械能，产生转矩驱动轮对旋转，通过轮轨之间黏着产生牵引力，驱动列车前进。电气制动时，列车的机械能被牵引电动机转化为电能，经制动电阻变换为热能，耗散到大气中。电气制动采用电阻制动方式，机车功率因数较低。

2. 交-直-交型电力机车工作原理

电力机车和电力动车组均为外接能源的非自给式机车，其传动系统模块如图 1.2 所示。

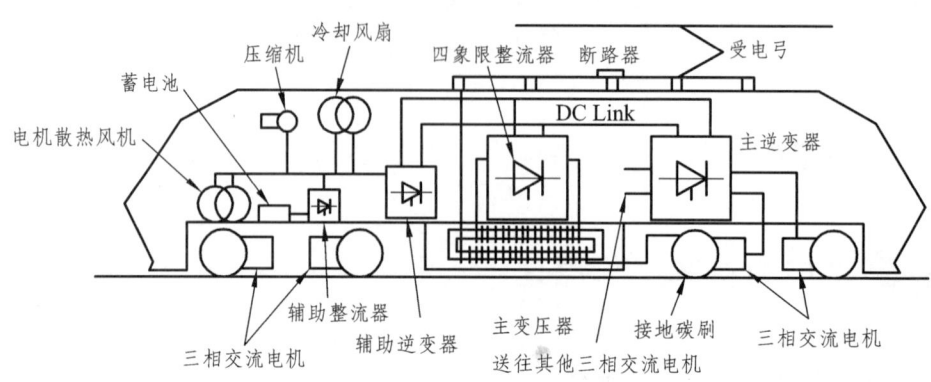

图1.2 交-直-交型电力机车传动系统模块

电力机车和动车组通过受电弓、主断路器将接触网的单相交流电引入牵引变压器，经牵引变压器降压后送入四象限整流器，将单相交流电整流为直流电，经中间直流环节储能和滤波后，送入电机侧的逆变器，将直流电逆变成电压和频率可调的VVVF（变压变频）三相交流电供给异步牵引电动机，实现对转矩、转速的控制。牵引时，电能从电网流向异步牵引电动机，电能被转化成机械能产生牵引力。电气制动时，列车的机械能被牵引电动机转化为电能，经变流器变换为单相交流电，通过牵引变压器升压后回馈给电网。电气制动采用再生制动方式，机车功率因数接近于1。

二、内燃机车工作原理

电传动内燃机车，由柴油机驱动牵引发电机发电，并经过一套电气传动装置向安装在机车动轮上的牵引电动机供电，以驱动机车。

1. 交-直型内燃机车的工作原理

交-直型内燃机车的工作原理如图1.3所示。

柴油机驱动三相交流牵引发电机F→发电机发出来的三相交流电→经硅整流器整流后→向直流牵引电机M供电→产生牵引力驱动列车前进。

2. 交-直-交型内燃机车的工作原理

在交-直-交型内燃机车的交流发电机与交流电动机之间设有整流装置和逆变装置，如图1.4所示。

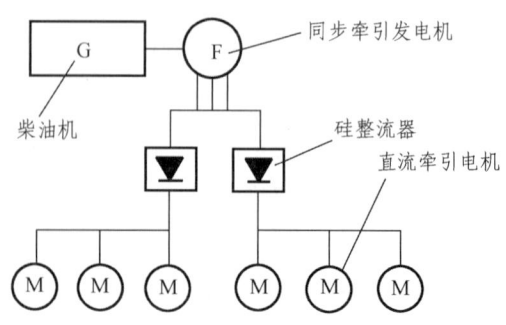

图1.3 交-直流电传动内燃机车的工作原理

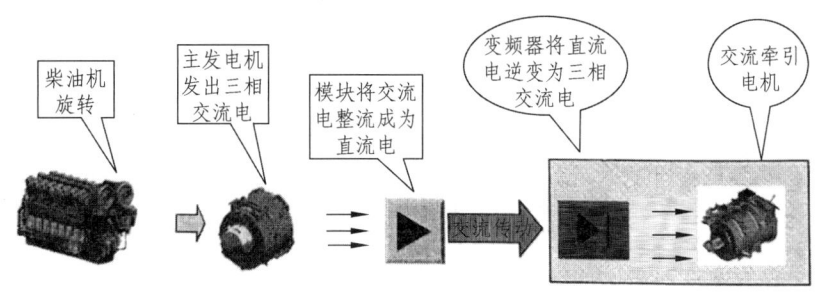

图 1.4 交-直-交流电传动内燃机车的工作原理

柴油机产生的机械能经牵引电机转换成三相交流电。由于该交流电频率和电压均不适合交流牵引电机的牵引性能要求，所以首先由整流器将三相交流电转换成直流电，然后经逆变器转换成频率和电压可调的三相交流电。

当机车牵引时，牵引传动系统提供给牵引电机的电源频率所产生的定子旋转磁场转速略高于转子转速，牵引电机处于电动机工况，其电磁转矩的方向与转子的转向相同，机车的牵引力方向与机车运行方向相同。牵引电机将电功率转换成机械功率，驱动轮对使机车做牵引工况运行。

当机车实施电阻制动时，列车的动能经轮对传输给三相交流牵引电机，此时逆变器提供给牵引电机的电源频率所产生的旋转磁场转速略低于转子转速，牵引电机处于发电机工况，其电磁转矩的方向与转子的转向相反，机车的制动力方向与机车运行方向相反。牵引电机发出的三相交流电功率经逆变器整流成直流电功率，再传输给制动电阻，以电阻损耗形式将电能转换成热能，然后由并联在制动电阻抽头上的直流电动机驱动的通风机将热能吹散到大气中。

思考题

1. 接触网采用（　　）kV，50Hz 的单相交流电。
2. 交-直流型电力机车采用（　　）制动方式，交-直-交型电力机车采用（　　）制动方式。
3. 简述交-直-交内燃机车的工作原理。

任务二　电力牵引传动控制系统

任务提出

在轨道交通运输中，采用电动机驱动来满足车辆牵引的电气传动部分，称为电力牵引传动控制系统。电力牵引传动控制系统一旦发生故障，会影响列车牵引、制动控制的性能，造成列车控制不稳定、停车不准确、列车晚点等，严重时还会造成机车丧失牵引力、制动力。

任务目标

（1）能描述电力牵引传动控制系统的功能和类型。
（2）掌握内燃机车传动装置的组成和各部分的作用。
（3）掌握电力机车传动装置的组成和各部分的作用。
（4）加强学生家国情怀教育，弘扬中国传统文化。

任务内容

一、电力牵引传动控制系统的类型

电力牵引传动控制系统以牵引电动机为控制对象，通过开环或闭环控制牵引电动机的转速和转矩，满足车辆牵引和控制特性的要求，如干线电力机车、内燃电传动机车、城轨交通电动车组等。根据驱动电机类型的不同，电力牵引传动控制系统分为两大类：采用直流（脉流）牵引电动机的称为直流传动系统，直-直型、交-直型机车也称为直流传动机车；采用交流牵引电动机作为驱动设备的称为交流传动控制系统，交-直-交、交-交型机车也称为交流传动机车。

1. 直流传动控制系统

使用直流（脉流）牵引电动机的直流传动机车，具有优异的调速性能，但也存在以下缺点。

（1）直流牵引电动机具有换向器，在换向器和电刷之间容易出现火花甚至引起环火，可靠性差。

（2）电机结构复杂、体积大、质量大、增加了机车的轴重，动力学性能受到影响。

（3）电机功率一般小于 1 000 kW，最高转速在 3 000 r/min 以下，无法满足高速和重载铁路的需求。

2. 交流传动控制系统

使用交流异步牵引电动机的交流传动机车，已经成为铁路运输的主要车型，其特点如下。

（1）交流电动机无换向器，结构简单、体积小、运行可靠。

（2）机车功率因数高，具有良好的防空转、防滑行性能。

（3）电机功率大于 1 000 kW，最高转速在 3 000 r/min 以上。

交流传动机车是近代铁路牵引技术的重大突破。20 世纪 80 年代初，交流传动技术开始应用于机车，并取得了快速发展。我国从 1991 年开始研制交流传动机车，经过了30多年的发展,交流传动机车正在逐步取代直流传动机车,使货运机车单轴功率1 000~1 200 kW,客运机车单轴功率1 200~1 400 kW的机车成为主流。

我国铁路技术政策明确指出:发展交流传动机车技术,完善、优化机车型谱,发展适应重载运输、快捷货运和旅客运输需求,不同轴式、不同功率和速度等级的交流传动内燃、电力系列产品。

二、电力机车牵引传动系统的组成

电力机车牵引传动系统(即电气化铁道)是由电力机车/电动车组和牵引供电装置两大部分组成,如图1.5所示。牵引变电所将高压三相交流电变换成单相交流电→接触网→受电弓→牵引变压器的一次侧绕组→钢轨→回流线→牵引变电所。

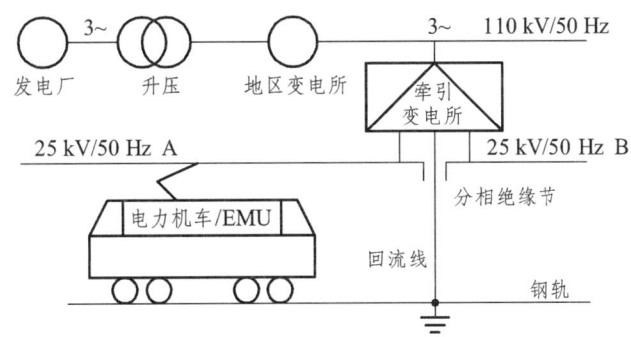

图1.5 电力牵引传动系统的组成示意图

习惯上以车载受电弓为分界点,受电弓以上为牵引供电装置,受电弓以下为牵引动力装置部分。

1. **牵引供电装置**

牵引供电装置主要包括牵引变电所、馈电线、接触网、钢轨、回流线和电分相。

(1)牵引变电所。完成变压、变相和向牵引网供电等功能,实现公用三相电力系统与单相电力牵引系统的变换。

(2)馈电线。是连接牵引变电所和接触网的供电线,多为铜绞线。

(3)钢轨。钢轨在电气化铁道中有三大作用:列车导轨、牵引电流的电气回路、信号系统的信号回路。

(4)回流线。是连接钢轨和牵引变电所的电连接线,主要为回流提供电气通路。

(5)接触网。是牵引供电装置的核心,是电气化铁道的主要供电设施,其功能是全天候不间断地向电力机车供电。

(6)电分相。为了使电力系统三相负荷尽可能平衡,电气化铁道接触网采用分段换相供电。为了防止相间短路,各相间用空气或绝缘物分割,称为电分相,如图1.6所示。

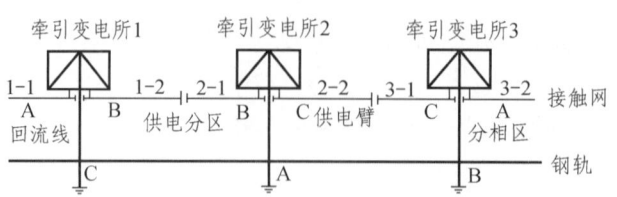

图 1.6 电分相示意图

国内接触网上每隔 20~25 km 就有一段长约 30 m 的供电死区，在此无电区外一定距离设置"断""合"提示牌，如图 1.7 所示。机车通过时断开主断路器，惰行通过无电区后重新闭合。受电弓无电流情况下进出分相区，保证了受电弓和接触网的安全。

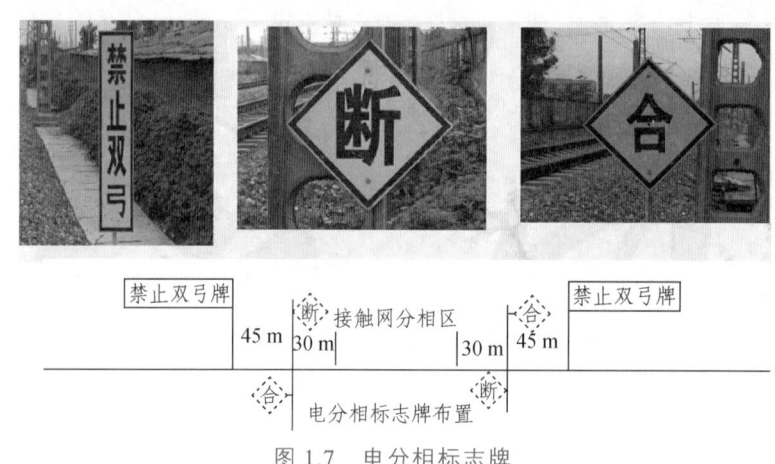

图 1.7 电分相标志牌

2．牵引动力装置

（1）高压电器设备。完成从接触网到牵引变压器的接通与断开，主要电器有受电弓、主断路器、避雷器、高压电压互感器、高压电流互感器等。

（2）牵引变压器。将接触网 25 kV 高压电转换成机车电器合适的各种电压，次边包含多个绕组。

（3）牵引变流器。在直流传动机车中采用半控桥式整流电路将单相交流电整流成大小可调的直流电；在交流传动机车中采用交-直-交变频器将恒压恒频（CVCF）的单相交流电变为调压调频（VVVF）的三相交流电，供牵引电动机使用，达到调速的目的。

（4）牵引电动机。实现能量转换，产生牵引力和制动力。

三、内燃机车电传动装置的组成

交-直流电传动内燃机车，由柴油机驱动一台交流发电机，发电机发出三相交流电，经过整流器整流后，供直流牵引电动机使用，用以驱动机车动轮。DF_4 型内燃机车结构如图 1.8 所示。

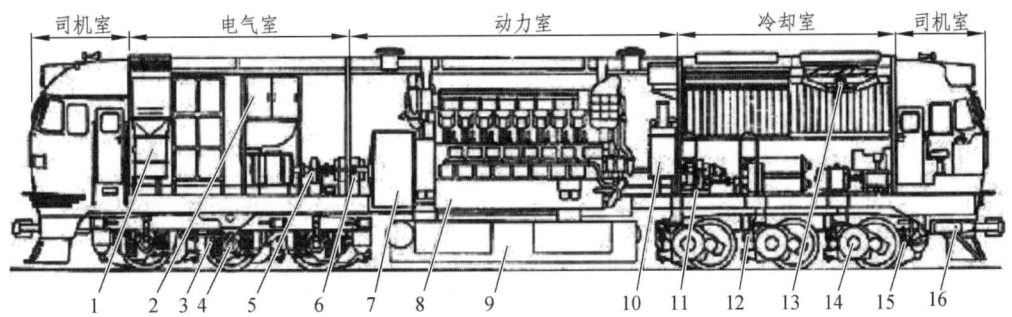

1—电阻制动装置；2—硅整流柜；3—牵引装置；4—走行部；5—起动变阻箱；6—励磁机；
7—牵引发电机；8—柴油机；9—燃油箱；10—预热锅炉；11—静液压变速箱；
12—电机悬挂系统；13—冷却风扇；14—牵引电动机；
15—基础制动装置；16—车钩缓冲装置。

图 1.8　DF_4 型内燃机车结构示意图

DF_4 型内燃机车电传动装置主要由牵引发电机、牵引电动机、励磁发电机、测速发电机、起动辅助发电机和恒功率励磁控制系统组成。

（1）牵引发电机。为三相交流牵引发电机，由柴油机曲轴带动旋转，发出三相交流电，经主整流器整流后供给牵引电动机。

（2）牵引电动机。将电能转换为机械能，通过齿轮传动装置驱动机车动轮。DF_4 型内燃机车安装 6 台串励直流牵引电动机。

（3）励磁发电机。为牵引发电机提供励磁电流。

（4）测速发电机。是一台直流电机，为励磁发电机提供励磁电流。

（5）起动辅助发电机。是一台直流电机，在柴油机起动前作为串励直流电动机，驱动柴油机转动；柴油机起动后作为他励直流发电机，向蓄电池充电，并向辅助设备、控制设备、照明设备等供电。

（6）恒功率励磁控制系统。DF_4 型内燃机采用转速-功率联合调节器来实现。

思考题

1. 电力牵引传动控制系统分为（　　　）传动控制系统和（　　　）传动控制系统。
2. 什么是牵引控制系统？简述其主要功能。
3. DF_4 型内燃机车电传动装置主要由哪些部分构成？

任务三　CRH_2 型动车组牵引传动系统

任务提出

中国铁路高速动车组 CRH（China Railway High-speed）是中国铁路自主品牌的系列高速动车组。在先进、成熟、经济、适用、可靠的方针指导下，CRH 动车组在系统集成技术、轻量化技术、高速转向架技术、交流传动技术、高速受流技术、高速制动技术、网络控制技术、人机工程技术、节能环保技术等方面达到了世界先进水平。

> 任务目标

（1）了解动车组牵引动力的配置方式。
（2）能分析 CRH₂ 型动车组的牵引传动系统。
（3）掌握 CRH₂ 型动车组先进技术，学习工匠精神。

高速动车组技术

> 任务内容

高速列车可以采用传统的机车牵引形式，也可以采用动车组牵引形式，由于动车组的轴重低，可以减少对线路的破坏作用，因此世界上大部分高速列车采用动车组牵引形式。

一、动车组分类

动车组具有高速、高效、经济、灵活的特点，可分为动力集中动车组和动力分散动车组两种。

动力集中动车组是铁路运输中传统的运行方式，由一台动力机车牵引数个无动力车辆在轨道上行驶，如图 1.9 所示。动力机车大多在列车的最前端牵引车辆，也有在车尾逆推牵引的情况，除用于客运外，也可用于货运和军事。

相对于动力集中式动车组，动力分散式动车组是一种动力分散在多个车厢的铁路列车，如图 1.10 所示。其特点是动力来源分散在列车各个车厢上的发动机或电动机，而不是集中在机车上。动力分散型动车组具有牵引功率大、轴重小、起动加速性能好、可靠性高、列车利用率高、编组灵活的优点，是当今动车组技术发展的方向。

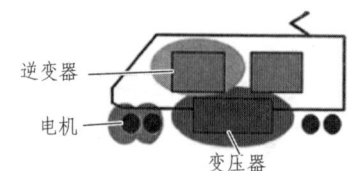

图 1.9　动力集中型动车组

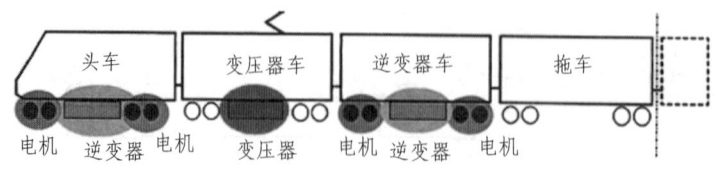

图 1.10　动力分散型动车组

动车组依据动力来源可分为两类：使用柴油机的内燃动车组和以接触网或第三轨提供电力来驱动牵引电动机的电力动车组。

二、牵引动力的配置方式

1. 牵引动力集中配置一端

该配置方式是一种传统的牵引方式,即机车牵引客车方式,高速列车由一台或几台机车集中于一端来牵引。这种牵引方式既有电力机车牵引,也有内燃机车牵引,一般应用于既有线路改造为客货混用的高速铁路上,其最高运行速度为第一速度级(200 km/h)。它在高速化的初期为不少国家所采用,特别是内燃机车用于尚未电气化的区段,是一种投资较少,见效快的牵引方式。

2. 牵引动力集中配置两端

高速列车两端为动车,中间全部为无动力的挂车,牵引采用前挽后推的方式。两端设动力车有利于往返运行时不必转向,并有利于前后端流线型处理。

(1)机车模式。两端的动力车实际上就是一般的机车,而中间无动力挂车就是一般的客车,如德国的 ICE 高速动车。

(2)动车组模式。两端的动力车和无动力挂车具有共用转向架和铰接机构,构成动车组,如法国的 TGV 高速列车,可保证整列车的载荷均匀,运行相对平稳,但由于编组固定,因而在列车长度方面的机动性差。

3. 牵引动力分散配置

牵引动力分散配置也有两种模式。

(1)完全分散式。高速列车编组中全部为动力车,如日本的 0 系列高速列车,18 辆编组中全部是动力车。

(2)相对分散模式。高速列车编组中大部分是动力车,小部分为无动力的拖车,如日本的 100 系列高速列车,16 辆编组中有 12 辆动车,4 辆拖车;300 系列高速列车,16 辆编组中有 10 辆动车,6 辆拖车。

三、CRH_2型动车组牵引传动系统

CRH 型动车组分别为青岛四方-庞巴迪-鲍尔铁路运输设备有限公司生产的 CRH_1 型、四方机车车辆股份有限公司生产的 CRH_2 型、唐山轨道客车有限责任公司生产的 CRH_3 型和长春客车轨道股份有限公司生产的 CRH_5 型。其中 CRH_1 型和 CRH_5 型动车组为时速 200~250 km 速度等级的动车组;CRH_2 型动车组则包括了时速 200~250 km 速度等级的动车组(又称 CRH_2-200 型)和时速 300~350 km 速度等级的动车组(又称 CRH_2-300 型);CRH_3 型动车组为时速 350 km 速度等级动车组。

1. 牵引传动系统的组成

CRH_2 型动车组编组形式为 8 辆编组,动力配置为 4M + 4T,即 T1c-M2-M1-T2-

T1K-M2-M1s-T2c，其中相邻的两辆动车为一个基本动力单元。每个动力单元具有独立的牵引传动系统。

CRH$_2$型动车组采用交流传动系统，主要由受电弓（包括高压电器设备）、牵引变压器、脉冲整流器、中间环节、牵引逆变器、牵引电动机、齿轮传动等组成。受电弓从接触网获得 AC 25 000 V/50 Hz 电源，为了满足动车组牵引特性的要求，牵引电动机需要电压频率均可调节的三相交流电源。牵引传动系统组成如图 1.11 所示。

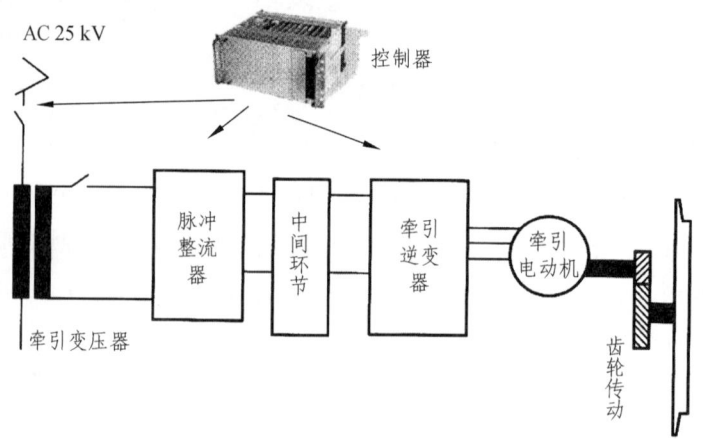

图 1.11　CRH$_2$动车组牵引传动系统组成图

2. 牵引传动系统能量变换及传递

列车牵引运行是将电能转换成机械能，能量变换与传递的途径如图 1.12 黑色箭头所示；再生制动运行是将机械能转换成电能，能量变换与传递的途径如图 1.12 白色箭头所示。

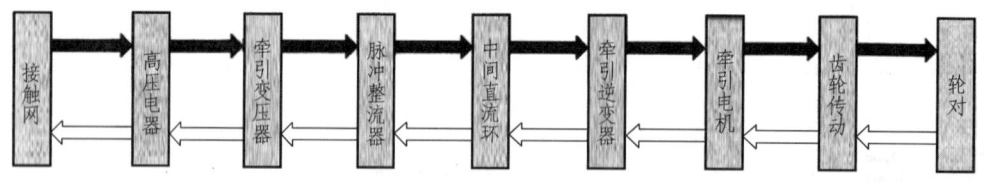

图 1.12　能量变换与传递途径示意图

列车牵引运行时：受电弓将接触网 AC 25 kV 单相工频交流电，经过相关的高压电气设备传输给牵引变压器，牵引变压器降压输出 1 500 V 单相交流电供给牵引变流器，脉冲整流器将单相交流电变换成直流电，经中间直流电路将 DC 2 600 ~ 3 000 V 的直流电输出给牵引逆变器，牵引逆变器输出电压/频率可调的转矩和转速，通过齿轮变速箱传递给轮对驱动列车运行，实现电能到机械能的转换。

再生制动时：控制牵引逆变器使牵引电动机处于发电状态，牵引逆变器工作于整流状态，牵引电动机发出的三相交流电被整流为直流电并对中间直流环节进行充电，使中间直流环节电压上升。脉冲整流器工作于逆变器状态，中间直流回路的直流电被逆变为单相交流电，该交流电通过牵引变压器、真空断路器、受电弓等高压设备反馈给接触网，从而实现机械能到电能的转换。

3. 牵引传动系统主电路

牵引传动系统主电路结构简图如图 1.13 所示。

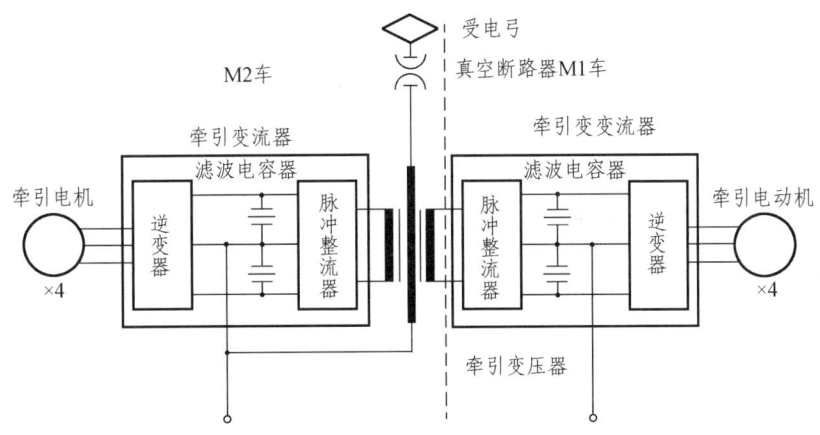

图 1.13 牵引传动系统简图

动车组由受电弓从接触网取得 25 kV、50 Hz 单相交流电，通过真空断路器（VCB）连接到牵引变压器原边绕组。牵引变压器牵引绕组输出的 AC 1 500 V/50 Hz 电源输入脉冲整流器。脉冲整流器由单相三电平 PWM 变流器、交流接触器 K 组成。采用无触点控制装置实现对输出直流电压 2 600 ~ 3 000 V 恒压控制、牵引变压器原边的功率因数控制以及故障保护。再生制动时，牵引变流器经过牵引变压器反馈电能。牵引逆变器采用了 VVVF 的控制方式，整流器输入给支撑电容器的直流电压，依据无接点控制装置控制信号，输出变频变压的三相交流电对四台并联的电动机进行速度、力矩控制。再生制动时牵引电动机发出三相交流电，经整流后向支撑电容器输出直流电压。

4. 牵引传动系统的布置

CRH$_2$ 型动车组为 4M-4T 编组，首尾车辆设有司机室，可双向驾驶，两辆动车组成一个动力单元。正常情况下，两个牵引系统均工作，当一个牵引系统发生故障时，可以自动切断故障源，继续运行。

动车组头车长度 25.7 m，中间长度 25 m，总长 201.4 m，车体宽度 3.38 m，车体高度 3.7 m。在 4、6 号车设受电弓及附属装置，安装高度 4 m 时，受电弓工作高度最低位 4 888 mm，最高 6 800 mm，最大升弓高度 7 000 mm。动车组正常运行时，采用单弓受流，另一台备用，处于折叠状态。2、3、6、7 号车为动车，车下有牵引变流器和牵引电动机。在 2、6 号车下装有牵引变压器。1、4、5、8 号为拖车。

（1）车顶电气设备布置。

在各车辆间，主电路采用高压电缆和高压电缆连接器连接。动车组在 2 号车后部、3 号车前后部、4 号车前部、5 号车后部、6 号车后部的车顶上设置直线型高压电缆连接器，4 号车后部、5 号车前部的各车顶上，为了方便摘挂，设置了高压电缆用倾斜型电缆连接器，通过这些高压连接器接通高压电缆。在 4、6 号车前部车顶安装受电弓和保护接地开关。

（2）动车组车底电气设备布置。

CRH_2 型动车组以 2 动 2 拖为一个基本动力单元。一个基本动力单元的牵引传动系统主要由网侧高压电气设备、1 个牵引变压器、2 个牵引变流器、8 台三相交流异步牵引电动机等组成。全列车共计 2 个受电弓、2 个牵引变压器、4 个牵引变流器、16 台牵引电动机。牵引传动系统的供电设备布置在 4、6 号车车顶，电传动设备布置在 2、6、3、7 号车的车底。

5. 牵引传动系统的特点

CRH_2 型动车组牵引传动系统采用交流传动，在牵引变压器、牵引变流器、牵引电动机、控制策略等方面有其显著的特点。

（1）牵引变压器采用壳式结构、车体下吊挂安装、油循环强迫风冷。牵引绕组为两个独立线圈，确保牵引绕组的高电抗、弱耦合性。

（2）牵引变流器主电路采用两开关功率器件串联与中点带钳位二极管的方案，功率开关器件采用 IPM 智能功率模块或 IGBT 模块。其中 IPM 是将 IGBT 功率器件驱动电路、保护电路等封装在一个模块内的新型电力电子器件，是 IGBT 集成化、智能化的一种应用方式。除具有 IGBT 的优点外，驱动功率小，吸收回路简单，器件模块本身具有检测和自保护功能。可以采用多个并联以增大电流容量。

（3）采用单相三电平 PWM 脉冲整流器，即使在开关频率很低时，其输入侧的电流波形也能保证一定的正弦度，从而减小对通信系统的谐波干扰。

（4）牵引变流器中间直流环节不设二次谐波滤波装置，减轻了牵引变流器和牵引变压器的质量。

（5）逆变器采用三电平拓扑结构，有利于减小相邻电路状态转换时引起的电压和电流波动，从而有利于降低损耗，提高电动机效率，减少转矩脉动。

（6）牵引电动机具有良好的牵引特性，可以实现宽广范围的平滑调速。使机车起动时产生较大的起动转矩；异步电动机结构简单，可靠性高，同直流电动机相比，没有因换向引起的电气损耗和机械损耗，没有环火，运行可靠性进一步提高；耐振动、耐风雪，可以在多尘、潮湿等恶劣环境下正常运行；电动机过载能力强；转速高，功率/质量比高，有利于电动机悬挂；转矩-速度特性较陡，可抑制空转，提高黏着利用率。

（7）牵引电动机采用矢量控制策略。把定子电流分解成转子磁场定向坐标系下的励磁电流分量和转矩电流分量，实现了定子电流的完全解耦，控制方式简单，使整个牵引传动系统具有良好动态性能和控制精度。

思考题

1. CRH_2 型动车组采用（　　）传动方式，8 辆编组，有（　　）辆动车。
2. 动车组依据动力来源可分（　　）动车组和（　　）动车组。
3. 简述 CRH_2 型动车组牵引传动系统的特点。

项目二

机车的速度调节

机车的
速度调节

知识目标

（1）掌握交-直-交型机车调速控制策略及其应用。
（2）掌握机车起动方法和控制特性。
（3）掌握机车电气制动的分类和工作原理。

技能目标

（1）能描述交-直型和交-直-交型机车的调速方法。
（2）能分析交-直型和交-直-交型机车的牵引特性曲线。
（3）能分析非黏着制动的工作原理及其应用。

素质目标

（1）弘扬社会主义核心价值观，弘扬中国传统文化。
（2）用辩证唯物主义观点看待问题、分析问题。
（3）提高学生发现问题，解决问题的能力。

任务一　交-直型机车的速度调节

任务提出

为了充分发挥机车功率，提高运输能力，要求机车的牵引力和速度能在宽广的范围内均匀而经济地调节。机车是以牵引电动机作为传动设备的，其调速本质是牵

引电动机转速的调节。机车类型不同，选用的牵引电动机类型不同，其调速方式就不同，而调速方式又会影响机车的牵引性能。

任务目标

（1）熟悉直流传动机车的调速方法。
（2）掌握提高相控机车功率因数的方法。
（3）了解直流传动内燃机车的调速方法。
（4）透过现象看本质，培养学生敏锐的观察能力。

任务内容

机车调速是指人为地改变牵引电动机的工作参数使其速度发生变化的运行过程，它有别于因为外部扰动（网压变化、线路纵断面变化等）引起的转速变化。

一、机车的运行状态

一般情况下机车牵引列车的整个过程是由停车状态开始，经过起动加速再逐渐提高速度，直到机车工作在其自然特性上，此后司机根据列车运行图的要求及线路纵断面的变化随时进行速度调节。进站停车前进行制动，降低机车速度，直至最后停车。列车的整个运行过程，情况虽然很复杂，但概括起来，却只存在起动、调速、制动3种基本的运行状态。这3种基本运行状态，其实质都是速度的调节，起动和制动是调速的两种特殊形式。因此，机车速度调节是牵引列车运行时最为根本的任务之一，也是完成运输任务的主要手段之一。

二、机车调速的基本要求

机车无论采用何种调速方式，从运行安全的角度出发，必须满足以下要求：
（1）宽广的调速范围。只有具备宽广的调速范围才能满足列车运行速度不断提高的需要。
（2）冲击力小，牵引力变化连续。速度调节应力求平稳，不间断牵引电动机的供电，并且有尽可能多的速度运行级，从而避免电流和牵引力的冲击。
（3）调速经济。在保证速度范围的情况下，附加设备要少，且尽量减少附加能量损耗。
（4）运行可靠，控制简单，操作方便。

三、直流传动机车速度表达式

直流传动机车选用直流（脉流）牵引电动机作为牵引动力，其转速表达式为：

$$n = \frac{U_d - I_a R_a}{C_e \Phi}$$ (2.1)

式中 U_d——牵引电动机端电压（V）；

I_a——牵引电动机电枢电流（A）；

Φ——牵引电动机每极磁通（Wb）；

R_a——牵引电动机电枢电阻（Ω）；

C_e——电动势常数。

机车动轮周线速度与电动机转速的关系为：

$$v = \frac{\pi D}{60 \mu_c} n \ (\text{m/s})$$

将电动机的转速 n 换算为机车的运行速度 v，可推导出机车速度计算式为：

$$v = \frac{60 \pi D}{1\,000 \mu_c} \cdot \frac{U_d - I_a R_a}{C_e \Phi} = \frac{U_d - I_a R_a}{C_V \Phi} \ (\text{km/h})$$ (2.2)

式中 C_V——机车速度常数，$C_V = 1\,000 C_e \mu_c / 60 \pi D$；

D——机车动轮直径（m）；

μ_c——机车齿轮传动比。

四、交-直型机车的调速方案

根据公式（2.2）可知交-直型机车的调速方案应有下列几种：

1. 改变牵引电动机电枢回路电阻

在牵引电动机电枢回路中串入调压电阻，通过改变电阻阻值来调节机车的速度。由于牵引电动机回路电压较高，电流较大，附加调节电阻的损耗会使牵引电动机效率降低，调速不经济，并且起动调压电阻本身分段，在调速过程中会造成机车牵引力有冲击。因此，在机车上并不采用这种调速方法。

2. 改变牵引电动机的端电压

现代直流机车如城轨电动列车、无轨电车，利用斩波的原理可以对牵引电动机的端电压进行连续、平滑的调节，实现调压调速。

3. 改变磁通量

如果保持牵引电动机的端电压不变，则机车的速度随着磁通的减弱而提高，即所谓的磁场削弱调速。

无论调节电压或调节磁通量，都不会产生附加的能量损耗，因而得到的速度级称为经济运行级。机车在经济运行级上可以长时间运行。

五、直流传动电力机车的调速方法

1. 相控调压

在交-直型电力机车上,接触网电压需经牵引变压器降压和整流装置整流后,再供给牵引电动机。若调压在变压器环节,可通过改变变压器一次侧或二次侧绕组的匝数进行调压,称为变压器有级调压,国产 SS_1 型电力机车就采用低压侧有级调压方式;若调压在整流环节,利用晶闸管整流元件,通过改变晶闸管移相角调节整流输出电压,从而进行平滑无级调速,称为相控调压。国产交-直型电力机车除 SS_1、SS_2 和 SS_3 机车外均采用相控调压。

交-直型电力机车调压方式取决于整流电路和主变压器二次侧绕组的结构,分析调压方式就是分析整流电路。图 2.1 为晶闸管不共阴极接法(指两晶闸管阴极不接在同一点)的半控桥整流电路,相控电力机车普遍采用这种电路。

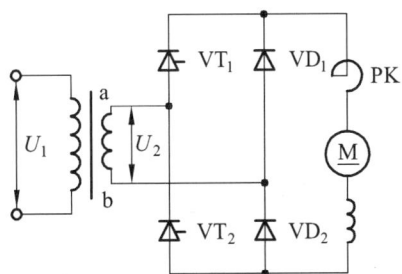

图 2.1 不共阴极半控桥整流电路

1)半控桥式整流电路

当变压器二次侧电压 ab 为正半周时,VT_1 承受正向电压,在控制角 $\omega t = \alpha$ 的瞬间给 VT_1 送入触发脉冲,VT_1、VD_2 导通。电流从电源 a 端→VT_1→PK→M→VD_2→流回电源 b 端,电动机有整流电流 I_d 流过,在此期间 VT_2、VD_1 承受反向电压而截至。当电源电压过零变负时,由于平波电抗器 PK(L_d)的作用,VD_1 导通,VT_1 关断,VT_2 因未触发处于截止状态。此时,由同时导通的 VD_1、VD_2 构成电动机回路,电流不经过变压器二次侧,而是经 PK→M→VD_2→VD_1 构成回路。在此期间 VD_1、VD_2 仅起一个续流作用,称为续流二极管。变压器二次侧绕组电流为零,输出电压为零,牵引电动机的端电压为零。

当变压器二次侧电压 ab 为负半周时,VT_2 承受正向电压,在控制角 $\omega t = \pi + \alpha$ 的瞬间给 VT_2 送入触发脉冲,VT_2 导通,VD_2 即承受反向电压截止。此时,电流从电源 b 端→VD_1→PK→M→VT_2→流回电源 a 端。到电源又变正时,仍由 VD_1、VD_2 提供续流回路,直至下一个周期波晶闸管触发脉冲的到来。根据各元件导通的情况,可做出电压、电流波形如图 2.2 所示。

半控桥式整流输出电压的平均值为:

$$U_{da} = \frac{1}{\pi}\int_{\alpha}^{\pi}\sqrt{2}U_2\sin\omega t \, d(\omega t) = \frac{2\sqrt{2}}{\pi}U_2\frac{1+\cos\alpha}{2} = 0.9U_2\frac{1+\cos\alpha}{2} \quad (2.3)$$

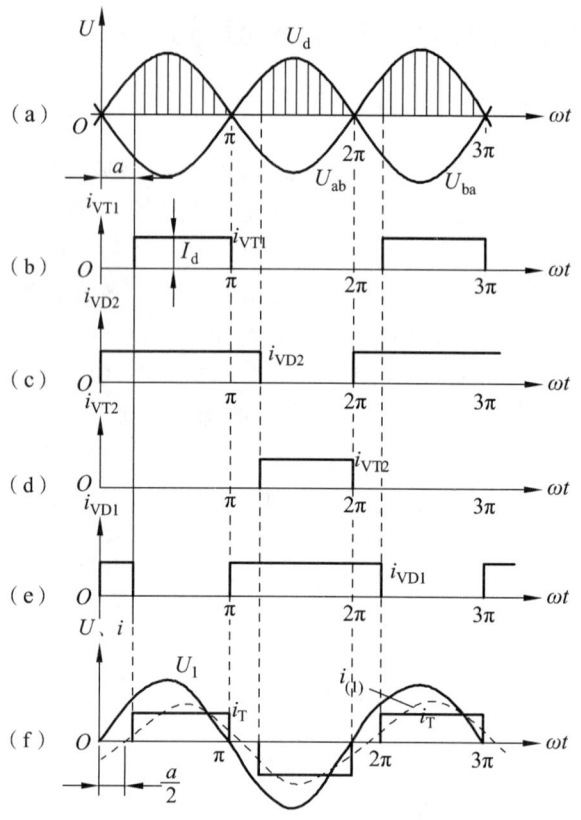

图 2.2 不共阴极半控桥整流电路波形

由于半控桥式整流电路结构简单,功率因数较高,控制角范围为 0~π,适用于电阻制动的相控电力机车。

2)整流电压(电流)的脉动

由于在一个周期中最多只有两个半波,因此整流电压有很大的脉动,这必将引起电流的脉动。整流电压、电流的脉动情况用脉动系数来表示。全波整流电路整流电压的脉动系数为:

$$K_u = \frac{\text{交流分量的脉动幅值}}{\text{直流分量的脉动幅值}} = \frac{\frac{2\sqrt{2}}{\pi} \times \frac{2}{3} U_2}{\frac{2\sqrt{2}}{\pi} U_2} \approx 0.66 \quad (2.4)$$

式(2.4)表明整流电压的脉动系数近似为一常数,达到 66%。电压的脉动必然引起电流的脉动。整流电流的脉动与负载性质有关。对于电力机车,整流电路的负载为反电势负载,如不加平波电抗器,电流脉动要比电阻负载更大些。

脉动电流不仅使牵引电动机的损耗增加,而且使牵引电动机的机械换向恶化。为了减小电流脉动,交-直型电力机车除了在牵引电动机结构上做特殊设计外,在电气线路中将牵引电动机励磁绕组两端并联磁场分路电阻,利用励磁绕组(电感)电流不能突变的特点,将脉动电流引入电阻支路,净化电机励磁电流,以改善牵引电动机的换向。这个并联的磁场分路电阻称为固定磁场分路电阻。同时在牵引电动机支路中串联足够大的电感,这个带铁心的大电感称为平波电抗器。根据楞次定律,当电流发生变化时,平波电抗器产生自感电势将阻止电流的变化,从而起到减小、敷平电流脉动的作用。

相控调压最大的优点是可以实现无级调速,避免调压过程中的电流冲击,使牵引电动机的力矩变化平缓,充分利用机车的黏着,发挥较大的牵引力。最大的缺陷是功率因数偏低,谐波干扰电流较大,对电网和通信设施产生不利影响,这就需要对机车功率因数进行补偿,对谐波电流加以限制。

2. 励磁调节

如果保持牵引电动机的端电压不变,则机车的速度随着磁通的减弱而提高,即所谓的磁场削弱调速,亦称励磁调节。一般情况下,要进行磁场削弱调速,必须是在牵引电动机端电压已达到额定电压,而牵引电动机电流比额定值小时实施。磁场削弱的目的是扩大机车的速度运行范围,充分利用机车功率。

1)磁场削弱系数

磁场削弱系数用 β 表示,其定义是:在同一牵引电动机电枢电流下,磁场削弱后(削弱磁场)牵引电动机主极磁势与磁场削弱前(满磁场)牵引电动机主极磁势之比。其表达式为:

$$\beta = \frac{(IW)_\beta}{(IW)_m} \times 100\% \tag{2.5}$$

式中 $(IW)_\beta$ ——磁场削弱后主极磁势(安·匝);

$(IW)_m$ ——磁场削弱前(满磁场)主极磁势(安·匝)。

磁场削弱系数表明牵引电动机主极磁势削弱的程度。β 越小,表明磁场削弱越深。当电动机磁路不饱和时,可以用磁通代替磁势。

2)磁场削弱方法

交-直型电力机车采用保持励磁绕组匝数不变,通过对励磁绕组分流,使牵引电动机电枢电流中的一部分流过励磁绕组,以实现磁场削弱。

(1)电阻分路法。

在励磁绕组的两端并联电阻对励磁电流进行分路,从而达到削弱磁场的目的,如图 2.3 所示。电阻分路法的磁通不能连续变化,适用于交-直型货运电力机车。

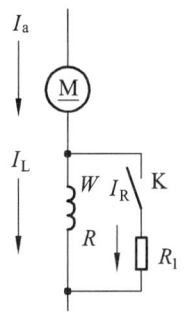

图 2.3 电阻分路法原理

磁场削弱系数的表达式为:

$$\beta = \frac{(IW)_\beta}{(IW)_m} = \frac{I_L W}{I_a W} = \frac{I_L}{I_a} = \frac{I_L}{I_L + I_R} = \frac{R_1}{R_1 + R} \tag{2.6}$$

式（2.6）表明，磁场削弱系数 β 取决于励磁绕组与分流电阻的阻值大小，而与电机励磁绕组匝数无关。要改变磁场削弱系数，只需改变分路电阻的大小。为了降低磁场削弱时的电流冲击和牵引力冲击，避免分路电阻过多造成的控制线路复杂，附加设备增多，一般磁场削弱取三级左右。

（2）晶闸管分路法。

晶闸管分路法是利用晶闸管元件的连续、实时、可控，对牵引电动机的励磁电流进行旁路，从而达到削弱磁场的目的。这种方法也称无级磁场削弱法，适用于交-直型客运电力机车，其原理如图2.4所示。

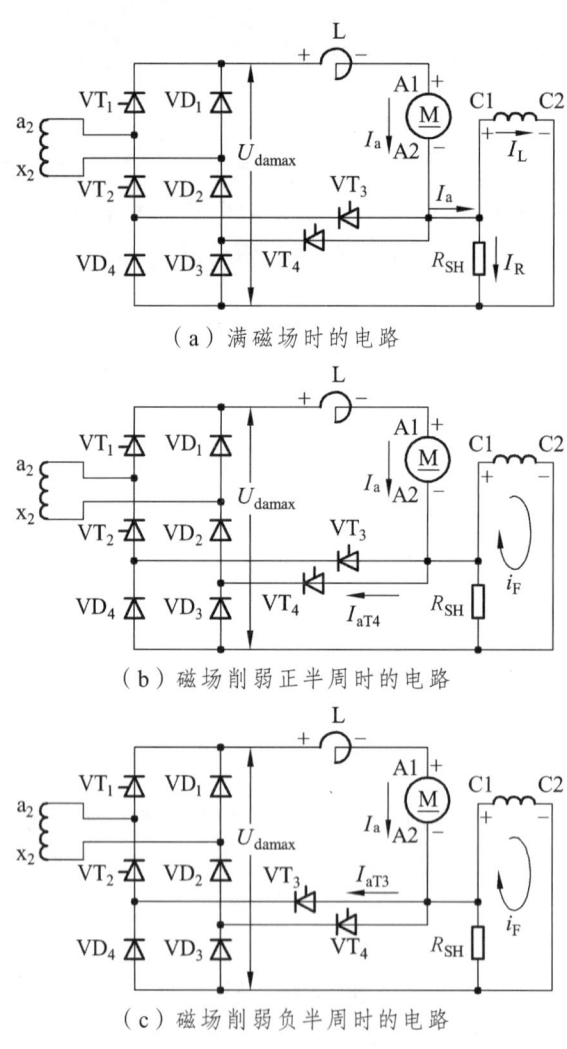

(a) 满磁场时的电路

(b) 磁场削弱正半周时的电路

(c) 磁场削弱负半周时的电路

图2.4 晶闸管分路法原理图

图中 a_2x_2 为变压器二次侧绕组，晶闸管 VT_1、VT_2 和二极管 $VD_1 \sim VD_4$ 构成半控桥整流电路，VT_3、VT_4 为分路晶闸管，L 为平波电抗器，C1C2 为牵引电动机 M 的励磁绕组，A1A2 为牵引电动机 M 的电枢绕组，R_{SH} 为固定分路电阻，以交流电压一个周波为例，分析其工作原理：

图（a）为满磁场，半控桥满开放时的工作情况。正半周 a_2 为高电位时，半控桥 VT_1、VD_3、VD_2 导通；负半周 x_2 为高电位时，半控桥 VD_1、VD_4、VT_2 导通。分路晶闸管 VT_3、VT_4 由于未触发，故均不参与工作。此时，半控桥整流输出的电压全部施加在平波电抗器 L、牵引电动机的电枢绕组 A1A2、励磁绕组 C1C2 上。

图（b）、（c）为半控桥满开放，磁场削弱时的工作情况。正半周 a_2 为高电位时，图（b）半控桥仍为 VT_1、VD_3、VD_2 导通，分路晶闸管 VT_4 在 $\omega t = \alpha$ 时刻触发，由于 VT_4 加有正向电压，其值等于励磁绕组 C1C2 两端的电压，故触发 VT_4 导通。而半控桥中的二极管 VD_3 由于 VT_4 的导通而承受反向电压迅速截止。当 $\omega t = \alpha \sim \pi$ 时，VT_4 一直导通，导通角为 θ。此时，电枢电流 I_a 经分路晶闸管 VT_4，半控桥的 VD_2、VT_1，变压器二次侧绕组 a_2x_2 构成回路。电枢电流 I_a 不经过励磁绕组 C1C2 和固定分路电阻 R_{SH}。励磁电流 i_F 仅靠励磁绕组中的电感作用与固定分路电阻 R_{SH} 构成最小电阻回路。

负半周 x_2 为高电位时，图（c）由于半控桥工作在满开放状态，所以当 $\omega t = \pi$ 时，触发 VT_2，VD_1、VD_4、VT_2 导通，VT_1、VD_2 自然关断。当 $\omega t = \pi + \alpha$ 时，VT_3 触发导通，VT_4 关断，当 $\omega t = (\pi + \alpha) \sim 2\pi$ 时，电枢电流 I_a 经 VT_3 短路，励磁绕组仍与固定分路电阻 R_{SH} 自成最小电阻回路。此时磁场削弱系数为：

$$\beta = \frac{(IW)_\beta}{(IW)_m} = \frac{W(\pi-\theta)I_a}{W\pi I_a} = \frac{\pi-\theta}{\pi} = \frac{\alpha}{\pi}(\alpha \neq 0) \tag{2.7}$$

式（2.7）说明只要调节分路晶闸管的控制角 α 就可以连续调节磁场分路，由于分路晶闸管 VT_3、VT_4 是靠电源电压过零点自然换相，为了获得磁场削弱系数，要求半控桥必须满开放工作。

SS_9 型电力机车采用晶闸管分路法，可实现从满磁场（$\beta_{max} = 0.87$）到最深磁场（$\beta_{min} = 0.49$）的连续平滑控制，以改善高速区的牵引性能。

3）磁场削弱的应用

当牵引电动机由满磁场运行转换为磁场削弱运行时，这个过程是很短暂的。此时，机车由于巨大的惯性，速度来不及变化，因此磁场削弱后电机的反电势减小，电枢电流增加，机车的输出功率和牵引力均有所提高。此时，若列车运行阻力不变，则机车牵引力不变，机车速度便可提高，故在平直道实施磁场削弱可提高运行速度。若在上坡道实施磁场削弱，可增大机车牵引力，保持牵引速度不变，即所谓的恒速爬坡。

使用励磁调节的方法调节机车速度，是以牵引电动机主极磁场的减少来获得机车高速运行的，并且磁场削弱越深，机车的速度越高。但是磁场削弱深度是有限的，否则由于牵引电动机主极磁场过分削弱，在大电流、高速运行情况下会使牵引电动机换向恶化，容易发生环火。故一般情况下脉流牵引电动机的最小磁场削弱系数 β_{min} 为 0.35～0.40。实用值 44%～50%，保留一定的裕量。

交-直型电力机车以调压调速为主,弱磁调速为辅,在额定速度以下采用调压调速,在额定速度以上采用磁场削弱调速。

六、直流传动内燃机车的调速方法

DF_{4B} 型内燃机车牵引发电机输出经过整流后向 6 台牵引电动机供电。牵引电动机端电压就是牵引发电机经整流后的输出电压。

1. 调压调速

牵引发电机的励磁由机车的恒功率调节装置控制,而发电机的转速则由柴油机转速,即柴油机功率挡位控制。因此,机车运行时,若功率挡位恒定,则由恒功率调节装置自动调节牵引发电机电压,使机车速度变化,上坡时转速减小,下坡时转速上升;将司机控制器调速手柄位置变换,也就是改变柴油机-发电机组转速,即功率,牵引发电机功率变化使牵引电动机外加电压变化,牵引电动机转速变化,从而机车速度变化。

调压调速虽然有调控方便的优点,但由于牵引发电机及整流装置的最高工作电压受到限制,使其额定电压下获得的转速仍不能满足牵引的要求。如 DF_{4B} 型内燃机车牵引发电机经整流后的额定电压 770 V,在此电压下,牵引电动机最高转速 1 100 r/min,对应的机车速度约 48.5 km/h(货运机车),显然这个速度不能满足机车牵引的要求,若通过提高牵引电动机端电压来提高转速,会使牵引发电机工作电压超过额定电压而进入限压区,造成柴油机功率得不到充分利用(柴油机欠载),牵引发电机安全工作受到威胁。为了扩大机车恒功率下的调速范围,DF_{4B} 型内燃机车采用磁场削弱。

2. 磁场削弱

DF_{4B} 型内燃机车磁场削弱电路如图 2.5 所示,图中用两个电阻 R_{x1} 和 R_{x2} 实现两级磁场削弱,$\beta_1 = 0.60$、$\beta_2 = 0.43$,由接触器 XC_1、XC_2 控制其投入和切除。

磁场削弱是在机车恒功率下进行的,故磁场削弱瞬间,机车牵引力、速度不变,而牵引发电机电流、电压发生跳变,由小电流、高电压跳到大电流、小电压点,避免了机车增速受到发电机电压的限制,重复利用了牵引发电机的恒功率区段,扩大了机车的调速范围,为机车增速做准备。而机车磁场削弱后是否增速,由机车牵引力与运行阻力平衡情况确定。

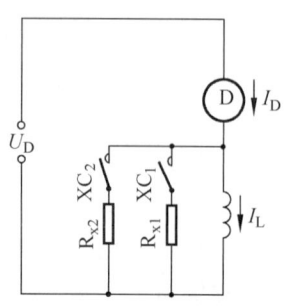

图 2.5 DF_{4B} 型内燃机车磁场削弱电路

思考题

1. DF$_{4B}$型内燃机车的调速方法有（　　　）和（　　　）。
2. 交-直型客运电力机车一般采用（　　　）磁场削弱，交-直型货运电力机车一般采用（　　　）磁场削弱。
3. 什么是相控调压？相控调压的电力机车有何优缺点？

任务二　交–直型机车的起动及其特性

任务提出

起动是机车最先实现的工作状态。机车在起动牵引力作用下，克服列车静止时的阻力并产生加速度，最终运行在自然特性上，这一过程称为起动。起动是调速的一种特殊形式，前述的调速原理对起动依旧适用。

任务目标

（1）掌握直流传动机车的起动方法和控制方法。
（2）能描述SS$_4$G型电力机车牵引特性曲线的组成及应用。
（3）能看懂DF$_{4B}$型内燃机车的牵引特性曲线。
（4）学以致用，合理起动直流传动机车。

任务内容

一、机车起动的基本要求

按照中华人民共和国《铁路技术管理规程》（简称《技规》）的规定，对机车起动的基本要求是：起动平稳、加速快，防止列车冲动和断钩。起动平稳可以使机车电气设备免受电流冲击，机车和列车免受机械冲击，所以希望列车速度变化平滑。机车加速快，可以减少起动时间，提高平均运行速度，对机车运行有重大意义。为了使机车加速快，就要求有较大的起动电流，以产生较大的起动牵引力。

二、机车的起动

机车起动时处于静止状态，对直流传动机车施加电压时，由于牵引电动机反电势为零，其起动电流为：

$$I_{st} = \frac{U_d}{R_a} \text{ (A)} \tag{2.8}$$

由于电机回路的阻值很小，会产生很大的起动电流，以致破坏电机的安全换向，超越线路黏着条件的限制，造成很大的电流冲击和机械冲击，使机车和列车都受到损伤。因此，必须采取适当方法以限制机车的起动电流和牵引力。

1. 降压起动

在机车起动时，降低加在牵引电动机上的端电压，以限制起动电流和起动牵引力，称为降压起动。采用直流斩波的直-直型机车、采用整流器的交-直型机车及采用变频器的交-直-交型机车均采用这种起动方法。起动原理与调速原理相同，起动过程和调速过程没有严格的界限。对于相控调压的电力机车，降压起动时机车的功率因数非常低，整流电流的脉动也将增加。

2. 起动电流和起动牵引力的限制

机车起动时，轮对发生空转前所能发挥的最大牵引力称为起动牵引力，机车起动牵引力受线路黏着条件的限制，应满足下列条件：

$$F_{st} = F_\mu = P_j \mu_j g \text{ （kN）} \tag{2.9}$$

式中　P_j——机车黏着质量（整备质量）（t）；
　　　μ_j——机车黏着系数；
　　　F_μ——机车黏着牵引力（kN）。

机车黏着系数并不是一个恒定值，它随线路条件、轨面情况、机车起动方式等因素而变化，是一个范围值。机车的黏着限制曲线并非只有一条而是一个限制带。为了使机车起动时具有较大的牵引力，就应充分利用机车的黏着条件。即机车起动时，牵引力尽可能接近黏着限制线。起动牵引力对应的牵引电动机的电枢电流（定子电流）称为最大起动电流 I_{stmax}，这一电流应小于牵引电机自身的最大允许温升电流。

三、机车的控制方式及控制特性

机车为了获得良好的起动性能，希望能最大限度地利用机车的黏着条件。另外在机车运行过程中，不仅希望机车特性适合牵引，做到调速范围广，而且还希望机车具有良好的防空转性能和良好的起动性能。单纯依靠牵引电动机的机械特性已不能满足机车运行的要求，因此需要对机车的运行方式加以控制，以保证机车具有良好的牵引性能，提高机车运行的可靠性和运输效率。

直流传动机车的控制方式有恒流控制、恒速控制和特性控制3种。它们是通过电子控制系统或微机控制系统对机车的自然特性加以控制，此时机车的特性称为控制特性。

1. 恒流控制

恒流控制是指机车起动时维持起动电流为一恒定值，该值可以非常接近黏着限制线，以充分利用黏着条件，达到最大起动牵引力，从而缩短起动时间。恒流控制原理如图 2.6 所示。图中，采用电流反馈，使起动电流维持恒定值。图 2.7 所示为恒流起动控制的牵引特性，它是一组平行于横轴的直线，其值随着级位指令变化。

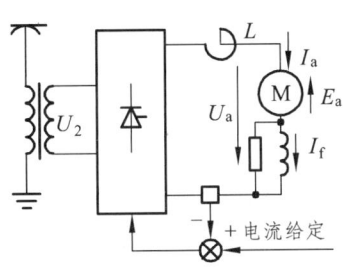

图 2.6　恒流控制原理图

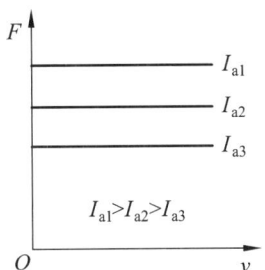

图 2.7　恒流控制的牵引特性

机车采用恒流起动时，一旦发生空转，由于起动电流维持不变，起动牵引力维持不变，会使转速进一步上升，不利于黏着条件的再恢复。因此，必须有可靠的防空转检测和保护措施，以保证机车顺利起动。

2. 恒速控制

恒速控制是指机车恒流起动、恒速运行的方式，其控制原理如图 2.8 所示。恒速控制采用速度反馈，使机车速度按一定规律变化。恒速控制牵引特性如图 2.9 的虚线所示，它是一组平行于纵轴的直线，其值随速度指令变化，只要速度有微小变化，牵引力就会产生很大波动，不利于机车平稳运行。

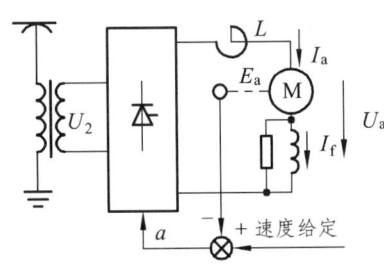

图 2.8　恒速控制原理图

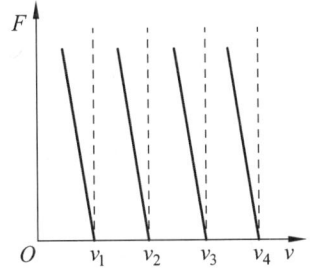

图 2.9　恒速、准恒速控制的牵引特性曲线

恒速控制方式下机车牵引特性很硬。不管牵引力如何变化，机车速度一直保持恒定，因而防空转性能好，有利于机车再黏着，但是由于牵引特性过陡，当阻力发生变化时，牵引力的波动很大，使车钩承受的冲击力过大，严重时会造成断钩事故。通常机车不采用恒速控制，而是采用准恒速控制，如图 2.9 的实线所示。

3. 特性控制

特性控制是指机车按恒流方式起动，起动完毕后按理想的牵引特性曲线运行。

理想的牵引特性曲线是介于自然特性与恒速特性曲线之间的斜线（也叫准恒速特性曲线），直流传动机车特性控制如图 2.10 所示。

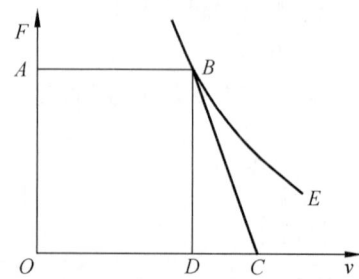

AB、BD——恒速控制的牵引特性曲线；
AB、BC——特性控制的牵引特性曲线；
BE——自然牵引特性曲线。

图 2.10 恒速特性与准恒速牵引特性比较

四、SS_4G 型电力机车的牵引特性曲线

机车牵引特性是指机车轮周牵引力 F 与机车速度 v 的关系，即 $F=f(v)$。它是列车进行牵引计算的依据。将牵引电动机的转速 n 换算为机车的运行速度 v，电动机的转矩 T 换算为机车轮周的牵引力 F_k，可得到直流传动电力机车的牵引特性表达式：

$$F_k = \frac{m}{1\,000} \cdot \frac{U_d I_a}{v} \eta_d \eta_c \text{（kN）} \tag{2.10}$$

式中　m——机车配用电动机数目，对于个别传动机车为机车动轴数；
　　　η_d——牵引电动机效率；
　　　η_c——传动装置效率。

由于机车的牵引特性 $F=f(v)$ 是从牵引电动机的机械特性 $T=f(n)$ 归算至机车轮周的特性，所以机车牵引特性曲线与牵引电动机的机械特性曲线具有相同的趋势。机车牵引特性曲线一般由机车型式试验测出。SS_4G 型电力机车的牵引特性如图 2.11 所示。

图中 QN 为恒流起动阶段，按照式（2.11）的关系进行起动，每级电流差为 150 A，设定速度点的运行符合准恒速控制曲线 $600X-54v$。

$$I_a = \min \begin{cases} 150X \\ 600X - 54v \text{ （A）} \\ 1\,096 \end{cases} \tag{2.11}$$

式中　X——牵引工况，司机控制器调速手轮的级位，$X=1\sim10$ 级，实际级位是连续的；
　　　v——机车的速度（km/h）；
　　　1 096——牵引电动机平均起动电流限制。

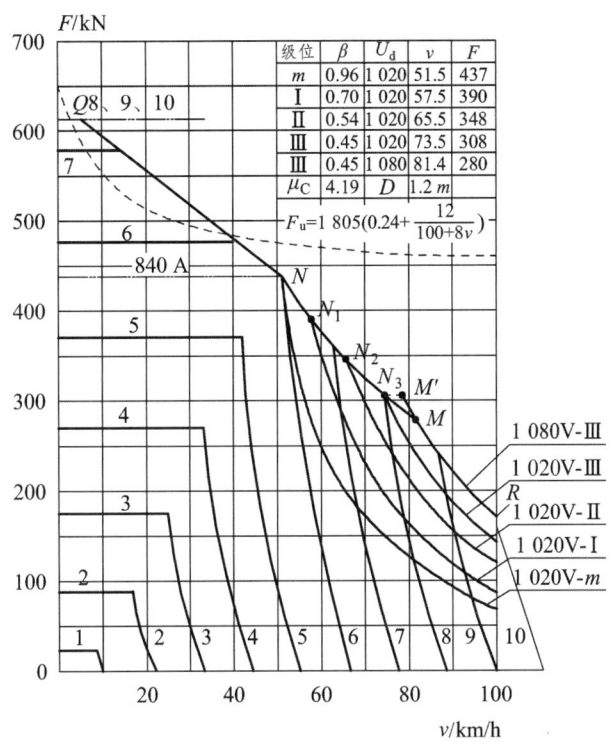

图 2.11 SS$_4$G 型电力机车的牵引特性曲线

MN 为恒功区,随着调速的进行,机车速度不断提高,牵引电动机电压由额定电压自动线性超压至限制电压,相应的电动机电流由额定值线性下降,使牵引力线性下降,维持机车功率不变运行。MR 为自然特性,此时机车速度若继续增加,则保持限制电压不变,采用磁场削弱的方法将磁场削弱系数由 96% 减小至 45%。

控制特性曲线与机车基本特性曲线是一致的,所不同的是机车的基本特性是由牵引电动机自身参数决定的,没有人工干预。而控制特性曲线则是通过外加装置人为改变牵引电动机的运行条件,如机车起动过程中保持电枢电流不变的恒流控制。

五、DF$_{4B}$ 型内燃机车牵引特性曲线

机车轮周牵引力在单位时间内所做的功,称为机车轮周功率。由于 DF$_{4B}$ 型内燃机车装有恒功率调节装置,故机车在每一个功率挡位下,都有确定的恒定功率值,即机车轮周功率为常数。因此,其牵引特性曲线 $F = f(v)$ 为一条等边双曲线。当机车运行功率挡位不同时,机车有不同的牵引特性曲线。DF$_4$ 型内燃机车采用有级调速,设有 16 个功率挡位,对应有 16 条牵引特性曲线。对于实行两级磁场削弱的机车,每个功率挡位下的牵引特性应是由全磁场区段,Ⅰ级磁场削弱区段,Ⅱ级磁场削弱区段 3 部分组成。由于磁场削弱瞬间,机车的牵引力和速度均不变,因此由 3 段构成的牵引特性曲线也是连续的。

DF$_{4B}$型内燃机车采用无级调速,其牵引特性曲线在额定功率下得出。DF$_{4B}$型内燃机车(牵引发电机经整流后输出功率 2 125 kW 时)实测牵引特性曲线如图 2.12 所示。

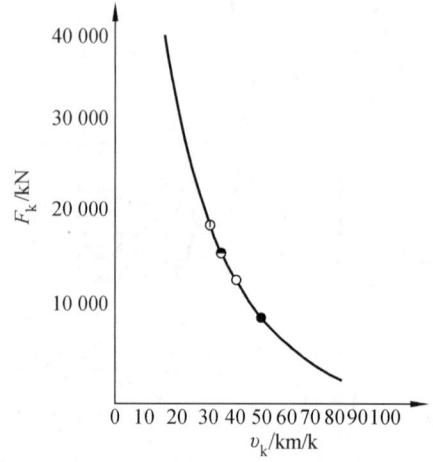

图 2.12　DF$_{4B}$型内燃机车实测的牵引特性曲线

思考题

1.《铁路技术管理规程》对起动的要求为(　　　)、加速快,防止列车(　　　)和断钩。

2. SS$_4$G 型电力机车的牵引特性曲线中 QN 为(　　　)区,MN 为(　　　)区。

3. DF$_{4B}$型内燃机车的牵引特性由哪些部分组成?

任务三　交-直-交型机车的调速控制

任务提出

交流传动机车采用三相鼠笼型异步电动机作为牵引电机,具有优异的运行性能,显著的节能效果,良好的可靠性,等效干扰电流小等诸多优点,是现代列车发展的必然趋势。

任务目标

(1)掌握交-直-交型机车的变频调速方法。

(2)能分析交-直-交型机车的调速控制系统。

(3)学习先进的机车控制理论和技术,发扬精益求精的工匠精神。

任务内容

一、交-直-交型机车的调速方法

交-直-交型机车采用异步牵引电动机作为牵引动力,根据异步电动机的转速表达式:

$$n = \frac{60 f_1}{P}(1-s) \tag{2.12}$$

式中　n——牵引电动机转子转速(r/min);
　　　s——异步电动机转差率;
　　　P——定子极对数;
　　　f_1——供电频率(Hz)。

可知,异步电动机的调速方法有改变电动机定子极对数、改变转差率和改变电源频率调速三种方法。

交-直-交型机车采用变频调速方法。变频调速,就是连续改变加在异步电动机定子上的供电电源频率 f_1,从而改变旋转磁场的同步转速,达到平滑调节转子转速的目的。变频调速的首要条件是需要一套调节范围较大的变频电源,在一定频率范围内,能够连续改变输出频率供给牵引电动机,实现无级调速。

电力牵引交流传动系统对交流电源进行直接变频(交-交变频)不能满足机车牵引调速的要求。只能采用间接变频(交-直-交变频)的方法,首先将交流电源整流成直流电源,通过中间环节储能和滤波后,获得平直的直流电压(电流),再将其逆变为三相变压变频(VVVF)的等效正弦交流电,供给牵引电动机使用。

目前,异步电动机传动的电力机车采用由四象限脉冲整流器和三相逆变器组成的牵引变流器进行调速,解决了机车功率因数和谐波干扰问题。异步牵引电动机的变压变频(VVVF)调速特性如图2.13所示。对于不同的负载,变频调速分为恒磁通控制和恒功率控制两种。

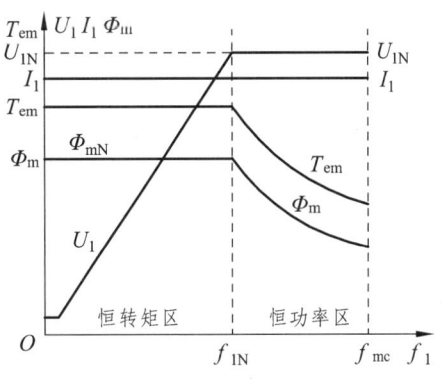

图 2.13　异步牵引电机的 VVVF 调速

1. 恒磁通控制

根据异步电动机每相定子感应电势 E_1 的表达式:

$$U_1 \approx E_1 = 4.44 f_1 N_1 K_{\omega 1} \Phi_m \tag{2.13}$$

式中　U_1——定子电压（V）；
　　　f_1——定子频率（Hz）；
　　　N_1——定子每相串联匝数；
　　　$K_{\omega 1}$——基波绕组系数；
　　　$\varPhi_m$——气隙磁通（Wb）。

在基频（50 Hz）以下，当电源电压一定时，如果降低定子频率 f_1，则气隙磁通 $\varPhi_m$ 将增大，使磁路过饱和，励磁电流增加，铁心损耗增加，这是不允许的，因此调频时一定要调节电势，保持感应电势与频率的比值不变，以保持气隙磁通不变。由于感应电势难以检测，当电动势较高时，可忽略定子绕组中的漏阻抗压降，用定子电压 U_1 代替定子电动势 E_1。只要使 U_1/f_1 = 常数，即在控制定子电压 U_1 的同时控制定子频率 f_1，使异步电动机的气隙磁通 $\varPhi_m \propto U_1/f_1 = C$，从而维持气隙磁通基本恒定。

机车起动阶段采用恒磁通控制，能够产生恒定的牵引力，起动过程平稳，可获得较大的起动加速度。

2. 恒功率控制

在恒磁通控制中，随着频率和转速的上升，定子电压 U_1 也相应提高，异步电动机的输出功率增大，但电压的提高受到电动机功率或逆变器最大电压的限制。通常调节频率大于基频（$f_1 > f_{1N}$）时，即当电压提高到一定数值后维持不变或不再正比于 f_1 上升，此后电动机磁通开始减小，将进入恒功率控制方式。

二、交-直-交型机车的调速控制系统

交-直-交型机车调速的实质是对三相异步电动机调速，而异步电动机和直流电动机不同，它只有一个供电回路——定子绕组，致使其速度控制比较困难，不能像直流电动机那样通过控制电枢电压或控制励磁电流来方便地控制电动机的转速。交流异步电动机的控制量只有定子电流，而定子电流的变化，不仅影响输出转矩，而且也会使气隙磁链发生变化。

目前，变频调速是交流异步电动机最主要的调速控制方式，早期变频系统都是采用开环恒压比（U/f_1 = 常数）的控制方式，即通过在控制过程中始终保持 U/f_1 = 常数，来保证定子磁链的恒定。这种控制策略是以电机本身稳态运行为立足点，即从电机机械特性出发分析研究电机的运行状态和特性，它的控制结构简单、价格便宜。然而这种控制方式是一种开环控制，其速度动态特性很差，电机转矩利用率低，控制参数（加、减速度等）还需要根据负载的变化做出相应的调整，特别是低速时由于定子电阻和逆变器电力电子器件开关延时的存在，系统可能会发生不稳定现象。随着交流电机调速控制理论及技术的发展，目前实用的交流调速系统控制方法主要有：转差频率控制、矢量控制和直接转矩控制等。

1. 转差频率控制系统

转差频率控制实际上是在 U/f_1 控制的模式上引入了速度闭环,以避免 U/f 控制的缺点,是 U/f 控制的改进版。交流传动机车的电机牵引传动系统属于典型的电力拖动控制系统,应服从电力拖动系统的基本运动方程式:

$$T_e - T_L = J \frac{d\omega}{dt} \tag{2.14}$$

式中 T_e——异步电动机输出转矩(N·m);
T_L——负载静阻转矩(N·m);
J——单轴旋转系统的转动惯量(N·m·s^2);
$\frac{d\omega}{dt}$——角速度变化率。

从式(2.14)可看出,有效地控制异步电动机输出转矩 T_e,就能控制角速度变化率 $\frac{d\omega}{dt}$,也就是能控制转速的变化。因此,归根结底,对交流异步电动机调速实际上就是对电动机输出转矩进行控制。交流异步电动机的转矩可近似表达为:

$$T_e \approx K_m \Phi_m^2 \frac{\omega_s}{r_2} \tag{2.15}$$

式中 K_m——转矩系数;
Φ_m——气隙磁通(Wb);
ω_s——转差频率(Hz),即转差率与定子频率的乘积,$\omega_s = s\omega_1$;
r_2——转子绕组的直流电阻(Ω)

式(2.15)表明,在基频(50 Hz)以下,如果能够维持气隙磁通 Φ_m 恒定,则有 $T_e \propto \omega_s$,这和直流电机中控制电流能够达到间接控制转矩的目的一样。控制转差频率就相当于控制了转矩,这就是转差频率控制的基本概念。

上面分析所得的转差频率控制概念是在转矩近似公式上得到的,当 ω_s 较大时,就能得到精确的转矩公式,其转矩特性如图 2.14 所示,当 ω_s 较小时且处于稳定运行段,转矩与转差频率 ω_s 基本上成正比,当 T_e 达到最大值 $T_{e\,max}$ 时,ω_s 达到 $\omega_{s\,max}$。

从图 2.14 可知,在转差频率控制系统中,只要保证 $\omega_s < \omega_{s\,max}$,就可保证 T_e 与 ω_s 的正比关系,从而可以用转差频率控制来代替转矩控制。

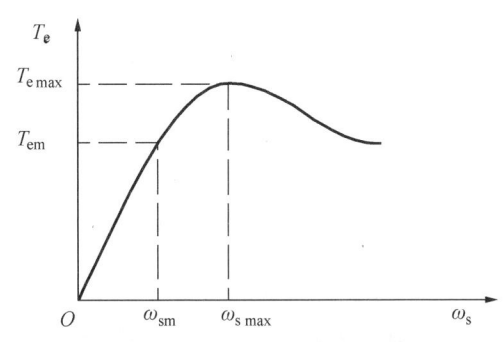

图 2.14 按恒 Φ_m 值控制的转矩特性

上述规律是在保持气隙磁通 Φ_m 恒定的条件下成立的,而要达到 Φ_m 恒定,由异步电动机每相定子电动势 E_1 的表达式（2.13）可知：当电动势较高时，忽略定子绕组中的漏阻抗压降用定子电压 U_1 代替定子电动势 E_1。只要使 $U_1/f_1 = $ 常数，即在控制定子电压 U_1 的同时控制定子频率 f_1，使异步电动机的气隙磁通 $\Phi \propto \dfrac{U_1}{f_1} = C$，维持气隙磁通基本恒定。

目前，在电力牵引交流传动系统中，大多采用脉宽调制 PWM 逆变器。这种逆变器最大的特点在于：当控制系统给定电压和频率时，PWM 信号生成单元控制逆变器的输出总能保证电动机气隙接近于恒定值，以满足恒磁通控制的要求。

转差频率控制的转速闭环变压变频调速系统结构原理如图 2.15 所示。

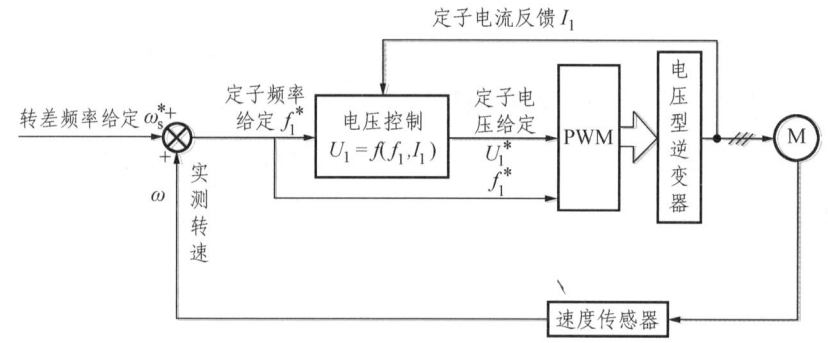

图 2.15　转差频率控制的转速闭环变压变频调速系统结构原理图

由图 2.15 可以看出，定子频率输入信号 f_1^* 是由转差频率给定信号 ω_s^* 和实测转速信号 ω 相加后得到的，即 $f_1^* = \omega_s^* + \omega$。这样，在转速变化过程中，定子频率随着实际转速同步上升或下降，因此加、减速平滑而稳定。由此可见，转速闭环转差频率控制的交流变压变频调速系统能够像直流电机双闭环控制系统那样获得较好的静、动态性能，是一个比较优越的控制策略，属于高性能的控制系统。

然而，上述转差频率控制规律是在电机稳态条件下分析的，在动态特性下该规律不一定适用。同时，由于转差频率控制环节取 $f_1^* = \omega_s^* + \omega$，使频率得以与转速同步升降，这本是转差频率控制的优点，但是如果转速检测信号不准确或存在干扰，也就会直接给频率造成误差，因为所有这些偏差和干扰都以正反馈的形式毫无衰减地传递到频率控制信号上。

转差频率控制系统的被控制量是异步电动机的平均转矩，并未最终实现像直流电动机一样能对其转矩的瞬时值实行有效控制的目的。

2. 矢量控制系统

随着现代控制理论和控制技术的发展，一种模仿直流电动机控制的矢量控制系统取得了重大进展，其控制效果可以媲美直流电机速度控制。矢量控制已在许多变频调速系统、铁路干线机车（如西班牙的 S252 机车）和高速动车（如德国的 ICE

动车）上得到应用，HX$_D$3 型电力机车、CRH$_2$ 型动车组调速控制也采用矢量控制方法。

矢量控制是一种高性能异步电动机控制方式，它基于电动机的动态数学模型，通过坐标变换，将交流电机模型转换成直流电机模型。根据异步电动机的动态数学方程式，它具有和直流电动机的动态方程式相同的形式，如果选择合适的控制策略，异步电动机应有和直流电动机相类似的控制性能，这就是矢量控制的思想。

因为进行变换的是电流的空间矢量，所以通过坐标变换实现的控制系统就叫作矢量变换控制系统，或称矢量控制系统。矢量变换控制又称磁场定向控制（或解耦控制），其基本方法是把异步电动机经坐标变换等效成他励直流电动机，然后仿照直流电机的控制方法，求得直流电机的控制，再经过相应的反变换来控制交流电机。

他励直流电动机控制如图 2.16 所示，在理想情况下，忽略电枢反应和磁路饱和的影响，直流电机的输出转矩表示为：

$$T_e = K'_t I_a I_f \tag{2.16}$$

式中　I_a——他励电机的电枢电流（A）；
　　　I_f——他励电机的励磁电流（A）。

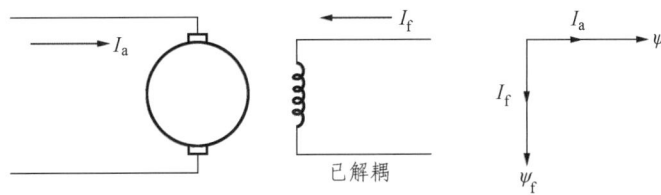

图 2.16　他励直流电动机

直流电机结构决定了由励磁电流产生的励磁磁通与电枢电流产生的电枢磁通相互垂直。这些在空间上静止的矢量彼此之间是自然垂直或是解耦的，这就意味着当控制电枢电流以控制转矩时，励磁磁通不受影响，而且在励磁磁通额定值时可以获得快速的瞬态响应。同理，由于彼此解耦关系，在控制励磁电流时，也只影响励磁磁通，而不会影响电枢磁通。

异步电动机由于内在耦合关系，一般不会有较快的响应。若将异步电动机经坐标变换，放在同步旋转的参考坐标系上进行控制，如图 2.17 所示，异步电机模型就会变成直流电机模型。

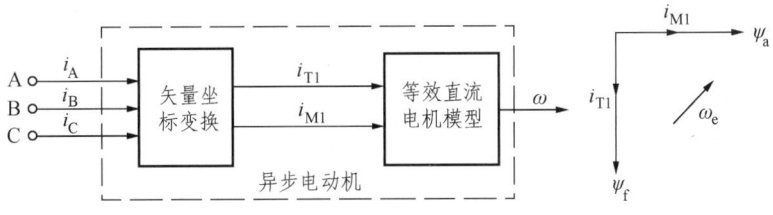

图 2.17　异步电动机的坐标变换结构图

总的来说，电机接有 A、B、C 三相导线，输入 i_A、i_B、i_C 三相定子电流，产生转子角速度 ω，属于交流电机。从虚线部分来看，由于坐标变换，异步电动机变成了由电流分量 i_{T1} 和 i_{M1} 作为输入，ω 作为输出的直流电机。

异步电动机经过矢量坐标变换后，定子电流被分解成相互垂直的两个量：直轴分量 i_{M1} 和交轴分量 i_{T1}。直轴分量 i_{M1} 用于控制转子磁通，称为磁通分量；交轴分量 i_{T1} 用于调节电机转矩，称为转矩分量。异步电动机的两个控制变量在矢量控制下，i_{M1} 与直流电动机励磁电流 I_f 类似，i_{T1} 与直流电动机电枢电流 I_a 类似。因此异步电动机的转矩可表示为：

$$T_e = K'_t \cdot i_{M1} \cdot i_{T1} \tag{2.17}$$

如果直轴分量 i_{M1} 被定向在磁链的方向并且与交轴分量 i_{T1} 相垂直，则异步电动机便可获得类似于直流电动机的特性。这就意味着当控制转矩分量 i_{T1} 时，只会影响实际的电流 i_{T1} 而不影响磁通分量。通过异步电机一系列的坐标变换便会获得直流电机特性，直流电机的控制方法就可以用于交流电机，获得直流电机调整量，再通过运算把坐标变回来，就实现了控制异步电机。

矢量控制的最终结果就是实现了定子电流分解，分别进行转子磁通和定子转矩的解耦控制，提高了调速的动态性能。与传统机车驱动控制系统的转差频率控制相比，矢量控制能够把感应电机的输出扭矩迅速地控制在目标值，从而提高对瞬时现象（如空转、滑行）的反应。

3. 直接转矩控制系统

继矢量控制之后，1984 年德国鲁尔大学的 Depen Brock 又提出了交流电动机的直接转矩控制方法，其特点是直接采用空间电压矢量，直接在定子坐标系下计算并控制电机的转矩和磁通；采用定子磁场定向，借助于离散的两点式调节产生 PWM（空间矢量 SPWM）直接对逆变器的开关状态进行最佳控制，以获得转矩的高动态性能。与矢量控制不同，直接转矩控制摒弃了解耦的思想，取消了旋转坐标变换，简单地通过电机定子电压和电流，借助瞬时空间矢量理论计算电机的磁链和转矩，并根据与给定值比较所得差值，实现磁链和转矩的直接控制。

在直接转矩控制中用异步电机定子侧参数计算出磁通和转矩，采用 PWM 信号直接控制逆变器的开关状态，对异步电机磁通和转矩直接进行自调整控制。直接转矩控制的思路是将逆变器和电动机作为一个整体来考虑，它包含两层含义：一是保持定子总磁链基本恒定；二是对电机转矩进行直接控制。通过对逆变器的开关控制，一方面实现磁链的幅值控制，另一方面实现电动机转矩控制。

异步电动机定子磁链控制是通过控制电动机输入电压来实现的。当在三相异步电动机的定子绕组中通入对称的三相正弦交流电压时，将在电动机气隙中产生圆形轨迹的旋转磁场。如果牵引电动机通过三相逆变器供电时利用空间矢量概念，建立起逆变器开关模式及其输出电压与电动机磁链之间的关系。根据要跟踪的磁链空间矢量运动轨迹，选择逆变器的开关状态，使逆变器输出适当波形的电压。

空间矢量 SPWM 是通过对电压矢量进行适当的切换控制，用尽可能多的多边形磁通轨迹来接近理想的磁通圆形轨迹。在空间矢量 SPWM 控制下，电动机的输入电压完全取决于逆变器的开关动作状态模式，而电动机的磁通仅取决于电压模式。

直接转矩控制原理图如图 2.18 所示，在实际控制过程中，将测得的电机三相电压 U_s 和三相电流 I_s 送入计算器，计算出电机的定子磁链 Ψ_s 和电磁转矩 T，分别与给定值 Ψ_s^* 和 T^* 相比较，然后选择开关模式，确定 PWM 逆变器的输出。

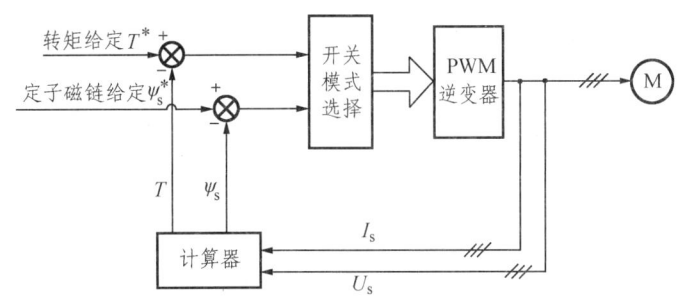

图 2.18 直接转矩控制原理图

直接转矩控制的目标之一就是建立磁链和逆变器开关模式之间的关系，通过逆变器开关的空间矢量脉宽调制控制，或称磁链跟踪控制技术，使电动机获得一个准圆形的气隙旋转磁场。磁通轨迹越接近于圆形，引起的电流、转矩波动就越小，谐波损耗也越小，异步牵引电机的运行性能也就越好。

HX_D1C 型电力机车采用直接转矩作为感应电机的控制系统。直接转矩控制方法简单，控制系统简洁明了，其控制系统动、静态性能优良。

知识拓展

一、现代控制技术的改进

无论是矢量控制技术还是直接转矩控制技术，对于电机参数可能发生变化时，都会影响变频器对电机的控制性能。自适应控制器可以根据受控对象在工作过程中，不断地检测系统状态参数或性能指标变化情况，自行修正控制参数或控制作用以适应环境和对象本身的动态变化，保证系统始终在最优或次最优的工作状态下。目前，我国正在积极采用自适应控制技术进行电机参数自辨识技术的研究，以不断提高传动控制的性能。

二、新一代传动控制技术

1. 永磁驱动及控制技术

与异步电机相比，永磁同步电机具有能流密度高、功率因数高、效率高、体积小、质量轻等优点，与同容量的异步电机相比，永磁同步电机的体积和重量减小15%～30%，且永磁同步电机具有转速平稳、过载能力强、噪声低、可靠性高、结构多样化、应用范围广的特点。永磁同步电机将在未来取代异步电机，成为轨道牵引传动的主流牵引电机。近年来，我国对永磁驱动及控制技术进行了大量研究，小功率的永磁驱动及控制技术已经在电动汽车上批量装车应用，目前针对"500 km/h高速动车组"进行大功率永磁驱动及控制技术研究。

2. 无速度传感器控制技术

无速度传感器控制技术可减小牵引电机的体积和传感器故障发生率，提高传动控制单元的可靠性，节省速度传感器和连接电缆的费用，节约成本。无速度传感器控制系统近年来已成为交流传动控制研究的热点。目前，我国已经成功地完成了异步电机无速度传感器技术的理论研究和地面试验，攻克了逆变器保护封锁后的带速度重投入，极低速定子零频率附近的额定转矩发挥以及再生制动状态等技术难题，正在进行工程化的应用研究。

思考题

1. 交-直-交型电力机车基频以下采用（   ）控制，基频以下采用（   ）控制。

2. 在直接转矩控制中，采用 PWM 信号直接控制（   ）的开关状态，对异步电机磁通和转矩直接进行自调整控制。

3. 新一代传动控制技术主要有哪些？

任务四　交–直–交型机车的牵引特性

任务提出

牵引电动机的机械特性决定了机车的牵引特性，异步牵引电动机的特性及基本理论是实现交-直-交型机车牵引/制动特性、逆变器和电动机容量确定的基础。

任务目标

（1）了解交-直-交型机车不同控制方式下的牵引特性。

（2）能描述 HX_D3 型电力机车的牵引控制特性曲线。

（3）掌握 HX_N5 型内燃机车的牵引特性曲线。

（4）学习先进的机车控制技术，发扬精益求精的工匠精神。

任务内容

一、电力机车的牵引运行

通常情况下,异步牵引电动机的运行可分为恒转矩控制和恒功率控制。因此,交流传动机车牵引运行可分为3个区:起动加速区(恒转矩区)、恒功率运行区和提高速度区(自然特性区),这3个运行调节区如图2.19所示。

在基频 f_N(50 Hz)以下为起动加速(恒转矩)区,采用 VVVF 控制,通过控制变流器的输出使其输出电压与频率按正比例关系变化。在基频

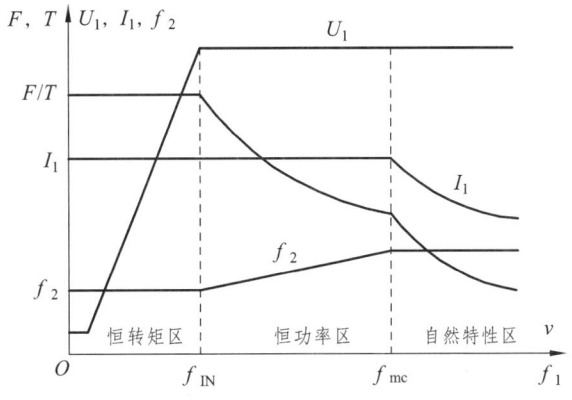

图 2.19 交流传动机车牵引运行

f_N 和最高控制频率 f_{mc} 之间为恒功率运行区,采用恒压调频控制,由式(2.13)可知,牵引电动机的磁通随着频率的升高而下降(电源电压保持额定值或最大值),类似直流电机的弱磁调速。在起动加速区和恒功率区的交点处,VVVF 控制结束,变流器输出达到额定电压或最大电压。

1. 起动加速区

若牵引电动机的气隙磁通保持不变,则电动机可以在任何转速下提供很大的转矩。由式(2.15)可知,只要保持转差频率恒定,即可得到恒定的转矩。转差频率越接近临界转差频率,在整个速度范围内可获得的转矩就越大,这就是所谓的恒转矩特性。利用这一特性,可以满足机车以不变的牵引力起动的要求。

恒转矩运行中,随着电动机转速的上升,电压提高,牵引电动机的输出功率增加。但是电压的提高受到电动机功率或逆变器最大电压的限制,于是电压提高到一定的值后将维持不变,或者电压不再正比于 f_1 上升。此后,电动机将以恒功率输出为条件进行电压和频率控制。

2. 恒功率特性区

牵引电机的输出转矩可以近似地认为是电磁转矩 T_{em} 和频率 f_1 的乘积,即

$$P_2 \propto T_{em} f_1 = U_1^2 \frac{f_2}{f_1} \tag{2.18}$$

要使 P_2 = 常数,可以按照 U_1 = 常数、f_2/f_1 = 常数,以获得最大电动机与最小逆变器的匹配。目前,所有电力传动系统均采用大电机与小逆变器的匹配方式,使系统获得更高的性价比。

3. 自然特性区

当逆变器输出频率超出最高控制频率 f_{mc} 以后，若牵引电动机定子端电压 U_1 和转差频率 f_2 均维持不变，机车将运行在自然特性区，可进一步提高运行速度。

二、不同控制方式下的机车牵引特性

交流传动机车的牵引特性曲线都是由低速起动区和高速运行区组成。为了充分利用黏着限制条件，低速起动区采用准恒速转矩控制，高速运行区由恒功率范围向高速区迁移。机车的控制方式有以下 4 种，不同的控制方式，其牵引特性也不尽相同。

1. 恒转矩和恒功率控制的牵引特性

在低速区段特性曲线平直，机车按照恒转矩（恒牵引力）起动，牵引电机工作在恒压频比（CVCF）供电方式下，起动电流大。恒压频比控制结束后，进入恒压恒功率区段运行。

这种牵引特性具有恒功率运行范围大，加速性能好的特点，不仅适用于内燃机车，而且也适用于高速电动车组。HX_N5 型内燃机车、CRH_5 型动车就采用此种控制方式。CRH_5 型动车牵引特性曲线如图 2.20 所示。

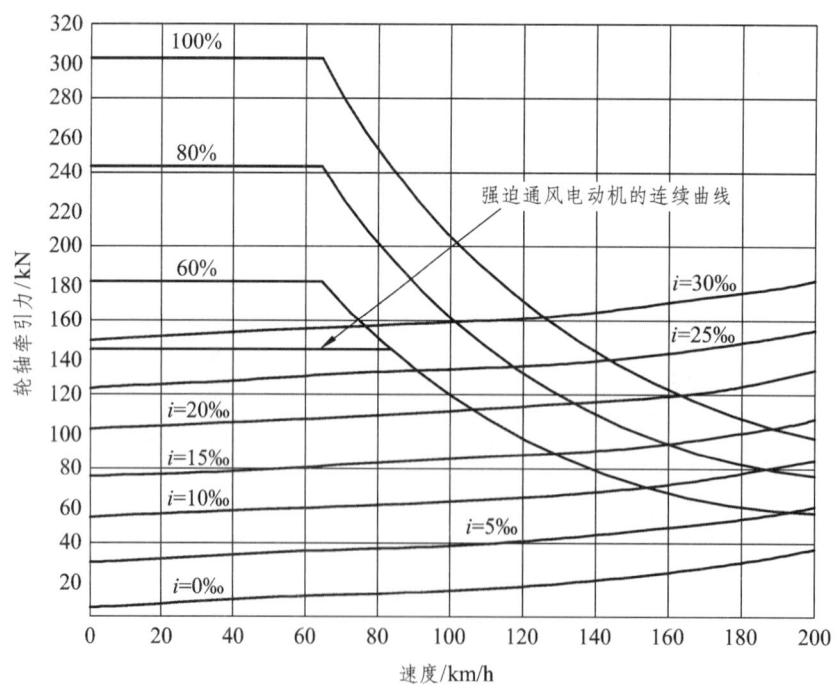

图 2.20 CRH_5 型动车牵引特性

2. 黏着控制与恒功率控制的牵引特性

在低速区，牵引力随着机车速度的升高而下降，牵引力采用与黏着限制曲线相近的变化趋势,以充分利用轮轨之间的黏着条件,机车按照准恒转矩(恒牵引力)运行。在额定频率点转入恒压恒功率高速区段运行。

这种牵引特性的显著特点是起动牵引力大、加速快,是目前普遍采用的一种控制方式,不仅适用于客运、货运电力机车,而且也适用于高速电动车组。CRH_3、CRH_2 型动车组就采用这种控制方式,CRH_2 型动车组牵引特性曲线如图 2.21 所示。

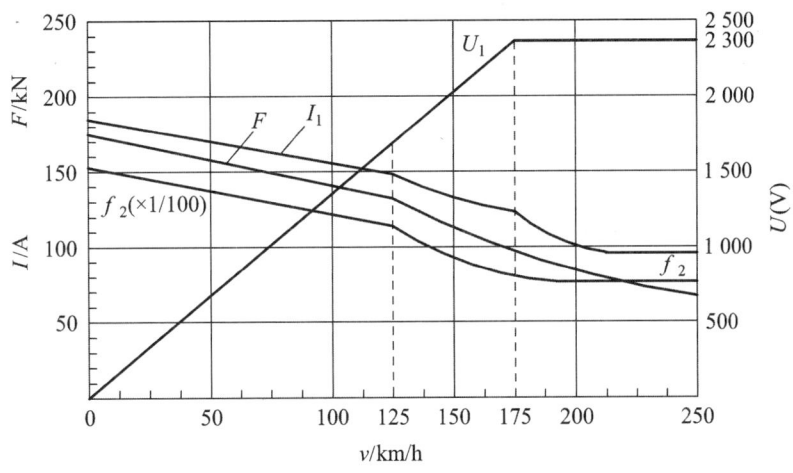

图 2.21　CRH_2 型动车组牵引特性

3. 恒转矩、黏着控制与恒功率控制的牵引特性

这种特性曲线由三段组成,在低速起动区采用恒转矩/恒牵引力控制,可获得较大的牵引力;当机车速度上升到低速时的一定值后,按照黏着限制条件的斜线进行控制,以充分利用轮轨之间的黏着条件,牵引力随速度的提高而下降,直到持续速度点;从持续速度点开始进入恒功率运行区,按照恒功率输出。

这种牵引特性具有起动牵引力大,恒牵引力持续时间很短;黏着控制阶段牵引力随速度上升而下降,牵引电动机电流也相应减小,恒功率区向高速度端移动,恒功率范围小等特点,非常适合于大功率货运机车的牵引特性。HX_D1、HX_D2 型电力机车采用这种控制模式,如图 2.22、图 2.23 所示。

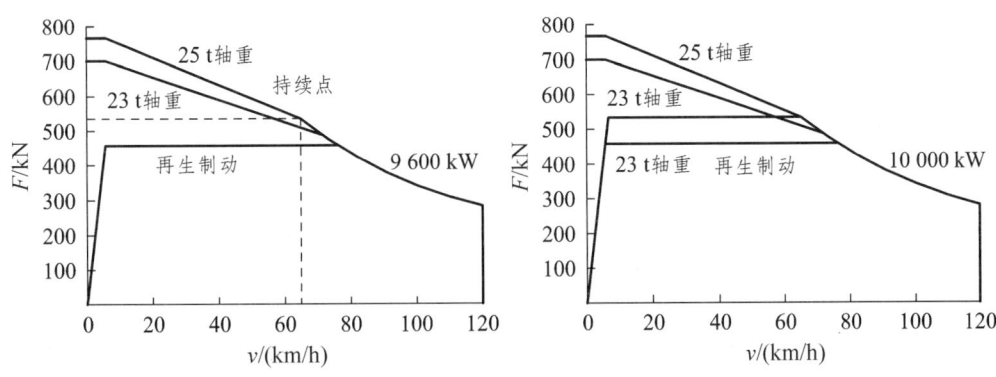

图 2.22　HX_D1 型电力机车牵引特性　　图 2.23　HX_D2 型电力机车牵引特性

4. 恒牵引力与准恒速控制的牵引特性

机车牵引力由恒定牵引力、最大牵引力和准恒速牵引力三部分组成。牵引力按照特性控制时，对恒定牵引力、最大牵引力和准恒速牵引力进行比较，取最小值作为输出牵引力的控制值送入变流器。

货运电力机车一般采用恒牵引力准恒速的牵引特性，短暂的恒牵引力控制可以获得很大的起动牵引力。准恒速控制将使机车牵引力按照准恒速关系（线性关系）下降。当速度达到持续速度时，进入恒功率控制阶段，恒功率区位于机车运行的高速度段，可以充分发挥机车在高速段的牵引能力。HX$_D$3 型电力机车就采用恒牵引力与准恒速特性控制。

三、HX$_D$3 型电力机车的牵引特性曲线

HX$_D$3 型电力机车牵引力由恒定牵引力 F_{st}、最大牵引力 F_{max} 和准恒速控制牵引力 F_r 三部分组成，如图 2.24 所示。

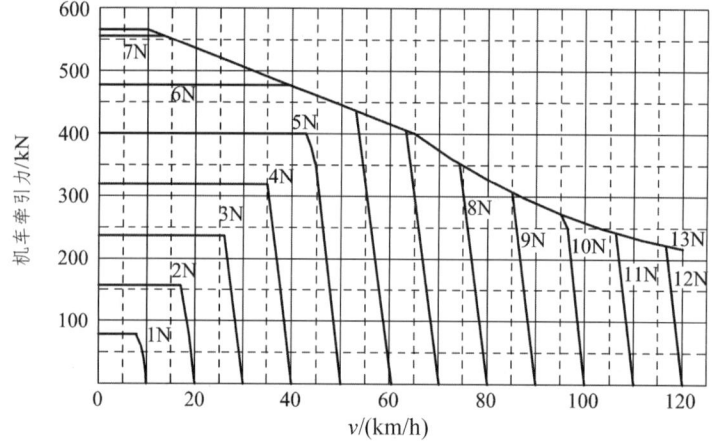

图 2.24　HX$_D$3 型电力机车牵引特性（25 t）

1. 恒牵引力起动阶段

在低速起动时采用恒牵引力控制，可获得较大的牵引力，充分利用黏着。机车牵引力按照司机控制手柄级位来给定，即：

$$F_{st} = 80N \tag{2.19}$$

式中　N——司机控制器手柄级数，共有 13 级，各级间能平滑调节。

机车司机控制器每个级位的牵引力变化设定为 80 kN。机车按表达式（2.19）的关系起动，输出牵引力与级位成正比例的关系，当级位增加到 6 级以上时，输出牵引力受最大牵引力的限制。最大牵引力按照机车速度分段计算，其计算公式为：

$$F_{max} = \begin{cases} 570 & v < 10 \text{ km/h} \\ 600.9 - 3.09v & 10 \text{ km/h} \leqslant v < 65 \text{ km/h} \\ 26\ 000/v & v \geqslant 65 \text{ km/h} \end{cases} \tag{2.20}$$

2. 准恒速运行阶段

准恒速控制牵引力按照机车运行速度进行缩减，其表达式为：

$$F_r = 640N - 64v \qquad (2.21)$$

机车按照式（2.21）的关系运行，牵引力随着速度的增加线性下降，牵引力不能为负值，若计算值为负值时，则牵引力为零。机车每级速度变化范围在 10 km/h 以内，当机车速度达到 120 km/h 时，将进行速度限制。

牵引力按照特性控制时，对恒定牵引力 F_{st}、最大牵引力 F_{max} 和准恒速控制牵引力 F_r 进行比较，取最小值作为输出牵引力的控制值送入变流器，其表达式为：

$$F = \min\{80N, F_{max}, 640N - 64v\} \qquad (2.22)$$

图 2.24 所示的 HX_D3 机车的最高速度为 120 km/h，在 25 t 轴重负荷下，持续速度为 65 km/h，恒功率速度范围 65～120 km/h，恒功率调速比 $K_{Pv} = 1.846$。

四、HX_N5 型内燃机车牵引特性曲线

HX_N5 型内燃机车采用恒转矩和恒功率控制的牵引特性，机车全功率运行时，持续牵引力为 620 kN，轮周功率为 3 980 kW。HX_N5 型内燃机车在正常工况、最高手把位时，所发挥的设计牵引力特性曲线如图 2.25 所示。

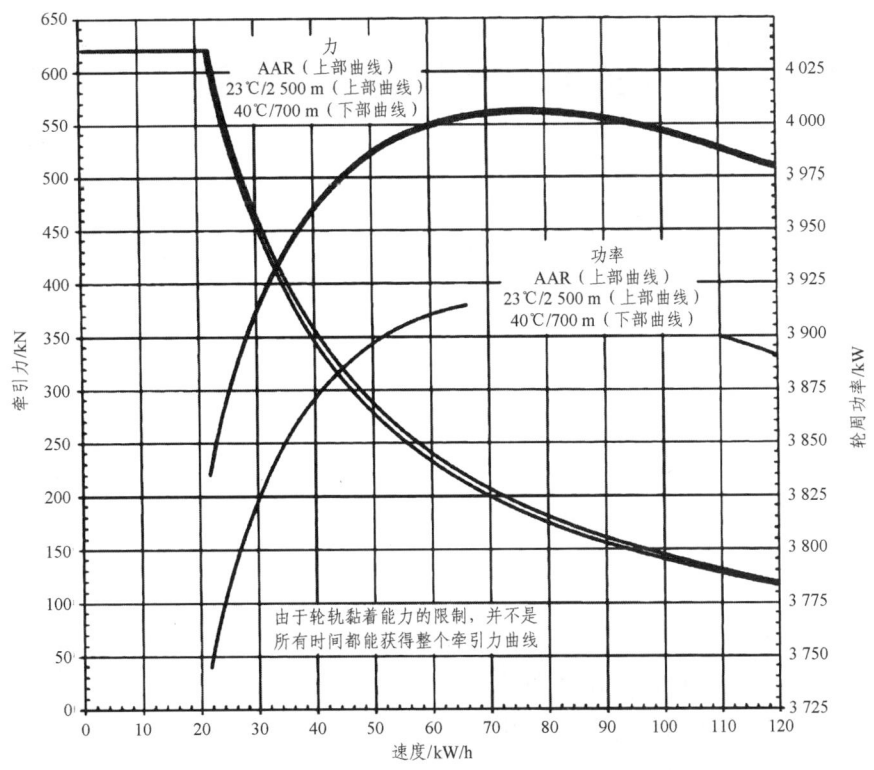

图 2.25　HX_N5 型内燃机车设计牵引特性曲线

HX_N5 型内燃机车在两个不同环境温度/海拔高度（23 ℃/2 500 m、40 ℃/700 m）情况下，在最高手把位时的起动牵引力、持续牵引力、持续速度和恒功率速度范围见表 2.1。

表 2.1　HX_N5 型机车 8 级时的牵引力和持续速度

环境温度/海拔高度	美国铁路协会（AAR）标准状态	23 ℃/2 500 m	40 ℃/700 m
起动牵引力/kN	620	534	534
持续牵引力/kN	565	588	570
持续速度/(km/h)	22.4	20.4	19.8
恒功率速度范围/(km/h)	22.3 ~ 120	22.3 ~ 120	22.3 ~ 120

思考题

1. 交流传动电力机车牵引特性分为哪起动加速区、（　　）区和（　　）区？
2. HX_N5 型内燃机车采用（　　）和（　　）控制的牵引特性。
3. HX_D3 型机车牵引力由（　　）、（　　）和（　　）三部分组成

任务五　机车的电气制动

任务提出

制动就是人为施给机车一个与运动方向相反的力，使机车减速、限速或完全停止下来。因此，制动是机车基本运行工作状态之一，其实质是调速的一种特殊形式，前述的调速原理对机车电气制动依旧适用。现代铁路运输的安全性在很大程度上取决于机车制动性能的好坏。

电传动机车一般有两套独立的制动系统：一是空气制动系统即机械制动系统，包括闸瓦制动和盘型制动；二是电气制动系统，包括电阻制动和再生制动，高速列车还有磁轨制动和涡流制动。空气制动和电气制动，两者可以单独使用，也可以联合使用。

任务目标

（1）会分析机车的电阻制动和再生制动原理。
（2）掌握电气制动的特点，能利用电气制动进行机车速度调节。
（3）了解高速列车的复合制动，学以致用，能合理选择制动方法。

刹车也精彩

任务内容

一、电气制动原理

电气制动（也称动力制动）是利用电机的可逆性原理。机车在牵引工况时，牵引电机作电动机运行，将电能转换为机械能，轴上输出牵引转矩以驱动列车运行；在电气制动时，列车的惯性力带动牵引电机，牵引电机作发电机运行，将列车动能转换为电能，输出制动电流的同时，在牵引电机轴上产生反转矩并作用于轮对，形成制动力使列车减速或以一定的速度运行。

根据电气制动时电能的消耗方式，电气制动分为电阻制动和再生制动。如果将电气制动时产生的电能利用电阻使之转化为热能消耗掉，称为电阻制动。如果将电气制动时产生的电能重新回馈给电网并加以利用，称为再生制动。

二、电气制动的优点

采用电气制动有以下优点：
（1）提高机车下坡时的运行速度。
（2）降低闸瓦和机车轮箍的磨耗。
（3）最少限度地使用空气制动机，使闸瓦和轮箍的发热量减少，确保机车有足够的缓解和充风时间，提高使用空气制动的制动效果，为列车安全运行创造条件。
（4）加大行车密度，提高运输能力。

三、直流传动机车的电阻制动

1. 内燃机车的电阻制动

机车在电阻制动工况时，牵引电机作发电机运行。由于串励发电机不能稳定地工作，所以电阻制动时，必须将串励电动机改为他励发电机，如图2.26所示。

此时，电机的励磁绕组由牵引整流柜经电空接触器KM2供给励磁电流产生磁场，而电枢绕组、换向极绕组串联后经电空接触器KM1与制动电阻R_Z相连。由于电机电枢通过齿轮被轮轴驱动，仍然按照牵引时的方向继续旋转，在电枢绕组内就产生感应电动势和电枢电流，电

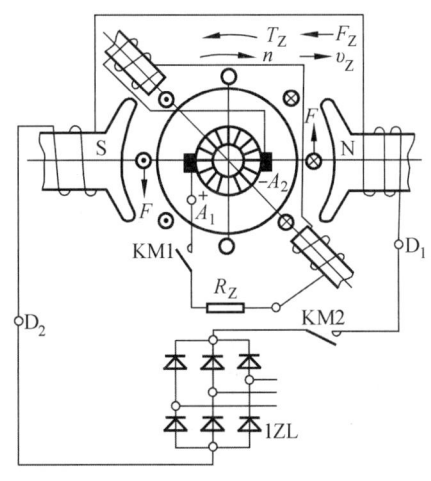

图 2.26　电阻制动原理

枢电流流过电枢绕组和制动电阻。于是，电枢电流和磁场作用产生电磁转矩 T_Z，其方向可用左手定则判断。由于电磁转矩 T_Z 的方向与电枢旋转方向 n 相反，是制动转矩。这个制动转矩经齿轮传动装置传递到轮对上，形成制动力 F_Z。制动力的方向与机车运行方向相反，对机车起制动作用。

2. 电力机车的电阻制动

直流传动电力机车采用电阻制动，其线路如图 2.27 所示。

采用电阻制动时，首先切断牵引电机电枢与电网的连接，使电枢绕组与制动电阻结成回路，励磁绕组则由其他电源供电，并且励磁电流方向与牵引时相反，以改变电磁转矩方向。电机作他励发电机运行。

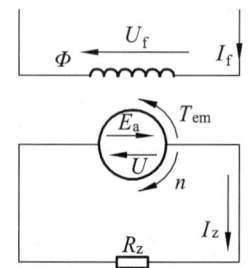

图 2.27　电阻制动线路

3. 电阻制动特性

制动特性是指制动力 B 与机车速度 v 之间的关系，即 $B = f(v)$。当他励发电机进入稳定工作状态时，电势平衡方程式为：

$$E_a = C_v \Phi v = I_z (R_z + R_a)$$

由此得出机车电阻制动时的速度表达式为：

$$v = \frac{I_z (R_z + R_a)}{C_v \Phi} \quad (\text{km/h}) \tag{2.23}$$

将电机的制动转矩 $T = C_T \Phi I_z$ 换算为机车轮周制动力 B 则有：

$$B = \frac{0.06 m C_e \Phi \mu_c}{\pi D \eta_c \eta_d} I_z \quad (\text{kN}) \tag{2.24}$$

由速度特性表达式（2.23）和制动力特性表达式（2.24）可求出机车电阻制动时，制动力-速度表达式为：

$$B = \frac{m \mu_c^2}{\pi^2 D^2 \eta_c \eta_d (R_z + R_a)} (C_e \Phi)^2 v \quad (\text{kN}) \tag{2.25}$$

式（2.25）表明，对于某一固定的励磁电流（即 Φ 值固定），制动力 B 与速度 v 成正比，并且励磁电流越大，特性曲线越陡，如图 2.28 所示。图中 $I_{L4} > I_{L3} > I_{L2} > I_{L1}$，说明他励电阻制动具有机械稳定性，随着机车速度的增加其制动力也增加。

由图 2.28 可知：保持励磁电流为常量（即 Φ 值固定），机车速度越高，制动力越大，制动效果越明显；机车速度越低，制动力越小，故电阻制动一般不能用于制停。

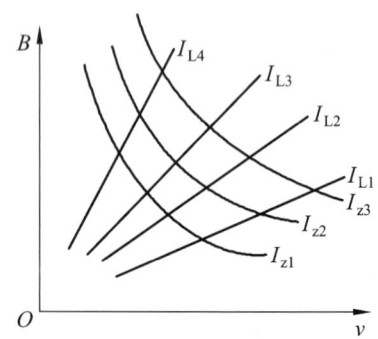

图 2.28　电阻制动特性曲线

如果保持制动电流 I_z 为常量，此时机车制动力-速度表达式为：

$$B = \frac{0.0036m(R_z + R_a)}{\eta_c \eta_d} \cdot \frac{I_z^2}{v} \quad (\text{kN}) \tag{2.26}$$

式（2.26）表明，制动电流 I_z 保持恒定时，机车制动力 B 与机车速度 v 成反比，特性曲线为一双曲线，且 $I_{z3} > I_{z2} > I_{z1}$，制动力在很宽的范围内随速度的升高而降低，因而不具有机械稳定性。

由以上分析可知，制动力的大小可以通过两种方法来改变：一是改变励磁电流以改变牵引电机磁通，二是改变制动电流。

4. 电阻制动的不足及克服办法

从制动特性曲线可以看出电阻制动最大的缺点是：低速时制动力直线下降，制动效果不明显。因此，电阻制动不能完全代替空气制动，一般只能作为减速制动，不能作为停车制动。为了提高低速时的制动力，直流传动电力机车一般采用分级电阻制动和加馈电阻制动，直流传动内燃机车一般采用分级电阻制动。

1）分级电阻制动

利用改变制动电阻阻值来改变制动特性，即将制动电阻分成若干级，低速时由于发电机电势随机车速度（电机转速）的降低而成正比地降低，对于一定的制动电阻，制动电流也正比减小，因而不能维持一定制动力时所需的电流，若将制动电阻短接一部分，则尽管由于机车速度的降低使发电机电势下降，但由于制动电阻的减小，制动电流仍能保持较大的值，以维持低速时有较大的制动力。例如 SS_3 型电力机车制动电阻 R_z 分成 $1.00052\ \Omega$ 和 $0.60\ \Omega$ 两级，低速时制动力扩大近 1 倍，如图 2.29 所示。图中虚线表示"低速制动"时的制动特性。

在 DF_{4B} 型内燃机车上，除采用恒励磁和恒电流的电阻制动方式外，还采用一级扩展（二级电阻）制动方式，如图 2.30 所示。此时，由于制动电阻减半，制动电流增大，提高了低速时的制动力。

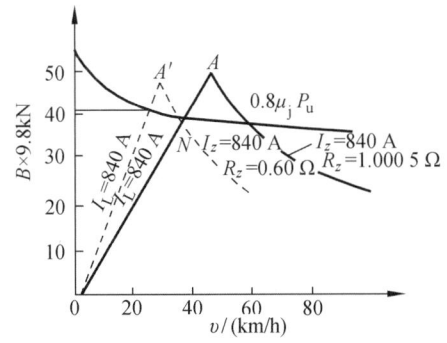
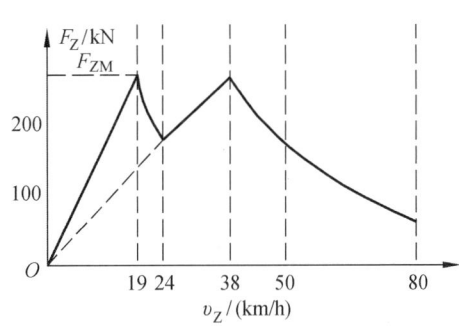

图 2.29　SS_3 型电力机车电阻制动特性曲线　　图 2.30　DF_{4B} 型内燃机车电阻制动特性曲线

2）加馈电阻制动

加馈电阻制动又称"补足"电阻制动，电阻制动在低速区由于制动电流减小而使制动力下降，为了维护制动电流不变，克服电力机车制动力在低速区减小的状况，在制动回路外接附加制动电源来补足。其原理如图2.31（a）所示。

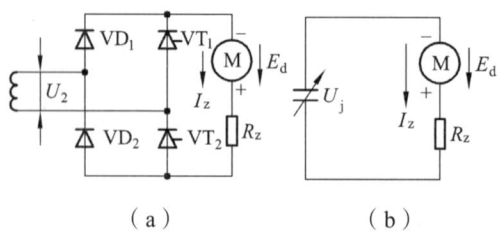

图 2.31　加馈电阻制动原理

根据图2.31（b）可以列出电压平衡方程式为：

$$U_j + E_d = I_z(R_z + R_a) \tag{2.27}$$

推导出制动电流为：

$$I_z = \frac{U_j + E_d}{R_z + R_a} \text{ (A)} \tag{2.28}$$

由于需要根据实际制动电流及时补足发电机电势减少部分，故要求附加制动电源连续可调。一般相控调压的电力机车不另设加馈电源，而是使用牵引时的整流调压电路在制动工况作为加馈电源。

根据图2.31（b），表达式（2.26）又可改写成：

$$I_z = \frac{E_d + 0.9U_2 \dfrac{1+\cos\alpha}{2}}{R_z + R_a}, \ 0 < \alpha < \pi \text{ (A)} \tag{2.29}$$

调节半控整流电路中晶闸管的移相角 α 可以调节加馈电源输出，及时补足制动电流的减小，使制动电流维持不变。显然，加馈电阻制动时需要消耗部分电网能量，有计算表明，所需外加制动功率几乎与机车额定功率相等。

从理论上讲，加馈电阻制动可使机车制停，而实际上由于牵引电机换向器不允许在机车速度很低时，长时间流过额定电流，以防止换向器过热而烧损。故在机车速度低于一定值时，应切除加馈电阻制动，改用空气制动使机车停车。

四、交流传动机车的电气制动

在交流传动机车中，异步牵引电机也需要应用机械制动和电气制动来降低列车的运行速度。现代高速动车组普遍采用电气制动将列车储存的大量动能转换为热能或者电能。

异步牵引电机在低于同步转速下作电动机运行，将电网的电能转换为机械能，产生牵引力驱动列车前进，此时转差率 $s>0$，电磁转矩为动力转矩。在电气制动时，异步牵引电机转子转速超过同步转速，即转差率 $s<0$。此时，异步牵引电机作发电机运行，将列车储存的动能转换为电能，输出制动电流的同时，在牵引电机轴上产生反转矩并作用于轮对，形成制动力使列车减速或以一定的速度运行。

电气制动也称动力制动，其制动力受轮轨之间黏着系数的限制，属于黏着制动。电气制动分为电阻制动和再生制动。

1. 电阻制动

在电阻制动时，牵引电机将动能转换为交流电能，通过逆变器将交流电能转化为直流电能，该直流电能通过制动电阻以热能的形式消耗掉，其工作原理如图 2.32 所示。

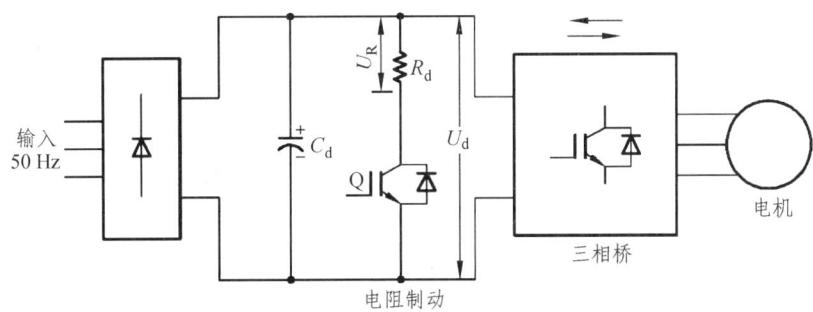

图 2.32　电阻制动的工作原理

此时牵引电机作发电机运行，逆变器工作在整流状态，其输入端为二极管整流桥的三相脉宽调制逆变器。由于直流电流无法通过二极管整流桥流回电网，它将给滤波电容 C_d 充电，导致直流环节电压上升，制动电阻 R_d 并联在电容器两端，用于消耗多余的能量。电阻制动可以看成一个降压的直-直变流电路，采用斩波控制将直流电压限制在一定范围。制动电阻两端的电压为：

$$U_R = \frac{t_{on}}{T}U_d = 2.34\frac{t_{on}}{T}\cdot U_{an}\cos\alpha = 2.34\rho\cdot U_{an}\cos\alpha,\ \left(\alpha\leqslant\frac{\pi}{3}\right) \quad (2.30)$$

式中　ρ——占空比，$\rho=\frac{t_{on}}{T}$，其中 t_{on} 为斩波器导通时间；

　　　T——斩波周期（s），$T=t_{on}+t_{off}$，其中 t_{off} 为斩波器关断时间；

　　　U_{an}——三相桥式整流输出电压平均值（V）。

由于直流电压恒定，因此制动电阻吸收的最大功率为 U^2/R_d，此时 IGBT 处于全导通状态。通过调节 IGBT 的占空比，可以使逆变器-电机的功率与消耗在制动电阻上的功率相匹配。

2. 再生制动

交流传动电力机车的网侧变流器大多采用四象限脉冲整流器，能实现能量的双向流动，方便地进行牵引和再生制动的转换。另外交流传动机车采用三相异步电机，相同速度下发电机电势要高于直流电机，能量转换效率及经济性明显好于直流传动机车，因此交流传动电力机车的电气制动一般采用再生制动。

机车由牵引工况转换为制动工况，通过降低牵引电机定子的供电频率，转子的机械惯性将使转子转速维持在高于同步转速的状态，此时转差率变为负值，牵引电机进入发电机状态，其三相定子绕组切割旋转磁场产生三相交流电。

再生制动时，牵引变流器工作状态发生改变，逆变器仅由每个主逆变器元件并联的二极管组成桥式不可控整流电路，将牵引发电机交流电能整流成直流电能，输出直流电能给中间环节。然后由四象限脉冲变流器将中间直流环节储存的直流电能逆变为单相工频交流电能回馈给电网。再生制动模式下交流电力机车的传动特性如图 2.33 所示。

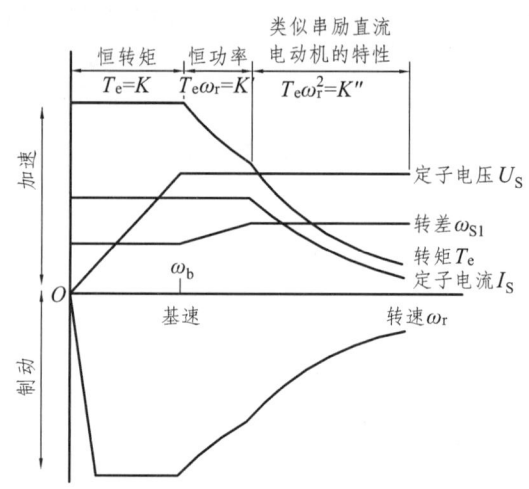

图 2.33　再生制动模式下交流电力机车的传动特性

五、HX_N5 型内燃机车电阻制动特性曲线

HX_N5 型内燃机车采用交流电传动装置，其电阻制动原理和特性与交-直流电传动内燃机车不同，在高速区可以接近恒功率曲线。在低速区域则只能有 1~4 个点达到最大制动力，而且机车速度降低到停车，制动力也随之降低到零。

交流电传动机车在电阻制动工况，交流牵引电机在超同步区域内（第二象限）作为交流发电机工作，向直流中间环节供电，提供制动能量。制动电能一部分用于制动电阻通风机供电（50 kW），另一部分通过制动电阻转化为热能散逸。此时，变流器作为整流器工作，并使电阻制动力无级调节。有的交流电传动内燃机车，低速时电阻制动力只能保持 5~10 km/h。

HX_N5 型内燃机车的电阻制动性能，既不受励磁电流的限制，也不受电动机换向的限制。图 2.34 为美国铁路协会（AAR）标准状态下，HX_N5 型内燃机车电阻制动特性曲线。

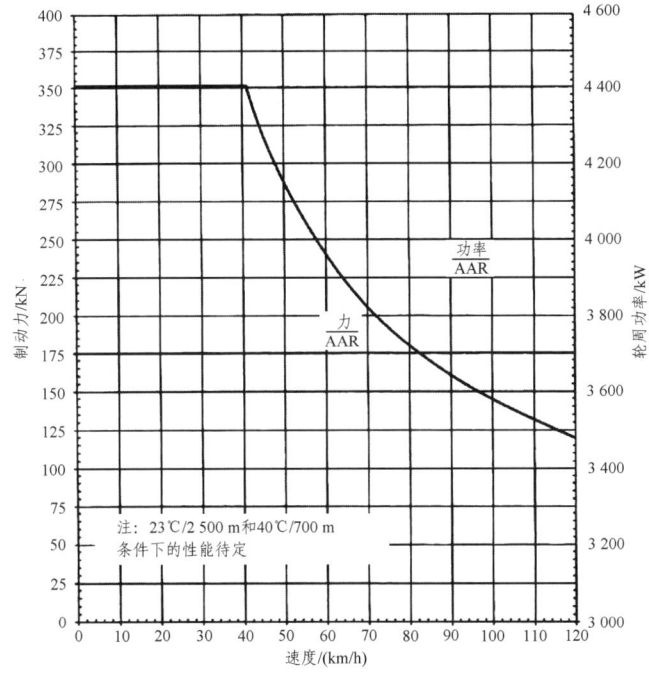

图 2.34　HX_N5 型内燃机车电阻制动特性曲线

HX_N5 型内燃机车制动电阻特性由两个区段组成：高速时的恒功率制动区段，该区段制动力随机车速度的降低而增大，功率约为 4 000 kW；低速时的恒制动力区段，该区段维持机车最大值动力不变，制动力约为 350 kN。

计算机系统为每台牵引电机计算频率以便使每个转子产生最优的转矩。由于这种制动方案具有有效的计算机控制特点。所以，在理论上 HX_N5 型内燃机车可以使用电阻制动使机车速度降至 0。

六、HX_D3 型电力机车再生制动特性曲线

HX_D3 型机车采用恒制动力、准恒速特性控制方式，其制动特性如图 2.35 所示。制动力限制及制动特性控制表达式为：

$$B = \min\{36.4v - 145.6, 26\,000/v, 36.4v - 364(N-1), 400\} \quad (2.31)$$

式中　B——机车轮周制动力（kN）；

　　　v——机车运行速度（km/h）；

　　　N——机车司机控制器手柄级数，共 12 级，各级间能平滑调节。

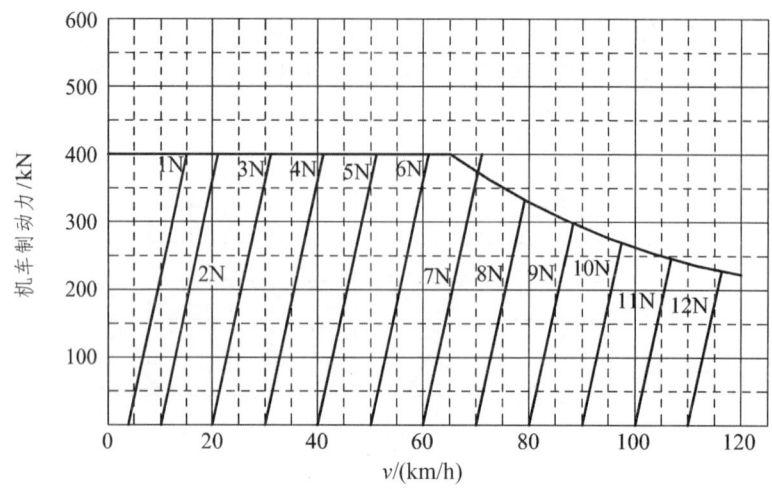

图 2.35　HX_D3 型电力机车再生制动特性（25 t）

式（2.29）中的前三项为机车的制动力限制曲线，当机车速度小于等于 65 km/h 时，机车最大制动力限制为 400 kN；当司机控制器调速手柄级位为 1 时，机车电制动力进入低速限制区，机车速度从 15 km/h 按照 $36.4v-145.6$ 限制线下降，当机车速度小于 4 km/h 时，机车将无制动力输出；当机车速度大于 65 km/h 时，机车最大制动力按曲线 $B=26\,000/v$ 进行限制，此区段为机车功率限制区。

表达式 $B=36.4v-364(N-1)$ 为特性控制函数，机车制动力在上述限制曲线范围内按该函数关系进行控制，制动力不能为负值，当计算结果为负值时，输出制动力为零。机车每级速度变化范围为 10 km/h。

知识拓展　非黏着制动

随着列车运行速度的提高，轮轨间的制动黏着系数下降，制动距离加长，而制动能量近似与机车运行速度的平方成正比，尤其是当速度超过 300 km/h 时，轮轨制动已经不能满足高速制动的需求。为了获得较高的减速度和较短的制动距离，列车可采用非黏着制动。非黏着制动是指不受轮轨之间黏着系数限制的电制动方式。非黏着制动主要有电磁轨道制动和电磁涡流制动两种。

1. 电磁轨道制动

电磁轨道制动是将制动电磁铁吸附在钢轨上，由电磁铁的摩擦块与钢轨摩擦产生制动力，其原理如图 2.36 所示。

电磁铁的摩擦块安装在转向架构架上。制动时，由励磁控制器向电磁铁的励磁线圈励磁，同时提升筒充气，使制动电磁铁降至轨面。电磁铁和钢轨面相吸，产生摩擦制动力。制动力通过连杆装置传到转向架上。由于制动力不经过轮对，因此与黏着无关。缓解时，励磁控制器使电磁铁失电，同时提升筒放气，使制动电磁铁回到悬空位置。

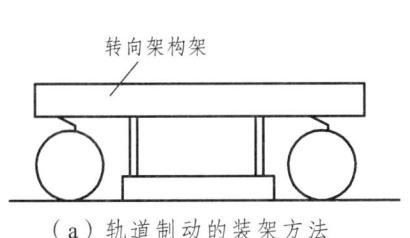
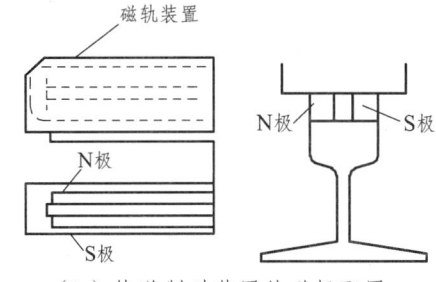

（a）轨道制动的装架方法　　　（b）轨道制动装置的磁极配置

图 2.36　电磁轨道制动

电磁轨道制动的特点是功率消耗小，对轨道表面有清洁作用，有利于提高黏着系数；不足之处是由于制动作用以摩擦块为基础，因此磨损大，会引起钢轨的局部过热磨损，严重时会导致钢轨损伤，因此此种制动方式仅限于紧急制动或安全制动。

2. 涡流轨道制动

涡流轨道制动是利用涡流效应来产生制动力。与电磁轨道制动不同的是，磁铁和钢轨不接触，始终保持 7～10 mm 的距离，其原理如图 2.37 所示。列车制动时，利用磁场交变，在钢轨内产生感应涡流，从而产生涡流制动力。

涡流制动的特点是可以无磨损地进行紧急制动和常规制动，无须维修。其制动力可以调节控制，在高速范围内具有良好的制动特性。但是涡流制动所需

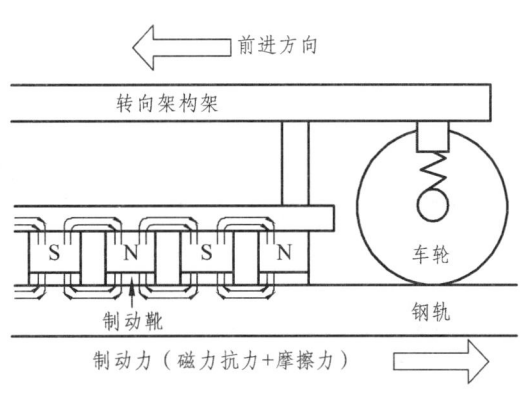

图 2.37　涡流轨道制动原理

制动功率较大，制动时会产生轨道局部高温现象，且对轨道电路有一定的干扰作用。

高速时列车的动能转移方式由多种形式复合而成，即复合制动。一般复合制动系统主要包括空气制动、电气制动和非黏着制动。其能量分配的原则是：

（1）在正常制动情况下，优先发挥电气制动的制动能力，不足部分再以空气制动作为补偿。

（2）失电情况下，以空气制动为主。

（3）在紧急制动情况下，除空气制动和电气制动外，还应该有非黏着制动起保证安全的作用。

思考题

1. 交-直型电力机车实施加馈电阻制动的条件是（　　），能否制停（　　）。
2. 电传动机车一般有两套制动系统：在（　　）采用电气制动；在（　　）采用空气制动。
3. 交-直-交型电力机车实施再生制动时，如何使牵引电机作为牵引发电机运行？

项目三

SS₄G 型电力机车电气线路

知识目标

（1）掌握机车电气线路的分类、组成和特点。
（2）掌握 SS₄G 型电力机车电气电路的组成和作用。
（3）了解 SS₄G 型电力机车电气线路的结构特点。

技能目标

（1）能正确分析 SS₄G 型电力机车的电气线路图。
（2）能对 SS₄G 型电力机车高、低压电器柜进行日常维护。
（3）能对 SS₄G 型电力机车常见故障进行判断处理。

素质目标

（1）强化创新意识，培养职业道德，综合分析能力。
（2）学习机车制造的先进技术，弘扬社会主义核心价值观。
（3）培养学生爱岗敬业，精益求精的优良作风。

直流传动机车
电气线路

任务一　机车电气线路概述

任务提出

电气线路就是将各种电气设备在电方面连接起来构成一个整体，用以实现一定的功能。作为机车乘务人员和检修人员，首先应看懂机车电气线路图，通过进一步分析，能判断、处理常见电气故障，从而做到正确地运用机车，充分发挥机车潜力。

任务目标

（1）掌握机车电气线路的定义和分类。
（2）能描述电气线路的保护方法和保护类型。
（3）掌握原理装配图的特点，明确识读电路图的基本步骤。
（4）引导学生爱岗敬业、诚实守信，培养学生的识图能力。

任务内容

一、机车线路图的种类

机车运行中，作为神经中枢的机车线路（电路）将电机、电器、电源紧密联系在一起，使机车按司机的意图运行，体现这一"神经系统"的联络关系即线路（电路）图。机车线路图为理解机车电气装置及其组成部分的作用原理，测试电气参数和寻找电气故障提供可靠的依据。机车线路图根据用途和技术要求的不同，可分为3类。

1. 原理图

原理图用于分析电气系统的作用原理，计算和分析电路特性。可根据分析范围画出系统的全部或局部。

2. 安装配线图

安装配线图既可用于对电气元件进行安装和配线，也可用于检查电气设备的配线正确与否。在这种电路图中应表示出：电气元件的相对位置；组成元件的各个电气部分（如触头、线圈等）；各元件组成部分的全部接线及各导线线号。从事机车大修的电气工作人员应掌握这种电路图。

3. 原理配线图

原理配线图可用于分析电路的工作原理，对已安装的电气进行配线和检查。其特点是：全面地反映出系统中各电气元件的电气连接，但不表示电气元件机械方面的相对位置和相互关系。甚至同一电气元件的各组成部分可画在同一张图纸上，但须用同一文字符号标注。因此，掌握系统的设置和工作原理，熟记各电气元件的文字符号是学习这种电路图的基础。本书介绍的机车电气电路图就属于原理配线图。

二、电力机车电气线路的分类

电力机车电气线路通常由主电路、辅助电路和控制电路3部分组成，各种保护设在主、辅、控三大线路之中，在电方面不独立存在。机车三大线路在电方面相互独立，通过电磁、机械或电空传动相互联系。

1. 主电路

主电路是指将牵引电机及其相关电气设备（如牵引变压器、主断路器、变流器等）用导线（或铜排）连接而成的线路。

主电路一般由变压器一次侧电路、变流及调压电路、负载电路和保护电路组成。由于机车主电路的电压为牵引电机端电压，电流为牵引电机电流，因此该线路具有电压高、电流大的特点，又称高压线路。

主电路的作用是产生牵引力和制动力，又叫动力电路。机车主电路要进行功率传递，其结构决定了机车的类型，同时在很大程度上也决定了机车的基本性能，直接影响机车性能的优劣、投资的多少、维修费用的高低等技术经济指标。

2. 辅助电路

辅助电路是指将辅助电机（如静止逆变器、劈相机、压缩机电机、通风机和油泵等）和辅助设备（如取暖设备、电热玻璃和空调等）及其相关的电气设备连接而成的线路。其工作电压视辅助电机类型而定，一般采用交流 380 V、220 V 或直流几百伏。辅助电路的作用是保证主电路设备正常工作，改善司乘人员工作条件。

3. 控制电路

控制电路是一种逻辑线路，属于低压直流小功率电路，主要由司机控制器、低压电器、主电路与辅助电路中的各电器电磁线圈、联锁、开关等构成，通过司机台上的按键开关和司机控制器手柄位置操纵，完成对主电路、辅助电路中各电气设备工作的控制，从而实现机车牵引、制动的操纵和控制。

三、内燃机车电气线路的分类

以 DF_{4B} 型机车为例，说明内燃电传动机车电气线路的分类。

1. 主电路

主电路是进行能量传递与转换，以实现机车牵引或电阻制动的电路。DF_{4B} 型内燃机车主电路包括牵引发电机 F、主整流柜 1ZL、主接触器 1C～6C、牵引电动机 1D～6D、两位置转换开关 HK_g 和 HK_f、电阻制动接触器 ZC 及制动电阻 1RZ～6RZ 等。主电路出现故障时，机车将减小或丧失牵引力、制动力。

2. 励磁电路

励磁电路是为牵引发电机 F 提供励磁的电路。DF_{4B} 型内燃机车的励磁电路包括测速发电机 CF、励磁整流柜 2ZL 以及该电路中所设置的控制、调节电器。励磁电路故障将影响牵引发电机正常发电，甚至失去励磁使牵引发电机不能发电，造成柴油机卸载。

3. 辅助电路

辅助电路是为确保动力机组正常运转和改善乘务人员工作条件的辅助设备所构

成的电路。DF₄B型内燃机车辅助电路包括起动发电机 QF，空气压缩机 1YD、2YD，燃油泵电动机 1RBD、2RBD，起动机油泵电动机 QBD，动力室通风机 1TD、2TD，电炉 DL，预热锅炉系统电路等。辅助设备中热风机电动机 RFD 和司机室风扇画在照明电路。

4. 控制电路

控制电路是用于控制主电路、励磁电路、辅助电路工作状态的电路。DF₄B型内燃机车的控制电路包括司机控制器 SK、琴键开关 1K～10K、按钮开关、单极自动开关、信号灯、电磁线圈及各电器联锁触头电路。

5. 照明电路

照明电路包括机车前（后）端、司机室、电器柜、左右车体、冷却室及车底等部件照明用电路。电动仪表及仪表照明电路，热风机电动机及司机室风扇电机也画在该电路。

四、电气线路的保护

为了保证机车可靠运行，在机车的线路中必须设置一系列的保护，使机车在发生故障时能迅速切断相应电路，避免电气设备遭到损坏或防止故障进一步扩大。当机车故障不能及时排除时，能够方便地组成故障电路，使机车能在故障情况下维持运行。

根据机车故障现象的不同性质，电路中的保护一般分为过流保护（包括短路和过载保护）、接地保护、过电压保护，电力机车还设有零电压（电子柜）或欠电压（微机柜）保护。保护的方式则根据故障对机车电路、电气设备及列车运行的影响大小而不同，主要有：

（1）切断机车的总电源。
（2）切断故障电路的电源。
（3）仅给司乘人员以某种信号引起注意，在故障发生后自动予以调整。

1. 过电流保护

过电流是指电气设备过载、设备及电路短路引起的电流剧增。过电流容易造成电气设备的绝缘老化，设备烧损，严重时引起火灾。过电流保护包括过载保护和短路保护两种。机车上通常采用断路器、自动开关和熔断器进行过电流保护。

2. 过电压保护

过电压是指对电气设备绝缘有危险的电压升高，它是由系统的电磁能量发生瞬间突变所引起的。机车过电压有大气过电压和操作过电压两种。大气过电压是由外部直击雷或雷电感应突然加到机车上引起的。操作过电压是由于电路本身的变化产生的，如切断感性电路、整流装置换相故障等引起机车内部电磁能量的震荡、聚集和释放。由于这两种过电压产生时,电压增长速度很快,以冲击波的形式出现,因而一般不用带有传动件的电器进行保护。

3. 接地保护

接地是指机车上电气设备或电路因绝缘破坏、飞弧或其他意外情况,使带电导体与金属部分接触。根据接地点是否稳定分为"死接地"和"活接地"。与车体钢结构直接接触的为"死接地";裸露导线部分通过空气对钢结构放电或通过绝缘物表面对钢结构爬电的为"活接地"。接地将导致短路故障而烧损设备和导线,因此在机车的主电路、辅助电路和控制电路中必须设有接地保护。

4. 零(欠)压保护

零电压和欠电压的产生是由于接触网的电压突然消失或过低。当接触网电压消失时,电力机车因无电要停止运行,如果网压又突然恢复,会造成很大的电气和机械冲击,这是不允许的。如果接触网电压过低,机车就不能以正常功率运行,辅助机组不能正常工作,再生制动时很容易发生逆变失控。

5. 其他保护

除了以上介绍的几种保护以外,在机车上还有一些其他的保护,如防空转保护、油流监视、风速监视等。

五、常用的联锁方法

机车控制电路必须设置机械联锁和电气联锁,以满足主、辅电路对控制电路的要求,如电器按一定的次序动作,司机按一定的顺序操作等。

1. 机械联锁

为避免司机误操作造成人身及设备伤害,机车上设置有机械联锁,目前采用的机械联锁主要有:

(1)司机控制器换向手柄和调速手轮间的机械联锁。
(2)司机台上的按键开关与电钥匙的联锁。
(3)换向手柄、电钥匙与钥匙箱的联锁。

2. 电气联锁

电气联锁种类较多,主要有串联联锁、并联联锁、自持联锁、延时联锁和经济电阻线路等。串联联锁、并联联锁比较简单,在此不做分析。

1)自持联锁

在某些电器工作线圈前的电路中并联有该电器本身的常开联锁,这个联锁称为自持联锁,如图 3.1 所示。

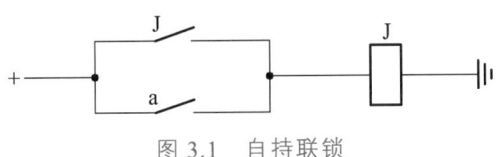

图 3.1 自持联锁

图中在继电器 J 线圈的电路中并有 a、J 的常开联锁,当 a 电器处于吸合状态时常开联锁闭合,继电器 J 线圈得电,该继电器吸合,其常开联锁闭合。此后即使 a 电器释放,继电器 J 的线圈仍由自身的常开联锁供电保持吸合状态。只有在其常开联锁以外的电路断开时,继电器 J 的线圈才会失电。

这种电路的特点是:继电器吸合时需要一定的条件,在继电器吸合后这种条件可能消失,但继电器此时仍能保持吸合状态,只有在电路其他部分断开时,该继电器才能释放。自持联锁用于继电器工作的条件构成后可能又消失,但又需要在构成条件消失后,必须保持该继电器持续工作的场合。

2)延时联锁

延时联锁是指继电器的线圈得电、失电与其联锁动作不同步,其符号如图 3.2 所示。

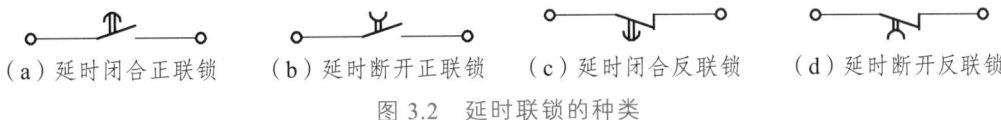

(a)延时闭合正联锁　　(b)延时断开正联锁　　(c)延时闭合反联锁　　(d)延时断开反联锁

图 3.2 延时联锁的种类

实现延时的方法有很多种,图 3.3 所示为在电器的工作线圈旁并联一电容,在线圈断电后,电容通过电器线圈放电,从而使电器延时释放。

3)经济电阻线路

为了使接触器或继电器可靠吸合,同时又提高自身的返回系数,即提高电器动作的灵敏度,可在电器工作线圈的控制电路中接入电阻,构成经济电阻电路,如图 3.4 所示。

图 3.3 并联电容的延时作用　　　　图 3.4 经济电阻线路

在继电器闭合瞬间,经济电阻被电器本身的常闭联锁短路,使继电器的安匝数得以提高,继电器可靠吸合。在继电器吸合后,其常闭联锁打开,经济电阻接入电路中,使流过继电器的电流减小,从而使继电器返回系数有所提高。

六、机车电路图的读图方法

1. 机车电气线路图说明

由于机车电气设备种类繁多，电气线路复杂，为了读图方便，对机车电气线路图做以下说明：

（1）各电气设备在电气线路图中除用相应符号表示外，在符号旁边还应标明该电气设备在电路中的代号。如在接触器线圈旁注上 205KM 表示 205 号接触器线圈，且在所有 205 号接触器各联锁触头旁边也注明 205KM，说明是同一电器在电路中不同位置的控制关系。

（2）导线也是电气线路图中的一部分，特别是一些重要的导线应在电路图中标明导线代号，不同类型和不同作用的导线可用字母表示其不同。

（3）常开联锁、常闭联锁（也称正联锁、反联锁）是指电器的工作线圈未通电、电器处于释放状态的联锁位置而言，若其联锁触头是打开的即为常开联锁，若其联锁触头是闭合的即为常闭联锁。当电器工作线圈通电使电器动作后，其常开联锁闭合，常闭联锁打开。在国产机车电气线路中，联锁位置采用"上开下闭，左开右闭"的画法，即将常开联锁画在导线的左边和上边，将常闭联锁画在导线的右边和下边。也有些机车采用相反的画法，如法国制造的 6G 型电力机车。

（4）并不是所有的电器联锁都有常开、常闭的概念。对于某些组合电器（如位置转换开关）的联锁触头，这类联锁除标出其所属电器的代号外，还应标明该联锁在何位置接通。这类联锁又称为位置联锁，或指定位闭合联锁。

（5）对于凸轮控制器或鼓形控制器，在电路图中将这类圆形的触头闭合次序展开为一个平面的触头闭合电路图，简称展开图。在某工作位置若联锁是接通的，则在该位置相应的导线下方以黑点（或黑线段）表示；在某工作位置若联锁是断开的，则在该位置相应的导线下方无黑点（或黑线段）。

（6）有些比较复杂的电器在电路中不易标出动作位置和触头闭合次序，一般采用在电路旁附上工作位置的图表，如调压开关等组合电器的触头闭合表。

（7）国产机车电路图中所示的接触元件和联锁触头的开、闭位置表示原则和操作位如下：司机控制器在零位；位置转换开关在机车Ⅰ端向前、牵引位；各按键开关在水平断开位；空气断路器在开断位；各刀开关在运行位；各保护自动开关在开断位；继电器、接触器和电空阀在无电释放位；LCU 在非工作状态。

2. 机车电路图的读图方法

虽然机车电气线路各不相同，但其读图方法却基本相同。以 DF$_{4B}$ 型内燃机车为例，说明电路图的读图方法。

（1）掌握原理装配图的特点，明确读电路图的基本步骤。内燃机车的主电路、励磁电路、辅助电路、控制电路在电气方面相互独立，通过电磁传动或电空传动构成一个完整的电气系统。读电路图时通常只在某一部分电路内进行，不能跨越不同的组成部分（个别电源线例外）。例如电路从控制电路跨入主电路、辅助电路等。

（2）机车电路的各组成部分之间，通过电磁传动或电空传动联系在一起。例如：控制电路通过继电器、接触器的动作，实现对辅助电路、励磁电路、主电路的控制作用；励磁电路通过牵引发电机励磁去控制主电路。依照继电器、接触器、牵引发电机的工作原理决定机车电气线路的工作顺序为：先控制电路，即继电器和接触器的线圈电路，后其相应的触头电路，即励磁电路与主电路；先牵引发电机的励磁电路，后牵引发电机的电枢电路，即先励磁电路后主电路。

（3）机车电气线路的工作状态取决于司机的操作。例如：司机按下琴键开关或操纵司机控制器等主令电器。走电路的基本步骤是：司机进行了哪些操作；使哪些电器线圈得电或失电（吸合或释放）；得电或失电转换电器对应的主触头常开联锁或常闭联锁电路。某电器线圈得电（例如 BC）则标有相同文字符号（BC）的主触头和常开联锁接通，而标有相同文字符号（BC）的常闭联锁断开。反之，线圈失电，则主触头与常开联锁断开，常闭联锁闭合。最后将这些电路转换与机车运行工况联系起来，加以理解。

（4）走电路时应该注意：电器线圈有电还是无电是指电流而不是电位。因为只有线圈通过电流才能产生磁场、电磁力，使电器吸合。

知识拓展

一、迂电电路及其保护

某一电器或支路在某一时刻本不应该有电，却通过其他支路窜电到该支路，这种窜电电路称为迂电电路。迂电电路会引起电器的误动作，破坏电器动作的逻辑关系，造成电路工作紊乱。迂电电路产生的原因主要是设计时考虑不周，在多条控制电路组合时产生。在机车运用或检修中接错线也会形成迂电电路。

防止迂电电路的主要方法是在电路中串入防迂电二极管，利用二极管的单向导电性来满足要求，在日常检查中需注意二极管是否击穿。

二、重联运行

随着铁路运输的不断发展，在铁路干线电力牵引运行中，单台机车牵引有时不能满足运输要求，或遇长大坡道单台机车牵引力不足，需要多台机车牵引增加总的牵引力。采用多机牵引可以使线路的通过能力大大增加，提高铁路的运输经济指标。

在干线上使用多机牵引时,可以由几名司机各操纵一台机车相互配合,也可以由一名司机在一台机车上操纵,而将各台机车通过机车两端的多芯电缆插头使其电气线路连接起来,实现由一名司机操纵多台机车,后一种运行方式称为机车的重联运行。司机操纵的那台机车称为本务机车,非操纵机车称为重联机车。

机车采用重联运行的方式可以减少乘务人员,在电动车组中一般只有一组乘务人员操纵一台机车。在干线电力机车上,一般是两台机车重联,一台机车故障后,会对整列列车运行产生较大影响,可采用一组乘务人员操纵本务机车,而在重联机车上设专人进行监视,发现故障时及时予以处理,这样既可以减少乘务人员,又减轻了乘务人员的劳动强度,相应提高了生产率。

对于多机牵引,各台机车均单独操纵时,虽然不能达到同步运转,但只要各位司机技术熟练,配合默契,仍可以得到较好的效果。特别是采用补机在列车尾部推进的方式,可以减小车钩拉力,在通过无电区时,电力机车分别断电从而保持一台机车的牵引力,有利于列车运行。

思考题

1. 电力机车电气线路通常由(　　　)、(　　　)和控制电路 3 部分组成。
2. 防止迁电电路的主要方法是串入防迁电二极管,在日常检查中需注意二极管(　　　)。
3. 电力机车设有哪些保护?内燃机车设有哪些保护?

任务二　SS_4G 型电力机车主电路

任务提出

主电路的作用是产生牵引力和制动力,又叫动力电路。机车主电路要进行功率传递,其结构决定了机车的类型,同时在很大程度上也决定了机车的基本性能,直接影响机车性能的优劣、投资的多少、维修费用的高低等技术经济指标。

任务目标

(1) 能描述 SS_4G 型电力机车牵引电路、制动电路的组成及工作原理。
(2) 了解 SS_4G 型电力机车保护的类型和动作原理。
(3) 能进行 SS_4G 型电力机车高压电器柜的日常维护。
(4) 树立正确的人生观,提高逻辑分析能力和观察总结能力。

任务内容

一、主电路的特点

SS₄G 型电力机车由完全相同的两节车重联后组成一台车,其功率为 6 400 kW,是干线主型货运机车,其主要特点如下。

(1) 采用传统的交-直传动方式、串励牵引电机。
(2) 供电方式为转向架独立供电。
(3) 采用三段不等分半控桥式整流调压电路。
(4) 电制动方式为加馈电阻制动。
(5) 采用三级磁场削弱,利用平波电抗器滤波。
(6) 装有两套有源接地保护装置,杜绝保护"死区",便于查找故障。

二、主电路的组成

SS₄G 型电力机车按其功能及电压等级分为 6 部分。

(1) 网侧电路:主变压器原边绕组至接触网间的电路(含网侧低压部分)。
(2) 整流调压电路:将交流电转换成直流电,并通过相控调节来输出电压。
(3) 牵引电路:牵引、制动工况的转换;向前、向后方向的转换;三级磁场削弱。
(4) 制动电路:通过调节励磁电流调节制动力,在低速区实施加馈电阻制动。
(5) 功率因数补偿电路:提高机车功率因数,降低谐波干扰。
(6) 保护电路:对主电路进行过流、短路、过压和接地等方面的保护。

三、SS₄G 型电力机车主电路

SS₄G 型机车每节车的主电路完全相同且独立,依靠重联电缆和插座联通整台机车的主电路,以一节车为例,主电路见附图 1。图中,除与 AE 电子柜接口用 4 位数字编号外,其余导线线号取值范围 1~199,其中 100 号线为地线。

1. 网侧电路

1) 主要设备

网侧电路的主要功能是从接触网获取电能,其主要设备如表 3.1 所示。

2) 高压部分

网侧高压电流路径:接触网单相工频 25 kV 交流电→受电弓 1AP→车顶母线分两路→一路进本节车→主断路器 4QF→主变压器原边绕组 AX→车体→车体与转向架间连接软线→轴箱电刷→车轮→钢轨→变电所。另一路经高压连接器 2AP 到另一节车的车顶母线。

表 3.1　网侧电路主要设备

代号	名称	主要功能
1AP	受电弓	从接触网接触导线受取电流的装置
4QF	主断路器	机车电源的总开关和机车的总保护
6TV	高压电压互感器	25 kV/100 V，为网压表、电度表、PFC 提供电压信号
7TA	高压电流互感器	200 A/5 A，将高压电从车顶引到车内的牵引变压器
5F	避雷器	高于 90 kV 的大气过电压、65 kV 的操作过电压进行保护
8TM	牵引变压器	将 25 kV 高压电降为机车各电路所需的电压
2 AP	高压连接器	连接两节机车车顶的 25 kV 高压电路
110E～140E	接地电刷	接地回流系统的一部分，防止电流对轴承的腐蚀

3）低压部分

低压部分有自动开关 102QA、网压表 103PV、电度表 105PJ、PFC 用电压互感器 100TV、PFC 用电流互感器 109TA，以及接地电刷 110E～140E。这些电气设备所组成的电路主要用于检测机车网压和提供电度表用的电压、电流信号。

2. 整流调压电路

1）主要特点

（1）转向架独立控制方式。每节车采用两套独立的整流调压电路，分别向相应的转向架供电，牵引绕组 $a_1b_1x_1$ 和 a_2x_2 供电给主整流器 700 V，组成前转向架供电单元；牵引绕组 $a_3b_3x_3$ 和 a_4x_4 供电给主整流器 800 V，组成后转向架供电单元。

（2）三段不等分半控桥式整流电路。整流输出电压的最大值为：$U_{d0} = 699.5 \times 0.9 = 1259.1$ V，牵引绕组各段电压为：$U_{a_2x_2} = U_{a_1x_1} = 2U_{a_1b_1} = 2U_{b_1x_1} = 699.5$ V。而 ZD105 型牵引电动机的额定电压 $U_{DN} = 1020$ V，故第 Ⅲ 段桥并未达到满开放，而是维持在牵引电动机的最大限制电压 $U_{DN} \times 1.1 = 1120$ V 左右。

2）工作过程

以前转向架供电单元为例，分析三段不等分桥顺序升压过程，降压过程与升压过程相反。

第 Ⅰ 段桥：首先投入 a_2x_2-VT$_5$VT$_6$VD$_3$VD$_4$，触发 VT$_5$VT$_6$，大桥调压。封锁 VT$_1$～VT$_4$ 的触发脉冲，VD$_1$VD$_2$ 起续流作用。整流电压在 0→1/2 U_{d0} 之间调节。

电流流通路径：在电源正半周时，电流经 a_2→VD$_3$→71 号导线→平波电抗器→电动机→72 号导线→VD$_2$→VD$_1$→VT$_6$→x_2；在电源负半周时，电流经 x_2→VT$_5$→71 号导线→平波电抗器→电动机→72 号导线→VD$_2$→VD$_1$→VD$_4$→a_2。

第 Ⅱ 段桥：当 VT$_5$ 和 VT$_6$ 满开放时，投入 a_1b_1-VT$_1$VT$_2$VD$_1$VD$_2$，触发 VT$_1$ 和 VT$_2$，四臂小桥调压，封锁 VT$_3$VT$_4$ 触发脉冲。整流电压在 1/2 U_d→3/4 U_{d0} 之间调节。

电流流通路径：在正半周时，电流经 a_2→VD$_3$→71 号导线→平波电抗器→电动机→72 号导线→VT_2→b_1a_1→VD_1→VT_6→x_2；在负半周时，电流经 x_2→VT_5→71 号导线→平波电抗器→电动机→72 号导线→VD_2→a_1b_1→VT_1→VD_4→a_2。

第Ⅲ段桥：当 VT_1VT_2、VT_5VT_6 满开放时，触发 VT_3VT_4，投入 b_1x_1-$VT_3VT_4VD_1VD_2$，调压桥调压。整流电压在 3/4 U_{d0}→ U_d 之间调节。

电流流通路径：在正半周时，电流经 a_2→VD_3→71 号导线→平波电抗器→电动机→72 号导线→VT_4→x_1a_1→VD_1→VT_6→x_2；在负半周时，电流经 x_2→VT_5→71 号导线→平波电抗器→电动机→72 号导线→VD_2→a_1x_1→VT_3→VD_4→a_2。

在整流器的输出端分别并联了两个电阻 75R 和 76R，其作用一是在机车做高压空载限压试验时，作整流器的负载，起续流作用；二是正常运行时，能够吸收部分过电压。

3. 牵引电路

1）电流路径

SS_4G 型机车采用转向架独立供电。Ⅰ架 1M 电机与 2M 电机并联，由主整流器 700 V 供电；Ⅱ架 3M 电机与 4M 电机并联，由主整流器 800 V 供电。两组供电电路完全相同并且独立。

SS_4G 机车牵引电路

（1）向前牵引。

换向手柄前位，调速手轮推向牵引区：每一牵引电机支路的电流路径基本相同，以 1M 电机为例分析电流路径：正极母线 71→平波电抗器 11L→线路接触器 12KM→电流传感器 111SC→电机电枢 A11-A12→位置转换开关的"牵-制"鼓 107QPR1（牵引位）→位置转换开关的"前-后"鼓 107QPV1（前位）→主极磁场绕组 D11-D12→位置转换开关的"前-后"鼓 107QPV1（前位）→1M 电机隔离开关 19QS→位置转换开关的"牵-制"鼓 107QPR1（牵引位）→负极母线 72。

（2）向后牵引。

换向手柄后位，调速手轮推向牵引区：每一牵引电机支路的电流路径基本相同，以 1M 电机为例分析电流路径：正极母线 71→平波电抗器 11L→线路接触器 12KM→电流传感器 111SC→电机电枢 A11-A12→位置转换开关的"牵-制"鼓 107QPR1（牵引位）→位置转换开关的"前-后"鼓 107QPV1（后位）→主极磁场绕组（十字交叉线）D12-D11→位置转换开关的"前-后"鼓 107QPV1（后位）→1M 电机隔离开关 19QS→位置转换开关的"牵-制"鼓 107QPR1（牵引位）→负极母线 72。

（3）磁场削弱。

接触器 17KM 闭合，Ⅰ级磁场削弱电阻 15R 并入电机励磁绕组，Ⅰ级磁削弱系数为 0.70。接触器 18KM 闭合，Ⅱ级磁场削弱电阻 16R 并入电机励磁绕组，Ⅱ级磁削系数为 0.54。当接触器 17KM 和 18KM 同时闭合时，15R 和 16R 同时并入电机励磁绕组，Ⅲ级磁削系数为 0.45。

2）电动机接线

为了均衡轴重，减小轴重转移，同一转向架上的两台牵引电机背向布置，故其相对旋转方向应相反。以第一转向架前进方向为例，从 1M 电动机非整流子侧看去，电枢旋转方向应为顺时针方向；从 2M 电动机非整流子侧看去应为逆时针旋向。同样，第二转向架 3M 电动机为顺时针方向，4M 电动机为逆时针方向。由此，各牵引电动机的电枢与主极绕组的相对接线方式如表 3.2 所示。

表 3.2　电枢绕组与主极绕组的接线方式

电机代号	1M	2M	3M	4M
电枢绕组接线	A11A12	A21A22	A31A32	A41A42
励磁绕组接线	D11D12	D22D21	D31D32	D42D41

3）主要设备的作用

（1）平波电抗器。由于单相整流器电压波形有很大脉动，即含有相当大的高次谐波电压，因此在电机支路中串有平波电抗器 11L～41L，用以抑制该支路中谐波电流分量，改善电机换向。

（2）线路接触器 12KM～42KM。有 3 个作用：一是当牵引电机过流或其他故障时断开相应支路，保护牵引电机；二是防止位置转换开关带电转换，在位置转换开关动作之前，线路接触器必须先开断电路；三是与牵引电机隔离开关配合，故障时完全隔离电机。

（3）固定分路电阻。在牵引电机主极绕组上并联固定分路电阻 14R～44R，其作用是分流电枢电流中的交流分量，使机座及主极中的涡流损耗减小，改善牵引电机换向和减小主极温升，固定磁削系数为 0.96。

（4）牵引电机故障隔离开关 19QS～49QS。均为单刀双投开关，有上、中、下 3 个位置。"上" 为运行位，"中" 为牵引工况故障位，"下" 为制动工况故障位。机车牵引工况时，若 1M 电机或相应的牵引通风机故障，将 19QS 置中间位，其相应的常开联锁打开线路接触器 12KM，使 1M 电机支路与供电电路完全隔离，不投入工作。若误将隔离开关 19QS 置 "下" 位，导线 14 与 16 相连，1M 电机在电位上并不能与主电路完全隔离，若为接地故障，则仍会引起接地继电器动作。

（5）库用开关 20QP 和 50QP。均为双刀双投开关，有两个位置。在正常运行位时，其主刀与主电路隔离，相应辅助接点接通受电弓升弓电磁阀，方可升弓。在库用位时，其主刀将库用插座 30XS 或 40XS 的库用电源分别与 2M 电机或 3M 电机的电枢正极引线 22 或 32 及负极引线 72 或 82 连接，其辅助接点断开受电弓升弓电磁阀的电源线，使其在库用位时不能升弓。只要 20QP 或 50QP 之一在库用位，即可在库内动车。在库用位可通过 12KM～42KM 使 1M～4M 电机通电，达到试验电机转向、出入库及旋轮的目的。

（6）空载试验转换开关 10QP 和 60QP。为三刀双投开关，当机车处于正常运行位时，10QP、60QP 将电压传感器 112SV、142SV 分别与 1M、4M 的电枢相连，电压传感器检测牵引电机的端电压。当机车处于空载试验位时，10QP、60QP 将 112SV、142SV 分别与主整流器 700 V 和 800 V 的输出端相连，同时短接 76R 和 86R，使电动机和整流器脱开，确保空载试验的安全性，此时传感器检测的是整流装置的输出电压。

（7）电流、电压传感器。牵引电机电枢电流、励磁电流采用电流传感器 111SC～141SC、199SC 测量，电压传感器 112SV～141SV 并联在电机 1M～4M 的电枢两端，测量其端电压。传感器除提供司机室电压表、电流表的信号外，还提供电子电路的反馈信号，并可实现高、低压电路的隔离。

（8）转换开关 107QPV、108QPV。利用 107QPV、108QPV 的转换改变励磁电流方向，从而改变电机的转向。以牵引电动机 1M 的励磁绕组为例，当机车在 I 端"前"位时，励磁电流由 14→D11-D12→15；而机车在 I 端"后"位时，107QPV$_1$ 左移，励磁电流由 15→D12-D11→14。

必须注意：机车运行中若要改变方向，必须是在司机控制器零位并且机车停车后才能转换，否则会损坏机车。

（9）转换开关 107QPR、108QPR。利用 107QPR、108QPR 的转换改变牵引电机的励磁方式：牵引工况为串励电机，制动工况为他励电机。

4. 制动电路

机车电制动时，位置转换开关 107QPR 左移、108QPR 右移，牵引电机的电枢绕组和励磁绕组脱离，与制动电阻串联；并且同一转向架的两台电机电枢支路并联后，与主整流器串联构成回路。此时，每节车的四台电机的主极绕组串联连接，经励磁接触器与励磁整流器构成回路，由主变压器励磁绕组供电。现以 1M 电机为例，叙述电路电流路径。

1）全电阻制动

当速度高于 33 km/h 时，机车处于全电阻制动状态。其制动电流路径为：71 号母线→平波电抗器 11L→线路接触器 12KM→电流传感器 111SC→1M 电机电枢 A11-A12→位置转换开关"牵-制"鼓 107QPR1（制动位）→制动电阻 13R→72 号母线→VD_2→VD_1→73 号母线→VD_4→VD_3→71 号母线。

2）加馈电阻制动

当速度低于 33 km/h，机车处于加馈电阻制动状态。当电源处于正半周时，其制动电流路径为：a_2→VD_3→71 号母线→11L→12KM→111SC→（1M）A11-A12→107QPR1（制动位）→13R→72 号母线→VD_2→VD_1→73 号母线→VT_6→x_2；当电源处于负半周时，电流路径为：x_2→VT_5→71 号母线→11L→12KM→111 SC→（1M）A11-A12→107QPR1（制动位）→13R→72 号母线→VD_2→VD_1→73 号母线→VD_4→a_2。

加馈电阻制动时，主变压器的励磁绕组 a_5x_5 经励磁接触器 91KM 向励磁整流器 99V 供电，并与 1M～4M 电机主极绕组串联，且励磁电流方向与牵引时相反，由下往上。从励磁整流器 99V 的输出端开始，其电流路径为：

91 号母线→199SC→90 号母线→107QPR1（制动位）→19QS→107QPV1（前位）→

（1M）D12-D11→107QPV1（前位）→14 号母线→107QPR2（制动位）→29QS→107QPV2（前位）→（2M）D21-D22→107QPV2（前位）→24 号母线→108QPR4（制动位）→49QS→108QPV4（前位）→（4M）D41-D42→108QPV4（前位）→44 号母线→108QPR3（制动位）→39QS→108QPV3（前位）→（3M）D32-D31→92KM→82 号母线。

3）牵引电机故障隔离

机车制动工况时，当一台牵引电机或制动电阻故障，将相应隔离开关置向下位，线路接触器打开。电枢回路被甩开，主极绕组无电流但有电位。

5. PFC 装置

SS_4G 型电力机车有 4 组完全相同的 PFC 装置。该装置通过滤波电容（172C、173C、182C、183C）和滤波电抗（171L、170L、181L、180L）串联谐振，可降低机车的 3、5 次谐波含量，提高机车的功率因数。PFC 电路中设置有故障隔离开关 119QS、129QS、159QS、169QS，当故障隔离开关处于"故障"位时，一方面使 PFC 电路与主变压器的牵引绕组完全隔离；另一方面，通过其辅助联锁使真空接触器 114KM、124KM、154KM、164KM 主触头分断。

为确保人身安全，在每组 PFC 电路中并联有电阻 117R、127R、157R、167R，使滤波电容上的电压能够快速放电。该电阻的通断由接触器 116KM、126KM、156KM、166KM 控制。

6. 保护电路

SS_4G 型电力机车主电路设有短路保护、过流保护、过电压保护及主接地保护。

1）短路保护

机车运行中出现变压器次边短路、晶闸管击穿、牵引电机环火等短路故障时的保护。

（1）网侧短路保护。当网侧出现短路时，通过网侧电流互感器 7TA→原边过流继电器 101KC→主断路器 4QF 动作，实现保护，其整定值为 320 A。

（2）次边短路保护。当次边出现短路时，通过次边电流互感器 176TA、177TA、186TA、187TA→电子柜 AE 过流保护环节→主断路器 4QF 动作，实现保护，其整定值为 3 000 A。

（3）其他短路保护。在整流器的晶闸管上串联有快速熔断器，可实现对元件击穿短路保护。但当高压互感器前端出现短路故障时，机车自身不能保护，只能通过牵引变电所跳闸进行保护。

2）牵引电机过流保护

牵引电机支路出现短路、环火、过载等故障时，牵引电机过载保护起作用，通过电流传感器 111SC～141SC→电子柜 AE 过流保护环节→主断路器 4QF 动作，实现保护，其整定值为 1 300 A。

电阻制动时，过流保护是通过各电流传感器→电子柜 AE 保护环节→励磁过流中间继电器 559KA→励磁接触器 91KM 分闸，切断励磁回路。制动电流整定值为 1 000 A，励磁电流整定值为 1 150 A。

3）过电压保护

网侧过电压保护装置采用金属氧化物避雷器 5F 安装在断路器的弧触头与隔离闸刀之间，以防止大气过电压。当出现大气过电压时，氧化物避雷器 5F 放电，相当于电网对地短路，将引起变电所跳闸。

变压器次边过电压抑制装置是跨接在主变压器次边绕组上的 RC 吸收器（其中，牵引绕组上的 RC 吸收器由 71C 与 73R、73C 与 74R、81C 与 83R、82C 与 84R 构成；励磁绕组上的 RC 吸收器由 93C 与 94R 构成），吸收次边过电压，将电压峰值抑制在 6% 以下。

此外，机车的主整流器 700 V、800 V 和励磁整流器 99 V 的每个元件上也并联有 RC 吸收器，用来抑止换向过电压。

4）接地保护

牵引工况下，每个转向架供电单元设有一套接地保护装置，除网侧电路外主电路任何一点接地时，主接地继电器 97KE 或 98KE 动作，通过其联锁使主断路器跳闸，实现保护。

制动工况下，电路有两套独立回路（即电枢回路和励磁回路），为消除死区，采用有源保护。当制动工况发生接地故障时，接地继电器动作，通过其联锁使主断路器动作，实施保护。

第一转向架供电单元的接地保护系统由接地继电器 97KE、限流电阻 193R、接地电阻 195R、隔离开关 95QS、电阻 191R 和电容 197C 组成；第二转向架供电单元的接地保护系统由接地继电器 98KE、限流电阻 194R、接地电阻 196R、隔离开关 96QS、电阻 192R 和电容 198C 组成。

191R、197C 和 192R、198C 的作用是抑制 97KE、98KE 动作线圈两端因接地故障引起的尖峰过电压。95QS、96QS 的作用是当接地故障不能排除，但仍需维持故障运行时，通过将其置故障位，使接地保护系统与主电路隔离，接地继电器不再动作而跳主断路器。此时，195R 或 196R 与主电路相连，接地电流经此流至"地"。

四、高压电器柜中电器的检修

高压电气柜中的电器检查应注意以下几点：

（1）牵引电机故障转换隔离开关接线正确、紧固、接头无烧损，操作无卡滞。

（2）两位置转换开关牵/制鼓、反向鼓转动灵活、无卡滞，触指无烧损，接线牢固。

（3）两位置转换开关的传动风缸、电空阀安装正确、动作灵活。
（4）励磁接触器安装牢固、正确，灭弧罩无烧损现象。

思考题

1. SS_4G 型电力机车原边过流时，通过电流互感器 7TA→原边过流继电器 101KC→（　　）动作，动作值为（　　）。
2. SS_4G 型电力机车电气制动时，由（　　）将串励牵引电机改成（　　）牵引电机。
3. 简述 SS_4G 型电力机车主电路的特点。

任务三　SS_4G 型电力机车辅助电路

任务提出

辅助电路是指将各种辅助设备和辅助电源连接起来的电气线路，其作用是保证主电路设备的正常工作，改善司乘人员的工作条件。辅助电路帮助完成主电路的各个功能，很大程度上决定了机车的可靠性。

任务目标

（1）能描述劈相机的起动过程和故障转换方法。
（2）能分析 SS_4G 型电力机车的供电电路、负载电路和保护电路。
（3）能进行 SS_4G 型电力机车低压电器柜的日常维护。
（4）培养学生综合分析能力和解决实际问题的能力。

任务内容

一、辅助电路的组成

辅助电路按功能的不同可分为以下 3 部分。
（1）供电电路。一个单-三相供电系统，分相设备将单向交流电转换成三相交流电，供给三相辅助电动机。分相设备为旋转劈相机或辅助变流器。
（2）负载电路。即供电电路的负载设备，主要为辅助电机和取暖设备。
（3）保护电路。为辅助电路提供保护，有零压保护、过流保护、过压保护和接地保护等。

二、辅助电路的特点

（1）SS$_4$G 型电力机车每节车只设一台劈相机，采用电阻分相起动。
（2）劈相机故障时，由第一牵引通风机代替劈相机电容分相起动。
（3）各辅助电机采用三相异步电动机，分别直接起动。

三、SS$_4$G 型电力机辅助电路

SS$_4$G 型机车
辅助电路分析

SS$_4$G 型电力机辅助电路是以"2"开头的三位数字流水号，其中 200 线为地线，其辅助电路见附图 2。

1. 单-三相供电系统

SS$_4$G 型电力机辅助电路由劈相机将单相交流电变为三相交流电，供给其他三相辅助设备使用。每节机车设有一台劈相机，代号 1MG。劈相机不能自行起动，须采用电阻分相起动。

1）劈相机电阻分相起动

劈相机电源来自于变压器辅助绕组 a_6-b_6-x_6，其中 a_6-x_6 额定电压为 400 V，b_6-x_6 额定电压为 226 V。单相交流电源从 a_6-x_6 经库用转换开关 235QS 至导线 201、202 引入辅助电路。

SS$_4$G 型电力机车的异步劈相机型号为 YPX2-280M-4，380 V，34 kW，劈相机的运转和停止通过劈相机电源接触器 201KM 控制。劈相机采用直接起动方式，在第二电动相绕组与发电相绕组间接入起动电阻 263R 进行电阻分相起动，起动电阻的接通和开断由起动接触器 213KM 来执行。由劈相机起动继电器 283AK 监测劈相机发电相电压（由导线 279、280 引入）以间接反映劈相机的转速，控制起动电阻回路的开断。283AK 是电子式继电器，其工作电源由 531→分相时间继电器 533KT 常开→281→283AK→400 提供。

劈相机 1MG 起动过程：按下主司机台上的劈相机按键，起动接触器 213KM 闭合，起动电阻 263R 投入；劈相机电源接触器 201KM 闭合，劈相机 1MG 开始分相起动。这时劈相机起动继电器 283AK 检测劈相机发电相电压来间接反映劈相机转速，当劈相机转速达到约 $0.9n_N$，其发电相电压接近于比较电压（额定网压下，该值约为 220 V，网压由导线 202、206 引入），起动继电器 283AK 动作，使起动接触器 213KM 打开，断开起动电阻 263R 回路，劈相机起动完成。同时 533KT 常开联锁开断了导线 531 与 281 通路，使 283AK 失去工作电源处于闲置状态。

劈相机起动电阻有 3 个抽头，即备有两组，当一组烧损可换另一组使用，此时只需把导线 232 换接至另一抽头即可。当起动电阻均不能使用时，也可将闸刀 296QS 倒向 253C 改用电容分相起动。

2)通风机电动机电容分相起动

第一牵引通风机电动机的电容分相起动电路是为劈相机故障特设的备用电路。在机车运行中,劈相机一旦故障,为保证其他辅机继续工作,可切除故障劈相机,而以起动电容253C对牵引通风机电动机3MA进行电容分相起动。此时需要将劈相机故障转换开关242QS打向"2"位,把283AK监测劈相机发电相电压的引线转接到3MA的第三相上。同时必须将闸刀开关296QS倒向起动电容253C(因起动电阻不能起动通风机)。起动过程仍由起动继电器283AK控制,起动完成后213KM打开,切除起动电容253C。在网压不低于22 kV时,其他辅机可投入运行。在使用3MA替代劈相机做电容分相起动时,由于两节车的辅助电路并未重联,因此可以一节车做劈相机电阻分相起动,另一节车(其劈相机故障时)做第一通风机电容分相起动。

2. 辅助负载电路

辅助负载电路可分为单相负载电路和三相负载电路两种类型。

1)三相负载电路

当劈相机起动完毕后,辅助电路导线201、202、203即可提供三相不对称电源,各辅机可依次相隔一定时间投入工作。SS_4G型电力机车使用的三相辅助电机如表3.3所示。

表3.3 SS_4G型电力机车的三相辅助电机

电机名称	代号	型号	功率/kW	接触器	自动开关
压缩机电动机	2MA	YYD-280S-6	37	203KM	217QA
牵引通风机电动机	3MA、4MA	YFD-280S-4	37	205KM、206MK	219QA、220QA
制动风机电动机	5M、6MA	JD305/YZF200-L-2	30	209KM、210KM	223QA、224QA
变压器风机电动机	7MA	JBT-61	14	211KM	227QA
变压器油泵	8MA	8MA	10	212KM	228QA

为了改善劈相机供电系统的三相电源对称性,在3MA～5MA电动机的D2、D3相间接入移相电容247C～252C,随电动机负载的投入而一并投入。

2)单相负载电路

(1)380 V单相负载电路。

主要为窗加热和取暖设备。由导线201、202供电,一路经自动开关232QA至导线264给窗加热玻璃273EH、274EH提供电源;另一路经自动开关233QA至导线269给壁炉及脚炉提供电源。243QS为窗加热开关:"0"位为关断,"1"位为开通。245QS为取暖开关,共有3个位置:"0"位为关断,"1"位为脚炉、壁炉同时开,"2"位为开壁炉、关脚炉。自动开关232QA、233QA分别作为电路的过载保护。

（2）220 V 单相负载电路。

主要为司机室空调和热饭电炉。由导线 202、206 供电，一路经转换开关 240QS、空调稳压器 278AS 供空调机 279EH 使用，自动开关 230QA 作该电路的过载保护；另一路经转换开关 238QS 至 220 V 电源插座 292XS，该插座亦可供热饭电炉使用，自动开关 229QA 作该电路的过载保护。

（3）中间继电器 284KE。

中间继电器 284KE 的作用是：机车由电网供电时，连通导线 206-b_6 从而接通 220 V 电源回路；机车在使用库内电源时，连通导线 206-200（地线），使机车在库内亦可获得 220 V 电源。

3. 库用电路

235QS 为库用转换刀开关，机车由接触网供电时，235QS 倒向"运行"位，主变压器辅助绕组 a_6-x_6 通过导线 204、205 经 235QS 与导线 201、202 连接，从而给辅助电路提供 380 V 单相电源。若机车处在库内时，235QS 倒向"库用"位，此时可使用的库用电源有两种：

1）库内三相电源

一般在机务段内不需要起动劈相机，直接起动辅机时使用。把库内三相电源接到库用插座 294XS 的 207、208、209 三点上，通过库用转换刀开关 235QS 及导线 203 与 209 之间的连接母线直接为辅助电路提供三相电源。

2）库内单相电源

在制造厂或大修厂库内单相电源容量大时使用。单相电源送至库用插座 294XS 的 207、208 上，经库用转换刀开关 235QS 给辅助电路提供单相 380 V 电源，此时须开劈相机实现单-三相供电。若只使用库内单相电源，可拆开导线 203 与 209 之间的连接母线，这样做有两个目的：一是从安全角度考虑，使库用插座上的第三点（209 点）不带电；二是若电源线误接至接点 208、209 上时，避免劈相机不能正常起动而受损。

4. 保护电路

SS_4G 型电力机车辅助电路设有零压保护、安全阀保护、辅接地保护、辅机过载保护、过压保护、辅过流保护等。

1）零压保护

零压保护的作用有两个：一是当接触网失压超过 2 s 后主断路器跳闸，防止电机等设备不能正常工作而烧损；二是作为机车交流保护，当机车带电时，确保高压室门打不开。

零压保护是接触网供电的失压保护，由接在主变压器绕组 a_6-x_6 两端的零压变压器 281TC、限流电阻 261R、整流装置 290U、电容 256C 及零压时间继电器 286KT 组成。

当电网正常供电时，导线 204、205 的 380 V 交流电→零压变压器 281TC→限流电阻 261R→整流装置 290U→零压时间继电器 286KT 吸合；当电网失压时，286KT 失电动作，其常闭联锁延时 2 s 闭合，主断路器分闸，司机台显示"零压"信号。

网压消失后，变压器辅助绕组两端电压不是突变为零，而是随时间衰减，所以在此电路中串有两个稳压管，稳压 50 V，主要作用为使零压时间继电器 286KT 在电网失压后 2 s 内动作，以达到保护的准确性及必要性（供电网故障重合闸为 2 s），排除了电网失压后重合闸时劈相机处于单相堵转合闸或短暂离线乱跳闸。在稳压管两端并联电容 256C，其作用主要是在零压时间继电器 286KT 吸合过程中，在 286KT 常闭联锁打开的瞬间，利用电容的反突变特性，使加在 286KT 线圈上的电压有一衰减过程，其目的是帮助零压时间继电器可靠吸合，避免出现"衔铁振荡"现象。

2）安全阀保护

电力机车的电气设备按照一定的规律布置在机车司机室后面的机械室。机车运行时高电压、大电流引入机车内部，按照《铁路技术管理规程》《铁路技术操作规程》规定，司乘人员不得进入高压室。因此，机车设置安全保护阀及时自动锁闭各室门、高压柜门，以保证司乘人员的安全。

保护阀 287YV 双电源供电：一路从控制电路 DC 110 V 电源线 531→主电路入库转换开关 20QP、50QP 联锁→车顶门行程开关 297QP 联锁→287YV 线圈，确保机车电钥匙一合上就自动锁闭各器室门。另一路由零压保护电路给 287YV 线圈供电，提高保护系统的可靠性。即使出现控制电路切断而机车高压供电依然存在的情况，287YV 仍得电，门联锁锁闭，各室门打不开，达到确保人身安全的目的。

3）辅接地保护

在变压器辅助绕组 x_6 与地之间设有辅接地保护电路，由辅接地继电器 285KE、整流元件 291U、限流电阻 262R、电容 257C 和辅接地故障开关 237QS 组成。辅接地保护属有源保护装置，支路经 110 V 控制电源后接地。

当辅助电路某点接地时，辅接地保护系统形成回路，辅接地继电器 285KE 动作吸合，使主断路器分闸，司机台显示"辅接地"信号。此时 285KE 常闭联锁断开，串入限流电阻 262R，以免电流过大而烧损接地继电器。同时经 285KE 常开联锁和恢复中间继电器 562KA 常闭联锁接通"自锁"回路，保持信号记忆。故障解除后，借助主断路器合闸操作使 285KE 恢复，保持信号消失。在限流电阻 262R 两端并联电容 257C 的作用是为了使 285KE 动作时可靠吸合，以提高保护系统的可靠性。

237QS 为辅接地保护故障隔离开关，若确定辅助电路有一点接地且不能排除时，可切断保护电路，使机车做故障运行，此时要求司机严格监视各辅机工作状态，确保安全。

4）辅机过载保护

SS₄G型机车设有两种保护形式：自动开关过流保护和电子式辅机过流保护。

159～343号机车采用电子式辅机过流保护。当辅机出现短路（不超过0.5 s），单相和堵转（不超过3 s）等情况引起过流时，由控制装置内的电流互感器检测到电流信号，送入电子控制插件，控制中间继电器动作切断故障辅机的接触器线圈电源，使接触器分断。若接触器无法打开延时3 s，保护装置接通主断分闸线圈，由主断执行二次保护。故障隔离需将故障辅机的隔离开关置故障位，并拆除故障接触器非电源端连线，同时隔离相应需通风的牵引电机，维持故障运行。

344号以后机车采用自动开关作为辅机过流保护。当辅机出现短路、单相和堵转等情况引起过流时，相应的自动开关动作，切断三相电源并显示故障信号。故障隔离需将故障辅机的故障隔离开关置故障位，自动开关保持分断位，并隔离相应需通风的牵引电机，维持故障运行。

5. 过电压保护

采用跨接在辅助绕组 a_6-x_6 两端的RC过电压保护电路，由电阻260R、电容255C组成，吸收过电压。

6. 过电流保护

采用辅助过流继电器282KC进行保护，在辅助绕组短路或其他原因造成辅助电路短路，其电流超过2 800 A时，282KC吸合动作使机车主断路器分闸，并显示辅助过流信号。

四、低压柜中电器的检修

机车低压电器柜检修应注意以下事项：
（1）万能转换开关动作应灵活，通断作用可靠。
（2）检查、清洁各刀开关、各刀杆、刀片光洁，无灼伤放电痕迹。
（3）检查电阻不得过热、短路、断路、裂损，用万用表测量各元件阻值正常。
（4）检查电容不得鼓包、渗液、过热、裂纹。

思考题

1. 中间继电器284KE由电钥匙570QS控制，在网压下从辅助绕组获得（　　）V单相电源。

2. 当SS₄G型电力机车的劈相机发生故障时，242QS打向（　　）位，同时必须将闸刀开关296QS倒向（　　）位。

3. SS₄G型电力机车的保护阀287YV为什么采用双电源供电？

任务四　SS_4G 型电力机车控制电路

任务提出

控制电路是指将司机控制器、低压电器及主电路、辅助电路中各电器的电磁线圈及其联锁等组成的线路，通过控制电路可以使主电路和辅助电路中的电器协调动作。控制电路是机车三大线路中最复杂的部分，就机车运行中出现的故障而言，控制电路中故障也较多。因此，熟练地掌握控制电路原理，就能在平时对机车进行全面保养，在发生故障时能迅速准确地进行分析与处理，以确保行车安全。

子任务一　主要设备和控制电源

任务目标

（1）掌握 SS_4G 型电力机车司机主、副控制台按键开关的位置和功能。
（2）能描述 SS_4G 型电力机车主司机控制器、辅助司机控制器的组成。
（3）掌握控制电源柜的组成及工作原理，能对常见故障进行判断处理。
（4）弘扬社会主义核心价值观，树立全心全意为人民服务的思想。

任务内容

一、控制电路的组成

SS_4G 型电力机车的控制电路分为有节点控制电路和无节点控制电路。本节主要介绍有节点控制电路原理。有节点控制电路一般由主令电器、各种功能的继电器、接触器、转换开关、保护电器以及电源等部件组成。根据各环节的作用不同，有节点控制电路分为如下部分：

控制电源电路：提供直流 110 V 稳压控制电源及其配电电路。

整备（预备）控制电路：完成机车动车前的所有操作过程，主要由主台按键开关组进行主令控制。

调速控制电路：完成机车的调速控制，包括机车的起动、加速和减速控制，主要由主、辅司机控制器进行主令控制。

保护控制电路：完成对机车主电路、辅助电路的保护及其相关的控制。

信号控制电路：完成机车整车或某些部件工作状态的显示，主要由副台按键开关组进行主令控制。

照明控制电路：完成机车内外照明及标志显示。

二、司机控制台按键开关

1. 主控制台的按键开关

控制电路的主要设备有主控制台按键开关、副控制台按键开关、主司机控制器和辅助司机控制器,这些主令电器是司机操作机车的基础。

SS$_4$G 型电力机车主控制台的按键开关有琴键式和扳键式两种,共有 12 个按键,如图 3.5(a)、(b)所示。从左向右排列依次为:主断路器断、主断路器合、受电弓后、受电弓前、劈相机、压缩机、通风机、制动风机、强泵风、副后照明灯、前照灯,其中主断路器断、主断路器合为自复式按键开关。各按键开关受电钥匙 570QS 的控制。

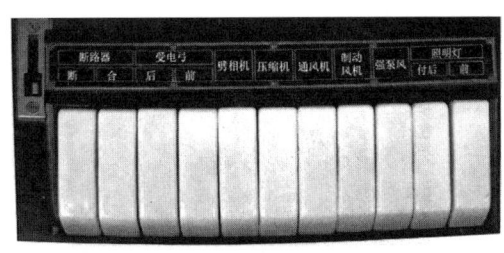
(a)琴键式

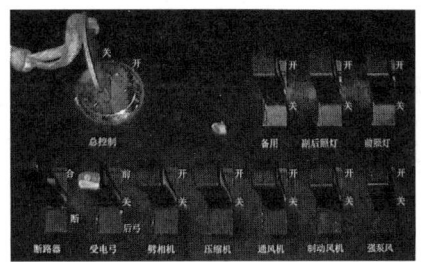
(b)扳键式

图 3.5　司机主控制台按键开关

2. 副控制台的按键

SS$_4$G 型电力机车副控制台的按键也有琴键式和扳键式两种,共有 12 个按键。从左向右排列依次为:自动信号、信号检测、电扇、备用、前标志灯、后标志灯、副前照灯、前照明灯、仪表照明灯、各室照明灯、走廊照明灯、司机室照明灯。

三、司机控制器

1. 主司机控制器

SS$_4$G 型电力机车的主司机控制器有手轮式和推拉式两种,如图 3.6(a)、(b)所示。以轮式为例进行说明。

(a)手轮式

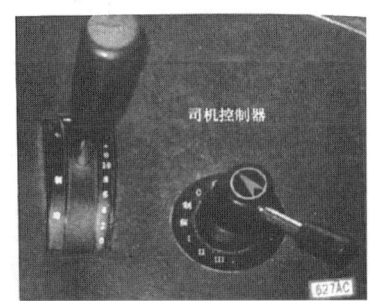
(b)推拉式

图 3.6　司机控制器

（1）左侧的调速手轮，固定在面板上，可在"牵引"或"制动"区域内操纵主轴转动，带动电位器转动，通过改变电位器输出电压，实现机车调速的目的。

（2）右侧为换向手柄，为可取式。换向手柄有"后""0""制""前""Ⅰ""Ⅱ""Ⅲ"共7个位置。通过其发出的指令，控制两位置转换开关改变主电路的结构，实现机车运行工况和运行方向的转换，并控制磁场削弱等级。

2. 辅助控制器

SS_4G型电力机车的辅助控制器（又称调车控制器），主要用于调车作业。辅助控制器是简化的主司机控制器，只有前后位和低级位晋级，没有高级位、磁场削弱和电制动。

四、SS_4G型电力机车控制电源

机车上的控制电源系统由110 V控制电源与蓄电池组成，通常情况下两者并联共同为机车提供稳定的DC 110 V电源。蓄电池是由74节1.25 V的电池串联而成的电池组。在降弓的情况下，由蓄电池供给机车低压试验、辅助压缩机打风和照明用电；运行中若110 V控制电源故障，由蓄电池维持机车故障运行；在运行中蓄电池起滤波作用并接受浮充电，正常情况下不允许断开蓄电池。

电力机车控制电源有两种：一种是IPM（智能功率模块）高频开关电源，另一种是相控电源。IPM高频开关电源采用先进技术，控制精度高，保护完备，SS_{7E}、SS_{7D}机车均在使用；相控电源控制简单，技术成熟，但操作复杂，除SS_{7E}、SS_{7D}机车以外的SS系列机车使用。

1. 控制电源的电路原理

SS_4G型电力机车采用相控电源，其工作原理如图3.7所示。

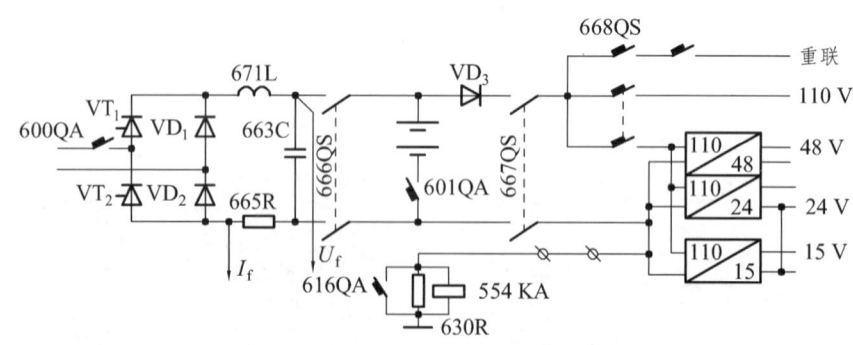

图 3.7　SS_4G型机车控制电源工作原理

控制电源变压器的一次侧通过辅库用转换开关235QS从牵引变压器辅助绕组获取396 V单相电源，经降压到220 V后送入半控桥，通过半控桥式整流电路，经LC滤波及并联的蓄电池兼做滤波后，成为较平稳的直流电压。

由公式 $U_d = 0.45U_2(1+\cos\alpha)$ 可知，整流电压的平均值 U_d 与整流桥的输入电压 U_2 和晶闸管的移相角 α 有关，当 U_2 随网压变化时，可通过自动调节晶闸管移相角 α，达到稳压的目的。当出现过电流时，通过自动调节 α 角降低 U_d 达到限流的目的。所以，110 V 稳压电源具有恒压、限流的特点，输出电压稳定为 110（1±5%）V，输出电流在短路的情况下被限制在 55（1±10%）A（此时不再稳压）。

机车在库内可由控制电源库用插座 KCZ 直接输入直流 110 V 电源，向蓄电池进行正常充电或强充电。一般情况下，机车在库内可通过辅库用插座 FCZ 输入 380 V 单相电源，由稳压电源投入工作提供控制电源。

SS_4G 型电力机车控制电源从 464 与 400 线之间获取 110 V 直流电。另外 110 V 直流电源经逆变、滤波产生 +15 V、+24 V、+48 V 电源，分别供给机车司机台信号（+15 V）、仪表照明（+24 V）及机车自动信号（+48 V）使用。

2. 其他部件说明

交流电源和蓄电池的短路保护采用自动开关 600QA、601QA。过电压保护采用阻容吸收装置。整流输出通过 666QS 与蓄电池并联，110 V 电源通过 667QS 接通负载。666QS、667QS 均为双刀单投闸刀，当整流桥出现故障时，拉开 666QS 可使整流桥全部脱离蓄电池；当负载出现故障时，拉开 667QS 可同时切断负载与电源正、负两端的联系。二极管 V5 的作用是当一端的 DC 110 V 电源故障需重联工作时，可防止处在工作中的 DC 110 V 电源负载过重。

电阻 630R、中间继电器 554KA 及自动开关 616QA 组成控制电路的接地保护。正常工作时 616QA 闭合，400 号线接地，110 V 电路正常工作，554KA、630R 两端无电流流过；当接地电流超过额定值时，616QA 断开，由 630R 限制接地电路，保护蓄电池，并维持 110 V 电源故障运行。

3. 控制电源常见故障处理

故障现象：

（1）控制电压过高或过载。

（2）控制电源正常，按任一按钮，控制电压下降过多。

（3）斩波电源 48 V、24 V、15 V 灯灭，斩波风扇不工作。

故障处理：

（1）若控制电压过高或过低不稳时，将电源柜上的 A/B 转换开关置另一组。无效时，将该节车重联闸刀 668QS 置重联位，断开整流输出闸刀 666QS，由蓄电池供电，维持故障运行。

（2）故障原因为个别蓄电池电压过低，方法是更换不良蓄电池，运行中可将 668QS 置重联位，维持运行。

（3）将电源柜上的 A、B 组转换开关置另一组，无效时，将该节车重联闸刀开关 668QS 置重联位，维持运行。

思考题

1. SS₄G 型电力机车换向手柄有"后""0"（ ）（ ）"Ⅰ""Ⅱ""Ⅲ"共 7 个位置。

2. SS₄G 型电力机车控制电源从 464 与（ ）线之间获取 110 V 直流电。

3. 简述 SS₄G 型电力机车控制电源常见故障判断处理方法。

子任务二　整备控制电路

任务目标

（1）会分析受电弓的准备电路和控制电路。
（2）掌握主断路器、劈相机、压缩机、通风机的控制电路。
（3）熟悉牵引向前、牵引向后、制动工况的控制电路。
（4）能对受电弓、主断路器常见故障进行判断处理。
（5）弘扬社会主义核心价值观，爱国、敬业、诚信、友善。

任务内容

一、控制电路逻辑关系表示方法

为了便于对控制电路逻辑关系进行分析，可借用逻辑函数表示方法来描述电路的结构和逻辑顺序：

（1）控制电路中有关导线、开关、联锁和电器的工作线圈一律用该电器的各型机车规定代号表示。

（2）控制电路中串联连接的元件用逻辑与"·"表示其电路结构。

（3）控制电路中并联连接的元件用逻辑或"+"表示，并且用括号括起来。

（4）描述控制电路一般从控制电路正极端写起，但有时为了简明和叙述方便可从重要的有电导线写起。

（5）继电器、电磁接触器、电空接触器等的常开联锁用该电器的代号书写，常闭联锁在该电器的代号上加一短直线，逻辑非表示，电磁线圈用该电器的代号外加方框表示。

（6）发光二极管用显示汉字加框表示，指示灯用代号加框表示，电机用代号表示。

为了便于读识控制电路图，将 SS₄G 型电力机车主要部件的符号种类归纳如表 3.4 所示。

表 3.4 SS₄G 型电力机车采用的主要部件的符号

符号	名称	符号	名称
AC	司机控制器	KM	接触器
SK	琴键开关	YV	电磁阀
SB	按钮开关	QS	故障转换开关/功能转换开关
KA	中间继电器	QA	自动空气开关
KT	时间继电器	SA	电源开关
KF	压力继电器/流速继电器	KC	过流继电器
AK	电压继电器	KE	接地继电器

二、SS₄G 型电力机车整备电路

所谓的整备控制是指机车动车前的各项准备性操作，主要由主台按键开关组进行主令控制。如升降受电弓，分合主断路器，起动劈相机、空气压缩机、通风机以及完成机车向前或向后、牵引或制动的操作等，整备控制电路见附图 3。

1. 受电弓控制

1）受电弓升起必备的条件

（1）主电路库用开关隔离 20QP、50QP 置"运行"位。

（2）关好车顶门、高压室门，车门行程开关 297QP 闭合。

SS₄G 型机车受电弓控制

（3）储风缸风压应大于 450 kPa，若小于 450 kPa 用辅助压缩机打风。

（4）电钥匙 570QS 在闭合位，即"1"位。

（5）受电弓隔离开关 587QS 在"正常"位。

受电弓满足以上条件的目的：一是确保高压室门不能打开；二是开通压缩空气的气路，为升弓做准备，受电弓气路如图 3.8 所示。

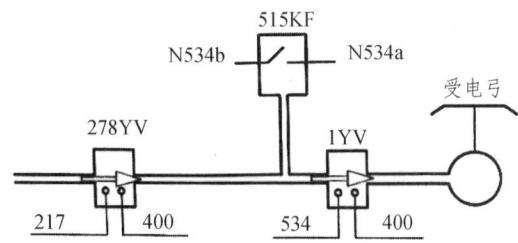

图 3.8 受电弓升弓气路

2）升弓控制电路（见附图 3，401~402）

（1）前弓控制电路。

导线 531 有电，经"前受电弓"按键开关 403SK 及受电弓隔离开关 587QS，使导线 533 有电，若此时，风压隔离开关 588QS 在"0"位，即"重联"位时，导线 533 经内重联插头使另一节车的 N533b 有电，再经另一节车的受电弓风压继电器 515KF 和内重联插头，使本车的 534 导线有电，前受电弓电空阀 1YV 得电，受电弓升起。升前弓电路为：

531・403SK・587QS・(515KF + 588QS・$\overline{4QF}$)・534・$\boxed{1YV}$・400

若此时 588QS 在"1"位，即"单机"位时，导线 533 经 588QS 使导线 549 有电，经另一节车主断路器的常闭联锁 4QF 使本车的 534 导线有电，仍可使 1YV 得电，受电弓升起。这样，当另一节车的 515KF 失效或因其他原因只需本节车工作时，可通过操作 588QS 使其工作在单机位。同时，588QS 的另一组联锁打开，使另一节车的主断路器合不上，即另一节车内无高电压，以确保安全。若另一节车的主断路器本身处于闭合状态，则主断路器的辅助联锁 $\overline{4QF}$ 处于打开位，导线 534 无电，受电弓升不起。

两台车重联时，导线 532 经重联中间继电器 546KA 使导线 W2532 有电，经外重联电缆后，使另一台车的 W2532 有电，促使另一台车的受电弓升起。

（2）后弓控制电路。

前、后弓是根据司机操纵端确定的，操纵端为前，非操纵端为后。升后弓时，闭合"后受电弓"的按键开关 402SK，导线 531 经 402SK 使导线 535 有电，经内重联线的交叉重联，使另一节车的 N532 导线有电，促使另一节车的受电弓升起。

2. 主断路器控制（见附图3，403/B～E）

1）主断合闸必须具备的条件

（1）全车的司机控制器在零位，无负载合闸。

（2）主断路器处于正常断开位（非中间位）。

（3）劈相机 PX 处于非工作状态。

（4）储风缸风压大于 450 kPa，若小于 450 kPa 用辅助压缩机打风。

（5）故障转换开关 586QS 置"0"位，即运行位。

2）主断路器合闸控制

当按下"主断合"自复按键开关 401SK 后，导线 531 经 401SK、586QS、568KA、539KT、$\overline{567KA}$ 使导线 541 有电，若此时主断路器的风缸风压足够（大于 450 kPa）4KF 动作，则主断路器的合闸线圈 4QFN 得电，主断路器合闸电路为：

531・401SK・586QS・568KA・539KT・$\overline{567KA}$・$\boxed{4QFN}$・4KF・400

主断路器的动作机构在压缩空气推力的作用下，合上主、辅触头，从而完成主断路器的合闸操作。

其中：586QS 为主断路器的隔离开关；568KA 为零位中间继电器，当全车所有司机控制器处于零位时，568KA 得电动作；539KT 为主断控制延时继电器，它受恢复中间继电器 562KA 常闭联锁的控制。合闸操作前，导线 531 经 562KA 常闭联锁，使 539KT 得电动作，其常开联锁闭合；当合闸操作时，562KA 得电，其常闭联锁打开，539KT 失电，延时 1 s 后，其常开联锁打开，切除合闸供电电路，避免主断路器合闸线圈 4QFN 及主接地继电器 97KE、98KE 恢复线圈长时间通断烧损。567KA 是劈相机中间继电器，操作起动劈相机前 567KA 处于失电状态，其反联锁闭合，接通主断路器的合闸电路，以避免过无电区后，由于未关闭劈相机按键，使劈相机处于单相供电而堵转。

3）主断路器分闸控制

（1）人工分断。主断路器的分闸控制由 603QA 自动开关提供电源，当按下"主断路器分闸"按键开关 400SK 时，导线 556 经 400SK、4QF 常开联锁（此时已闭合），使导线 542 有电，主断路器分闸线圈 4QFF 得电动作，主断路器分闸。人工断主断的控制电路为：

464·603QA·400SK·4QF·$\boxed{4QFF}$·4KF·400

（2）故障自动分闸。主断路器除具有人工分闸功能外，还具有当机车某些部件或系统发生故障后，自动使主断路器分闸的功能，具体的控制过程将在保护控制一节做详细说明。

3. 劈相机控制（见附图 3，406~408）

所有辅机的控制电源均由 605QA 自动开关提供，劈相机的控制是完成其他辅机控制的先决条件。SS_4G 型电力机车劈相机的控制有手动起动和自动起动两种方式，它是通过方式选择开关 591QS 进行选择的。当 591QS 置"0"位时，为手动控制；当 591QS 置"1"位时，为自动控制。

1）手动控制

按下"劈相机"按键开关 404SK，导线 560 经 404SK 与 591QS（0），使导线 564 有电，劈相机中间继电器 567KA 得电动作，其控制电路为：

464·605QA·404SK·591QS（0）·$\boxed{567KA}$·400

导线 560 经 567KA 的常开联锁使导线 561 有电：

560·(567KA + 567KA)·561

561 导线向以下几条电路供电：

（1）导线 561 经劈相机起动中间继电器 $\overline{566KA}$ 联锁，使分相接触器 213KM 和劈相机起动延时继电器 533KT 得电动作，同时 527KT 线圈经劈相机起动中间继电器 $\overline{566KA}$ 联锁得电，527KT 常开联锁闭合，为劈相机的接触器 201KM 闭合做好准备。其电路为：

561·($\overline{566KA}$ + 527KT)·($\boxed{533KT}$ + $\boxed{213KM}$)·400

561·$\overline{566KA}$·$\boxed{527KT}$·400

527KT 得电后，使 533KT、213KM 双路得电，断开后，可延时 1s 工作时间，进一步改善劈相机的起动性能。

（2）导线 561 经 213KM 的辅助联锁，使导线 572 有电，经劈相机故障隔离开关 242QS 使 201KM 得电动作并自持，劈相机的主电路沟通，开始起动。其电路为：

561·（201KM + 213KM + 205KM）·242QS·$\boxed{201KM}$·400

561·（242QS + 283AK）·$\boxed{566KA}$·400

（3）若劈相机起动正常，则劈相机起动继电器 283AK 动作，其常开联锁闭合；导线 561 经 283AK，使导线 568 有电，劈相机起动中间继电器 566KA 得电动作，其常闭联锁打开，527KT 线圈失电，延时 1 s 后，527KT 联锁打开，切断 213KM 和 533KT 的供电电路，甩掉劈相机起动电阻，使劈相机进入正常工作状态，同时 566KA 的正联锁闭合并自持。

（4）导线 561 经 215QA 和 566KA 的常开联锁，使 566KA 继续得电并自持，其电路为：

561·（215QA + 242QS）·566KA·568·$\boxed{566KA}$·400

（5）导线 561 经 $\overline{533KT}$ 联锁使导线 577 有电，为其他辅机工作做准备。其电路为：

561·$\overline{533KT}$·577

至此，劈相机的控制顺利完成。

两节车重联，通过内重联线 N564 使另一节车的 567KA 得电动作，两节车的劈相机同步工作。其电路为：

A 节车 464·605QA·404SK·519QS（0 位）·564·N564·B 节车 N564·564·$\boxed{567KA}$·400

2）自动控制

所谓的自动控制是指司机操作主断路器合闸后，劈相机自动起动，无须人为操作劈相机以及其他辅机的按键开关。这一功能主要用于机车过分相区时，简化司机操作。当主断路器闭合后，4QF 常闭联锁打开，导线 565 失电，劈相机自启延时继电器 528KT 失电，延时 1 s 后其常闭联锁闭合，导线 562 经 591QS 和 $\overline{528KT}$ 联锁，使 567KA 得电动作，劈相机开始起动，其电路为：

560·404SK·591QS（1）·$\overline{528KT}$·$\boxed{567KA}$·400

此后的过程与手动控制完全一样，此时要求劈相机的按键开关处于闭合位。

3）劈相机故障控制

若劈相机故障，则将 242QS 置"2"位，用通风机 1 代替劈相机进行电容分相起动，线路需进行以下转换：将 242QS 置"2"位；将 296QS 置电容位。

其控制过程为：按下 404SK，567KA 得电动作。导线 560 经 567KA，使导线 561 有电。

——导线 561 经 566KA、527KT 使 213KM 和 533KT 得电，起动电容接入。

——导线 561 经 213KM、242QS 使导线 580 有电，通风机 1 接触器 205KM 得电动作并自持，通风机 1 开始起动，当其发电机电压达到 283AK 的整定值时，283AK 动作。

——导线 561 经 283AK 使 566KA 得电动作并自持，527KT 线圈失电。

——导线 561 经 $\overline{566KA}$ 联锁、527KT 的常开联锁切除 213KM 和 533KT 的供电电路，甩掉通风机 1 的起动电容，使通风机 1 进入正常工作状态。

——导线 561 经 $\overline{533KT}$ 联锁使导线 577 有电，为其他辅机的正常工作做好准备。

4）"低压试验"控制及库内辅助电路三相电源试验

机车"低压试验"时，将 242QS 打在"0 位"（即"试验"位），闭合按键 404SK，则 567KA、566KA 得电闭合，533KT 失电，$\overline{533KT}$ 联锁闭合，导线 577 有电，即可进行其他辅机接触器操作试验。但此时劈相机接触器 201KM 被切断。由此，可将辅助电路库用插座接上三相 380 V 交流电，直接起动压缩机和各通风机，而无须起动劈相机。

4. 压缩机控制（见附图 3，412）

1）主压缩机控制

（1）起动准备。

对于往复式压缩机，起动电空阀 247YV 的作用是在压缩机开始工作时排除风管内的压缩空气，以消除起动时压缩机气缸内的气体背压，保证压缩机正常起动。

$\boxed{523KT}$ 得电后其常开联锁闭合，电路如下：561·523KT·$\boxed{247YV}$·400

压缩机起动电空阀 247YV 得电后开始放风（工作前和停止工作后都放风）。

螺杆式空气压缩机的主要特点是效率高、振动小、噪声低、运转平稳、可靠性好、易损件少、维修简单方便。与往复式压缩机相比，螺杆式压缩机在控制方面增加了温度开关 WJ、压力开关 YJ 和压缩机运行时间计数器 GS，取消了 247YV 和 523KT 控制环节。

（2）起动控制。

按下"压缩机"按键开关 405SK，导线 577 经 405SK、517KF（压力调节器，风压低于 700 kPa 时闭合，风压高于 900 kPa 时断开）、566KA、579QS 使压缩机接触器 203KM 得电动作，2 s 后压缩机开始工作。其电路为：

577·405SK·517KF·566KA·579QS·$\boxed{203KM}$·400

若需高于 900 kPa 风压时，则可按 408SK（"强泵"按键开关），导线 577 直接经 408SK，使导线 597 得电，即短接 517KF 的联锁，从而使压缩机一直处于工作状态直到风压达到 1 000 kPa。其电路为：

577·408SK·566KA·579QS·$\boxed{203KM}$·400

这时，操作人员必须注意监听安全阀在 1 000 kPa 整定动作的冒气声，以便及时停止强泵工作。如果压缩机故障，只要把 579QS 置"故障"位即可。

当两节车重联时，另一节车的压缩机就通过内重联线 N597 进行控制，此时起作用的调节器是操纵车上的调节器，非操作车上的调节器不起作用。当两台车重联时，通过外重联线 W2597 对另一台车上的压缩机进行控制，以实现四台压缩机同时工作。

2）辅助压缩机控制

机车升弓前若总风缸或控制风缸无压缩空气储存，则需利用压缩机 447MD 向控制风缸打风，供机车升弓和主断合闸使用。辅助压缩机控制电路（见附图 6，609～610）。

操作按键开关 596SB1 或 596SB2，使接触器 442KM 得电动作，其主触头闭合，导线 680 经 442KM 主触头使升弓压缩机 447MD 得电工作，开始打风。其电路为：

464・610QA・680・(596SB1 + 596SB2)・($\overline{442KM}$ + 442KM・682・447MD)・400

注意：当风压大于 500 kPa 时，可断开 596SB。

5. 通风机控制（见附图 3，409～410）

1）准备电路

通风机控制电路使用风速延时继电器 526KT，用于延时投入负载。

电路如下：561・($\overline{205KM}$・$\overline{535KT}$ + $\overline{206KM}$・$\overline{536KT}$)・400

时间继电器 535KT、536KT 线圈得电，延时 3s 后动作，为通风机起动做准备。SS$_4$G 型机车的通风机控制有手动起动和自动起动两种方式。

2）手动控制

按下"通风机"按键开关 406SK，导线 577 经 406SK 使导线 578 有电，经 566KA、242QS，通风机 1 隔离开关 575QS 使通风机 1 电源接触器 205KM 得电动作，通风机 1 开始起动。其电路为：

577・406SK・578・566KA・579・242QS・575QS・$\boxed{205KM}$・400

同时，205KM 联锁打开，使 535KT 失电，延时 3 s 后，535KT 联锁闭合。导线 579 经 $\overline{535KT}$ 联锁使导线 581 有电，再经通风机 2 的隔离开关 576QS 使通风机 2 的电源接触器 206KM 得电动作，通风机 2 开始动作。其电路为：

579・(575QS + $\overline{535KT}$)・581・576QS・$\boxed{206KM}$・400

同时，206KM 联锁打开，536KT 线圈失电，延时 3 s 后 536KT 联锁闭合，导线 581 经 $\overline{536KT}$ 联锁使导线 687 有电，然后，分别经 584QS 和 599QS 使 212KM 和 211KM 同时得电动作，即油泵和变压器风机同时开始起动，直至正常工作。其电路为：

581・(576QS + $\overline{536KT}$)・687・(584QS・$\boxed{212KM}$ + 599QS・$\boxed{211KM}$)・400

3）自动控制

所谓自动控制是指司机的调速手轮转到某一级以后，通风机能够自动地起动，投入正常工作。从附图 4 可以看出 SS$_4$G 型机车调速手轮转到 1.5 级以上时 417 导线有电，自启风机中间继电器 549KA 得电动作。此时 570QS 在 "1" 位，406SK 在非按下位。导线 577 经 $\overline{406SK}$ 联锁、570QS、549KA 的常开联锁为 549KA 提供电源使其自持。其电路为：

577・$\overline{406SK}$・570QS・603・549KA・417・$\boxed{549KA}$・400

同时，导线 603 经 549KA 的另一对常开联锁和 509 V 使导线 578 有电，其电路为：
603·549KA·509 V·578

接下来的控制过程与手动控制完全一样。

当司机控制器调速手轮退到"0"位时，导线 417 不再从司机控制器中得电，而是通过自持电路从导线 577 得电。所以，调速手轮回到"0"位时，通风机并不能自动关闭。若要关闭通风机，必须闭合 406SK，切除 549KA 的自持电路，使其解锁，然后再断开 406SK，这样就关闭了通风机的控制电路，通风机停止工作。此环节的作用是避免通风机频繁起动。

当两节车重联时，通过内重联线 N578 去控制另一节车的通风机工作。当两台车重联时，通过外重联线 W2578 去控制另一台车的通风机工作，以便实现所有机车的同步工作。

4）故障时的控制

（1）第一通风机发生故障时，575QS 置"1"位。切除第一牵引通风机 3MA，不通过 535KT，直接起动第二牵引通风机 4MA。

（2）第二通风机发生故障时，576QS 置"1"位。切除第二牵引通风机 4MA，不通过 536KT，直接起动油泵 8MA 和变压器风机 7MA。

（3）油泵或变压器风机故障时，将 584QS 置"1"位或 599QS 置"1"位。切除油泵或变压器风机。

6. 制动风机控制（见附图 3，411～412）

1）准备电路

制动通风机控制电路使用风速延时继电器 526KT，用于延时投入负载。电路如下：561·209KM·$\boxed{526KT}$·400

时间继电器 526KT 线圈得电，延时 3 s 后动作，为制动通风机起动做准备。

2）正常时的控制电路

按下"制动风机"按键开关 407SK，导线 577 经 407SK、566KA、581QS 使制动风机 1 的电源接触器 209KM 得电动作，制动风机 1（5MA）开始起动。其电路为：
577·407SK·566KA·589·581QS·$\boxed{209KM}$·400

其中，566KA 是劈相机起动中间继电器，581QS 是制动风机 1 的隔离开关。当制动风机 1 故障或其他原因需要切除时，可以将 581QS 置"故障"位。

在制动风机 1 接触器 209KM 得电动作后，$\overline{209KM}$ 联锁打开，526KT 线圈失电，延时 3 s 后，$\overline{526KT}$ 联锁闭合，导线 589 经 $\overline{526KT}$ 联锁、制动风机 2 的隔离开关 582QS 使制动风机 2 的接触器 210KM 得电动作，制动风机 2（6MA）开始起动，并进入正常工作状态。其控制电路为：
589·（581QS + $\overline{526KT}$）·582QS·$\boxed{210KM}$·400

两台制动风机起动完毕。

当两节机车重联时，通过内重联线 N590 控制另一节车的制动风机。当两台车重联时，通过外重联线 W2590 控制另一台车的制动风机。

3）故障时的控制

（1）第一制动通风机发生故障时，581QS 置"1"位。切除第一制动通风机，不通过 526KT，直接起动 6MA。

（2）第二通风机发生故障时，582QS 置"1"位。切除第二制动通风机故障，使该转向架无制动电阻可使用。

7. 牵引控制（见附图 4，303～306）

牵引控制有两种情况：一种是向前牵引，另一种是向后牵引。由司机控制器控制两位置转换开关进行转换。下面以主司机控制器 627AC 为例，分析向前牵引的控制：

1）牵引制动转换配电电路

配电电路，其一是使线路接触器中间继电器 558KA 得电，为机车工况转换做准备；其二是向主司机控制和辅助司机控制器提供控制电源。

闭合电钥匙导线 466 有电，经 $\overline{12KM}$、$\overline{22KM}$、$\overline{32KM}$、$\overline{42KM}$ 联锁或 20QP、50QP 常开联锁使线路接触器中间继电器 558KA 线圈得电，其常开联锁闭合。控制电路为：

464・604QA・465・570QS・466・($\overline{12KM}$・$\overline{22KM}$・$\overline{32KM}$・$\overline{42KM}$ + 20QP + 50QP)・$\boxed{558KA}$・400

2）向前牵引的控制电路

当 627AC 换向手柄置"前"位时，导线 402、403、406 有电。
其控制电路为：

465・570QS・401・627AC$_1$・402　　导线 402 为调速手轮的电源线；
465・570QS・401・627AC$_2$・403　　导线 403 为向前位得电线；
465・570QS・401・627AC$_5$・406　　导线 406 为牵引位得电线。

导线 403 经 558KA，使 107YVF 和 108YVF 两个电磁阀得电。其控制电路为：

403・558KA・($\boxed{107YVF}$ + $\boxed{108YVF}$)・400

两位置开关方向鼓转到"向前"位。其中，107YVF 负责 1 号高压柜两位置转换开关转换，108YVF 负责 2 号高压柜两位置开关转换。

导线 406 经 558KA、牵引制动转换中继 560KA 联锁、励磁接触器 $\overline{92KM}$ 联锁，使 107YVT、108YVT 两个电磁阀得电，其控制电路为：

406・558KA・$\overline{560KA}$・$\overline{92KM}$・($\boxed{107YVT}$ + $\boxed{108YVT}$)・400

两位置开关工况鼓 107YVT、108YVT 转换到"牵引"位，从而完成了向前牵引的转换控制。

当两节车重联时，通过内重联线 N406 控制另一节车的两位置开关完成牵引转换。通过本节车的 N403 经内重联电缆的交叉重联，作用于另一节车的 N404，使另一节车的两位置开关完成向后转换，以保证全车牵引向前。

当两台车重联时，通过外重联线 W2406 控制另一台车的两位置开关，使另一台车完成牵引转换。通过本车的 N2403 经外重联电缆，最终作用于另一台车的 W2403，使另一台车完成向前转换，以确保两台机车方向一致。

8. 制动控制（见附图 4，302 ~ 304）

当主司机控制器换向手柄置"制动"位时，导线 402、403、405 有电。

其控制电路为：

465 · 570QS · 401 · 627AC$_1$ · 402　　导线 402 为调速手轮的电源线；

465 · 570QS · 401 · 627AC$_2$ · 403　　导线 403 给空气管路提供机车向前的信号；

465 · 570QS · 401 · 627AC$_4$ · 405　　导线 405 制动位得电线。

制动控制环节为：

405 · ($\boxed{560KA}$ + $\boxed{561KA}$) · 400　　牵引转换中继得电，保证机车工况的唯一性。

465 · 560KA · 558KA · ($\boxed{107YVB}$ + $\boxed{108YVB}$) · 400

两位置转换开关工况鼓转换到"制动"位，从而完成了向前制动的转换控制。

当两节车重联时，通过内重联线 N405，使另一节车的两位置开关转到"制动"位，保证两节车同步工作。当两台车重联时，通过外重联线 W2405，使另一台车的两位置开关转到"制动"位，保证两台机车同步工作。

9. 风速延时控制（见附图 4，311 ~ 312）

1）风速中间继电器的控制

当通风机正常工作后，安装在风道中的风速继电器就会动作，见附图 3 右上方。其控制过程为：导线 561 经 519KF（牵引风速继电器 1）使牵引风速 1 中间继电器 550KA 得电动作；导线 561 经 520KF（牵引风速继电器 2）使牵引风速 2 中间继电器 551KA 得电动作；同样，导线 561 经 511KF（制动风速继电器 1）和 512KF（制动风速继电器 2）分别使制动风速 1 中间继电器 541KA 和制动风速 2 中间继电器 542KA 得电动作。其控制电路：

561 · 519KF · $\boxed{550KA}$ · 400

561 · 520KF · $\boxed{551KA}$ · 400

561 · 511KF · $\boxed{541KA}$ · 400

561 · 512KF · $\boxed{542KA}$ · 400

2）牵引工况时风速延时控制

牵引时，导线 406 有电，经 $\overline{560KA}$ 联锁使导线 518 有电，再经 219QA 和 550KA，使导线 516 有电。然后经 551KA 和 220QA 使导线 514 有电，风速延时继电器 530KT 得电动作，其常开联锁闭合。控制电路为：

406 · $\overline{560KA}$ · 518 · [219QA · (573QS + 550KA) + 575QS] · 516 · [(574QS + 551KA) · 220QA + 576QS] · 514 · $\boxed{530KT}$ · 400

550KA、551KA 联锁两端分别并有牵引风速 1、牵引风速 2 的隔离开关 573QS、574QS 的联锁。当牵引风速继电器 1 或 2 动作不良时,将 573QS 或 574QS 置故障位,短接 550KA 或 551KA 联锁,以便机车继续运行。此时,219QA 和 220QA 继续担任保护任务。575QS、576QS 分别是牵引风机 1、牵引风机 2 隔离开关,当某一牵引风机故障时,将相应的隔离开关置故障位,在切除故障风机的同时,也短接相应的风速环节。

3)制动工况时风速延时控制

制动时,导线 405 有电,560KA 线圈得电,560KA 常开联锁闭合。导线 405 经 560KA 常开联锁使导线 524 有电,再经 223QA 和 541KA 使导线 521 有电,然后经 224QA 和 542KA 使导线 518 有电,控制电路为:

405·560KA·524·[223QA·(589QS+541KA)+581QS]·251·[224QA·(590QS+542KA)+582QS]·518

518 导线得电后,530KT 线圈得电电路与牵引时相同。

其中,223QA、224QA 分别是制动风机 1、制动风机 2 自动开关保护联锁。并联在 541KA、542KA 联锁两端的隔离开关 589QS、590QS 分别是制动风速 1、制动风速 2 隔离开关;581QS、582QS 分别是制动风机 1、制动风机 2 隔离开关。当某一制动风机故障时,将相应隔离开关置故障位,一方面切除故障风机,另一方面短接相应的风速环节,使机车能维持运行。

10. 预备环节控制(见附图 4,303)

当全车整备电路控制完成时,最终产生的结果是预备中间继电器 556KA 得电动作。

1)牵引工况时的预备控制

(1)向前牵引。

向前牵引时,导线 403 经 $\overline{561KA}$ 联锁、107QPF(向前时闭合)、108QPF(向前时闭合)使导线 427 有电,经 108QPT(牵引时闭合)、107QPT(牵引时闭合)使导线 429 有电。其电路为:

403·$\overline{561KA}$·107QPF·108QPF·427·108QPT·107QPT·429

当司机控制器调速手轮处于低级位时(1.5 级以下),$\overline{525KT}$ 联锁一直处于闭合状态,导线 429 经 $\overline{525KT}$ 联锁、567KA(此时劈相机已工作,该联锁已闭合)和 $\overline{560KA}$,使导线 432 有电,再经 4QF 联锁使 556KA 得电动作;当司机控制器调速手轮处于高级位(1.5 级以上),延时 25 s 后,$\overline{525KT}$ 联锁打开,导线 429 经 530KT 联锁使导线 432 有电,然后经 4QF 使 556KA 得电动作。其电路为:

429·($\overline{525KT}$·567KA·$\overline{560KA}$+530KT)·4QF·$\boxed{556KA}$·400

预备中间继电器 556KA 得电,标志着预备环节完成。

(2)向后牵引。

向后牵引时,导线 404 经 107QPBW(向后闭合)和 108QPBW(向后闭合),使导线 427 有电,以后的环节与向前牵引完全一样。

（3）预备完成的条件。

牵引时要使556KA得电动作，必须具备以下几个条件：

（1）司机操作电钥匙必须给上，即570QS置"1"。

（2）两位置转换开关必须转到位。

（3）主断路器必须闭合。

（4）劈相机必须工作。

（5）高级位时，风速延时必须完成。

2）制动工况时的预备控制

机车电阻制动时，换向手柄由"前"位转到"制"位，导线404无电、405有电，403虽有电但不起作用，所以起作用的只是405导线。它一路经209KM、210KM、91KM的常开联锁使429有电，再经530KT和4QF使556KA得电动作。其中91KM受线路接触器辅助联锁的控制，线路接触器又受零位延时时间继电器的控制，所以制动时，要使556KA动作，司机控制器的调速手轮必须离开"0"位。另一路使牵制转换中继560KA、561KA得电，525KT支路串联$\overline{560KA}$联锁打开，低位延时不起作用。控制电路为：

405·($\overline{560KA}$ + $\overline{561KA}$)·400

405·(581QS + 209KM)·(582QS + 210KM)·91KM·429·530KT·4QF·$\boxed{556KA}$·400

三、常见故障判断及处理

1. 受电弓升不起

闭合受电弓扳键，受电弓升不起的故障原因及处理方法如表3.5所示。

SS$_4$G型机车常见故障处理

表3.5 受电弓升不起的故障处理

序号	故障原因	故障处理
1	高压室门未关好，保护阀287YV未得电	检查并关闭好高压室门，使287YV得电
2	风压太低	辅助压缩机打风，压力升至450 kPa以上
3	受电弓扳键接点不良	清除触点或更换扳键触头
4	门联锁重联风压继电器515KF不动作	风压开关588QS置"单机"位，只升本节受电弓，切除其他节车的主断路器
5	受电弓隔离开关587QS在"故障"或接点不良	（1）587QS置"运行"位 （2）清除触点或更换687QS触头
6	升弓电磁阀1YV故障	检修或更换1YV电空阀
7	机械故障	检查机械部分，维修或更换相应部件

2. 主断路器不闭合

闭合主断路器扳键,主断路器不闭合的故障原因及处理方法如表 3.6 所示。

表 3.6　主断路器不闭合的故障处理

序号	故障原因	故障处理
1	司机控制器调速手轮不在零位, 零位继电器 568KA 未吸合	两个司机室的司机控制器均回"0"位
2	劈相机按钮在闭合位	将劈相机按键开关置断开位
3	风压太低	辅助压缩机打风,压力升至 450 kPa 以上
4	主断路器机械结构损坏	用扳手人为合闸,维持故障运行或用主断路器故障隔离开关 586QS 隔离半台机车运行,同时将零压隔离开关 236QS 置"故障"位

思考题

1. SS_4G 型电力机车设置主断路器控制延时时间继电器的目的是(　　)。
2. SS_4G 型电力机车自起通风机后,进行(　　)操作,可关断牵引通风机。
3. 牵引工况,预备中间继电器 556KA 得电必须具备哪些条件?

子任务三　调速控制电路

任务目标

(1)掌握零位控制、低级位延时控制。
(2)会分析线路接触器控制、调速控制和励磁接触器控制。
(3)能描述功补接触器控制、重联中间继电器控制、司机钥匙互锁控制。
(4)能对机车常见故障进行判断处理。
(5)弘扬社会主义核心价值观,培养学生独立思考的能力。

任务内容

一、调速控制电路组成

SS_4G 型电力机车调速控制电路包括零位控制、低级位延时控制、线路接触器控制、调速控制、励磁接触器控制、功补接触器控制、重联中间继电器控制和司机钥匙互锁控制环节。

二、SS₄G 型电力机车调速控制电路

当机车整备完毕，机车状态信号显示一切正常时，可进行调速控制。所谓调速控制电路，就是司机通过控制器的调速手轮来完成操作的相关电路，调速控制电路见附图 4。

1. 零位控制（见附图 4，301~308/E）

SS₄G 型电力机车由完全相同的两节车重联而成，每节车只有一个司机室，每个司机室内装有主、辅司机控制器各 1 只，所以 1 台车共有 4 只司机控制器。每节车都有自己独立的零位中间继电器 568KA 和零位延时时间继电器 532KT。

1）单节车时的零位控制

单节车时，导线 464 经 604QA 使导线 465 有电，再经 570QS（1）闭合位和 $\overline{532KT}$ 联锁，使导线 418 有电，并送入司机控制器调速手轮的第一层联锁上。若此时调速手轮处于"0"位，则导线 418 经主司机控制器 627AC"0"位使导线 411 有电。再经辅助司机控制器 628AC"取"位使导线 412 有电，568KA 得电动作。其控制电路为：

464・604QA・570QS・466・$\overline{532KT}$・418・627AC₁・411・628AC₁・412・│568KA│・400

当主司机控制器调速手轮离开"0"位（机械零位）时，导线 411 失电，最终导致 568KA 失电；同时因 627AC 调速手轮离开"0"位后，导线 415 得电，零位延时时间继电器 532KT 得电吸合，其常闭联锁打开，导线 418 无电，进一步保证 568KA 失电。另外因 532KT 的常开联锁闭合，将使线路接触器得电动作，线路接触器控制环节将在后面详细介绍。

2）两节车重联时的零位控制

两节车重联时，通过 N415 去控制另一节车的 532KT，通过 N418 去控制另一节车的 568KA，达到两节车零位同步控制的目的。如非操纵节司机控制器不在"0"位，且 570QS 已合上，则通过 N415 重联线使操纵节 532KT 吸合，操纵节虽在"0"位，因 $\overline{532KT}$ 打开导致全车 568KA 不能吸合。

3）两台车重联时的零位控制

两台机车重联时，通过 W2415 和 W2418 分别控制另一台车的 532KT 和 568KA，以达到所有重联机车零位同步控制的目的。

2. 低级位延时控制（见附图 4，302/F）

当 627AC 的调速手轮转到 1.5 级以上时，导线 417 有电，525KT 得电并开始延时，25 s 后，其常闭联锁打开。525KT 是电子式低级位延时时间继电器，得电后延时主要用于机车低级位时免开通风机进行调车作业以及在起动通风机的过程中快速起动机车，并具有防止机车因信号不正常而引起"窜车"的作用。

3. 线路接触器控制（见附图4，309~311）

1）牵引工况时线路接触器控制电路

线路接触器是沟通牵引电机主电路的主要电器。牵引工况时的控制关系是：导线531经532KT、10QP、60QP联锁，使导线501有电。其控制电路为：

531·532KT·10QP·60QP·501

其中，10QP、60QP分别是1、2高压柜中空载试验转换开关的辅助联锁，在运行位时闭合。当机车处于牵引状态时，导线501经561KA联锁，分别使导线496和497有电，导线496经575QS使导线481有电，然后分别经19QS、29QS，使线路接触器12KM、22KM得电动作；而导线497经576QS使导线485有电，然后分别经39QS、49QS，使线路接触器32KM、42KM得电动作，此时牵引状态的电机主电路构成。

上述支路中，19QS~49QS分别是牵引电机1M~4M的隔离开关的辅助联锁，575QS、576QS是牵引风机隔离开关，在隔离相应风机的同时，也隔离了牵引电机，避免牵引电机无风烧损。以1M电机线路接触器为例，其控制电路为：

501·$\overline{561KA}$·496·575QS·$\overline{19QS}$·471·$\boxed{12KM}$·400

2）制动工况时线路接触器控制电路

当机车处于制动状态时，导线501一路经581QS、561KA的常开联锁使导线496有电；另一路经582QS、561KA的另一对常开联锁，使导线497有电，接下来的环节与牵引时相同。

581QS、582QS分别是制动风机1、制动风机2的隔离开关，当某一制动风机故障时，在隔离相应风机的同时，也隔离了牵引电机，避免烧坏制动电阻。仍以1M电机线路接触器为例，其控制电路为：

501·581QS·561KA·575QS·$\overline{19QS}$·$\boxed{12KM}$·400

3）库用位时线路接触器控制电路

库内动车时，需将20QP或50QP置库用位，利用库内电源动车。此时，需要将换向手柄置"前"或"后"位。以20QP库用位机车向前为例说明如下：DC电源→库用插座30XC→20QP主刀，即将电源加在电机2M的两端。

4. 调速控制

SS₄G型电力机车的调速控制主要是由无接点控制电路（电子控制电路）来完成，在此仅对与调速有关的有接点控制电路进行介绍。

1）调速信号给定（见附图4，301~308/B）

机车速度的给定信号由司机控制器输出。当司机转动调速手轮时，速度给定及相应电流给定信号也随之改变，达到控制机车速度的目的。主司机控制器627AC输出的速度给定信号通过电位器637R完成。在这一环节中，1701是从电子控制柜内

送出的 +15 V 电源线，700 是地线；1703 是速度给定信号线，送入电子柜 AE，电子柜 AE 根据这一信号的大小，对机车速度及电机电流实施控制。

2）磁场削弱控制（见附图 4，306~307）

调速手轮转到 6 级以上，牵引电机的端电压达到额定值，为了充分发挥机车牵引力，可实施磁场削弱，此时，导线 401 经 627AC 使导线 410 有电。其控制电路为：

401 · 627AC$_5$ · 410

若把 627AC 的换向手柄置 1 级磁场削弱位，导线 410 经 627AC$_6$ 使导线 407 有电，I 级磁削的两个电磁阀 17YV 和 47YV 得电动作，受其控制的相应接触器闭合，电机完成 I 级磁削弱。其控制电路为：

410 · 627AC$_6$ · 407 · ($\boxed{17YV}$ + $\boxed{47YV}$) · 400

若此时把 627AC 的换向手柄置 2 级削弱位，则导线 410 经 627AC$_7$ 使导线 408 有电，而 407 失电。导线 408 分别经 17KM 和 47KM 使导线 458 和 459 得电，II 级磁削的两个电磁阀 18YV 和 48YV 动作，相应接触器闭合，电机完成 II 级磁场削弱。其控制电路为：

410 · 627AC$_7$ · 408 · ($\overline{17KM}$ + 18KM) · $\boxed{18YV}$ · 400

410 · 627AC$_7$ · 408 · ($\overline{47KM}$ + 48KM) · $\boxed{48YV}$ · 400

若把 627AC 的换向手柄置 3 级削弱位，则导线 410 经 627AC$_6$、627AC$_7$ 使导线 407 和 408 得电，17YV、47YV、18YV、48YV 都得电动作，相应接触器闭合，电机完成 III 级磁削。其控制电路为：

410 · 627AC$_6$ · 407 · ($\boxed{17YV}$ + $\boxed{47YV}$) · 400

410 · 627AC$_7$ · 408 · ($\overline{17KM}$ + 18KM) · $\boxed{18YV}$ · 400

410 · 627AC$_7$ · 408 · ($\overline{47KM}$ + 48KM) · $\boxed{48YV}$ · 400

5. **励磁接触器控制**（见附图 4，304）

当司机控制器的换向手柄置"制动"位时，导线 405 有电，经制动缸压力继电器 516KF（风压小于 150 kPa 闭合），线路接触器 12KM~42KM 以及位置开关工况鼓 107QPB（制动位闭合）、108QPB（制动位闭合），使导线 439 得电。经励磁过流中间继电器 559KA 常闭联锁，使励磁接触器 91KM、92KM 得电动作，其控制电路为：

405 · $\overline{516KF}$ · 12KM · 22KM · 32KM · 42KM · 107QPB · 108QPB · 439 · ($\boxed{92KM}$ + $\overline{559KA}$ · $\boxed{91KM}$) · 400

91KM、92KM 得电后：

① 主触头使励磁电路构成闭合回路。

② 常开联锁触头使预备中间继电器得电。

③ 常闭联锁触头断开牵引电空阀电路，确保制动工况时，牵引工况不能实现。

（1）牵引电机故障。

当某一牵引电机故障时，需将相应的牵引电机隔离开关 19QS～49QS 置故障位，断开主电路中故障牵引电机的工作电路，在控制电路中是用相应的辅助联锁短接线路接触器的联锁来实现。例如：当牵引电机 1M 故障时，需将I号高压电器柜中的"19QS"置故障位，则线路接触器 12KM 失电打开，19QS联锁短接 12KM 的正联锁，导线 405 经 $\overline{516KF}$、19QS、22KM、32KM、42KM 等使励磁接触器 91KM、92KM 得电动作。

（2）牵引通风机故障。

当牵引风机 1 故障时，将其故障转换开关 575QS 置 "0" 位，即故障位。此时若想使用电制动，必须将I号高压柜中 19QS 和 29QS 隔离开关置故障位。在牵引电机 1M、2M 退出主电路的同时，用 19QS、29QS 联锁，使导线 447 有电。

当牵引风机 2 故障时，将其故障转换开关 576QS 置 "0" 位，即故障位。此时若想使用电制动，必须将Ⅱ号高压柜中 39QS、49QS 隔离开关置故障位。在牵引电机 3M、4M 退出主电路的同时，用 39QS、49QS 联锁，使导线 441 有电。

（3）制动风机故障。

当制动风机 1 故障时，将其故障转换开关 581QS 置 "0" 位，即故障位。12KM、22KM 失电，导线 405 经 $\overline{516KF}$、581QS、575QS、560KA 使导线 447 有电。

当制动风机 2 故障时，将其故障转换开关 582QS 置 "0" 位，即故障位。32KM、42KM 失电，导线 447 经 582QS、576QS、560KA 使导线 441 有电。

导线 447、441 有电后，91KM、92KM 得电线路与正常时相同。

6. 功补接触器控制（见附图 4，307～309）

1）功补接触器的控制电路

572QS 为功补隔离开关，$\overline{555KA}$ 为功补过流中间继电器联锁。

电路 1：466 · ($\boxed{116KM}$ + $\boxed{126KM}$ + $\boxed{156KM}$ + $\boxed{166KM}$) · 400

4 个放电接触器 116KM～166KM 得电后常开联锁接通。

电路 2：466 · 572QS · $\overline{555KA}$ · 492

492→（116KM～166KM）→（$\overline{119QS}$～$\overline{169QS}$）→AE→($\boxed{114KM}$～$\boxed{164KM}$)→400

114KM～164KM 得电后，功补装置投入工作。

2）功补投切原则

由电子柜 AE 计算无功含量 Q 来决定是否投切：

（1）$Q > 480$ kvar 投入一组 PFC，直至 4 组 PFC 全部投入。

（2）$Q < 120$ kvar 切除一组 PFC，直至 4 组 PFC 全部切除。

投切原则是先投先切，顺序如下：77PFC→87PFC→78PFC→88PFC。

7. 重联中间继电器控制（见附图 4，311 ~ 316）

1）两台车重联控制

当两台机车重联时，除 400 线以外的所有重联控制信号都经过重联中间继电器的联锁，以便于发生意外时及时切除重联控制信号。每一台车上分别装有四个重联中间继电器，受一个隔离开关 592QS 的控制。导线 531 经 570QS（1）使导线 525 有电，经 592QS（1）使导线 526 有电，545KA ~ 548KA 四个中间继电器都有电，接通重联控制信号，其控制电路为：

531·570QS（1）·592QS·526·(545KA + 546KA + 547KA + 548KA)·400

2）两节车重联控制

当两节车重联时，通过内重联线 N562，使另一节车 526 得电，另一节车 545KA ~ 548KA 得电动作，接通后一节车的外重联控制信号。

对于重联机车来讲，只有在操纵端同一方向司机室内的重联开关 592QS 才起作用，其他司机室的重联开关不起作用。

8. 司机钥匙互锁控制（见附图 4，309B ~ 310B）

为了防止一台车的两个司机室内都使用电钥匙开关而造成窜车的现象，在 SS_4G 型电力机车上加装了钥匙互锁环节。

当 A 节车为操纵端时，B 节车应该是非操纵端，即 B 节车的 570QS 应处于"0"位。所以，A 节车的 401 有电，而 B 节车的 401 无电。A 节车的 401 通过内重联线 N401a 送入 B 节车的 N401b，作用于 B 节车的 569KA，使 569KA 得电动作，其常闭联锁打开，确保非操纵端送入电子柜 AE 的操纵信号 419 无电，使非操纵端的电子柜始终接受调制信号。若在 A 节车给电钥匙的情况下，B 节车也给上电钥匙，则两节车的 401 都有电，两节车的 569KA 都得电，从而使两节车的 419 线均无电，两个电子柜都处于接收状态，其结果是牵引无流，不会造成机车窜车。

三、常见故障判断处理

1. 一台牵引电动机无流

故障判断：
（1）该牵引电机线路接触器不吸合。
（2）牵引电动机开路。
故障处理：
（1）处理该电机线路接触器及电磁阀。
（2）将牵引电机故障隔离开关置"故障"位，切除该电动机。

2. 电制动时励磁过流

故障判断：

(1)电子柜检测到励磁过流,励磁过流中间继电器559KA动作,"励磁过流"信号灯亮。

(2)励磁过流中间继电器599KA联锁误动作。

故障处理:

(1)调速手柄回"0"位,重新闭合主断路器,使559KA恢复,重新投入电制动。

(2)检查并排除559KA联锁不良部位。

(3)重新闭合主断后仍显示励磁过流,则不应使用电制动。

思考题

1. SS_4G 型电力机车功补过流时,555KA切除( )套PFC装置。

2. 对被重联机车来说,只有在操纵端同一方向的司机室内的重联开关( )QS才能作用,其他司机室的重联开关不起作用。

3. SS_4G 型电力机车设置低级位延时控制的目的是什么?

子任务四 其他控制电路

任务目标

(1)会分析 SS_4G 型电力机车的保护电路、信号显示电路和照明控制电路。

(2)能进行 SS_4G 型电力机车常见故障的判断处理。

(3)培养学生爱岗敬业,诚实守信,精益求精的作风。

任务内容

一、保护控制电路(见附图3,408~409)

保护控制是指保护对主电路、辅助电路有关的执行控制,根据机车的使用情况和可能产生故障的严重程度,保护结果有两种:一是跳主断路器;二是跳接触器。

1. 原边过流

当原边过流继电器101KC检测到原边过流而动作时,导线1780经101KC使导线552有电,原边过流中间继电器565KA得电动作,其正联锁闭合并自持,主断路器分断。其控制电路为:

1780·($\overline{562KA}$·546·565KA+101KC)·552·$\boxed{565KA}$·400

531·565KA·544·4QF·$\boxed{4QFF}$·4KF·400

2. 次边过流

由电流互感器 176TA、177TA、186TA、187TA 检测次边过流信号，然后送到电子柜 AE，当电子柜 AE 判断出次边过流时，送出 110 V 的电压信号，这一信号直接作用于 565KA，使 565KA 得电动作并自持，最后使主断路器分断。这一信号标注线是 552 与原边过流执行信号共用，电路完全相同。

3. 牵引电机过流

由电流传感器 111SC～142SC 检测牵引电机的电流信号，然后送入电子柜 AE，由电子柜 AE 来判断牵引电机是否过流及哪一台过流。若一旦判断某台电机过流，则电子柜送出 +110 V 的电压信号，这一信号直接作用于牵引电机过流中间继电器 557KA，使其得电动作。557KA 得电后一方面通过其本身的正联锁自持，另一方面导线 531 通过它的另一对触点使导线 544 有电，主断路器分断。其控制电路为：

$(AE + 1780 \cdot \overline{562KA} \cdot 546 \cdot 557KA) \cdot 554 \cdot \boxed{557KA} \cdot 400$

$531 \cdot 557KA \cdot 544 \cdot 4QF \cdot \boxed{4QFF} \cdot 4KF \cdot 400$

4. 主电路接地

SS$_4$G 型电力机车采用转向架独立供电，每一转向架的主电路上设有一个接地继电器。当某一接地继电器动作时，其联锁接通 531 与 544 之间的电路，使导线 544 有电，主断路器分断。例如 97KE 动作，导线 531 通过 97KE 的常开联锁，使导线 544 有电。其控制电路为：

$531 \cdot 97KE \cdot 544 \cdot 4QF \cdot \boxed{4QFF} \cdot 4KF \cdot 400$

5. 辅助系统过流

由辅助系统过流继电器 282KC 来检测。当 282KC 检测到辅助系统过流时动作，其正联锁闭合，接通辅助系统过流中间继电器 564KA 的供电电路，564KA 得电动作并自持。导线 531 经 564KA 的正联锁使导线 544 有电，主断路器分断。其控制电路为：

$1780 \cdot (282KC + \overline{562KA} \cdot 546 \cdot 564KA) \cdot 550 \cdot \boxed{564KA} \cdot 400$

$531 \cdot 564KA \cdot 544 \cdot 4QF \cdot \boxed{4QFF} \cdot 4KF \cdot 400$

6. 辅助电路接地

当辅助电路接地时，辅助电路接地继电器 285KE 得电动作，导线 531 经 285KE 使导线 544 有电，主断路器分断。其控制电路为：

$531 \cdot 285KE \cdot 544 \cdot 4QF \cdot \boxed{4QFF} \cdot 4KF \cdot 400$

7. 零压（失压）保护

由零电压时间继电器 286KT 来检测，检测环节见辅助电路原理图。当机车处于零电压或失压超过 2 s 以上时，286KT 失电，其常闭联锁闭合，导线 546 经 $\overline{286KT}$ 联锁使导线 551 有电，零压中间继电器 563KA 得电动作，其正联锁闭合，使导线 544 有电，主断路器分断。其中，导线 561 受劈相机中间继电器 567KA 的控制，所以零压保护只有当劈相机投入工作时才起作用。其控制电路为：

1780·$\overline{562KA}$·546·$\overline{286KT}$·551·$\boxed{563KA}$·400

561·503 V·236QS（0）·563KA·544·4QF·$\boxed{4QFF}$·4KF·400

若劈相机未投入工作，则零压保护只亮"零压"故障灯，不跳主断路器。

8. 紧急制动

紧急制动的控制信号来自信号柜和紧急制动按钮，这一信号的线号为 912，导线 912 经隔离二极管 504 V 使导线 544 有电，使主断路器分断。电路为：

912·504 V·544·4QF·$\boxed{4QFF}$·4KF·400

9. 励磁过流

励磁过流的检测信号直接接入电子柜，由电子柜 AE 来判断励磁是否过流。若励磁过流，电子柜送来的一个 + 110 V 的电压信号直接作用于励磁过流中间继电器 559KA。559KA 得电后，通过其自身的一对正联锁自持，而另一对正联锁切除 91KM 的供电电路使励磁无流，以保护励磁电路。其控制电路为：

（1780·$\overline{562KA}$·546·559KA + AE）·$\boxed{559KA}$·400

10. 功补过流

功补过流也是由电子柜 AE 来判断，当功补过流时，功补过流中间继电器 555KA 接受到电子柜送来的 + 110 V 的电压信号得电动作。$\overline{555KA}$ 联锁打开，切除功补接触器 114KM、124KM、154KM、164KM 的供电电路，使功补退出主电路。

11. 故障保护的恢复控制

上述各种故障保护，其自持的中间继电器由恢复中间继电器 562KA 联锁（1 780～564 之间）维持。故障消除后，闭合主断路器的同时 562KA 线圈得电，$\overline{562KA}$ 联锁打开，使所有保护中间继电器失电打开，故障及其信号恢复到保护前的状态。

二、信号控制电路（见附图 5）

SS$_4$G 型电力机车的司机室内，安装有主显示屏和辅显示屏各一块，采用 LED 式发光二极管作光源，用 + 15 V 电源（线号 790）或 + 110 V 电源（线号 690）。主、辅显示屏的外形及显示的数目完全相同，都是 32 个信号。主显示屏显示的是机车的主要状态及主要故障，辅显示屏显示的是对主显示屏显示内容的补充说明。如主显示屏显示"主接地"，辅显示屏将显示某一架接地。司机通过对机车信号的观察，可以了解机车的工作状态。

1. 主显示屏的显示

"前节车"——显示的内容是前节车，即操纵端的一节机车。颜色是绿色，长亮。

"后节车"——显示的内容是后节车，即非操纵端的一节机车。颜色是绿色，长亮。

"预备"——该信号受预备中间继电器 $\overline{556KA}$ 联锁控制。当机车预备完成后，556KA 得电动作，其反联锁打开，导线 703 无电，"预备"信号灯灭，表示机车预备完毕。

"电子柜预备"——当电子柜 A、B 组转换开关置工作位，电子柜电源板工作正常时，导线 1719 失电，"电子柜预备"信号灯灭，表示电子柜能开始工作。

"主断"——该信号受 $\overline{4QF}$ 联锁控制。当主断路器合上时，其反连锁打开，导线 704 失电，"主断"信号灯灭，表示主断路器已合上。

"零压"——当机车处于零电压状态时，零压中间继电器 563KA 得电动作，导线 690 经 563KA 使导线 705 有电，"零压"信号灯亮，表示机车在零压状态。

"原边过流"——当原边过流中间继电器 565KA 得电动作时，导线 690 经 565KA 的正联锁，使导线 706 有电，"原边过流"信号灯亮，表示机车主变压器原边有过流现象。

"主接地"——当主接地继电器 97KE 或 98KE 动作时，导线 690 经 97KE 或 98KE 使导线 701 或 702 有电，送入辅显示屏，使辅显示屏中的"主接地 1"或"主接地 2"信号灯亮，同时，通过辅显示屏的隔离二极管，送出 707 导线到主显示屏内，"主接地"信号灯亮，表明机车处于主接地状态下。

"牵引电机"——当电子柜检测出某台牵引电机过流时，电子柜送出一信号作用于 557KA 使其得电动作，导线 690 经 557KA 的常开联锁，使导线 708 有电，"牵引电机"信号灯亮，表明某台或全部牵引电机过流。

"零位"——当司机控制器调速手轮处于零位时，零位中间继电器 568KA 得电动作，导线 690 经 568KA 使导线 709 有电，"零位"信号灯亮，表示机车的调速手轮处于零位。

"励磁过流"——当电子柜检测出励磁电路电流时，送出一个信号，使 559KA 得电动作，导线 690 经 559KA 使导线 710 有电，"励磁过流"信号灯亮，表示机车励磁电路有过流现象。

"空转"——当电子柜检测出机车有空转现象时，送出一个信号，1717 导线得电，"空转"信号灯亮，表示机车有空转现象。

"劈相机"——该信号灯受 201KM、566KA 及 567KA 控制。当劈相机启动时，567KA 得电动作，导线 690 经 $\overline{566KA}$、567KA 使导线 718 有电，"劈相机"信号灯亮。当劈相机启动完毕，566KA 得电动作，$\overline{566KA}$ 打开，导线 718 失电，"劈相机"信号灯灭。若劈相机启动失败，则劈相机的电源接触器 201KM 失电，其常闭联锁闭合。690 线经 $\overline{201KM}$ 和 567KA 使导线 718 有电，劈相机信号灯亮，表示劈相机故障。所以如果劈相机启动正常，其信号灯应该先亮一下，接着就灭，时间约 2 s 左右。若点亮时间较长，可能使劈相机启动困难，必须及时关闭。

"功补"——当电子柜检测出功率因数补偿有过流现象时，功补过流继电器 555KA 得电动作。导线 690 经 555KA，使导线 728 有电，"功补"信号灯亮，表示机车功补过流。

"辅助回路"——当辅助电路有过流、接地现象时，从辅显示屏中送出一信号，导线720有电，"辅助回路"信号灯亮，表示机车的辅助电路有故障。

"电制动"——当机车进入电制动状态时，司机控制器的换向手柄置"制"位，调速手轮离开"0"位，92KM得电动作，导线690经92KM使导线725有电，"电制动"信号灯亮，表示机车正处于电制动状态。

"控制回路接地"——当控制电路的高电位发生接地时，控制电路中间继电器554KA得电动作，导线690经554KA使导线757有电，"控制回路接地"信号灯亮，表示机车控制电路有接地现象。

以上介绍的是主显示屏的本节机车的状态及故障情况。这些故障及机车状态信号通过内重联线进入另一节机车的主显示屏，所以，司机室内的主显示屏能够反映整车的状态及故障情况。

2. 辅显示屏的显示

辅显示屏也能反映出整车的情况，只不过它反映的是机车故障的细节。对本节机车所显示的内容说明如下：

"主接地1"——当主接地继电器97KE得电动作时，导线690经97KE常开联锁，"主接地1"信号灯亮，表示第一转向架所属的主电路有接地现象。

"主接地2"——当主接地继电器98KE得电动作时，导线690经98KE常开联锁，"主接地2"信号灯亮，表示第二转向架所属的主电路有接地现象。

"牵引电机1"——当电子柜检测到牵引电机1过流时，从内部送出的信号线1711有电，"牵引电机1"信号灯亮，表示"牵引电机1"过流。

"牵引电机2"——当电子柜检测到牵引电机2过流时，从内部送出的信号线1712有电，"牵引电机2"信号灯亮，表示牵引电机2过流。

"牵引电机3"——当电子柜检测到牵引电机3过流时，从内部送出的信号线1713有电，"牵引电机3"信号灯亮，表示牵引电机3过流。

"牵引电机4"——当电子柜检测到牵引电机4过流时，从内部送出的信号线1714有电，"牵引电机4"信号灯亮，表示牵引电机4过流。

"辅接地"——当辅助电路发生接地时，285KE得电动作，导线690经285KE常开联锁使756有电，"辅接地"信号灯亮，表示机车的辅助电路有接地现象。

"牵引风机1"——该信号灯受219QA、205KM及550KA的控制。205KM得电闭合，导线690经550KA和205KM使导线731有电，该信号灯亮；当风机加速到一定速度时，风速继电器动作，风速中间继电器550KA得电动作，其常闭联锁打开，导线731失电，该信号灯灭，表示牵引风机1启动正常。所以牵引风机1从启动到正常工作，其信号灯应该是先亮一下，接着就灭，若信号灯不灭，则可能是风机没有启动或风向反了。当过流时690经219QA常闭联锁使731有电，信号灯亮。

"牵引风机2"——该信号灯受220QA、206KM及551KA的控制，控制过程与"牵引风机1"信号灯相似。

"制动风机 1"——该信号灯受 223QA、209KM 及 541KA 的控制,控制过程与"牵引风机 1"信号灯相似。

"制动风机 2"——该信号灯受 224QA、210KM 及 542KA 的控制,控制过程与"牵引风机 1"信号灯相似。

"压缩机"——该信号灯只受压缩机保护开关 217QA 的控制。当 217QA 动作后,导线 690 经 217QA 使导线 751 有电,"压缩机"信号灯亮,表示压缩机电机故障。

"油泵"——该信号灯受油泵保护开关 228QA、油泵接触器 212KM 以及油流继电器 518KF 的控制。当油泵启动时,212KM 得电动作,导线 690 经 212KM 的辅助正联锁和 $\overline{518KF}$ 联锁,使导线 753 有电,"油泵"信号灯亮;当油泵加速到一定程度时,518KF 动作,$\overline{518KF}$ 联锁打开,导线 753 失电,"油泵"信号灯灭。若启动失败,228QA 动作,其正联锁闭合,导线 690 经 228QA 使导线 753 有电,"油泵"信号灯长亮,表示油泵故障。当然,若 518KF 故障,也会使该信号灯长亮。

"变压器风机"——该信号灯只受变压器保护开关联锁 227QA 的控制。当 227QA 动作时,导线 690 经 227QA 使导线 754 有电,"变压器风机"信号灯亮,表示变压器风机故障。

"辅过流"——当辅助系统过流时,564KA 得电动作,导线 690 经 564KA 常开联锁使 755 有电,"辅过流"信号灯亮,表示辅助系统过流。

"DKL"——当逻辑制动单元故障时,该信号灯亮。

三、照明控制电路(见附图 6)

机车照明控制电路是一些灯及发光管的控制电路。SS_4G 型电力机车照明控制电路主要包括前照灯、辅照灯、标志灯、各室照明灯和仪表照明灯等环节,它们均通过按键开关及扳钮开关进行控制。

1. 前照灯控制

电源由 464 经"前照灯"自动开关 606QA 提供,按下主、副台"前照灯"按键开关 410SK、418SK,前照灯接触器 440KM 得电吸合,前照灯 449EL 点亮。

2. 辅照灯控制

辅照灯电源由 464 经 607QA 提供。当按下辅前照灯按键开关 417SK,经限流电阻 633R,接通 468EL1、469EL1,辅前照灯投入工作。当按下辅后照灯按键开关 409SK,经限流电阻 634R 接通 468EL2,辅后照灯投入工作,限流电阻是限流灯泡冷态启动电流,以提高灯泡寿命。在夜间调车作业时,司机可操纵后端辅前照灯朝后方向照明。

机车辅前照灯主要是作为机车前方的近距离照明,前照灯作为远距离照明,从而扩大了机车前方远、近照明的空间。

3. 标志灯控制

根据《铁路技术管理规程》的规定，在机车两端副司机侧设置了红色标志灯。当按下前标志灯按键开关 415SK，前标志灯 465EL1 投入工作。当按下后标志灯按键开关 416SK，后标志灯 464EL2 投入工作。

4. 各室照明控制

各室照明电源由 464 经 608QA 提供。

司机室照明灯 448EL1、449EL1 受副台按键开关 442SK 控制。

各室照明灯 460EL、461EL、462EL 受副台按键开关 420SK 控制。

走廊照明灯 452EL1～456EL1、452EL2～456EL2、457EL 受副台按键开关 421SK 与走廊开关 571QS 交叉控制通断。

5. 仪表照明控制

仪表照明为 24 V，其电源由 464 经 614QA、逆变器 426 VC 至 780 提供。通过副台仪表照明按键开关 419SK 控制。

6. 电风扇控制

电风扇电源由 464 经 610QA 提供。按下电扇开关 413SK，电扇开始工作。

四、常见故障判断及处理

1. 变压器原边过流

1）故障现象

观察主司机控制台的原边过流、主断路器信号显示。故障现象为："原边过流"和"主断"灯亮。原边过流时，通过网侧高压电流互感器 7TA→原边过流继电器 101KC→4QF 动作，动作值为 320 A。

2）故障判断处理

（1）机车运行中，主断路器跳闸，同时显示"原边过流"，且"主断"灯亮，立即将调速手轮回"0"位。

（2）检查 101KC 动作情况：

① 101KC 动作，确认无烧损、无焦糊气味后，可重新闭合主断路器，提手柄运行，此时如果正常，则说明是 101KC 误动作所致，不做处理。

② 101KC 动作，重新合上主断路器，如主断路器仍跳闸，则原边有过流现象，检查 101KC，若无异状，则切除该节车。

③ 101KC 未动作，则说明整流柜晶闸管击穿，可切除该节车。若牵引力不足，则切除整流柜，维持运行。

2. 牵引电动机过流

1）故障现象

牵引工况时，若牵引电动机出现过流现象，通过过流传感器 111SC→141SC→电子柜 AE 保护环节→4QF 动作，动作值为 1 300（1±5%）A。

此时，观察主台信号显示屏显示显示"牵引电机"和"主断"信号灯。

2）故障判断处理

（1）重新闭合主断路器，若正常则为操纵不当，可继续运行。

（2）若仍跳主断路器，则凭副台显示，将故障电机隔离开关置中间位，维持运行。

（3）如果同时显示该电机转向架接地，则将该电机闸刀置中间位，维持运行，并停止使用电阻制动。

思考题

1. SS_4G 型电力机车主显示屏反映的是机车（　　）；辅显示屏是主显示屏的（　　），同时也用于显示辅助机组的工作状态。

2. SS_4G 型电力机车仪表灯使用（　　）V 电源，头灯使用（　　）V 电源。

3. SS_4G 型电力机车牵引工况，Ⅰ架接地有何故障现象？

项目四

HX_D3 型电力机车电气系统

HX_D3 型电力机车电气线路

知识目标

（1）掌握 HX_D3 型电力机车主线路的组成和特点。
（2）掌握 HX_D3 型电力机车辅助线路的组成和特点。
（3）掌握 HX_D3 型电力机车控制系统的组成和各环节的作用。

技能目标

（1）能正确分析 HX_D3 型电力机车主电路。
（2）能正确分析 HX_D3 型电力机车辅助电路。
（3）能正确分析 HX_D3 型电力机车控制系统。
（4）能实施 HX_D3 型电力机车的操纵和常见故障处理。

素质目标

（1）弘扬社会主义核心价值观，弘扬中国传统文化。
（2）强化创新意识，培养职业道德，学习工匠精神。
（3）培养学生安全意识，责任担当思想和综合分析能力。

任务一　牵引变流器的组成及工作原理

任务提出

牵引变流器（主变流器）是交流传动机车的核心部件之一，在交流传动机车上用于交流（直流）和交流之间进行电能的变换。为了满足电力机车起动、调速和制动的需求，要求牵引变流器能够四象限运行；在交流电传动内燃机车上，牵引变流器将同步发电机发出的三相交流电压整流成脉动直流电，再逆变成变频变压的三相交流电以驱动交流牵引电机。

任务目标

（1）掌握变流器的分类和基本功能。
（2）能描述牵引变流器的组成和工作原理。
（3）能对牵引变流器进行日常维护保养。
（4）树立正确的人生观、价值观和择业观。

任务内容

HX$_D$3 机车与
SS$_4$ 改机车主要
技术参数对比

一、交-直-交变流器

交-直-交变流器具有中间直流环节，也称间接变流器，根据中间直流环节滤波元件的不同，可分为电压型、电流型两种。如果采用并联电容作为储能器，接受向中间回路供电的瞬时电流与从中间回路取用的瞬时电流之差，并使电压保持恒定相当于一个电压源，称为电压型变流器，如图4.1所示。如果采用串联电感作为储能器，接受向中间回路供电的瞬时电压与从中间回路取用的瞬时电压之差，并使电流强度保持恒定相当于一个电流源，称为电流型变流器，如图4.2所示。

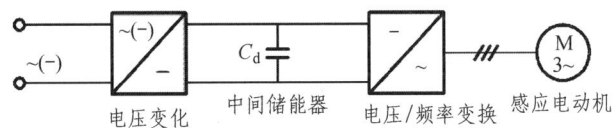

图 4.1 电压型变流器

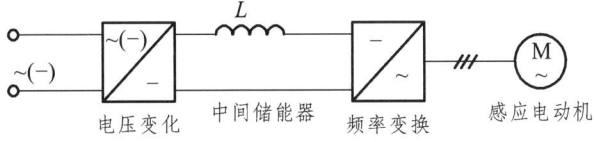

图 4.2 电流型变流器

在电力牵引领域主要有两类传动系统：电流型变流器供电的异步电动机系统和电压型变流器供电的异步电动机系统。由于电压型变流器供电的异步电动机系统，其转矩脉动以及对电网的反作用力小，适合于大功率的机车，因此干线交流传动电力机车普遍采用这种系统。

二、牵引变流器的功能及特点

1. 基本功能

牵引变流器的基本功能是将来自接触网或牵引发电机的交（直）流电压，变换为频率、幅值可调的三相交流电压，供给交流牵引电动机，将电能转换为机械能，在轮轨间产生牵引力，驱动列车前进。

2. 主要特点

（1）整流单元和逆变单元均采用IGBT元件，能对牵引力和制动力实行连续控制，可靠性高，噪声低，省电力。

（2）具有可靠的保护电路和保护装置。

（3）采用高性能的电气元件，能承受短时冲击。

（4）采用模块化设计，便于故障检测和故障排除。

（5）布线科学，降低电磁干扰，保证电磁兼容要求。

三、牵引变流器的组成

在交-直-交电力机车传动系统中，牵引变流器主要由四象限脉冲整流器（4qc）、直流中间环节（DC-Link）和逆变器（PWMI）组成。典型的两电平牵引变流器电路如图4.3所示。

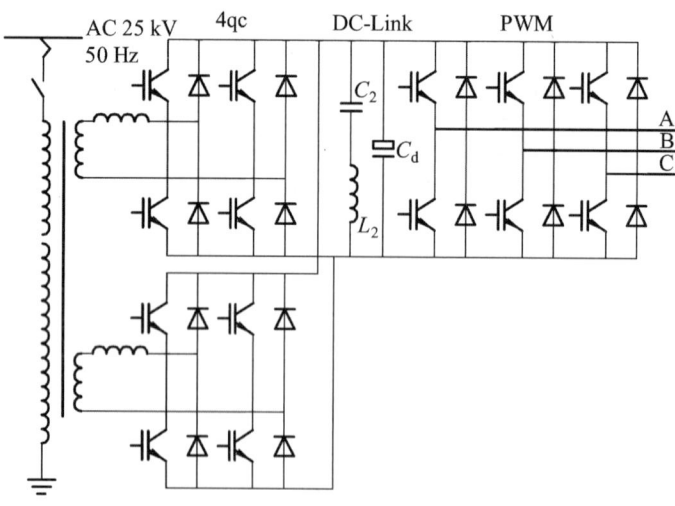

图4.3 两电平式牵引变流器电路

1. 整流器单元

电源侧变流器采用四象限脉冲整流器（4qc），构成交-直变换部分，通过PWM

斩波控制方式,可以调节从接触网输入的电流相位,使机车所取的电流波形接近于正弦波形,并能在宽广的负载范围内使机车功率因数接近于1,等效谐波电流减小,有利于提高机车功率因数,降低谐波干扰。此外,四象限脉冲整流器能方便地实现牵引和再生制动的能量转换,节能效果显著。

2. 直流中间环节

中间环节(DC-Link)为支撑电容和二次滤波环节,在三相交流传动系统中,直流中间环节起着很重要的作用:

(1)在网侧整流器和电机侧逆变器之间实现瞬时功率平衡。

(2)储能电容向牵引电动机提供基波无功功率和高次谐波的通路。

(3)变流器换流能力直接受中间电路电压的影响,逆变器的调制电压质量也取决于其平衡程度,因此对它要求较高。

3. 逆变器单元

电动机侧采用三相PWM逆变器,形成直-交流变换部分。逆变器将中间回路直流电压变换成幅值和频率可调的三相交流电压,供给异步牵引电动机。

当列车进行再生制动时,主电路结构不发生任何变化,控制系统使异步电机工作在负的转差率下,牵引电机进入发电机状态。

四、牵引变流器的工作原理

1. 电压型四象限脉冲整流器

四象限脉冲整流器能够进行脉宽调制和能量变换,即实现整流和反馈两方面的功能,能够在输入电压和电流平面所在的4个象限工作。作为电力牵引用的变流器,能够实现牵引、制动工况下的前进、后退。

1)四象限整流器的特点

四象限整流器是一个交-直流电力转换系统,它采用IGBT元件,将交流电转换成直流电,其特点如下:

(1)采用可控元件IGBT与二极管反向并联。

(2)直流侧输出电压幅值大于交流侧输入电压幅值,具有升压的作用。

(3)当交流电源电压或直流负载发生变化时,输出电压能被控制在恒定状态。

(4)整流器的功率因数接近于1.0。

(5)采用PWM控制技术。

2)四象限脉冲整流器主电路

根据变流器输出交流处相电压的取值将电压型变流器分为两种:两电平(两点式)和三电平(三点式)。当中间直流电压在2.7~2.8 kV时,主电路通常采用两电平式结构；当中间直流电压大于 3.6 kV 时，主电路通常采用三电平式结构。目前交-直-交电力机车普遍使用两电平式电压型四象限脉冲整流器，其结构如图 4.4 所示。

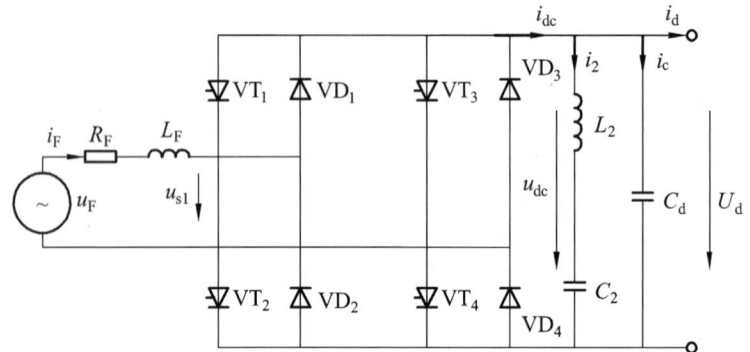

图 4.4　两电平电压型四象限脉冲整流器构成原理

图中，R_F 为主变压牵引绕组电阻，L_F 为主变压器牵引绕组漏电抗，C_d 为支撑电容，L_2、C_2 为谐振电感和电容。

3）脉冲整流器的基本原理

四象限脉冲整流器不仅可以将交流转换成直流，使整流器的功率因数接近 1.0，而且直流输出电压可以高于交流输入电压有效值。

（1）功率因数控制。

为了使整流器的功率因数在 1.0 附近，必须采用控制方法，让网侧电流接近于正弦波，并且使电网电压 u_F 和电流 i_F 同相。为了控制 u_F 和 i_F 同相，输入电路中电感 L_F 的电压 U_{LF} 是一个很重要的参数，i_F 的相位角应滞后 U_{LF} 90°，U_{LF} 的幅值取决于 i_F 和 L_F。必须控制整流器输入端电压 u_{s1} 与电网电压 u_F 之间的相位，才能使 i_F 与 u_F 同相，如图 4.5 所示。矢量图表明了四象限整流器这些参数之间的关系。

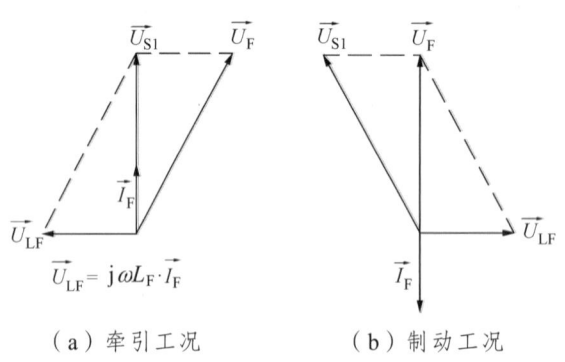

（a）牵引工况　　　（b）制动工况

图 4.5　脉冲整流器矢量图

（2）升压斩波电路。

四象限脉冲整流器由整流器和储能元件构成，它是一种交直斩波升压电路。分析如下：

例如：当正半波 $u_F > 0$ 时，触发 VT_2，则主变压器二次侧绕组将通过 VT_2、VD_4 短接，输入电源电压 $u_{s1} = 0$，电源处于短路状态。由于主变压器具有足够大的短路阻抗，因此短路电流的上升率有限。电源电压直接加在漏电感 L_F 上，对漏电感充电，漏电感储存能量。此时，由支撑电容 C_d 向负载供电。若此时关断 VT_2，则变压器二次侧电流经 VD_1、VD_4 流入中间回路，变流器工作在整流状态。电源和漏电感 L_F 共同向直流环节（负载）提供能量，即中间回路直流电压 U_d 为电源电压 u_F 和漏电感电压 u_{LF} 之和，产生升压斩波效果。同理负半波 $u_F < 0$ 也一样具有升压斩波效果。

由于电源侧存在主变压器的漏电感 L_F，因而可使中间直流电压 U_d 高于由整流二极管 $VD_1 \sim VD_4$ 所产生的最大整流电压，即 $U_d > U_F$，U_F 为牵引绕组电压的峰值，产生升压斩波的效果，使得在较低的变压器副边绕组电压下，得到较高的中间回路直流电压 U_d。

（3）脉冲整流装置。

分析四象限脉冲整流电路可知：全控桥相同位置处，不同性质的元件导通时（VT_2、VD_4 或 VT_1、VD_3），电源处于短路状态。全控桥对角位置处，二极管导通时（VD_1、VD_4 或 VD_3、VD_2），整流器工作在整流状态，由电源向负载（直流环节）供电。全控桥对角位置处，晶闸管导通时（VT_1、VT_4 或 VT_3、VT_2），整流器工作在逆变反馈状态，直流环节和漏电感共同提供能量，向电源回送能量。即：整流时二极管 VD_1、VD_4 或 VD_3、VD_2 导通，为不可控整流电路，功率因数高。逆变时 VT_1、VT_4 或 VT_3、VT_2 导通，为全控整流电路，可实现能量回馈。

由变流器和并联储能器构成，并按 PWM 方式工作，能够把交流能量变换为直流能量的装置，称为脉冲整流装置。

脉冲整流器是利用主变压器漏电感的储能作用，达到升压的目的。脉冲整流器具有整流、稳压作用，其功率因数接近于 1，并能实现电能的反馈。电压型脉冲整流器在保证电源电流不发生畸变并能与电源电压保持同相位的情况下，其输出端提供恒定、平整的直流电压，输出直流电流的大小与负载特性有关。

（4）脉冲整流器的工作原理。

脉冲整流器每个桥臂电路的通断控制由三角载波和正弦调制波的交点（PWM）来决定。两个桥臂的正弦调制波相位相差 180°，通过控制调制频率来控制各路元件的导通和关断，使直流电压在变流器输入端产生工频正弦交流电压，且使变压器二次侧电流与二次侧电压同相位，波形畸变系数减小，使机车功率因数接近于 1。由于上、下桥臂的晶闸管不允许同时导通，控制各开关支路的导通和关断，即可实现脉宽调制和能量转换。

根据 u_F、i_F 和 u_{s1} 的关系，可以列出脉冲整流器的 12 种工作状态，如表 4.1 所示。

表 4.1 电压型四象限脉冲变流器的工作状态

u_F	i_F	u_{s1}	u_{LF}	导通器件	i_F 变化	工作状态	能量传递
>0	>0	0	u_F	VD_1、VT_3 / VT_2、VD_4	↗	电源短接	$u_F \to U_{LF}$
		$+U_d$	$u_F - U_d$	VD_1、VD_4	↘	整流	$u_F + U_{LF} \to U_d$
		$-U_d$	$u_F + U_d$	VT_3、VT_2	↗	逆变	$u_F + U_d \to U_{LF}$
	<0	0	u_F	VT_1、VD_3 / VD_2、VT_4	↘	电源短接	$U_{LF} \to u_F$
		$+U_d$	$u_F - U_d$	VT_1、VT_4	↗	逆变	$U_d \to u_F + U_{LF}$
		$-U_d$	$u_F + U_d$	VD_2、VD_3	↘	整流	$U_{LF} \to u_F + U_d$
<0	>0	0	u_F	VD_1、VT_3 / VT_2、VD_4	↘	电源短接	$U_{LF} \to u_F$
		$+U_d$	$u_F + U_d$	VD_1、VD_4	↘	整流	$u_F \to U_{LF} + U_d$
		$-U_d$	$u_F - U_d$	VT_3、VT_2	↗	逆变	$U_d \to u_F + U_{LF}$
	<0	0	u_F	VT_1、VD_3 / VD_2、VT_4	↗	电源短接	$u_F \to U_{LF}$
		$+U_d$	$u_F + U_d$	VT_1、VT_4	↗	逆变	$u_F + U_d \to U_{LF}$
		$-U_d$	$u_F - U_d$	VD_2、VD_3	↘	整流	$u_F + U_{LF} \to U_d$

从表 4.1 中可以看出交流电源 u_F、主变压器漏电感 L_F 和直流侧回路之间的能量转移关系如下：当 $u_{s1}i_F = 0$，电源短接；当 $u_{s1}i_F > 0$，整流状态；当 $u_{s1}i_F < 0$，逆变状态。

虽然整流和逆变状态各有四个，但实际机车上只需要Ⅰ、Ⅲ象限的整流状态和Ⅱ、Ⅳ象限的逆变状态。四象限脉冲整流器能在两个方向导通电流，而与所施加的电压极性无关，能够方便地实现牵引与再生制动的转换。

2. 中间直流电路

中间环节由两部分组成：一部分是 2 倍电网频率的串联谐振电路（也可以取消），另一部分是支撑电容器（滤波电容器）和过电压限制电路。二次串联谐振电路的作用是消除二次谐波，支撑电容器主要起到稳定中间环节直流电压的作用。

3. 电压型逆变器

牵引逆变器的作用是将中间直流电压变换为三相交流电压，为异步牵引电动机提供频率和电压可调的三相交流电源，通过调节三相输出电压波形控制牵引电动机的磁通和转矩。

在电力牵引交流传动系统中，电力牵引变流器的拓扑结构主要有两电平和三电平模式，世界各国的交流传动电力机车和动车组的牵引变流器大部分为两电平拓扑结构，我国也是如此。CRH_1、CRH_3 和 CRH_5 型高速动车组以及 HX_D1、HX_D2 和 HX_D3 系列大功率机车都采用两电平拓扑结构的牵引变流器。HX_D3 型机车动力单元的两电平电力牵引传动系统拓扑结构，如图 4.6 所示。

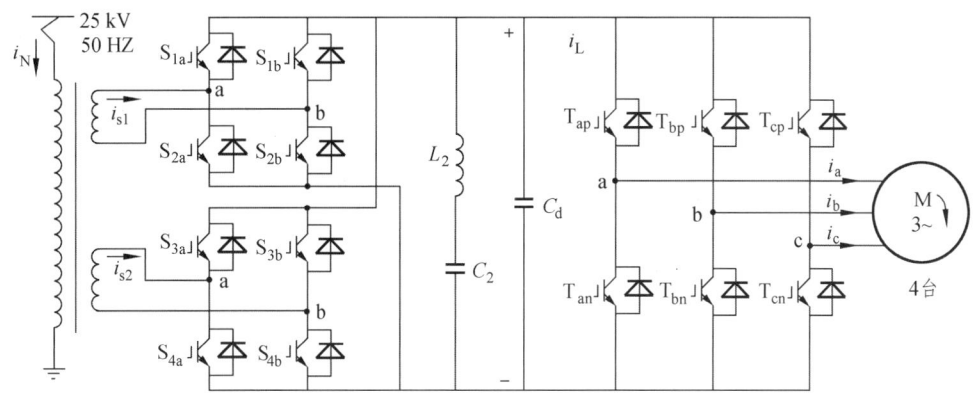

图 4.6　HX_D3 型机车动力单元的两电平电力牵引传动系统拓扑结构

1. 两电平牵引逆变器的结构

逆变器一般接成三相桥式电路,以便输出三相交流变频电源,其电路如图 4.7 所示。图中仅给出组成逆变器所必需的 6 个电力电子开关器件 $T_1 \sim T_6$。

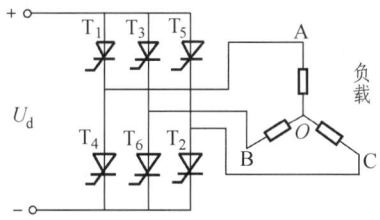

图 4.7　三相逆变器电路

在每个周期中,控制各个器件轮流导通和关断,可使输出端得到三相交流电压,改变开关管导通和关断的时间,即可得到不同的输出频率。

2. 两电平逆变器的工作原理

牵引逆变器采用方波控制和 PWM 控制方式。方波控制即单脉冲控制,是指输出交流量的每半个周期中只有一个电压或电流脉冲,其输出频率通过脉冲周期进行调节,而输出量的有效值由脉冲持续时间决定。

在 180°导通类型中,每个开关管的驱动信号持续 180°,在任何时刻都有 3 个开关管导通,并按 T_1、T_2、T_3,T_2、T_3、T_4,T_3、T_4、T_5,T_4、T_5、T_6,T_5、T_6、T_1,T_6、T_1、T_2…顺序导通,从而获得图 4.8 所示的输出电压波形,相电压波形由 6 个阶梯状波形组成(常称六阶波)。将每一时刻逆变器各开关元件的开关情况以等效电路表示,如图 4.9 所示。

逆变器的负载是异步电动机,属电感性负载,须在开关管反向并续流二极管。当逆变器以六阶波电压对电机供电时,其电流波形在负载电感的作用下趋于平滑,其平滑程度将与六阶波电压的频率有关,如图 4.10。

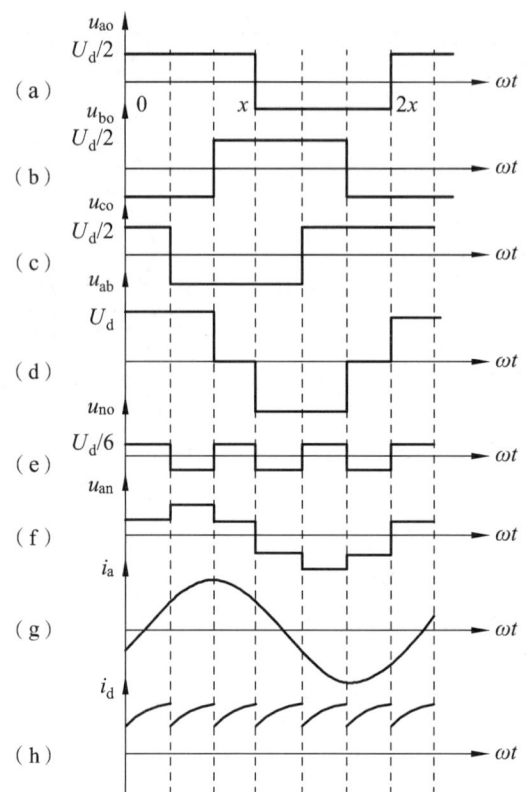

图 4.8　180°导通型方波控制逆变器输出电压波形

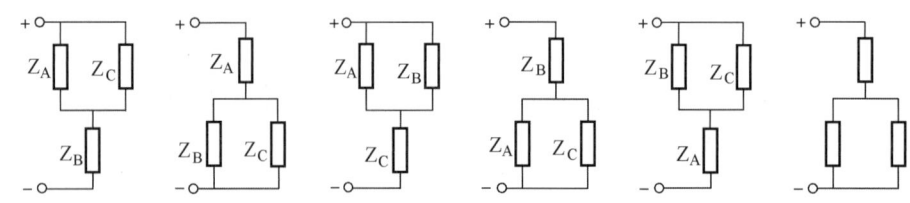

图 4.9　三相逆变器各阶段的等效电路（180°导通型）

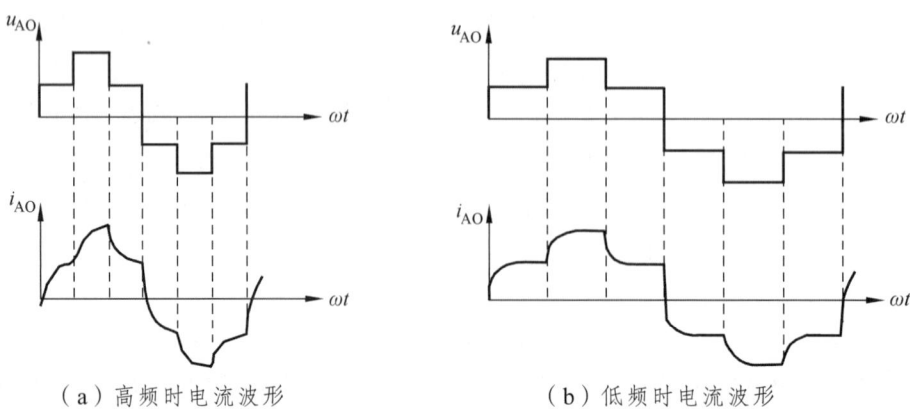

（a）高频时电流波形　　　　　　　　（b）低频时电流波形

图 4.10　六阶波电压下的电流波形

两电平牵引逆变器还可以采用 SPWM 调制，以 a 相调制为例，当 $u_a > u_z$ 时，S_A 为 1，否则为 0。b 桥臂、c 桥臂与 a 桥臂调制方式相同，但调制波 u_a、u_b、u_c 相位互差 120°。

五、牵引变流器的维护保养

牵引变流器的维护保养注意事项如下：

（1）试验和检查前必须切断高压电路。

（2）切断主断路器，降下受电弓，闭合变流器装置试验开关，通过显示屏确认变流器内的电容放电完毕（15 V 以下）。

（3）为了变流器内部的散热，在背面上部盖板以及背面下部盖板上设置了 12×12 的方孔。因为有高压触电的危险，所以在高压充电中禁止将突出物等物件插入方孔。

（4）变流器停止运转后，仍有暂时过热的部件，一旦触摸就有被烧伤的危险，因此要充分冷却后（30 min 以上）再开始检查。

（5）变流器内 20 kg 以上的重物要恰当使用起重机，注意重心位置进行安全作业。

（6）更换不良零部件时，使用和以前相同型号的零部件。

（7）检查、维护、保养、修理后，检查确认在变流器内是否遗留了使用的工具等物件。

（8）不要坐在变流器及配管上。

（9）根据标准紧固扭矩进行螺栓的紧固。

（10）不要用手直接触摸组装在安装座上的部件和连接器端子。

（11）慎重使用电路板和端子，特别注意不要污损。

（12）检查电路板时注意静电。

（13）将电路板放入防静电袋中进行保管和搬运。

（14）不要轻易用手触摸光纤。

（15）不要将光纤过渡弯曲，弯曲半径不能超过 50 mm。

（16）不要将光纤接近照明设备等发热物体。

总之，在维护保养时，常伴有危险发生，一定要充分注意人员的安全和设备的保护。特别是对充电部件的检查，确认切断电路并已经可靠接地。

知识拓展　三电平牵引变流器的特点和应用

自 1981 年日本长冈技术科技大学的 Nabae A 等提出了三电平二极管钳位（NPC）变流器拓扑结构以来，三电平及其多电平 NPC 结构的变流器在中高功率场合的电机驱动、有源滤波器（APF）、静止无功补偿器（STATCOM）和风能发电并网变流器中得到广泛应用。与两电平结构变流器相比，三电平 NPC 结构的变流器具有开关器件所承受的电压应力低、输出电压谐波小和电磁干扰小等特点，但是三电平及多电平结构的变流器存在拓扑结构复杂和直流侧中点电位不平衡的缺点。

在 CRH 系列高速动车组中，中国南车集团青岛四方车辆有限公司生产的 CRH_2 型动车组的电力牵引变流器采用三电平 NPC 型拓扑结构，如图 4.11 所示。

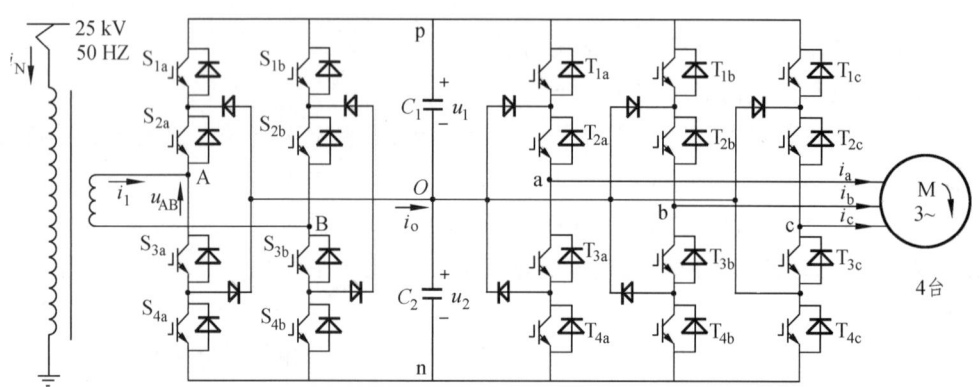

图 4.11　CRH_2 型动车组动力单元的电力牵引传动系统拓扑结构图

三电平二极管中性点钳位逆变器电路拓扑如图 4.12 所示。三电平牵引逆变器可以采用方波控制、SPWM 控制、SVPWM 控制（空间电压矢量控制），图 4.13 所示为采用方波控制输出的电压波形。

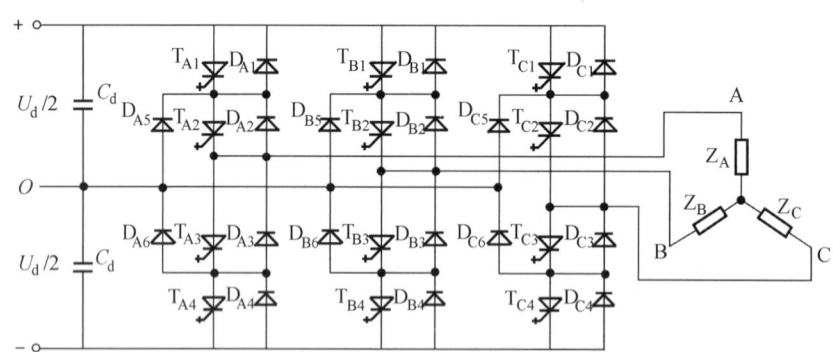

图 4.12　三电平二极管中性点钳位逆变器电路拓扑

与两电平牵引逆变器相比，三电平牵引逆变器具有以下优点：

（1）电力电子器件耐压降低一半，即阻断电压为 $U_d/2$。目前牵引系统广泛采用 4.5 kV 的 GTO 器件，中间直流电压可提高到 3 kV 以上。

（2）谐波分量小。在一个周期内，两电平逆变器电路只有 8 种状态，而三点式逆变器电路中有 27 种状态。相邻两种电路状态间转换时引起的电压和电流冲击减小，利于降低损耗、提高系统效率，减少电机脉动转矩。

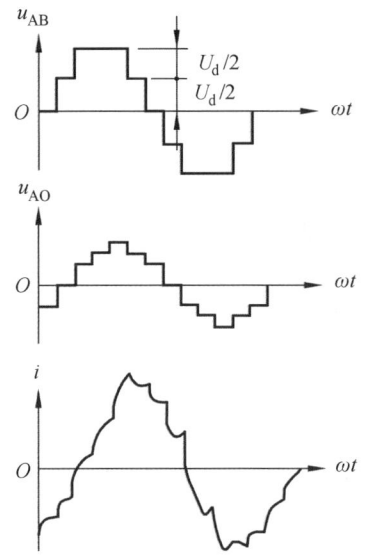

图 4.13　方波控制输出的电压波形

思考题

1. 牵引变流器的基本功能是将来自接触网的交（直）流电压，变换为（　　）的三相交流电压，供给交流牵引电动机。
2. 四象限脉冲整流器是利用（　　）的储能作用，达到升压的目的。
3. 简述三电平牵引逆变器的特点和应用。

任务二　HX_D3 型电力机车的变流装置

任务提出

牵引变流器与辅助变流器构成一体式箱形结构，称为变流（电源变换）装置。变流装置用于交流（直流）和交流之间的电能的变换，并对牵引电机起控制和调节作用，从而控制电力机车的运行。

任务目标

（1）掌握牵引变流器、辅助变流器在变流装置中的配置。
（2）掌握变流装置冷却系统的组成和保护。
（3）能描述 HX_D3 型电力机车牵引变流器的基本参数和特点。
（4）树立为国争光、努力拼搏的信念。

> 任务内容

一、HX$_D$3型电力机车变流装置的组成

HX$_D$3型电力机车的变流装置除与复合冷却器相连接的管路以外，其他器件都安装在箱体内部。每台HX$_D$3型电力机车装有两台变流装置，每台变流装置内含有三组牵引变流器和一组辅助变流器。

牵引变流器为牵引电动机提供三相交流的变压变频（VVVF）电源。每组牵引变流器主要由四象限脉冲整流器、中间直流电路和PWM逆变单元、真空接触器等主电路部分和无接点控制单元等控制电路部分组成。根据车辆的速度，通过矢量控制，精确快速地控制牵引电机的转矩和转速。

辅助变流器主要为牵引电机通风机和复合冷却塔通风机提供三相交流的变压变频（VVVF）电源，为压缩机、主变压器油泵、主变流器水泵、司机室空调、辅助变流器风机等提供三相交流的恒压恒频（CVCF）电源。每一组辅助变流器由整流电路、中间直流环节和逆变器组成。整流电路采用四象限整流器，并串有平波电抗器。为了保证逆变器输入电压稳定，在整流输出电路并联电容器，因此可以看成是恒压源。

二、HX$_D$3型电力机车牵引变流器

1. 牵引变流器参数

牵引变流器每组容量	1 400 kV·A
额定输入电压	单向交流 1 450 V/50 Hz
额定输入电流	966 A
中间电压	DC 2 800 V
额定输出电压	三相 AC 2 150 V
额定输出电流	390 A
最大输出电流	520 A
输出频率	0~120 Hz
效率	≥98%
控制电压	DC 110 V

2. 牵引变流器的组成

功率模块是构成变流器的核心部件，由上、下桥臂的两组IGBT元件和反并联二极管构成，还包括冷却元件的水冷散热片和控制IGBT栅极电压的驱动电路。

四象限整流单元是由U相、V相两个功率模块构成，逆变器单元由U相、V相、W相3个功率模块组成，即功率模块数量由相单元决定。

由于四象限整流单元和逆变单元的电流值要求不同，因此四象限整流器单元是由两个IGBT元件并联后组成功率模块，逆变器单元则是由单个IGBT元件构成功率模块，因此四象限整流器单元和逆变单元的功率模块不能互换。但采用IGBT元件相同，额定值都是4 500 V/900 A，因此，模块内的元件是可以互换的。

1）四象限整流单元

通过对四象限整流单元中开关元件 IGBT 的 PWM 控制，将由变压器二次侧绕组引出的 1 450 V/50 Hz 的交流电整流成 2 800 V 直流电压。四象限整流器单元外形如图 4.14 所示。

图 4.14　四象限整流器单元外形

四象限整流器主要技术参数如下：

额定输入频率	50 Hz
额定输入电流	966 A
每个单元模块重量	30 kg
元件类别	两个 IGBT 并联
IGBT 元件：	
额定电压	4 500 V（集电极—发射极间电压）
额定电流	900 A（集电极的有效值电流）
最大电流	1 800 A
使用温度	−40 ~ 125 ℃
绝缘耐电压	AC 6 000 V（1 min）

2）中间直流电路

中间直流电路是四象限整流单元和电机侧逆变器之间的中间环节。在三相交流传动系统中，中间直流电路起着重要作用。

（1）中间直流电路的作用。

① 在网侧整流器和电机侧逆变器之间实现瞬时功率平衡。

② 储能电容向牵引电动机提供基波无功功率和高次谐波的通路。

③ 变流器换流能力直接受中间电路电压的影响，逆变器的调制电压质量也取决于其平衡程度，因此对中间直流电路要求较高。

（2）中间直流电路的组成。

中间直流电路由中间电压支撑电容、瞬时过电压限制电路和主接地保护电路组成。

① 滤波电容减小中间直流电压的脉动，使其更加平稳。接地电容器除了具备滤波电容功能外，还能提供主回路接地故障的中性点。

② 瞬时过电压限制电路由 IGBT 和限流电阻组成。当电压传感器检测到中间电路过电压时，使 IGBT 导通，通过限流电阻电路构成放电回路，以降低电压，保护电路元件。

③ 主接地保护电路由跨接在中间回路的两个串联电容和一个接地保护电路，可以分别对 3 个交-直-交电路进行检测和保护，接地检测信号送微机控制系统 TCMS。当出现一点接地时，可以通过接地开关，实施对接地隔离。

3）逆变单元

逆变电路是由 U、V、W 三相逆变单元构成的。将 PWM 整流单元输出的直流电转换为交流电来驱动牵引电机，通过改变逆变电路的输出电压和输出频率来控制牵引电机的转矩和转速。PWM 逆变器单元外形如图 4.15 所示。

图 4.15　逆变器单元外形

逆变器主要技术参数如下：

额定输入电压	DC 2 800 V
额定输出电压	2 150 V（三相交流线电压）
额定输出电流	520 A
额定频率	0 ~ 120 Hz
元件类型	IGBT（4 500 V、900 A）
每个单元模块重量	19 kg

牵引电动机 M1 ~ M3 分别由牵引变流器 UM1 的 3 个 PWM 逆变器单独供电，M4 ~ M6 电机分别由牵引变流器 UM2 的 3 个 PWM 逆变器单独供电，实现牵引电动机的独立控制。由于机车 6 根动轴的轮径差、轴重转移及空转等可能引起负载分配不均匀，都可以通过牵引变流器的控制进行适当的补偿，已实现最大限度地发挥机车牵引力。

3. 牵引变流器的配置

每台电源变换装置内含有三组牵引变流器和一组辅助变流器，变换装置结构紧凑，便于安装。图 4.16 及图 4.17 为三组牵引变流器各部件在电源变换装置中的配置图。

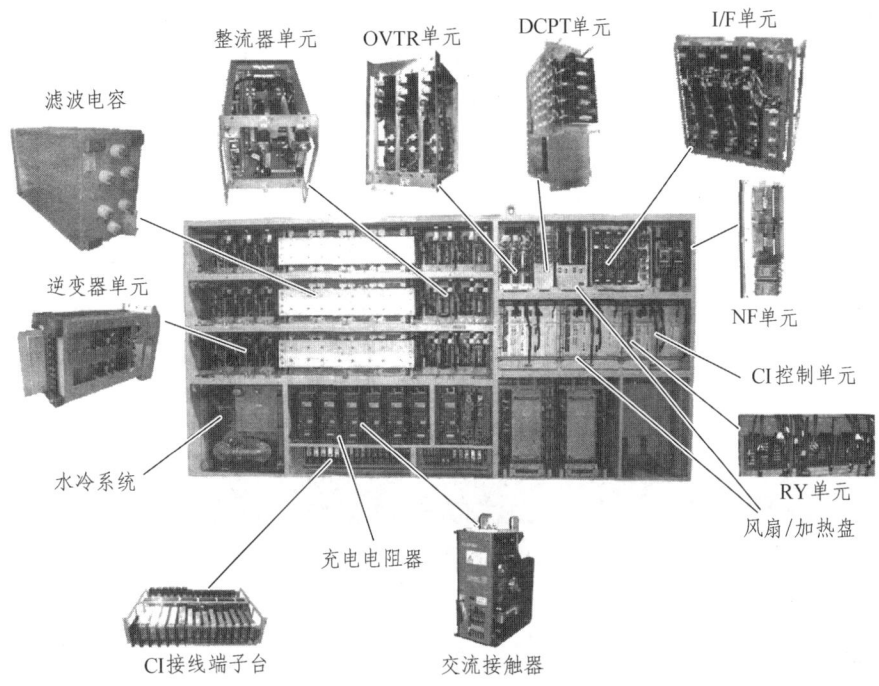

图 4.16 牵引变流器构成图（正面）

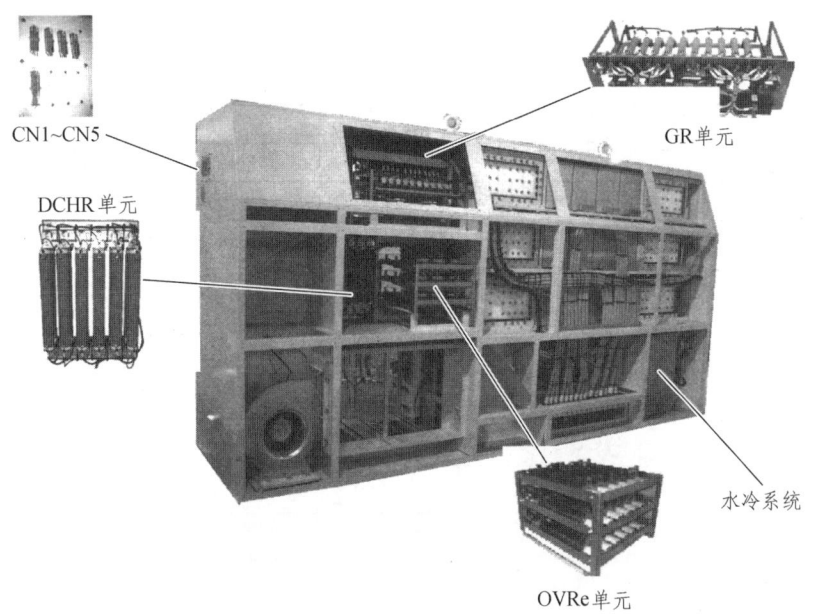

图 4.17 牵引变流器构成图（背面）

在装置的左上段,从上依次为1组、2组、3组设备,从左至右依次设置有逆变器单元、滤波电容、整流器单元。

在装置的左下段,设置有水泵、水箱等牵引变流器循环水冷用品。

在装置的中央下段,设置有CI（牵引变流器）主回路接线端子台、在上面设置有交流接触器,在里面为充电电阻及主回路的配线空间。

在装置的右上段,设置有OVTR（过压保护）单元、DCPT（电压传感器）单元、I/F（接口）；在里面设置有GR（接地电阻）单元、NF（同步变压器和噪声过滤器）单元。另外在I/F单元、DCPT单元、OVTR单元的下侧还设置有加热器盘,当周围温度比较低时,为各零件预热。

在装置的右中段,设置有CI控制单元；在里面设置有OVRe（限流电阻）单元、RY（继电器）单元、DCHR（放电电阻）单元。另外在CI控制单元的下侧设置着风扇和加热盘,风扇用于冷却控制单元；当低温启动的时候,加热电阻用于预热控制单元。

在装置右侧设置有控制回路连接器,代号为CN1到CN5牵引变流器的主要构成部件,见表4.2。

表4.2 牵引变流器的主要构成部件

名称	部件符号	数量	型号规格
整流器单元	COV-1U、1V、2U、2V、2U、2V	6	STC272-A0
逆变器单元	INV-1U、1V、1W、2U、2V、2W、3U、3V、3W	9	STC273-A0
滤波电容器	FC11、12、13、21、22、23、31、32、33	9	EF332162EYQ0735
接地电容	FCG1、2、3	3	EF332162EYQ0736
交流接触器	K1、2、3	3	CM79-A1
交流接触器	AK1、2、3	3	CM75-A2
充电电阻器	CHRe1、2、3	3	2Kw-4.814 OHM
OVTR单元	P-OVTR	1	STC274-A0
OVRe单元	P-OVRe	1	RE1000 1.3 OHM 6S(5 500 V)
电流传感器	ACCT1、2、3	3	NNC-12A-C25A2 3 000 A/10 V
电流传感器	CTU1、2、3、CTW1、2、3	6	NNC-12A-C25A2 2 000 A/10 V
DCTP单元	P-DCPT（DCPT1~3）	1	
GR单元	P-GR（GR11、21、31）;P-GR（GR12、22、32）	1	
CI控制单元	CI-CTR1、2、3	3	LCU275-B0
I/F单元	U-I/F	1	
水泵	WP	1	F41-217C4-0405S1-BV
同步变压器	T1	1	
噪声过滤器	NF1	2	

4. 辅助变流器的配置

在变流装置的中央下段，设置有 APU 接线端子台、APU 交流接触器及熔断器、充电电阻器等，如图 4.18 所示。

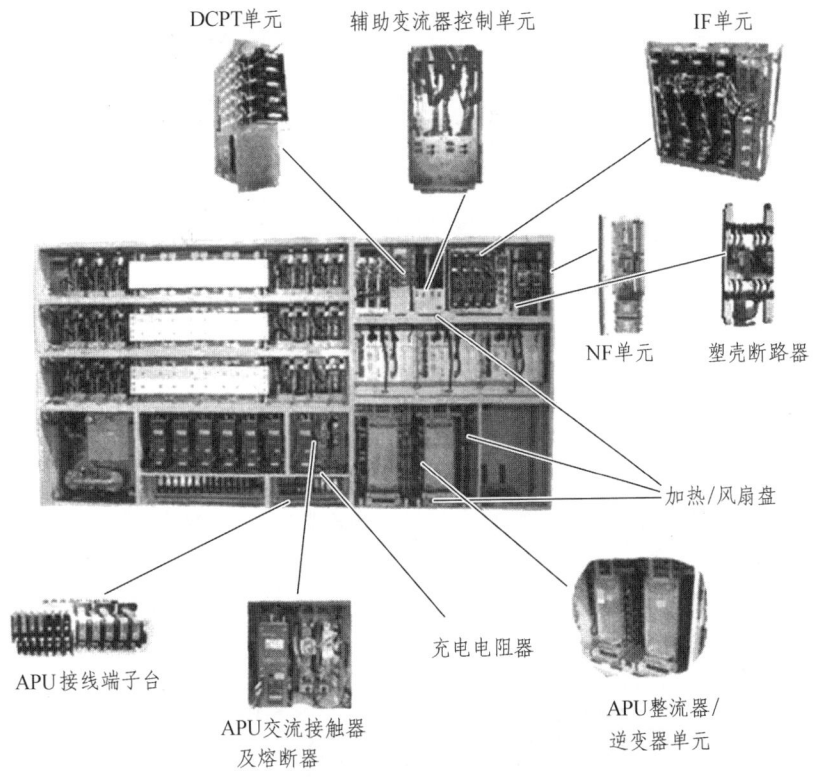

图 4.18 辅助变流器构成图（正面）

在变流装置的右上段，设置有辅助变流器与牵引变流器共用的 DCPT（电压传感器）单元、I/F（接口）单元、辅助变流器控制单元、塑壳断路器；在里面设置着辅助变流器与牵引变流器共用的 GR（接地）单元、同步变压器与噪声过滤器元件。另外在辅助变流器控制单元、I/F 单元、DCPT 单元、OVTR 单元的下侧设置有加热器元件，当周围温度比较低时为各零件加温。

在变流装置的右下段，设置有辅助变流器逆变器单元、整流器单元及滤波电容。在该单元的下侧，设置着加热器元件，侧面设置着风扇等，如图 4.19 所示。

5. 变流装置的冷却

1）冷却系统的组成

冷却系统是由复合冷却器的水-空气热交换器、连管、阀门、储水箱、水泵、塞门、流量计、冷却介质等组成，利用去离子水和乙二醇的混合冷却介质通过热交换器对 IGBT 器件进行冷却，具有很好的冷却效果。

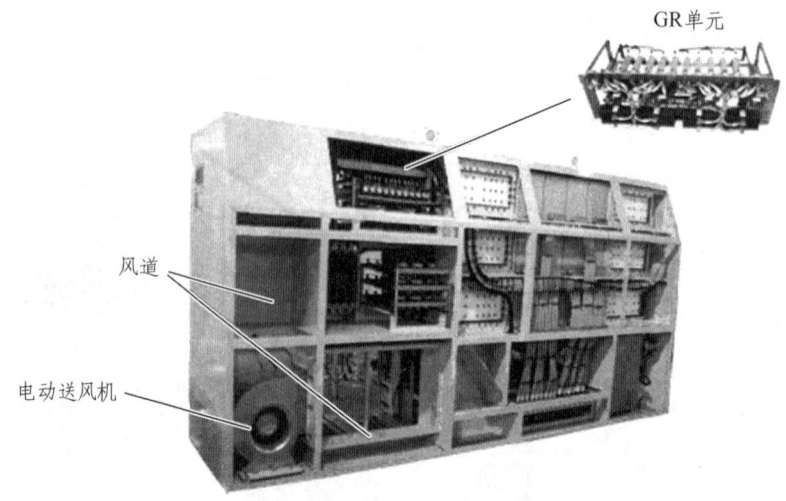

图 4.19 辅助变流器构成图（背面）

为了提高装置的小型化及冷却性能，牵引变流器采用强制循环水冷方式。冷却液为 45%纯水与 55%乙二醇的混合溶液，确保在 -40 ℃ 时不冻结。

图 4.20 所示为 IGBT 模块冷却示意图，变换装置内设有水泵（WP），用来推动冷却液进行循环。

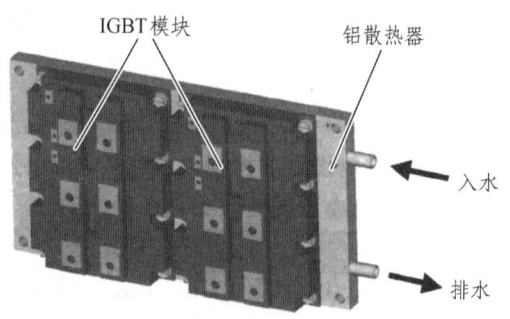

图 4.20 IGBT 模块冷却示意图

在装置外部的复合冷却器中被冷却的冷却液从装置入水口进入装置。通过水箱的冷却液，经过水泵之后被分为 3 路，分配给各组的变流设备。每路冷却液在每一组再分成 7 个分支，通过与冷却板交换热量来冷却半导体元件。冷却半导体元件的冷却液在一根总管内汇集，从装置出水口流出变流装置，返回复合冷却器再冷却。这样，通过冷却液反复的循环，来实现半导体元件的冷却效应。

在辅助变流器右下段的侧面设置有风扇，见图 4.20。变流器装置后面设置有风道，通过通风机对辅助变流器逆变器单元和整流器单元进行强制风冷。

2）冷却系统的保护

（1）通过流量计检测冷却水的流速，实现牵引变流器进口水压检测和失压保护。

（2）通过热敏电阻温度继电器对元件的检测，实现牵引变流器进出口水温的监视和保护。

（3）通过水位计，对储水箱的水位进行监视和低于最低许用水位的保护。

思考题

1. HX_D3 型电力机车的牵引电机采用架控还是轴控（　　）。
2. HX_D3 型电力机车每台电源变换装置内含有（　　）组牵引变流器和（　　）组辅助变流器。
3. 简述 HX_D3 型电力机车牵引变流器的组成。

任务三　HX_D3 型电力机车主电路

任务提出

"和谐"型电力机车是新一代大功率交流传动电力机车，该型机车是我国第六次铁路大提速以来的主打货运机车。"和谐"型电力机车包括 HX_D1、HX_D2、HX_D3 和 HX_D5，它们分别来自四个不同的技术平台。HX_D3 型电力机车代表了和谐型电力机车的技术水平。

任务目标

（1）掌握和谐系列电力机车车型符号的含义，了解 HX_D3 型电力机车的技术特点。
（2）掌握 HX_D3 型电力机车主电路的组成及功能。
（3）会分析 HX_D3 型电力机车主电路。
（4）爱岗敬业，团结守信，树立民族自信心和自豪感。

任务内容

一、和谐电力机车概述

大功率交流传动电气系统是电力机车的关键核心技术，由大功率 IGBT 牵引变流器系统、车载网络控制与故障诊断系统、牵引电机、牵引变压器等组成，是机车的动力来源和运营安全的根本保障。

和谐号货运电力机车最大运行速度为 120 km/h，按照轴功率分为 1 200 kW 和 1 600 kW 两个类别，按照轴列式分为 2（B_0-B_0）和 C_0-C_0 两种，机车功率为 7 200 kW、9 600（10 000）kW。采用交流传动牵引系统、分布网络式控制，主变流器采用集成水冷 IGBT 机组。

1. 车型符号的含义

HX_D 型电力机车符号含义解释如下：

HX 是"和谐"拼音的第一个字母；

D 是电力机车的第一个字母；

N 是内燃机车的第一个字母；

1 表示是株洲生产的；

2 表示是大同生产的；

3 表示是大连生产的；

5 表示是常州戚墅堰生产的。

各个厂随后生产的升级产品则将通过后缀字母来区别，比如说株洲与西门子研制的新型六轴货运电力机车就应该是 HX_D1B，大同与法国阿尔斯通合作的是 HX_D2B，大连与加拿大庞巴迪合作研制的是 HX_D3B，依此类推。

2. HX_D3 型电力机车主要技术特点

HX_D3 型电力机车牵引传动系统采用交-直-交传动形式。其主要技术特点如下。

（1）采用传统的网侧电路结构。为了保证机车安全运行，每台受电弓后都设有隔离开关；主断路器与接地开关成整体设置，有利于车顶高压设备的检修和人身安全。设有干式高压电压互感器和全分裂高压电流互感器。

（2）传动系统采用交-直-交结构。整流环节采用四象限变流器，有利于提高机车的功率因数，减少谐波电流分量。

（3）采用轴控技术。六组相同的传动系统，当一组故障时，可以将其隔离，牵引力只损失 1/6，有利于机车运用。

（4）采用逆变器软件控制技术进行二次滤波，取消了二次滤波电感和电容，减少了变压器和变流器的体积和重量。

（5）采用矢量控制技术。

（6）采用再生制动技术。

二、HX_D3 型电力机车的主电路

HX_D3 型电力机车主电路主要由网侧电路、牵引变压器、牵引变流器及牵引电动机、主电路保护及库内动车电路等组成。

1. 网侧电路

HX_D3 型电力机车网侧电路如图 4.21 所示。主要由受电弓 AP1、AP2，高压隔离开关 QS1、QS2，高压电流互感器 TA1，高压电压互感器 TV1，主断路器 QF1，高压接地开关 QS10，避雷器 F1，主变压器原边绕组 AX，低压电流互感器 TA2 和回流装置 EB1~EB6 等组成。

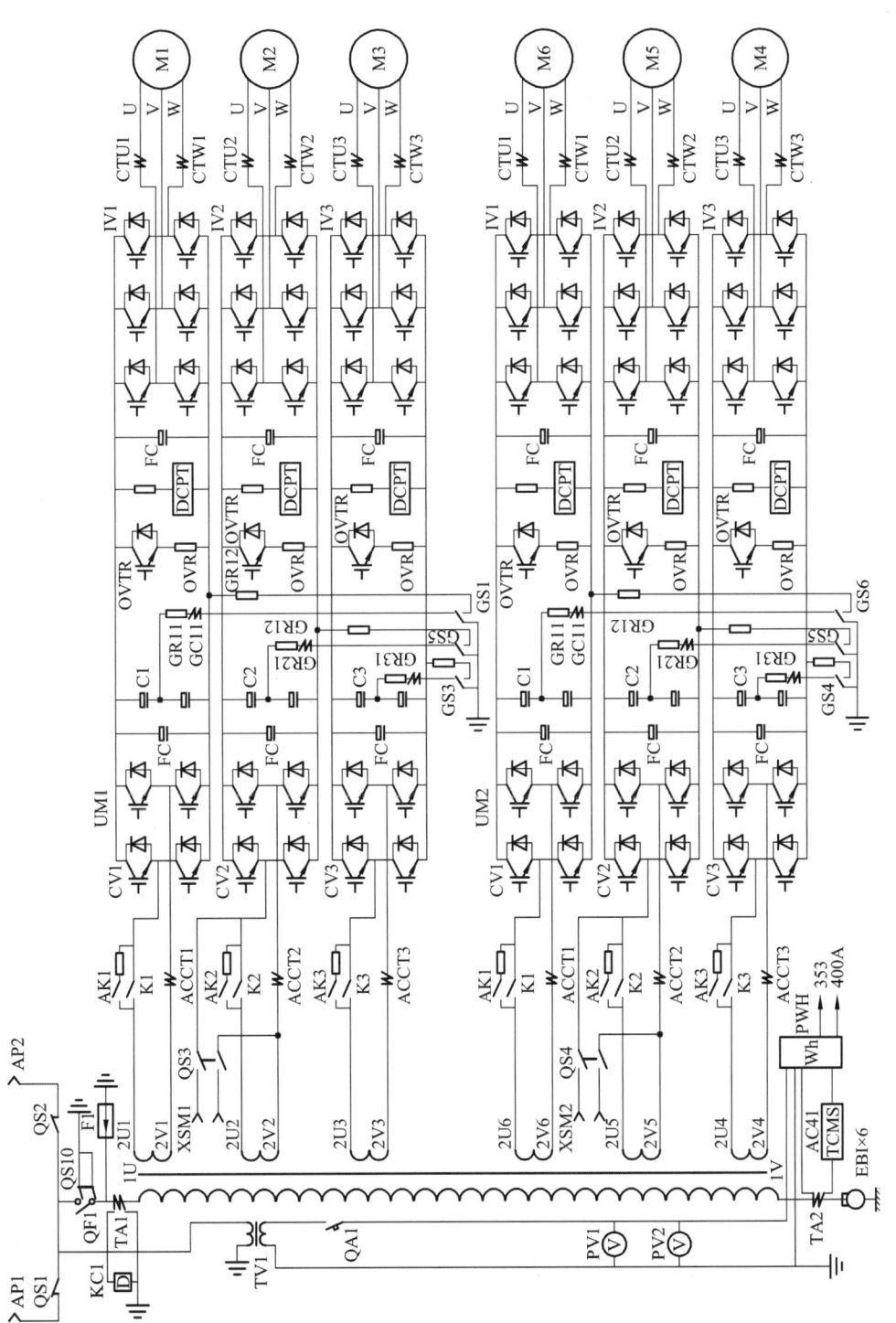

图 4.21 HX$_{D3}$ 型电力机车主电路原理图

1）网侧高压电路

接触网电流通过受电弓 AP1 或 AP2 进入机车，经高压隔离开关 QS1 或 QS2 和主断路器 QF1，通过高压电流互感器 TA1 进入车内，经 25 kV 高压电缆与牵引变压器原边 1U 端子相连，经过牵引变压器原边，从 1V 端子流出，通过 6 个并联的回流装置 EB1~EB6，从轮对回流至钢轨。

2）控制电路

25 kV/50 Hz（单相工频）接触网电流通过受电弓 AP1 或 AP2 及相应的隔离开关 QS1 或 QS2 进入 3 号母线。分为两路：一路为 TV1 接测量单元，另一路由主断路器 QF1 通过高压电流互感器 TA1 进入牵引变压器，为牵引电机提供电能。

3）主要电气设备

（1）高压隔离开关 QS1、QS2。

采用两台 BT25.04 型高压隔离开关，该开关采用电空方式进行转换。当一台受电弓发生故障时，可通过控制电器柜上的隔离开关 SA96，将其打至对应隔离位，通过 TCMS（控制监视系统）发出指令来控制相应的电空阀，实现高压隔离开关的开闭操作，以切除故障的受电弓，同时使用另一台受电弓维持机车正常运行，减少机破，提高机车运用可靠性。

（2）受电弓 AP1、AP2。

采用 DSA200 型受电弓。受电弓内装有自动降弓装置，当弓网故障时，可自动降弓保护。

（3）主断路器 QF1。

采用 1 台 BVAC N99.205 型真空断路器。该断路器除接通和开断机车的总电源外，还能在主电路发生过流、接地、零压等故障时，起最后一级保护作用。

（4）高压电压互感器 TV1。

采用干式高压电压互感器，接在主断路器 QF 之前，不受主断路器的控制。高压电压互感器变比为 25 000 V/100 V。变压器次边并联 2 种测量设备：

① 网压表 PV1 和 PV2。该表装在操纵台上，提供网压数值。

② 电度表 PWH。通过 TA2 采集电流信号，通过 TV1 采集电压信号，所采集的信号进入智能电度表。该表记录机车的使用电能和发电（再生制动）电能。通过屏显窗口和切换按钮，可进行模式切换及信息量（如原边电压、电流及功率因数）的查询。

（5）高压接地开关 QS10。

主断路器 QF1 两端并联高压接地开关 QS10，来实现机车的高压安全互锁。高压接地开关 QS10 上配有 1 把蓝色钥匙和 2 把黄色钥匙，其中蓝色钥匙用于控制受电弓的升弓气路，黄色钥匙用于打开机械室天窗或高压电器柜门，通过它们与接地开关的联锁控制，实现 HX_D3 型电力机车的高压电气安全互锁功能。

（6）避雷器 F1。

高压电流互感器 TA1 之前接有避雷器 F1，用于抑制大气过电压及操作过电压。

（7）高压电流互感器 TA1。

电流互感器 TA1 主要用作短路电流的检测，是保护用互感器，用以驱动过电流继电器 KC1 动作，因而对其饱和度有较高要求，对其检测精度要求比测量用互感器低。

（8）低压电流互感器 TA2。

低压电流互感器 TA2 是为电度表的计量提供电流输入，为机车微机控制系统提供原边电流信号，用于原边电流显示，属于测量用互感器，要求有较高的测量精度。

（9）回流装置 EB1～EB6。

回流装置保证网侧向钢轨的回流作用，同时保护机车轮对轴承不受电蚀，保证机车可靠接地。

2. 牵引变压器电路

牵引变电器的 6 个 1 450 V 牵引绕组分别用于两套主变流器（UM1、UM2）的供电，两个 399 V 辅助绕组分别用于辅助变流器（UA11、UA12）的供电。牵引变压器（TM1）将 25 kV 的接触网电压变换为机车所需的各种电压，满足电器工作的需要。牵引变压器采用轴向分裂、心式卧放、下悬式安装的一体化多绕组变压器，具有阻抗高、质量轻等特点，同时采用真空注油、强迫油循环风冷技术、氮气密封等特殊工艺措施。

3. 主变流器电路

主变流器 UM1 内部可以看成由 3 个独立的"整流-中间电路-逆变"环节（称为牵引变流器）构成，见图 4.21。每组牵引变流器分别有两个接触器、一个输入电流互感器、一个充电电阻、一个四象限整流器、中间电路、一个 PWM 逆变器、两个输出电流互感器等组成。

6 组牵引变流器的主电路和控制电路相对独立，分别向 6 台牵引电动机提供交流变频电源。当其中一组或几组发生故障时，可通过 TCMS 微机显示屏，利用触摸开关将故障的牵引变流器切除，剩余单元仍可继续工作，实现整车的冗余控制。

4. 牵引电动机电路

牵引变流器分别给牵引电动机 M1、M2、M3 和 M4、M5、M6 供电，见图 4.21。当一台牵引电机发生故障时，只需要切除这个机组。切除一个机组后，机车仍能保持 5/6 的牵引力。牵引变流器 UM1 中的 3 个独立的逆变电路，分别为一台牵引电机独立供电（轴控）；逆变器采用矢量控制技术，可迅速将异步电机的输出转矩控制在目标值；电路设有电流互感器 CTU、CTW，对牵引电机过载及三相不平衡起控制和监视、保护作用。

5. 库内动车

库内电源通过单相插座送到二、五位牵引电动机的牵引变流器环节，进行库内动车作业。机车共设置两个主电路入库插座和两个主电路入库转换开关，方便库内动车需要。当需要用牵引电动机 M2 动车时，在主电路入库插座 XSM1 处接入库内动车电源引线，转换主电路入库转换开关 QS3，再闭合地面电源，通过操纵司机控制器机车便可以向前、后移动；当需要用牵引电动机 M5 动车时，在主电路入库插座 XSM2 处接入库内动车电源引线，转换主电路入库转换开关 QS4，再闭合地面电源，通过操纵司机控制器机车便可以向前、后移动。

6. 主电路的保护

HX_D3 型电力机车主电路设有：网侧原边过流保护、牵引变压器牵引绕组过流保护、主电路接地保护、牵引电动机过流保护、原边过电压保护、瞬时过电压保护和牵引变流器的检修安全联锁保护。

1）网侧原边过流保护

高压电流互感器 TA1 接原边过流继电器 KC1，当原边电流达到保护值 800 A，对应次边电流达到 10A 时，KC1 动作，其联锁触点信号送入微机控制系统 TCMS，跳开主断路器。

2）牵引变压器牵引绕组过流保护

在每组牵引变流器的输入回路中，设有一个输入电流互感器 ACCT，起控制和监视变流器充电电流及牵引绕组短路电流的作用，其动作保护值为 1 960 A。保护发生时，四象限脉冲整流器和逆变器的门极均被封锁，输入回路中的工作接触器断开，同时向微机控制系统发出跳主断信号，通过复位开关可进行恢复。若这种故障在 3 min 内连续发生两次，故障将被锁定，必须切断变流器 CI 的控制电源，才能恢复正常。

3）主接地保护电路

主牵引回路正常时，由于只有一点接地，接地保护电路中流过的电流为零，接地信号检测传感器 GCT 无信号输出。当主电路某一点接地时则形成回路，接地检测回路有故障电流流过，传感器输出电流信号，使保护装置动作，其动作保护值为 10 A。保护发生时，四象限脉冲整流器和逆变器的门极均被封锁，输入回路中的工作接触器断开，同时向微机控制系统发出跳主断信号。此时司机可将故障支路的变流器切除，机车还剩 5/6 的牵引动力，继续维持机车运行，回段后再作处理。若确认只有一点接地，也可将控制电器柜上对应的接地开关打至"中立位"，继续维持机车运行，回段后再作处理。

4）牵引电动机过流保护

在每组牵引变流器的输出回路中，设有输出电流互感器 CTU、CTW，对牵引电机过载及牵引电机三相不平衡起控制和监视保护作用。牵引电机过载保护的动作值为 1 400 A。当保护发生时，四象限脉冲整流器和逆变器的门极均被封锁，输入回路中的工作接触器断开，同时主变流器控制单元向微机柜 TCMS 发出牵引变流器 CI 过流信息，实施跳主断。

5）原边过电压保护

当原边网压高于 32 kV 且持续 10 ms 或者是高于 35 kV 且持续 1 ms 时，CI 实施保护，四象限脉冲整流器和逆变器的门极均被封锁，输入回路中的工作接触器断开，同时向微机控制系统发出原边过电压信息。

当原边网压低于 16 kV 且持续 10 ms 时，CI 实施保护，四象限脉冲整流器和逆变器的门极均被封锁，输入回路中的工作接触器断开，同时向微机控制系统发出原边欠压信息。

6）瞬时过电压保护

在机车出现空转、滑行或者受电弓离线造成的网压中断等情况时，牵引变流器的中间回路上可能出现瞬时过电压，为了防止这种过电压对变流器造成损坏，在中间直流回路设有瞬时过电压限制电路，由 IGBT 和限流电阻组成，通过牵引变流器中间直流回路电压传感器进行监测。这是一种多次重复方式的保护，当过电压存在时，该 IGBT 将导通，直流回路的能量通过限流电阻放电和释放，消除过电压。

当中间回路电压大于等于 3 200 V 时，瞬时过电压保护环节动作，四象限脉冲整流器和逆变器的门极均被封锁，输入回路中的工作接触器断开。

此外，当中间回路电压小于等于 2 000 V 时，中间回路低电压保护环节动作，四象限脉冲整流器和逆变器的门极均被封锁，输入回路中的工作接触器断开（库内动车除外）。

7）牵引变流器的检修安全联锁保护

在检查或操作牵引变流器之前，须断开主断路器，降下受电弓，然后闭合主变流器的试验开关，通过司机台上的微机显示屏确认设备内的电容器已放电完毕（小于 36 V）或观察故障显示灯中的"预备"灯灭后，才能进行检查操作，否则中间回路的支撑电容上有很高的电压，未及时放完危及人身安全。

思考题

1. HX$_D$3 型电力机车牵引电机过流采用（　　　）检测，保护值为（　　　）。
2. HX$_D$3 型电力机车采用（　　　）、（　　　）位牵引电动机进行库内动车作业。
3. HX$_D$3 型电力机车主电路设有哪些保护？

任务四　HX$_D$3 型电力机车辅助电路

任务提出

HX$_D$3 型电力机车采用 IGBT 变流元件组成的功率模块和先进交流传动控制策略的大功率集成式辅助变流器，在辅助电路结构和控制方式上采用冗余设计、过电压、欠电压、过载、接地、过热等保护措施，使得机车的可靠性得到进一步保证。

> **任务目标**

（1）掌握 HX_D3 型电力机车辅助电路的组成和作用。
（2）会分析 HX_D3 型电力机车辅助电路。
（3）弘扬社会主义核心价值观，增强民族自豪感和社会责任感。

> **任务内容**

一、辅助电路概述

HX_D3 型电力机车辅助系统由辅助变流器、各辅助机组、110 V 充电电源模块和辅助加热装置电路四部分组成。

（1）辅助变流器为通风机、压缩机等辅助机组提供三相辅助电源。该系统具有 VVVF 控制和 CVCF 控制两种功能。系统中两台冷却塔通风机和六台牵引通风机采用 VVVF 控制模式，可根据机车运行状况所需要的通风量运转；其他负载采用 CVCF 控制模式。

（2）机车装有两组辅助变流器。正常工作时，UA11 采用 VVVF 控制，UA12 采用 CVCF 控制。当某一变流器出现故障时，另一组变流器将采用 CVCF 控制模式，为所有辅助负载提供能量。

二、辅助电路的组成

辅助电路由辅助绕组 3U1-3V 或 3U2-V2（电压为 399 V）、辅助变流器、辅助滤波装置、辅助负载系统等组成，如图 4.22 所示。

三、辅助变流器

HX_D3 型电力机车设置有两套辅助变流器 UA11、UA12（又称作 APU1、APU2），分别同两套主变流器 UM1、UM2 安装在一起。

辅助变流器 UA11、UA12 有 VVVF 和 CVCF 两种工作方式，可以依据连接的辅助电动机情况进行设置。机车正常运行时，辅助变流器 UA11 工作在 VVVF 方式，辅助变流器 UA12 工作在 CVCF 方式，分别为机车辅助电动机供电。每一台辅助变流器的额定容量是按照独立带整车辅机的情况设计的，因此正常情况下，辅助变流器 UA11、UA12 基本上以 50% 的额定容量工作。

当某一套辅助变流器发生故障时，不需要切除任何辅助电动机，另一套辅助变流器可以承担机车全部的辅助电动机负载。此时，该辅助变流器按照 CVCF 方式工作，辅助电动机系统按全功率运行，唯有两台压缩机中，只有操纵端压缩机可以投入工作，从而确保机车辅助电动机供电系统的可靠性。辅助变流器的故障转换控制由机车微机控制系统（TCMS）自动完成。

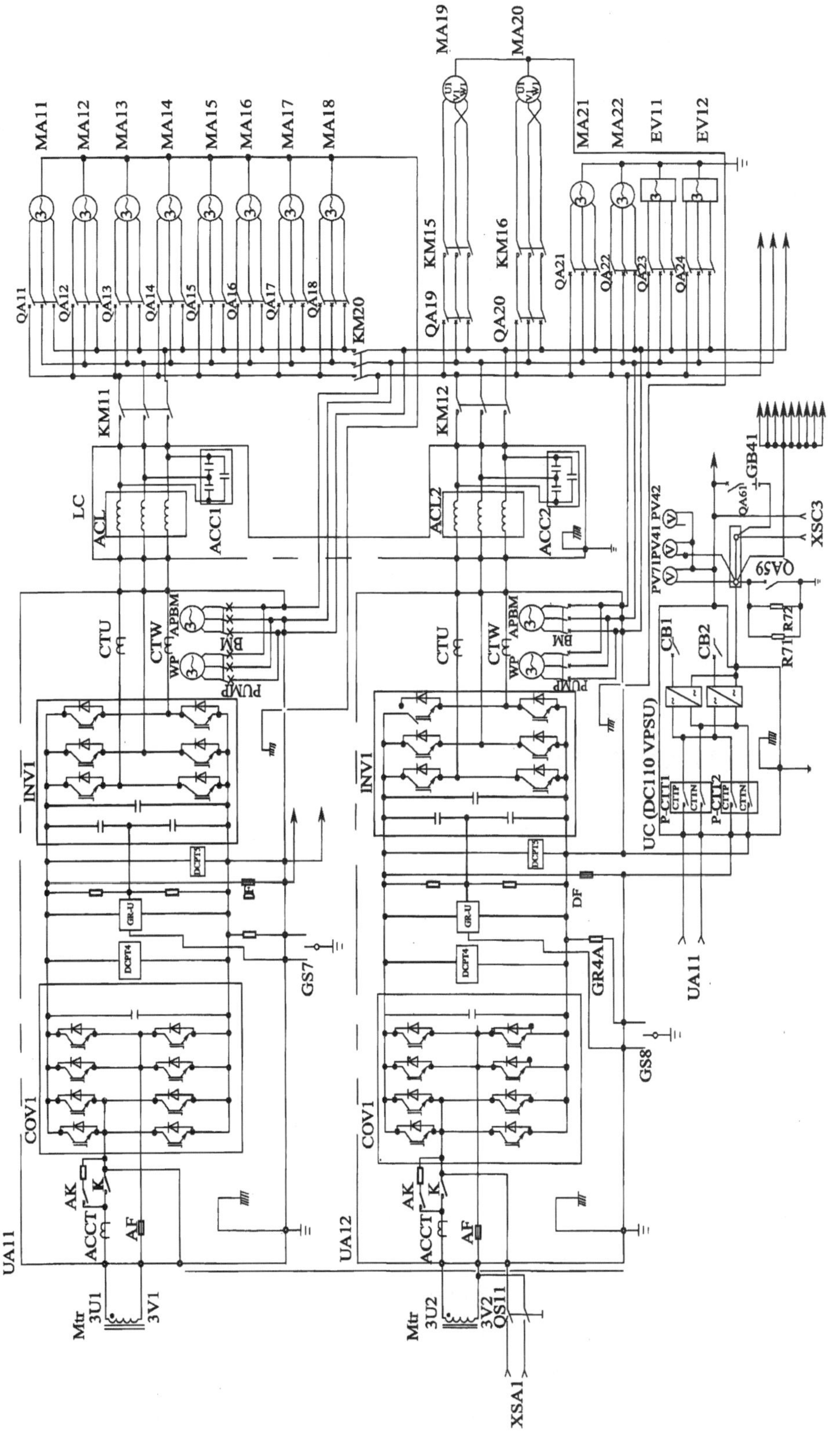

图 4.22 辅助变流系统及其供电电路

辅助变流器的中间直流回路同时给 110 V 电源充电模块供电。辅助变流器 UA12 的输出还经隔离变压器，给司机室各加热设备及低温预热回路供电。辅助变流器内设有元器件过压、过流保护。

辅助变流器由整流电路、中间直流环节和逆变电路等组成，其示意图如图 4.23 所示。

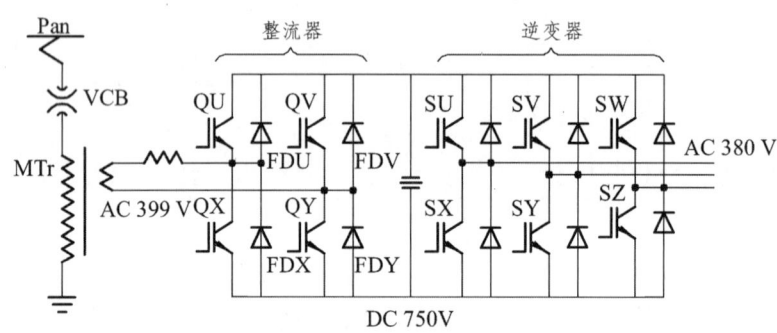

图 4.23　辅助变流器组成示意图

整流器采用四象限整流器，并串有电抗器。为了保证逆变器输入电压稳定，在整流电路并联电容器，因此可以看成恒压源。每套辅助逆变器的输出均有 VVVF 和 CVCF 两种工作模式。可以按连接的辅助电机的需要，工作在适当的方式。

四、辅助负载电路

辅助变流器 UA11、UA12 的额定容量均为 230 kV·A，分别由牵引变压器 TM1 的两个辅助绕组 3U1、3U2 供电，辅助绕组的电压均为 399 V。

1. 辅助变流器 UA11 负载电路

辅助变流器 UA11 的负载输出经过辅助滤波器 LC，通过输出接触器 KM11 给牵引风机电动机 MA11、MA12、MA13、MA14、MA15、MA16 和冷却塔风机电动机 MA17、MA18 供电。

辅助变流器 UA11 按照变压变频（VVVF）和定压定频（CVCF）两种模式设定。正常情况下，由于负载属于风机类负载，按照 VVVF 模式运行，可确保适应机车运行状态的冷却风量和降低噪声。在备用冗余状态下，按照 CVCF 模式运行，为辅助系统所有电机提供应急供电。

UA11 的输出电压被送入辅助滤波装置 LC（ACL1 和 ACC1 组成的交流滤波器）中，将 PWM 电压波形变为近似正弦波电压，通过输出接触器给牵引风机和冷却塔风机供电。

机车上的各辅助电动机均通过各自的自动开关与辅助变流器连接，除两台空气压缩机外，均不设电磁接触器，使得辅助电动机电路更简化、更可靠。当辅助变流器采用软起动方式进行起动，除空气压缩机电动机外，其他辅助电动机也随之起动。空气压缩机的起动受电磁接触器的控制，电磁接触器受机车司机控制扳键开关和总风缸空气压力继电器的控制。

2. 辅助变流器 UA12 负载电路

辅助变流器 UA12 的负载电路输出同样经过辅助滤波器 LC，通过输出接触器 KM12 给空气压缩机电动机 MA19、MA20，牵引变压器油泵 MA21、MA22，司机室空调 EV11、EV12，主变流器内部的水泵 WP1、WP2，辅助变流器风机 APBM1、APBM2 供电，同时 UA12 还经过 AT1 隔离变压器，分别向司机室内的辅助加热设备、卫生间及压缩机加热回路和低温预热设备提供 AC 220 V 和 AC 110 V 交流电源。由于以上负载属于泵类负载，辅助变流器 UA12 工作在 CVCF 状态。

在辅助变流器 UA11 或辅助变流器 UA12 发生故障的情况下，TCMS 将自动断开其相应的输出接触器 KM11 或输出接触器 KM12，再闭合故障转换接触器 KM20，把发生故障的辅助变流器的负载切换到另一套辅助变流器上，由该辅助变流器对全车的三相辅助电动机供电。此时，该辅助变流器按照 CVCF 方式工作，从而确保机车辅助电机供电系统的可靠性。

当在库内需要对机车的辅助电动机进行动作及转向确认时，可通过辅助电路库用插座 XSA1，并操作辅助电路库用转换开关 QS11 将 DC 600 V 库内电源引入辅助变流器 UA12，进行辅助系统库内 600 V 动作试验。为了确保所有辅机均可工作，应通过微机显示屏将辅助变流器 UA11 隔离。

3. DC 110 V 电源电路

辅助变流器 UA11、UA12 的中间直流还向 UC（DC 110 V 电源装置）供电。DC 110 V 电源电路：UA11 或 UA12 经斩波器，将中间环节的 750 V 直流电压转换成直流 110 V 控制电源。

闭合控制接地自动开关 QA59，再闭合蓄电池自动开关 QA61 后，QA59 不应跳闸，若跳闸说明回路存在接地或短路现象，应排除故障。

GB41 为蓄电池组，蓄电池亏电时，通过蓄电池充电插座 XSC3 为蓄电池充电。通常，蓄电池电压不应低于 90 V，可通过控制电气柜上的电压表 PV71 显示确定。也可通过司机台上的电压表 PV41 或 PV42 确定。

五、辅助加热装置电路

HX_D3 型电力机车的辅助加热电路如图 4.24 所示。

机车辅助加热装置主要有电热玻璃 EH11-12、膝炉 EH15-18、侧墙暖风机 EH19-22、脚炉 EH23-26、后墙暖风机 EH27-30、司机室多功能热水器 EH31-32 及低温预热回路等，它们均由 UA12 通过隔离变压器 AT1 进行供电。在膝炉、侧墙暖风机、脚炉、后墙暖风机支路上设置了功能转换开关 SA11、SA12，进行投入和切除转换，并设置了空气自动开关 QA31A 和 QA31B 进行过流保护。

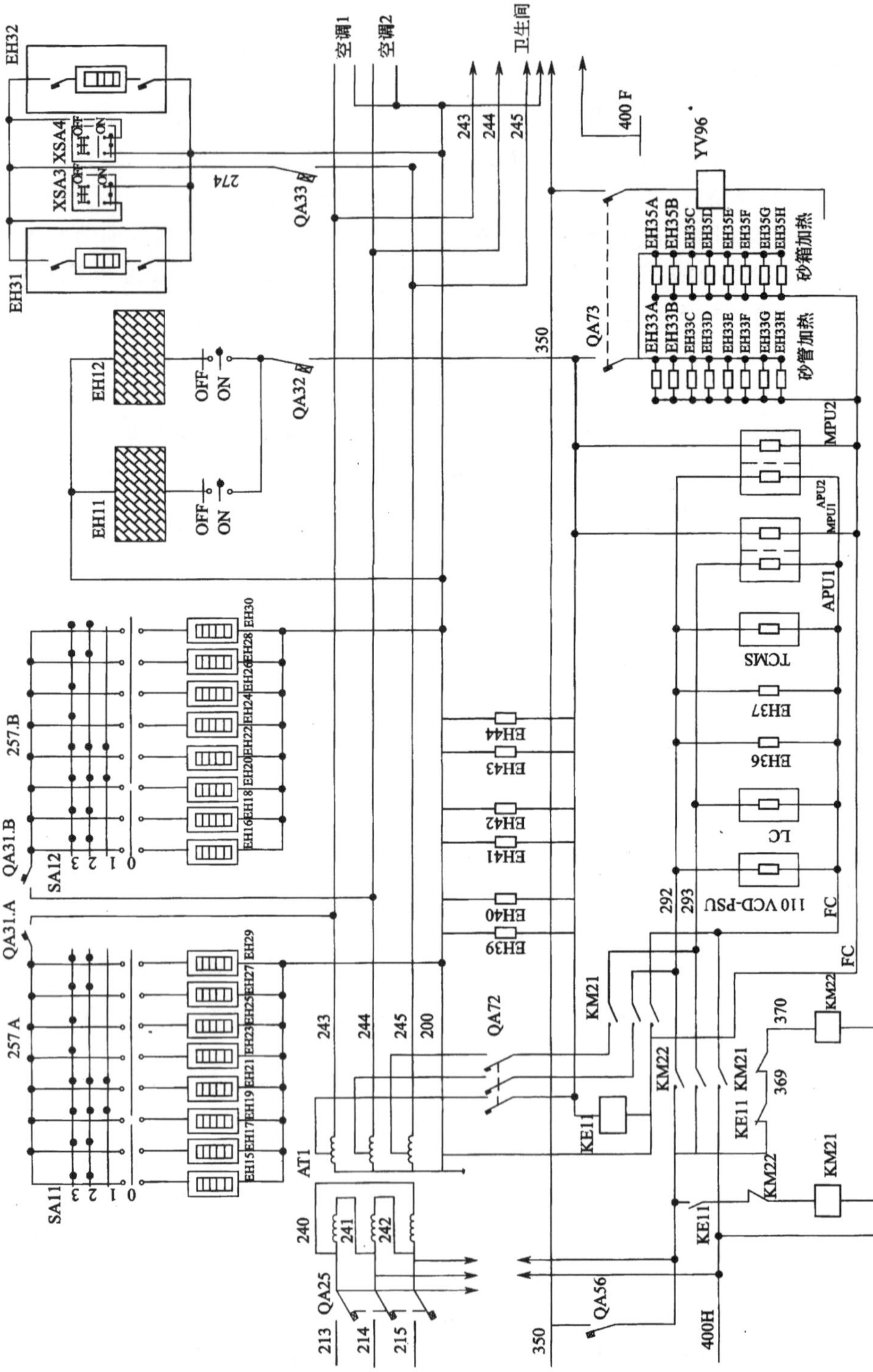

图 4.24 辅助加热装置电路

在电热玻璃支路上设置功能转换开关 SA13、SA14，进行投入和切除转换，并设置了空气自动开关 QA32 进行过流保护。

在司机室多功能热水器支路上设置了空气自动开关 QA33 进行过流保护。另外，还设置了两个司机室电源插座 XSA3、XSA4，给司机室提供 220 V 交流电源，方便司机的需要。机车辅助加热回路中，还设有低温预热回路，最初采用 DC 110 V 低温预热，机车一旦可以升弓合主断，辅助变流器可以工作，就转由 AC 110 V 低温预热。当机车需要低温预热时，首先闭合自动开关 QA56、QA72，接触器 KM22 闭合，将采用 DC 110 V 低温预热方式，对辅助变流器、110 V 电源充电模块、TCMS 微机系统等进行加热。预热一定时间，当微机可以升弓合主断，辅助变流器正常工作后，继电器 KE11 和接触器 KM21 闭合，接触器 KM22 断开，转由 AC 110 V 进行低温预热，对主变流器、辅助变流器、110 V 电源充电模块、总风压力开关、重联插座等进行加热。通过闭合自动开关 QA73，可以对撒砂装置进行加热。

通过闭合自动开关 QA74，可以对压缩机进行低温加热，通过温控开关 TR-1，可以实现压缩机低温加热的自动投入和切除，当压缩机进行低温加热时压缩机不能工作。在压缩机的控制回路里，还设有温度保护开关 TS-1 和压力保护开关 PS-1，通过其常闭联锁，实现对压缩机的安全保护。

六、辅助电器

1. 控制电器柜

控制柜主要安装机车上大部分的控制继电器，辅助电路用接触器，断路器及部分其他器件。控制柜正面布置如图 4.25 所示。

控制柜正面上部配置断路器，辅助压缩机起动按钮和万转开关及电压表。

上段断路器：牵引电机通风机、冷却塔通风机等的断路器。

中段断路器：控制电路用的小型断路器。

下段断路器：空调等辅助电路用断路器。

另外还设置了库用电源切换用的万转开关。

控制柜下部配置主电路库用转换装置 QS3、QS4，辅助电路库用转换装置 QS11，主电路和辅助电路接地开关 GS1 ~ GS8。电能表安置在控制柜正面左下的罩内。

为保证人身安全，在平开门上设置了联锁装置。主断路器断开，受电弓降下后，将制动装置内的受电弓升弓阀用的钥匙开关置于断开位，然后将钥匙（蓝色）拔出，将拔下的钥匙插入高压接地开关（QS10）钥匙箱旋转 90°，然后将 QS10 的把手扳向接地位置。只有处于安全的状态时，能够从接地开关钥匙上拔出黄色的钥匙，才能够打开平开门。

电器柜的背面侧排列了辅助电路用的负荷接触器，为了安全，设计了螺纹止回式罩。装置的背面和侧面的上部，配置了 6 个控制电路的单手柄式 27 芯接头，装置背面的下部，配置了主电路、辅助电路用的端子台。

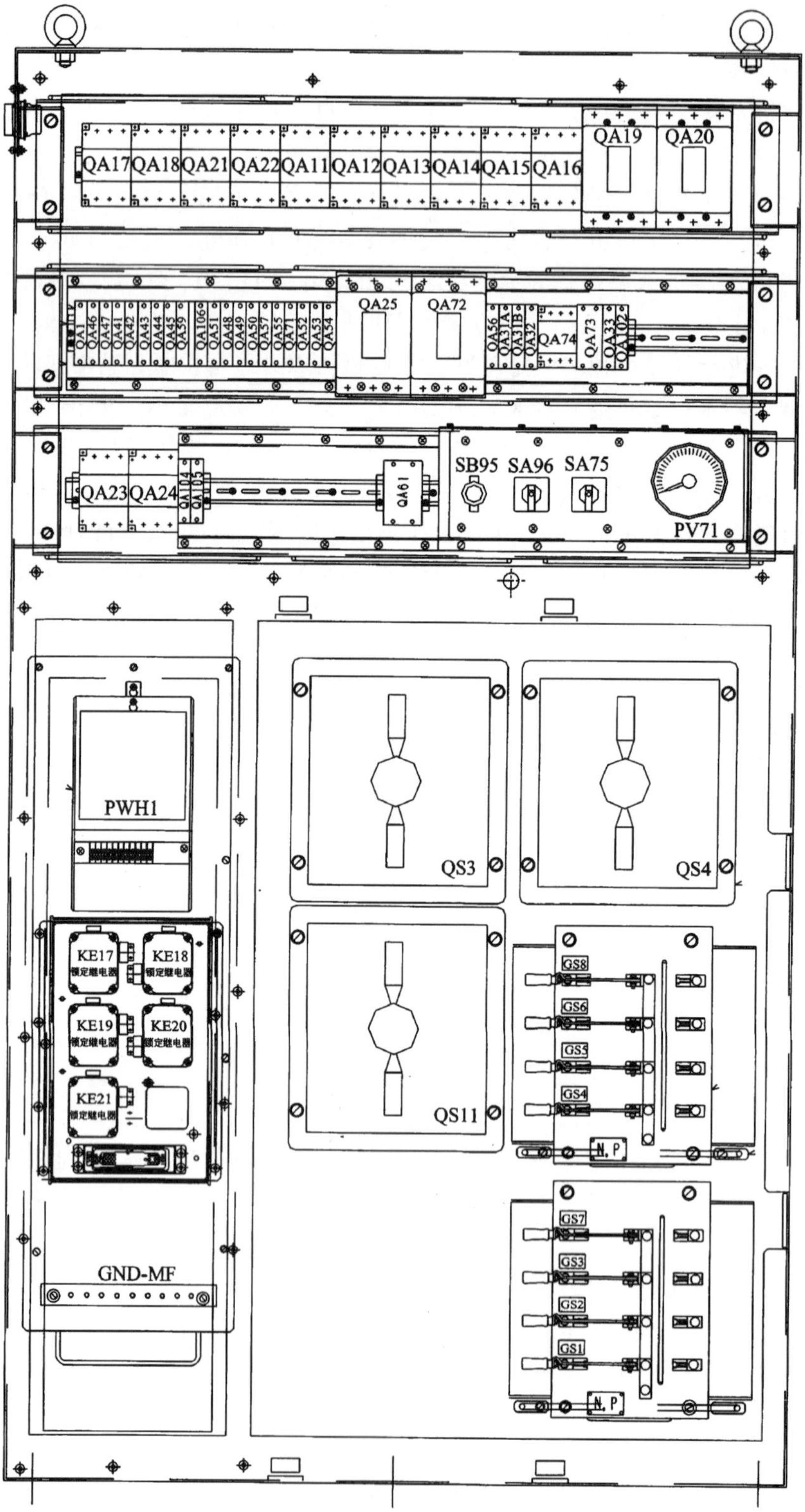

图 4.25 控制电器柜正面

2. TCMS 和 ATP 柜

TCMS（微机）及 ATP（监控）柜主要装载 TCMS 装置、机车监控装置和机车信号系统。

TCMS 和 ATP 柜主要设备布置如图 4.26 所示。TCMS 和 ATP 柜由上下两层构成。

上层：打开上半部分的平开门后面，有 TCMS 装置的控制单元主体和继电器盘。

下层：打开下半部分的平开门后面，有 LKJ2000 监控系统、机车安全监控装置 TAX2、主体化机车信号车载系统 JT1-CZ2000。

TCMS 装置配线用的连接端子在装置背面上部。

七、辅助电路的保护

1. 辅助系统的接地保护

在辅助变流器 UA11、UA12 内部，分别设有 1 套接地保护装置，进行辅助系统的接地保护。当对应辅助回路发生接地故障且确认只有一点接地时，可以将控制电器柜内对应的接地故障转换开关置"中立位"，继续维持机车运行，回段后再作处理，也可将故障的辅助变流器切除，机车维持一组辅助变流器供电，回段后再做处理。

2. 辅助变流器的过流和过载保护

在每一组辅助变流器的输入回路中，设有输入电流互感器 ACCT，起控制和监视辅助变流器充电电流及辅助绕组短路电流的作用，其动作保护值为 1 600 A。保护发生时，四象限整流器的门极均被封锁，工作接触器 K、AK 均断开，同时向微机控制系统发出跳主断的信号，该故障消除后 10 s 内自动复位，如果此故障在 2 min 内连续发生两次，该辅助变流器将被锁死，必须切断辅助变流器的控制电源，才可解锁。

在每一组辅助变流器的输出回路中，设有输出电流互感器 CTU 和 CTW，对辅助电动机回路过载及辅助电动机三相不平衡起控制和监视保护作用，辅助电动机回路过载保护的动作值为 850 A。保护发生时，逆变器的门极均被封锁，同时向微机控制系统发出跳主断的信号。该故障消除后 10 s 内自动复位，如果此故障在 2 min 内连续发生 6 次，该辅助变流器将被锁死，必须切断辅助变流器的控制电源，才可解锁。

3. 辅助变流器中间直流回路电压保护

辅助变流器中间直流回路设有两组电压监测环节，其中 DCPT4 用于四象限整流器的控制，DCPT5 用于逆变器的控制：当 DCPT5 监测到中间回路电压大于等于 825 V 或小于等于 580 V 时，中间回路电压保护环节动作，逆变器门极被封锁，逆变器停止输出；当 DCPT4 监测到中间回路电压大于等于 825 V 或小于等于 270 V 时，四象限整流器门极被封锁，四象限整流器停止输出。

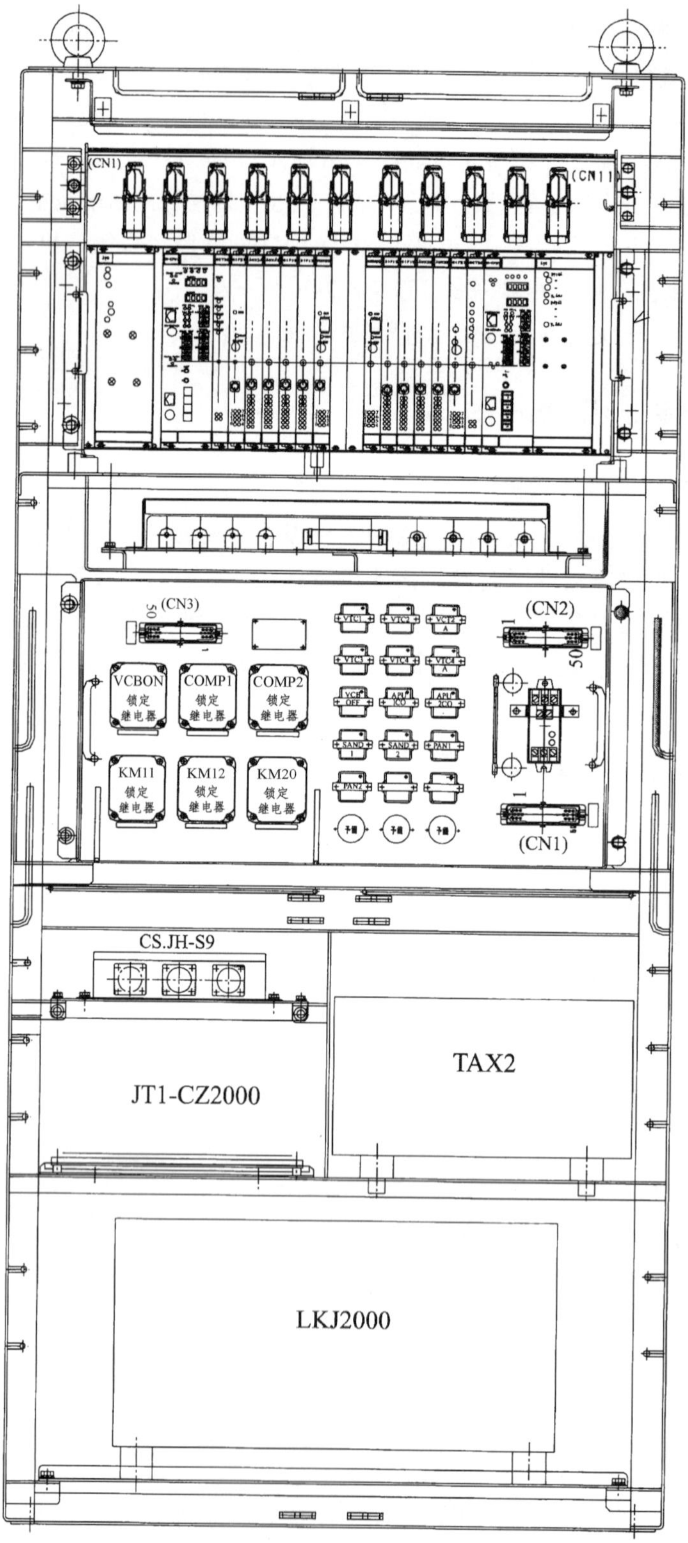

图 4.26 TCMS 和 ATP 柜主要设备布置图

4. 辅助变流器输入电压的保护

当辅助变流器的输入电压低于 279 V 即网压低于 17.5 kV 时,低压保护环节动作,四象限整流器门极被封锁,工作接触器 K、AK 断开,四象限整流器停止输出。

当辅助变流器的输入电压高于 502 V 即网压高于 31.5 kV 时,过压保护环节动作,四象限整流器的门极被封锁,工作接触器 K、AK 断开,四象限整流器停止输出。

5. 110 V 充电模块输入电源的短路过载保护

每组辅助变流器,均可向 110 V 充电模块提供 DC 750 V 电源,输出电源回路通过熔断器 DF 进行短路过载保护,额定值为 32 A。当 DF 出现熔断后,辅助变流器将通知微机控制系统 TCMS,进行 110 V 充电模块输入电源的转换,由非故障的辅助变流器向 110 V 充电模块提供直流电源,同时微机显示屏也进行相应故障显示和记录。

思考题

1. HX_D3 型电力机车装有两组辅助变流器。正常工作时,UA11 采用(　　)控制,UA12 采用(　　)控制。

2. 辅助变流器 UA11 或 UA12 将中间环节的(　　)V 直流电压转换成直流 110 V 控制电源。

3. 简述 HX_D3 型电力机车辅助电路的功能和组成。

任务五　HX_D3 型电力机车控制系统

任务提出

HX_D3 型电力机车的控制系统是以日本东芝公司的机车微机控制监视系统(简称 TCMS)为核心,结合目前国内现有的机车行车安全综合信息监控系统和克诺尔的 CCB-Ⅱ 电控制动系统,配以机车外围电路设计的。TCMS 在整个机车控制中起主导作用,它的工作正常与否直接决定了机车能否安全、正常地运行。

子任务一　TCMS 系统、控制电源和预备电路

任务目标

(1)掌握 HX_D3 型电力机车 TCMS 系统的任务、组成及主要功能。

(2)会分析 HX_D3 型电力机车控制电源电路的组成及控制。

(3)能描述 HX_D3 型电力机车的预备电路。

(4)能对主断路器断不开、警惕装置故障进行判断处理。

(5)弘扬社会主义核心价值观,培养学生工匠精神和认真务实的作风。

任务内容

一、控制电路的主要功能

机车的控制电路主要完成下列功能：

顺序逻辑控制：如升、降受电弓，分、合主断路器，司机控制器的换向、牵引、制动，辅助电动机的逻辑控制，机车库内动车逻辑控制，主、辅变流器库内试验逻辑控制等。

机车特性控制：采用恒牵引力/制动力 + 准恒速特性控制，实现对机车的控制要求。

定速控制：根据机车的运行速度，可以实现牵引工况下机车恒定速度控制。

辅助电动机控制：除空气压缩机外，机车各辅助电动机根据机车准备情况，在外部条件具备的前提下，由 TCMS 发出指令，与辅助变流器同时起动、运行。空气压缩机则根据总风缸压力情况，通过控制接触器的分合来实现控制。

CCB-Ⅱ制动机的电空网络控制和机车防滑行保护。

机车黏着控制：包括防空转、防滑行控制、轴重转移补偿控制。

故障诊断、显示与保护：通过设在司机室的微机屏显示机车正常运行的状态信息，如：网压、原边电流、机车工况、级位、机车牵引力、机车速度等；正常的设备工作状态，如：主变流器、辅助变流器等；正常的设备开关状态，如主断路器、辅助接触器、各种故障转换开关；显示机车即时发生的故障信息，发生故障的设备、故障处理的方法等，并将故障发生时的有关数据记忆。

机车重联控制：最多可以实施同型号的 四 台机车重联。

二、TCMS 系统

控制监视系统功能

TCMS（Train Control and Monitoring System）是机车控制监视系统的简称，其任务是根据司机指令对主、辅变流器和异步电动机进行实时控制，对牵引/制动特性和传动系统的时序逻辑进行控制，同时还能显示机车运行状态，具备完善的故障保护、故障记忆及显示功能，并在一定程度上具有故障自排除、自动切换和故障处理指导功能。

1. TCMS 系统的构成

机车控制监视系统在硬件上主要由电源模块、逻辑运算控制部分、数字量输入/输出部分、模拟量信号采集部分、通信部分等组成。主控制单元采用 32 位 CPU，并在配置上采取冗余、双机热备措施，以提高系统的可靠性。系统构成示意图如图 4.27 所示。

TCMS 主要完成如下工作：通过人机接口接收所有输入指令，采集各种反馈信号，进行相关运算，生成相应控制命令，将命令以通信方式发送给主变流器、辅助变流器，将计算结果、故障信息、有关参数送显示屏显示，当重联运行时将重联命令通过网络传送给重联机车。在主控制系统出现故障时，双机热备的机制将自动切换到辅控系统。其结构形式如图 4.28 所示。

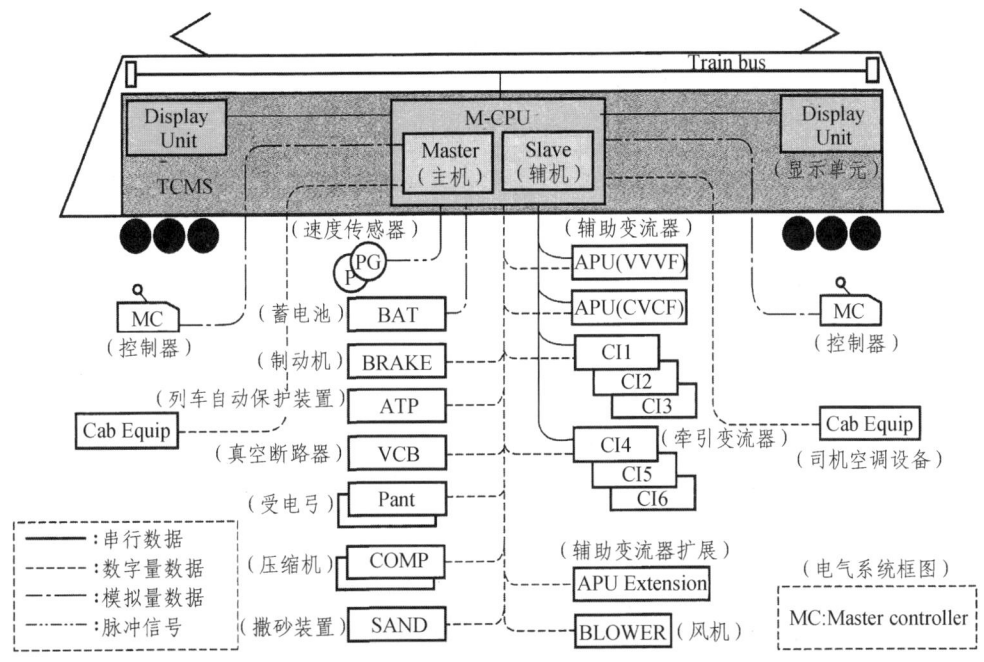

图 4.27 TCMS 系统的构成

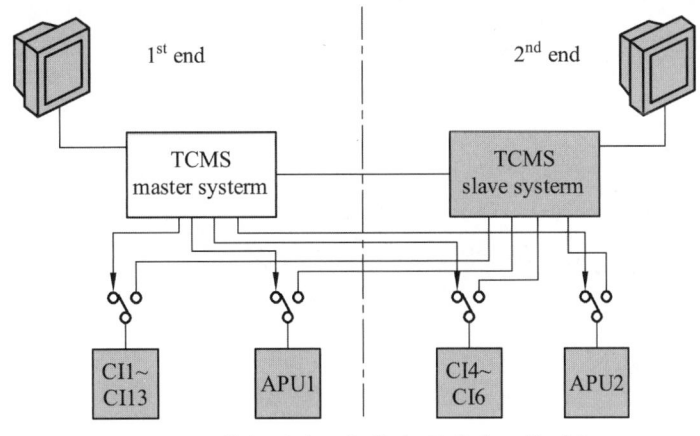

图 4.28 微机系统双机热备形式（正常时）

2. TCMS 系统的功能

TCMS 主要功能是实现机车特性控制、逻辑控制、故障监视和诊断，并将有关信息送到司机操纵台上的微机显示屏。TCMS 包括一个主控制装置和两个显示单元，其中主 CPU 采用冗余设计，设有两套控制环节，一套为主控制环节（Master），一套为热备控制环节（Slave）。当主控制环节（Master）发生故障时，备用控制环节（Slave）立即自动投入工作。

1）控制与保护功能

主断路器（VCB）控制、机车控制系统的输入/输出、逻辑控制、牵引特性控制、制动特性控制、定速控制、冗余控制、自动过分相控制、主变流器控制、重联控制、智能故障诊断及显示、机车保护控制。

2）故障处理与记录

TCMS 在机车出现故障时，以显示屏显示和报警灯指示的两种方式通知操作人员，并自动完成相应的保护动作，记录发生故障时的相关信息，为后期诊断提供有用和必要的信息，而且通过便携式计算机将故障履历下载进行分析和保存。

3）信息显示

画面的上部为常显的信息，显示时间、速度、工况、重联状态等；中间区域为主信息显示区，根据不同的工况、按键的选择，将显示牵引/制动的有关参数、机器的状态、开关信息；底部为功能键区，由于采用触摸显示屏，因此它将根据不同的工况和选择，显示不同的功能键。通过显示屏亦可显示出机车重联与否以及重联机车的故障信息。显示模式在开机后根据不同工况来转换。

3. TCMS 系统的显示界面结构

图 4.29 为 TCMS 系统开关状态显示界面，可分为以下 3 部分。

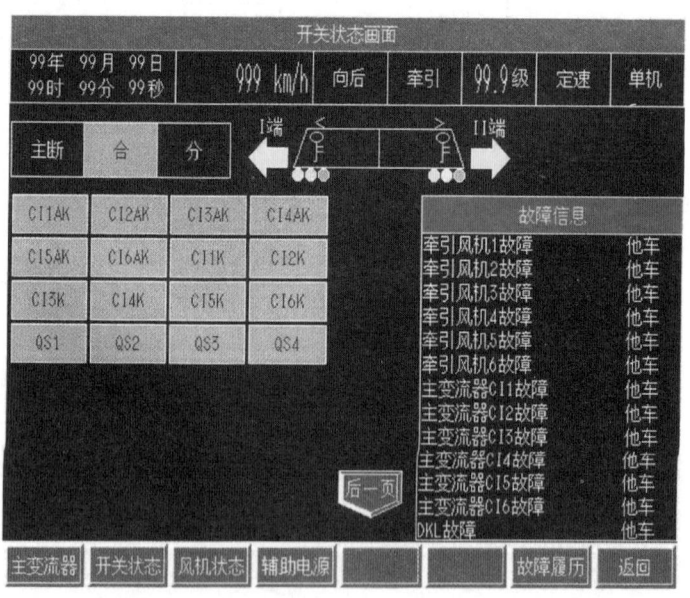

图 4.29 TCMS 系统开关状态显示界面

（1）显示画面的上半部分为常显的信息，包括时间、速度、工况、重联运行等。

（2）中间区域为主显示区，根据不同的工况和不同的按键选择，显示牵引/制动的有关参数、机器的状态、开关信息。

（3）下部为功能区，采用触摸屏显示，不同工况的功能键不一样。

4. TCMS 系统的显示模式

显示模式在开机后根据不同工况自动转换，图 4.30 为模式转换部分框图。

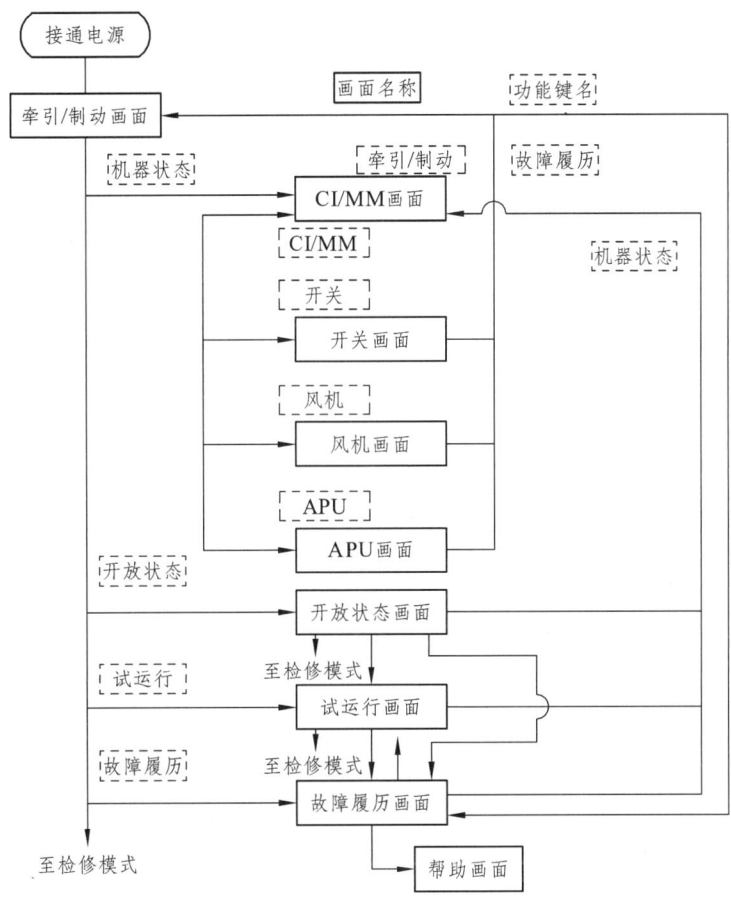

图 4.30　模式转换部分框图

三、控制电源

HX$_D$3 机车蓄电池充电装置 PSU 故障

DC 110 V 充电电源模块 PSU 的具体电路如图 3.31 所示。

机车 DC 110 V 控制电源采用高频电源模块 PSU 与蓄电池并联，共同输出的工作方式，通过自动开关分别送到各条支路，如微机控制、机车控制、主变流器、辅助变流器、车内照明、车外照明等。

PSU 的输入电源来自 UA11 或 UA12 的中间回路电源，当 UA11 和 UA12 均正常时，由 UA12 向 PSU 输入 DC 750 V 电源，当 UA12 故障时，转由 UA11 向 PSU 输入 DC 750 V 电源。DC 110 V 充电电源模块 PSU 含两组电源，通常只有一组电源工作，故障发生时另外一组电源自动启动，每组电源模块的输入电压为 DC 750 V，输出电压为 DC 110（1±2%）V，额定输出电流为 55 A，输出功率为 6 050 W（25 ℃），采用自冷方式，控制电源电压采用 DC 750 V。

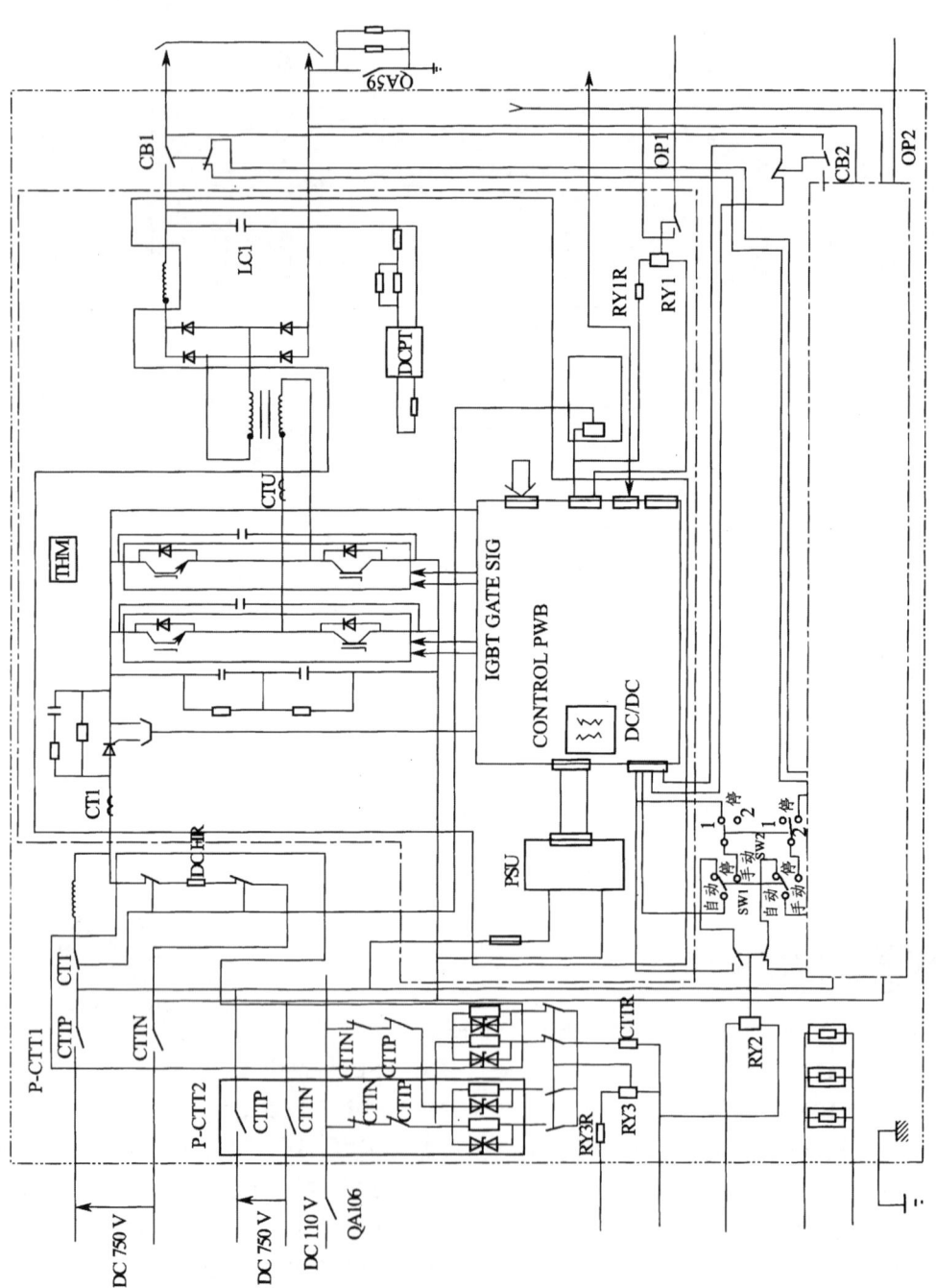

图 3.31 DC 110 V 充电电源模块

PSU电源模块上设有两个转换开关SW1和SW2，其中SW1有两挡，"TCMS"和"手动控制"，SW2也有两挡，"电源1"和"电源2"，其中"TCMS"挡表示由微机自动控制，奇数日，电源1工作，偶数日，电源2工作，如果其中一组电源出现故障，可自动切换。"手动控制"表示人为设定，如果SW2置"电源1"，表示电源1工作，如果SW2置"电源2"，表示电源2工作，如果在手动状态下，电源出现故障，不能自动切换。

控制电路自动开关有：微机1控制自动开关QA41、微机2控制自动开关QA42、司机控制1自动开关QA43、司机控制2自动开关QA44、机车控制自动开关QA45、主变流器自动开关QA46、辅助变流器自动开关QA47、车内照明自动开关QA48、车外照明自动开关QA49、前照灯自动开关QA50、辅助设备自动开关QA51、无线电台自动开关QA52、自动信号自动开关QA53、监控装置自动开关QA54、电控制动自动开关QA55、低温预热自动开关QA56、110 V电源控制自动开关QA106、门控开关QA102、自动过分相控制开关QA71、空调机组控制开关QA104、QA105、撒砂加热控制开关QA73等。

在控制电器柜上设置了控制电源电压表PV71，在两端操纵台上也设置了控制电源电压表PV41、PV42，用于随时监视控制电源的电压情况，并且通过微机显示屏也可监视控制电源的电压情况。

四、预备电路

HX$_D$3机车司机室设备布置

在Ⅰ、Ⅱ端司机室设置完全相同的控制指令开关，可以分别对机车微机控制监视系统发出命令，实现对机车的控制。下面以Ⅰ端司机室控制指令为例进行说明，将Ⅱ端对应的控制器件代号用"（　　）"进行表示。

1. 机车的常规司机指令控制

电钥匙开关SA49（SA50）有两个位置："合""分"，当置"合"位置时，机车Ⅰ端即被设定为操纵端，如图4.32所示。

（1）主司机控制器AC41（AC42）有两个手柄。即方向手柄和调速手柄，方向手柄有"向前""向后"和"0"3个位置；调速手柄可以提供牵引级位0~13级，制动级位0~12级。

两个手柄之间设有机械联锁：当调速手柄在"0"位时，方向手柄方可进行转换；方向手柄在"0"位时，调速手柄不能移动，只能在"0"位。

（2）受电弓扳键开关SB41（SB42）。有3个位置，分别为"前受电弓""后受电弓"和"0"位。当SB41置"前受电弓"或"后受电弓"位时，受电弓电空阀YV41或YV42线圈得电，在空气管路压力正常的前提下，受电弓AP1或受电弓AP2升起；当SB41置"0"位，受电弓AP1或受电弓AP2均降下。

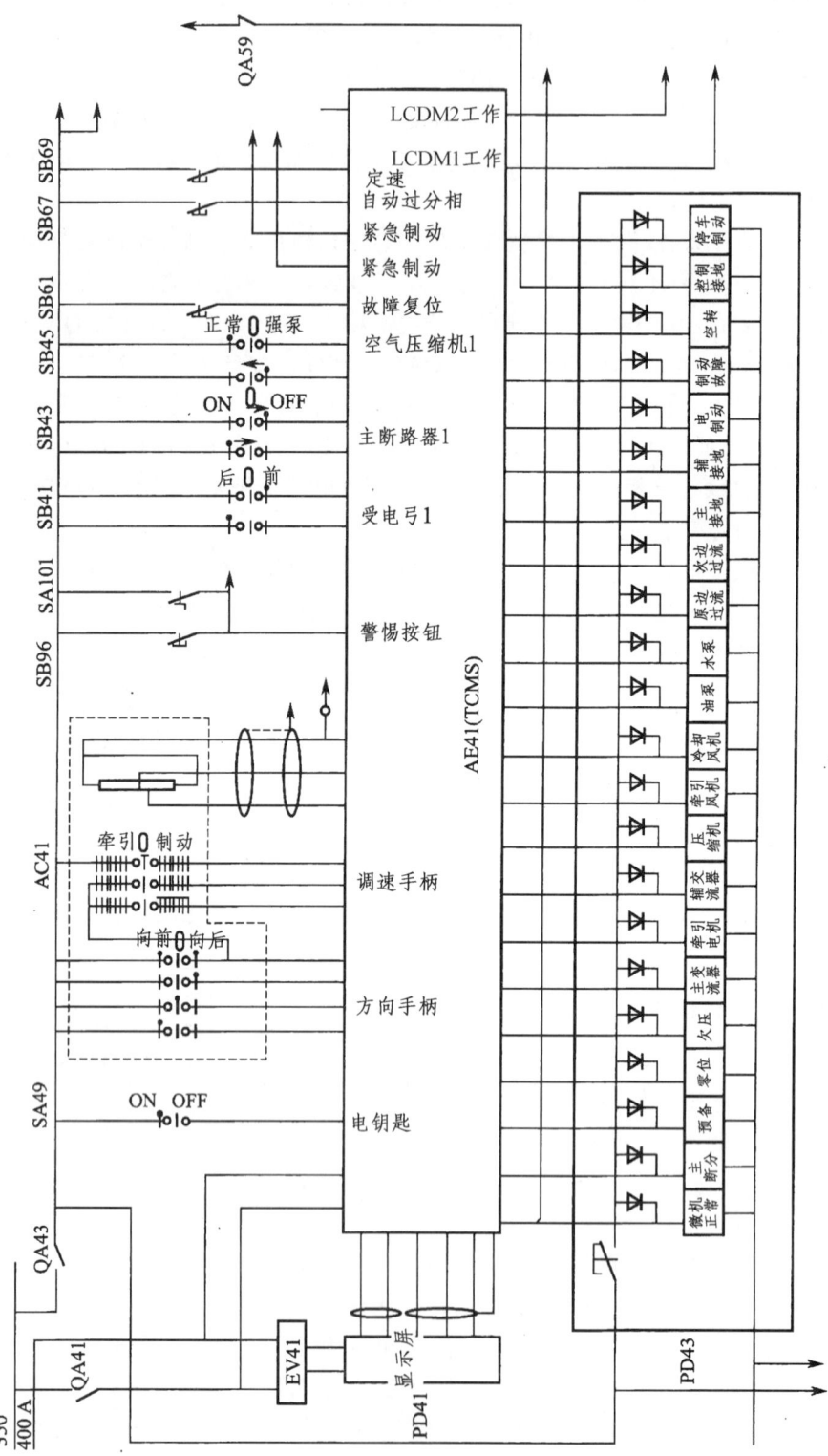

图 4.32 司机指令电路

(3)主断路器扳键开关SB43（SB44）。有3个位置，分别为"主断分""主断合"和"0"位。该扳键开关为自复式，正常位置是"0"位。当开关置"主断合"位一次时，如果主断闭合的相关逻辑正常，主断路器QF1线圈得电，在空气管路压力正常的前提下，主断路器QF1闭合；当扳键开关置"主断分"位1次时，主断路器QF1线圈失电，主断路器QF1分断。

(4)空气压缩机扳键开关SB45（SB46）。有3个位置，分别为"主压缩机""强泵"和"0"位。在辅助变流器工作的前提条件下，当开关置"主压缩机"位，并且总风缸空气压力继电器KP51-1、KP51-2（KP51-1：风压低于750 kPa时闭合，风压高于900 kPa时断开；KP51-2：风压低于825 kPa时闭合，风压高于900 kPa时断开）闭合时，空气压缩机接触器KM15、KM16依次得电闭合，空气压缩机1、2依次投入工作。当风压低于825 kPa时KP51-2闭合，但KP51-1打开，此时只有操纵端压缩机工作。当开关置"0"位，空气压缩机接触器KM15或KM16失电分断，空气压缩机停止工作。若总风缸空气压力继电器KP51故障，空气压力开关不能正常闭合时，可以将扳键开关置"强泵"位，强制空气压缩机接触器KM15、KM16得电闭合，空气压缩机1、2投入工作。

2. 故障复位、空气紧急制动、过分相、警惕装置控制和定速控制

(1)机车故障复位按钮SB61（SB62）、过分相按钮SB67（SB68）、定速控制按钮SB69（SB70）、警惕装置控制按钮SB96（SB97）均为自复式按钮，警惕装置控制开关SA101（SA102）为脚踏开关，紧急制动按钮SA103（SA104）为自锁按钮。

(2)当机车在正常运行中发生牵引变流器故障同时不能自行恢复时，故障信息在司机室信息显示单元中显示出来，司机可以根据提示，通过按故障复位按钮SB61（SB62）一次，将信号送到TCMS，TCMS再通过信息传递，通知牵引变流器实现故障的恢复。

(3)当机车需要实施紧急制动时，可以按下紧急制动按钮SA103（SA104）。首先分断主断路器，停止主变流器、辅助变流器的工作，同时机车进入紧急制动状态，实施列车紧急空气制动。

(4)在机车正常运行过程中，如快到分相区时，司机可以按"过分相"按钮SB67（SB68）一次，机车进入半自动过分相状态。首先，机车断开主断路器，辅助变流器、主变流器停止工作，机车通过高压电压互感器检测机车网压变化情况，当确认机车通过了分相区，接触网电压恢复至正常值并延迟一定时间后，自动闭合主断路器，起动辅助变流器、主变流器等，并使机车状态恢复到过分相区前的状态。

(5)当机车速度大于等于15 km/h，且机车未实施空气制动时，若按下"定速控制"按钮SB69（SB70），当时的机车运行速度被确定为"目标速度"，机车进入"定速控制"状态。

当机车实际速度大于"目标速度+2 km/h"时，TCMS控制机车进入电气制动工况。

当机车的实际速度降低到"目标速度+1 km/h"时，电气制动力降至0。

当机车实际速度小于"目标速度 − 2 km/h"时，TCMS 自动控制机车进入牵引工况。

当机车的实际速度升高到"目标速度 − 1 km/h"时，牵引力降至 0。

机车进入"定速控制"状态后，司机控制器调速手柄的级位变化超过 一级以上时，机车"定速控制"状态自动解除。

（6）当机车速度大于等于 30 km/h，且机车未实施紧急制动时，机车警惕装置进入监视状态。此时在每 1 min 内，司机应按警惕装置控制按钮 SB96（SB97）或踩警惕装置控制开关 SA101（SA102）一次，使警惕装置重新进入监视状态，若超过 1 min 未按，警惕装置便进入报警状态，蜂鸣器响，再延迟 10 s，如果司机仍未按警惕装置控制按钮 SB96（SB97）或踩警惕装置控制开关 SA101（SA102）一次，则警惕装置动作，发出紧急制动指令，使机车进入紧急制动状态。此装置的设立，是为了提醒司机集中精力开车，防止意外情况发生，确保行车安全。

3. 微机显示屏和故障显示灯

在Ⅰ、Ⅱ端司机室分别设置完全相同的机车微机显示屏 PD41、PD42，它们的信息来源是 TCMS。TCMS 将来自机车主变流器、辅助变流器、各个控制继电器、接触器、转换开关等的信息进行综合，通过微机显示屏 PD41、PD42 进行显示，方便司机了解机车各主要电器设备的工作情况，确保行车安全。

在Ⅰ、Ⅱ端司机室分别设置完全相同的机车故障显示灯，安装在两个多功能状态仪表组合模块中，用于机车故障的显示，分别为：微机正常、主断分、预备、零位、欠压、主变流器故障、牵引电动机故障、辅助变流器故障、压缩机故障、牵引风机故障、冷却风机故障、油泵故障、水泵故障、原边过流、次边过流、主接地、辅接地、电制动、制动系统故障、空转、控制接地、停车制动。其中，除微机正常、主变流器预备为绿色工作显示外，其他均为红色故障显示。

五、常见故障判断及处理

HX$_D$3 机车 BVAC.N99 型应急转换

1. 主断路器断不开的故障处理

1）故障判断

（1）半自动过分相按钮故障。

（2）微机系统故障。

2）故障处理

（1）主手柄回"0"位，使用半自动过分相按钮无效时，手动主断扳键开关 SB43（SB44）至"主断分"位。

（2）仍无效时，将管路柜上的升弓气路阀蓝色钥匙逆时针转动 90° 置于关闭位，实施紧急降弓。

2. 警惕装置故障

故障判断：

（1）操纵端按钮 SB96（SB97）和脚踏开关 SA101（SA102）均接触不良或任意一个卡死在闭合位。

（2）微机控制系统故障。

故障处理：

（1）停车后，自阀置紧急制动位 60 s 以上缓解紧急制动。

（2）检查确认为警惕装置相关设备故障时，拆下电器柜电表处的面板，将紧急制动控制继电器 KE21 拔出。

（3）重新升弓合主断，维持运行回段报修。途中报警装置会一直报警，但不会引起放风。

（4）严禁司机在正常情况下或未按规定操作而引起警惕装置动作时切除 KE21 继电器。

> 思考题

1. HX_D3 型电力机车通常蓄电池电压不应低于（　　）V。
2. 当 UA11 和 UA12 均正常时，由（　　）向 PSU 输入 DC 750 V 电源。
3. 当机车速度大于等于（　　）km/h，且机车未实施紧急制动时，机车警惕装置进入监视状态。

子任务二　逻辑与保护、主变流器及辅助变流器控制电路

> 任务目标

（1）掌握 HX_D3 型电力机车逻辑与保护控制电路。
（2）能描述 HX_D3 型电力机车主变流器控制电路。
（3）能描述 HX_D3 型电力机车辅助变流器的操作和故障转换。
（4）能对牵引风机、冷却塔风机常见故障判断处理。
（5）培养学生家国情怀，树立爱岗敬业，无私奉献的思想品德。

> 任务内容

一、逻辑控制和保护电路

逻辑控制和保护电路主要是将各自动开关的状态指令送入 TCMS 系统，用于机车的各种工作逻辑和保护逻辑控制，并通过 TCMS 系统与主变流器和辅助变流器通信，将控制指令信息送到主变流器和辅助变流器，达到整车联控的目的。HX_D3 型电力机车逻辑控制和保护电路如图 4.33 所示。

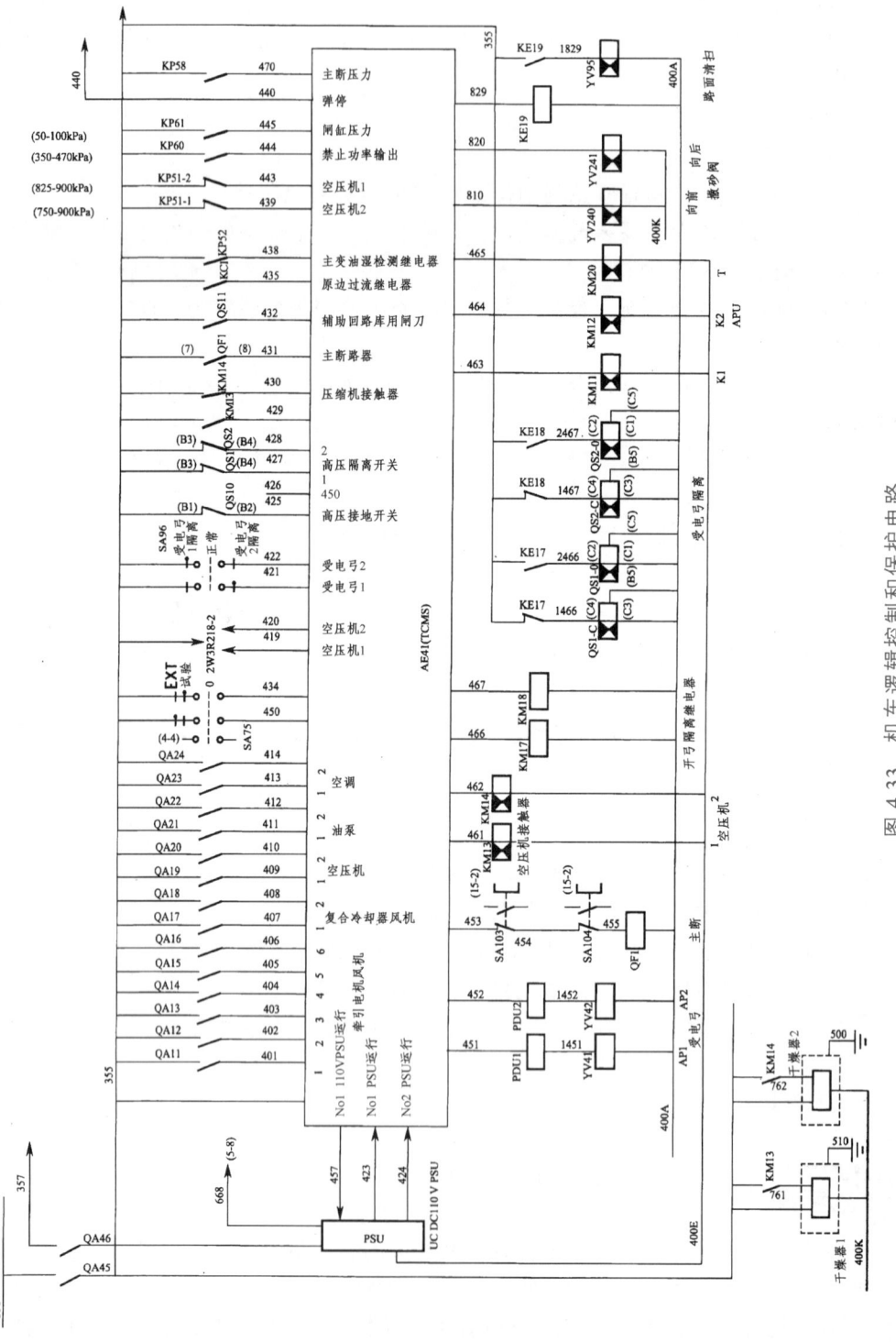

图 4.33 机车逻辑控制和保护电路

1. **各辅助电动机自动开关功能**

（1）牵引通风机自动开关 QA11~QA16。用于牵引通风机的故障保护和相应的逻辑控制。当牵引通风机过流造成自动开关断开后，主触点断开对应牵引通风机的供电电路，辅助触点将故障信号送到 TCMS，然后通过 TCMS 一方面送到司机故障显示灯，另一方面自动隔离对应牵引电动机的牵引变流器。

（2）冷却塔通风机自动开关 QA17~QA18。用于冷却塔通风机的故障保护和相应的逻辑控制，当冷却塔通风机过流造成自动开关断开后，主触点断开对应冷却塔通风机的供电电路，辅助触点将故障信号送到 TCMS，然后通过 TCMS 一方面送到司机故障显示灯，另一方面自动隔离相应的主变流器，使该转向架上的牵引电动机停止工作。

（3）空气压缩机自动开关 QA19~QA20。用于空气压缩机的故障保护，当空气压缩机自动开关断开后，断开对应空气压缩机的供电电路，并将故障信号通过 TCMS 送到司机故障显示灯，同时断开对应空气压缩机的控制接触器线圈支路，使该接触器不能得电闭合。

（4）油泵自动开关 QA21~QA22。用于主变压器油泵的故障保护和相应的逻辑控制，当油泵自动开关断开后，断开对应油泵供电电路，故障信号一方面送到司机故障显示灯，一方面自动隔离对应的主变流器和对应转向架上的牵引电动机，同时，使另一套主变流器和另一转向架上的牵引电动机降功率工作。

2. **受电弓故障隔离开关 QS1~QS2**

用于受电弓的故障隔离保护和相应的逻辑控制。

3. **空气压缩机接触器状态信号 KM15~KM16**

用于空气压缩机电磁接触器的工作确认，确保机车空气压缩机投入工作。

4. **主断路器状态 QF1**

用于主断路器的工作状态的确认，确保在主断路器闭合后，主变流器、辅助变流器才能投入工作。

5. **辅助变流器库内试验转换开关 QS11**

用于辅助变流器在库内试验时的转换。当该开关闭合后，其辅助触点送信号给 TCMS，使机车进入辅助回路库内试验环节。此时，机车主断路器不必闭合，辅助变流器 APU2 和辅助电动机便可以投入工作。

6. **原边过流继电器 KC1**

当机车发生原边过流故障时，原边过流继电器 KC1 动作，其联锁触点信号送入 TCMS，跳开主断路器，实施故障保护。原边电流的保护值为 800 A，对应次边电流为 10 A，此时 KC1 动作。

7. **主变压器温度继电器 KP52**

当机车主变压器发生温度过高故障时，主变压器温度继电器 KP52 动作，其联锁触点信号送入 TCMS，跳开主断路器，实施故障保护。

8. 总风缸压力继电器 KP51-1、KP51-2、KP60

以上 3 个继电器都是监测机车总风压力的。KP51-1、KP51-2 用于机车空气压缩机的起动控制；但它们的动作值不同，KP51-1 为 750 ~ 900 kPa，KP51-2 为 825 ~ 900 kPa。当总风缸压力小于 750 kPa 时，KP51-1、KP51-2 均闭合；当总风缸压力大于 900 kPa 时，KP51-1、KP51-2 都断开；但是当总风缸压力小于 825 kPa 时，继电器 KP51-1 断开，继电器 KP51-2 闭合；通过继电器的不同闭合方式，实现机车刚起动时，两组压缩机均工作，一旦风压建立起来，那么每当风压低于 825 kPa，机车 I 端操纵时，压缩机 1 工作，机车 II 端操纵时，压缩机 2 工作。

继电器 KP60 的动作值是当总风压力高于 470 kPa 时闭合，当总风压力低于 350 kPa 时断开，该继电器的联锁触点送入微机柜 TCMS，参与整车的牵引控制，当总风压力太低，低于 KP60 的保护值，牵引变流器将禁止功率输出，确保行车安全。

9. 停车制动压力继电器 KP59

用于机车的弹簧储能停车制动。当机车实施弹簧储能停车制动时，该压力继电器断开，指令信息输入 TCMS，控制机车禁止功率输出。反之，该压力继电器闭合，说明机车未投入弹簧储能停车制动。

10. 主断压力继电器 KP58

合主断前，首先需要确定总风缸压力在 480 kPa 以上，该继电器的联锁触点信号送入 TCMS 系统，控制主断路器的闭合。

11. 弓网自动保护装置 PDU1 ~ PDU2

弓网自动保护装置 PDU1 用于保护受电弓 AP1，PDU2 用于保护受电弓 AP2。当机车运行中突然出现弓网故障时，弓网自动保护装置会动作，首先发出"跳主断"信号 448 或 449 给 TCMS，使主断路器断开，同时切断机车受电弓气路和升弓阀气源，使受电弓快速降弓，从而避免了带负载降弓时弓网之间产生严重拉弧而损坏受电弓和接触网。

12. 制动缸压力继电器 KP61

继电器 KP61 用于监控机车制动缸的压力。当机车制动缸压力高于 100 kPa 时，继电器 KP61 闭合；当机车制动缸压力低于 50 kPa 时继电器 KP61 打开。该指令信号送入 TCMS，参与机车踏面清扫控制，即在机车制动缸压力高于 100 kPa 时，踏面清扫投入，当机车制动缸压力低于 50 kPa 时，踏面清扫解除。

13. 主变流器试验开关 SA75

当机车主断路器不具备闭合条件时，可以使用该开关通过 TCMS 对机车主变流器的控制单元进行检测，并在微机显示屏上进行显示。

14. 原边电流监测

为了实现机车原边电流监测，原边电流互感器电流信号 TA2 也送到 TCMS，通过微机显示屏来显示机车原边电流。

15. 撒砂控制

机车设有两个撒砂电空阀,分别为前侧 YV240、后侧 YV241。

撒砂电空阀的控制可以通过三条途径来实现:一是司机室脚踏撒砂阀 SA83,当司机认为机车需要撒砂时,可以通过脚踏撒砂开关进行人为撒砂;二是当机车运行时,如果发生空转、滑行等情况时,机车的六台牵引电动机转速会不同,机车主变流器的控制单元就会将撒砂信息送到机车微机控制系统(TCMS),由 TCMS 给出信号实现撒砂;三是当机车实施紧急制动时,由 CCB-Ⅱ制动机发出撒砂指令,实现机车撒砂。

二、主变流器控制电路

机车两套主变流器装置 UM1、UM2 的控制电路基本一致。不同的是,Ⅰ端主变流器装置 UM1 的装置识别设定为 110 V,Ⅱ端主变流器装置 UM2 的装置识别设定为 0 V,下面以Ⅰ端主变流器装置 UM1 的控制进行说明。主变流器 UM1 控制电路如图 4.34 所示。

(1)主变流器装置的控制主要是按照司机控制器给定指令,由 TCMS 通过通讯线传递给主变流器控制单元,按照机车牵引/制动特性曲线,完成对牵引电动机的控制。

(2)主变流器发生接地、次边过流、牵引电动机过流等故障时,故障信号送 TCMS,进行故障显示和记录,并在司机显示屏中给出提示,指导司机进行有关故障隔离等操作。主变流器的故障可以通过按动"故障复位"按钮进行恢复。

(3)主变流器允许投入前必须具备的信号有:牵引风机风速继电器 KP41、KP42、KP43,冷却塔通风机风速继电器 KP47 和主变压器油流继电器 KP49 信号。当这些风速或流速继电器均正常闭合时,说明主变流器工作的外围条件具备,可以投入运行。

(4)对主变流器的控制还设置了牵引变流器隔离开关。该开关置于微机显示屏内,是触摸开关。正常情况下,这些开关均闭合。当由于某种原因,如牵引电动机发生故障、主变流器支路发生接地等,需要对某个牵引变流器支路或牵引电动机进行隔离时,可以通过微机显示屏进行隔离相应变流器,使之停止工作。这些开关还可以用于牵引电动机转向试验和机车旋轮等。

(5)主变流器控制用信号还有牵引电动机速度传感器 BV41、BV42、BV43 的信号。每个速度传感器同时送出两个速度信号至主变流器控制装置,用以实现主变流器对牵引电动机的矢量控制,有效地实施机车的防空转、防滑行保护,并对机车的轴重转移进行补偿。

(6)库内动车信号通过库用开关 QS3 或 QS4 送到主变流器控制单元,用于在库内动车时主变流器按照特定的控制程序工作。

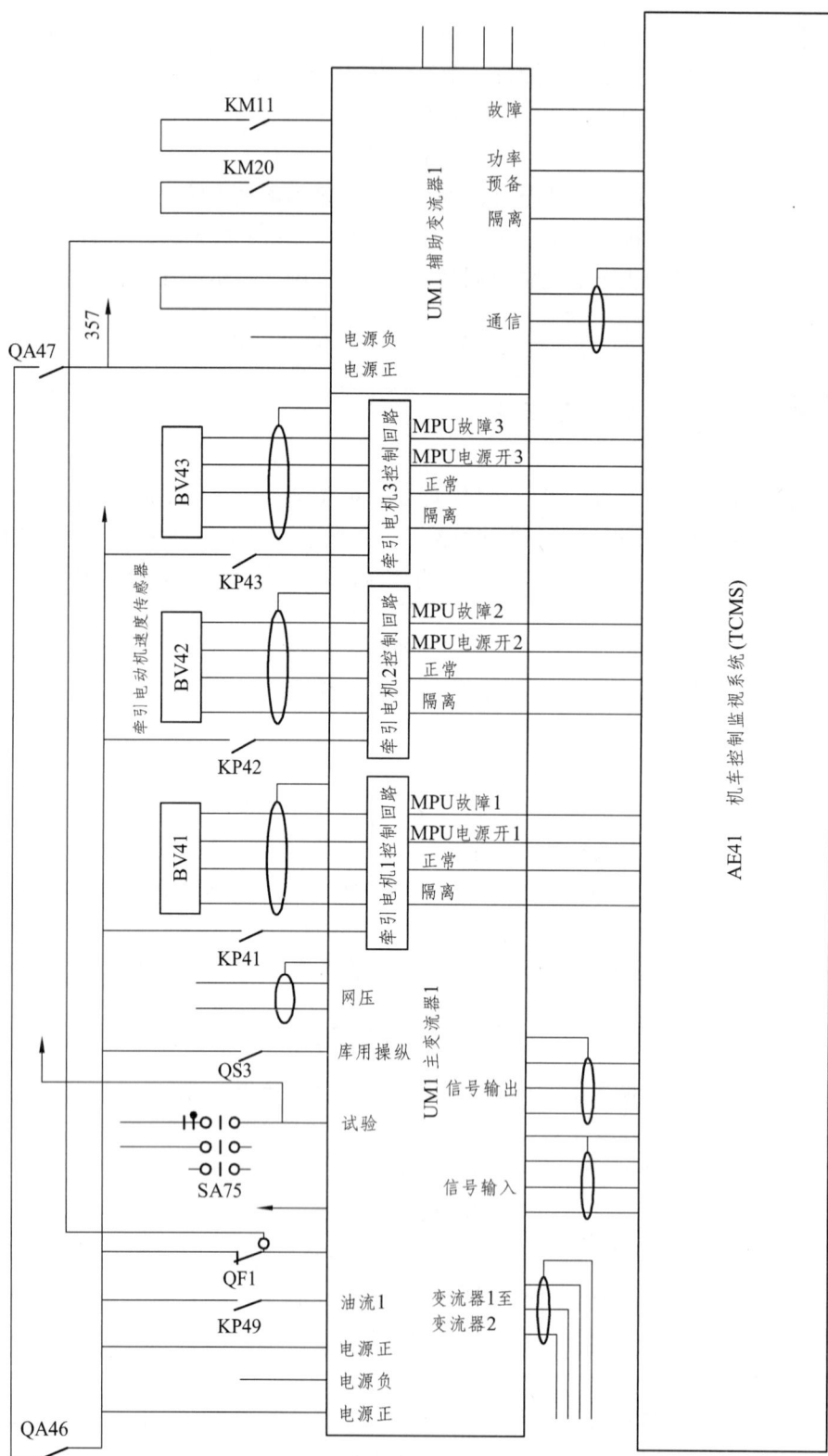

图 4.34 变流器控制电路 1

（7）主变流器装置试验开关 SA75，用于在低压试验或机车出厂前时对主变流器的控制单元进行试验检查，确认其是否工作正常。

（8）为满足主变流器工作需要，在主变流器的控制单元内引入高压电压互感器 TV1 同步信号。

（9）主变流器控制单元与 TCMS 的接口信号除具有两套通信线外，还设有主变流器隔离、工作、功率预备和故障等信号。

三、辅助变流器的控制电路

两套辅助变流器装置 UA11、UA12 的控制电路基本一致。不同的是，正常情况下，Ⅰ端辅助变流器装置 UA11 设定为 VVVF 工作方式，当主断路器闭合、换向手柄离开零位后，UA11 开始工作；Ⅱ端辅助变流器装置 UA12 设定为 CVCF 工作方式，只要主断路器闭合，UA12 就开始投入工作。下面以Ⅱ端辅助变流器装置 UA12 的控制进行说明。

（1）主断路器闭合后，由 TCMS 发出命令，闭合辅助变流器 UA12 输出电磁接触器 KM12，并将信息传递给辅助变流器控制单元，由辅助变流器控制单元发出指令，控制辅助变流器 UA12 起动。

（2）当某一辅助变流器发生故障，故障的辅助变流器及时发信息给 TCMS，通过 TCMS 的控制，自动完成输出电磁接触器的动作转换：若辅助变流器 UA11 发生故障，则电磁接触器 KM11 断开，电磁接触器 KM20 闭合；若辅助变流器 UA12 发生故障，则电磁接触器 KM12 断开，电磁接触器 KM20 闭合。故障的辅助变流器将信息传递给另一组辅助变流器，使其工作在 CVCF 方式。同时，故障的辅助变流器被隔离，此时所有辅助电动机全部由另一套辅助变流器供电，不受其他指令的控制，牵引电动机通风机和冷却塔通风机将正常满功率工作。

（3）为了便于辅助变流器的隔离，在微机显示屏内设置有辅助变流器开放隔离开关，通过触摸开关进行隔离。正常情况下，这些开关均闭合。当由于某种原因，需要进行隔离操作时，可以通过微机显示屏进行相应辅助变流器的隔离。

（4）为了确保辅助变流器正常工作，将电磁接触器 KM11、KM12、KM20 的信号引入辅助变流器控制单元。

（5）辅助变流器控制单元与 TCMS 的接口信号除一套通信线外，还设有辅助变流器隔离、功率预备和故障等信号。

四、常见故障判断及处理

1. 牵引风机故障

1）故障判断

（1）牵引风机自动开关（QA11～QA16）未闭合或跳开。

(2)牵引风速继电器（KP41~KP46）故障。

(3)牵引风机电机或牵引风机故障。

2)故障处理

(1)主手柄和换向手柄回"0"位，断开主断。

(2)在电器控制柜上，合上跳开的自动开关后重合主断，并将换向手柄置于前进位，此时若自动开关不再跳开，为瞬间误动作，可不做处理继续运行。

(3)若故障无法恢复，TCMS会自动将相对应的一组CI切除，也可在微机屏上手触切除，即主变流器6组中有一组不工作，机车保持5/6的牵引力，可维持运行。

2. 冷却塔风机故障的处理

当一组冷却塔风机故障时，在牵引/制动画面的故障信息中显示复合冷却风机1或复合冷却风机2故障，并伴随蜂鸣器的响声。可断合几次相应的空气自动开关，如确实故障，只在TCMS显示器上报故障，机车仍能继续工作。

注意：虽然能正常工作，但变压器油温会逐渐升高，最终会因为油温高而停止动力输出。司机可根据牵引吨位、行走路程以及油温升高的情况采取相应的措施。

思考题

1. HX_D3 型电力机车设置高压接地开关 QS10 的作用是（　　）。
2. 简述 HX_D3 型电力机车逻辑与保护电路的主要作用。

子任务三　其他控制电路

任务目标

(1)掌握 HX_D3 型电力机车制动系统的控制电路。

(2)能描述 TCMS 与行车安全综合信息系统及机车重联等的接口。

(3)了解机车全自动过分相控制系统、弹簧停车控制电路、照明控制电路等。

(4)能对机车发生惩罚制动的故障进行判断处理。

(5)提高学生的观察能力、逻辑分析能力和解决实际问题的能力。

一、TCMS 与行车安全综合信息系统、机车重联等的接口

TCMS 与行车安全综合信息系统的接口有五个输出信号和一个输入信号。五个输出信号是：机车调速手柄处于零位963、司机控制器处于Ⅰ端向前位（或Ⅱ端向后位）964、司机控制器处于Ⅱ端向前位（或Ⅰ端向后位）965、司机控制器处于牵

引位966和司机控制器处于制动位信号967；一个输入信号是机车卸载信号962，当机车行车安全综合信息系统需要机车卸载时，该信号送出110 V至TCMS，由TCMS送出相关控制命令至主变流器控制单元，停止主变流器的工作，执行卸载动作。

在机车的每一端，分别设置了两个重联控制插座和一个虚拟插座。机车采用以太网，以网络重联的形式，实现本务机车TCMS与重联机车TCMS之间的信息传递，可实现二~四台机车的重联控制。另外，在重联控制插座中，还设有机车重联电话信号，实现机车电话重联。

原边电流互感器TA2的信号送至TCMS，通过TCMS与微机显示屏之间的信息传递，实现机车原边电流显示。

机车速度传感器BV47、BV48的信号送至TCMS，通过TCMS与微机显示屏之间的信息传递，实现机车速度的显示。

二、机车制动系统的控制电路

制动系统的控制电路如图4.35所示。机车制动系统采用克诺尔CCB-Ⅱ型制动机。该制动系统是基于网络控制的电空制动系统。CCB-Ⅱ型制动机与微机显示屏一起完成制动系统的诊断、自检、校准、故障记录等功能。CCB-Ⅱ型制动机主要由制动显示屏LCDM、电子制动阀EBV、集成处理模块IPM、继电器接口模块RIM和电空控制单元EPCU等组成，其中集成处理模块IPM、电子制动阀EBV及电空控制单元EPCU之间采用LonWorks网络技术实现信息传递，集成处理模块IPM与制动显示屏LCDM之间采用422总线方式进行信息传递。机车微机控制系统TCMS与CCB-Ⅱ型制动机之间，采用开关量方式，实现信息传递。自动开关QA55是制动系统110 V电源的总保护开关。

1. CCB-Ⅱ制动机送入TCMS的信号

801动力切除信号，即CCB-Ⅱ制动机要求TCMS控制牵引变流器禁止功率输出；803撒砂指令信号，即CCB-Ⅱ制动机实施紧急制动时，要求TCMS根据机车运行方向进行撒砂控制；805 CCB-Ⅱ制动机故障信号，要求TCMS进行制动故障显示；811WSP故障信号，即空气防滑行保护系统出现故障，送入TCMS进行故障显示和记录；812 WSP Active信号，表示空气防滑行保护系统动作，并通知TCMS进行状态记录；1804紧急制动信号，即CCB-Ⅱ制动机实施紧急制动时送出的指令信号，通知TCMS控制牵引变流器禁止功率输出；821弹停切除指令信号，送入TCMS进行状态记录和显示；822撒砂功能切除指令信号，送入TCMS进行状态记录和显示；823踏面清扫功能切除指令信号，送入TCMS进行状态记录和显示；824升弓气路被切断的指令信号，送入TCMS进行状态记录和显示；825制动缸压力被切除的指令信号，送入TCMS进行状态记录和显示。

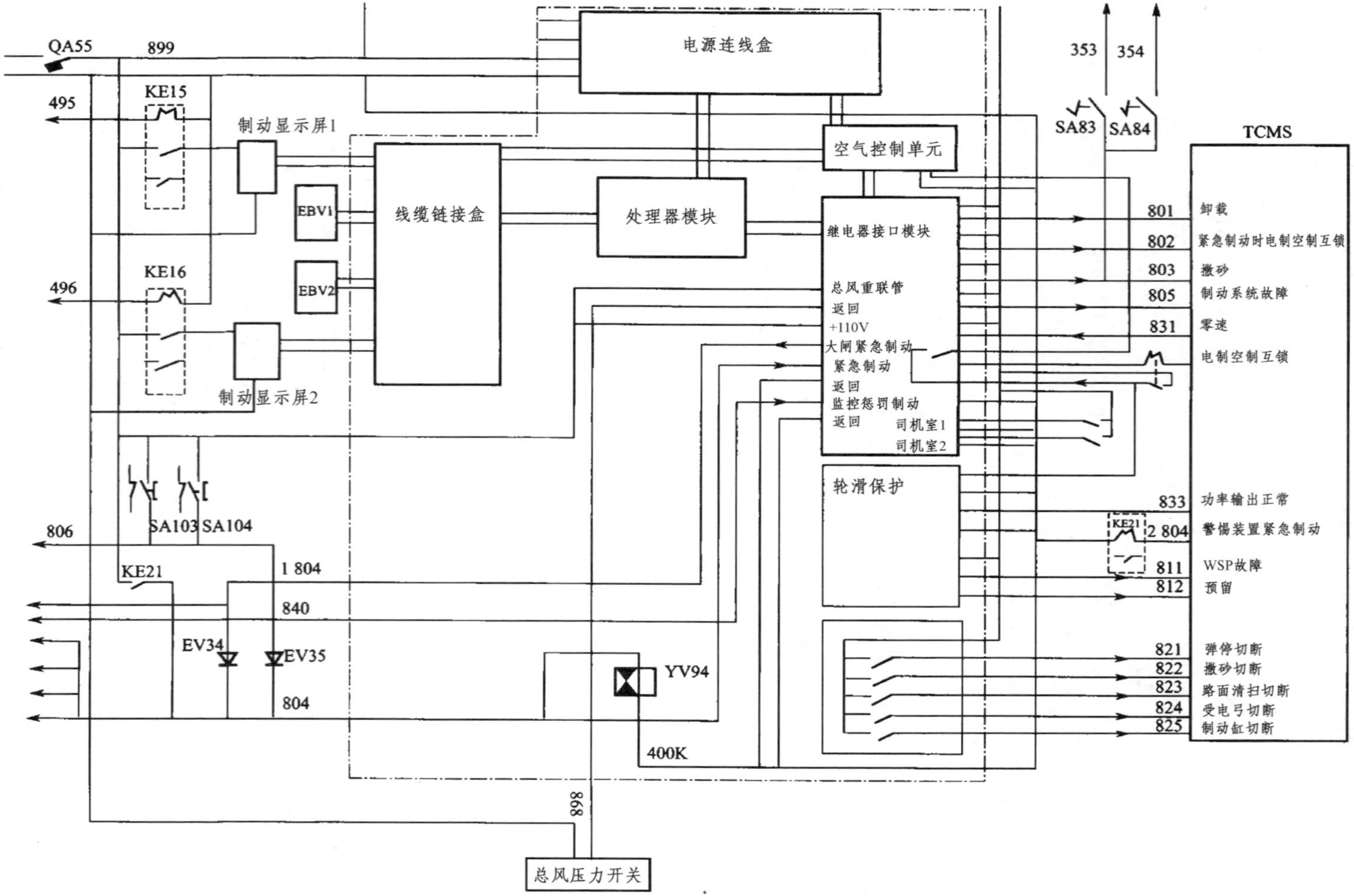

图 4.35 制动系统控制电路

2. TCMS 送入 CCB-Ⅱ 的信号

831 机车零速信号，通知 CCB-Ⅱ 制动机目前机车是在静态还是动态，只有在动态下 CCB-Ⅱ 制动机才会发出撒砂指令；833 机车牵引指令，送入 WSP 防滑行保护系统；2804 紧急制动信号，是由警惕装置动作而发的紧急制动信号；495 和 496 是微机 TCMS 根据司机钥匙开关指令，送给 LCDM 显示屏的电源指令信息，该指令通过中间继电器 KE15、KE16 转换，提供给对应 LCDM 显示屏电源，并向 RIM 继电器接口模块提供哪端司机室显示屏被激活的信息；832 动力制动互锁信号，该指令信息用来实现机车空气制动与动力制动之间的空电互锁。

以上信号都是 CCB-Ⅱ 制动机与 TCMS 之间的信息传递指令，用来实现整车微机控制系统与空气制动系统之间的逻辑控制，并通过微机显示屏进行制动系统的状态显示和信息记录。

制动系统还设置 WSP 防滑行保护系统，防止机车进行空气制动时，出现滑行或车轮抱死的情况。为此机车专门设置了 6 个车轴速度传感器 BV51~BV56，向 WSP 防滑行保护系统提供车轴速度信息，并通过 WSP 发出的指令信息，控制与制动缸连通的双向阀 YV101H~YV106H、YV101V~YV106V，实现机车制动缸的减压、保压或维持正常。控制电路如图 4.36 所示。

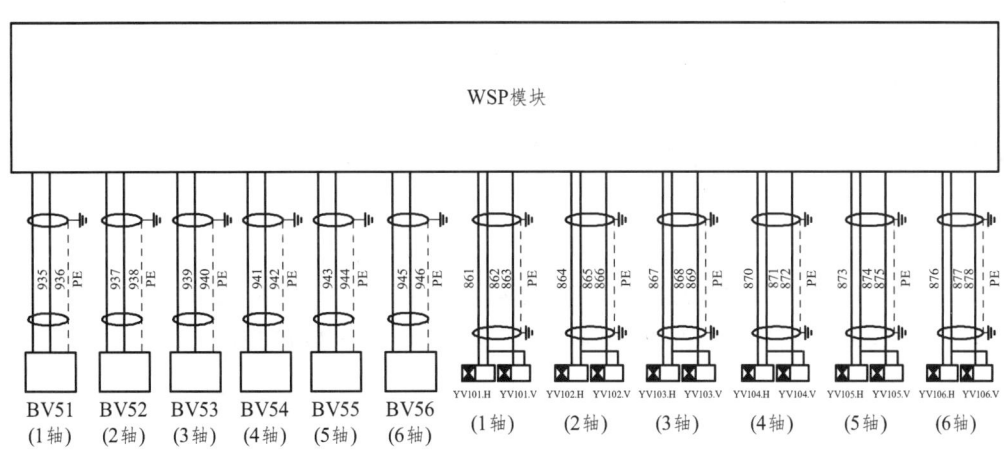

图 4.36 机车防滑控制电路

三、弹簧停车控制电路

弹簧停车控制电路如图 4.37 所示。当机车实施弹簧储能停车制动时，KP59 压力继电器断开，指令信息输入 TCMS，控制机车禁止功率输出。反之该压力继电器闭合，说明机车未投入弹簧储能停车制动。操纵台上的弹停转换开关 SA99（SA100），设有"弹停缓解"和"弹停制动"挡位，可以实现机车弹停制动或弹停缓解。

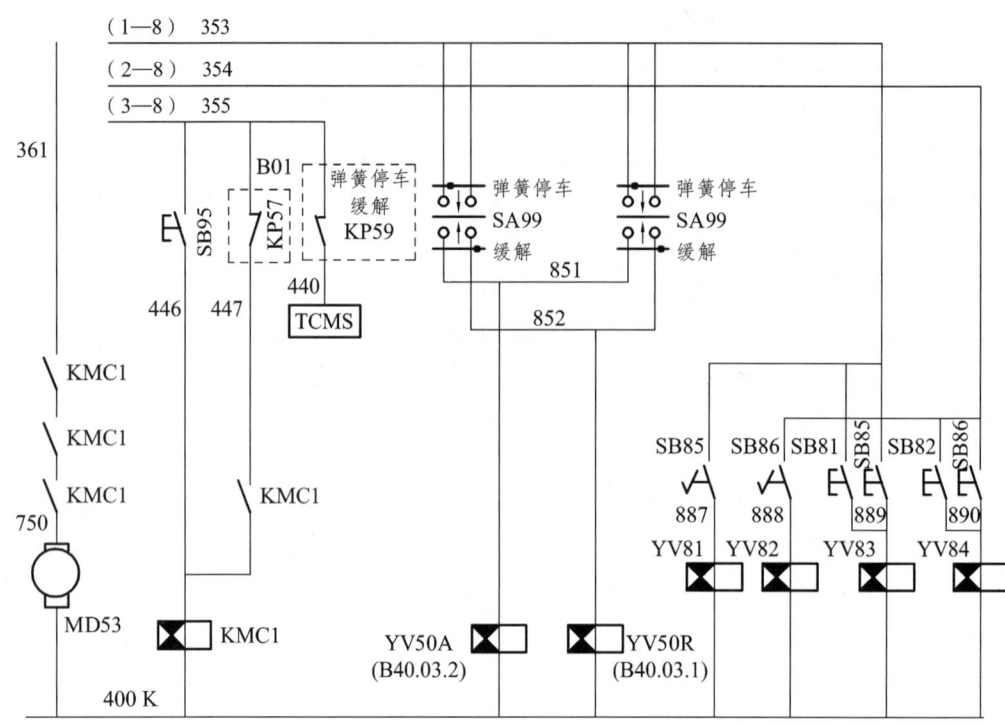

图 4.37　辅助设备控制——弹簧停车控制电路

四、各种照明的控制电路

机车照明电路如图 4.38 所示。

（1）Ⅰ端司机室灯控制开关 SB47 实现Ⅰ端司机室灯 EL41、EL43 的控制；Ⅱ端司机室灯控制开关 SB48 实现Ⅱ端司机室灯 EL42、EL44 的控制。司机室灯控制开关有"强""弱""0" 3 个位置。

（2）走廊灯控制开关 SB49、SB50 实现走廊灯 EL45、EL46、EL47、EL48、EL49、EL50、EL51、EL52 的控制。

（3）Ⅰ端司机室记点灯 EL53 通过自带控制开关实现控制，Ⅱ端司机室记点灯 EL54 通过自带控制开关实现控制。

（4）Ⅰ、Ⅱ端司机室标志灯控制开关 SB51、SB52 实现Ⅰ端标志灯 EL55、EL57 及Ⅱ端标志灯 EL56、EL58 的控制。标志灯控制开关有全开、前开、0、后开、全开 5 个位置。

（5）Ⅰ、Ⅱ端司机室副前照灯控制开关 SB53、SB54 实现Ⅰ端副前照灯 EL59、EL61 及Ⅱ端副前照灯 EL60、EL62 的控制。副前照灯控制开关有全开、前开、0、后开、全开 5 个位置。

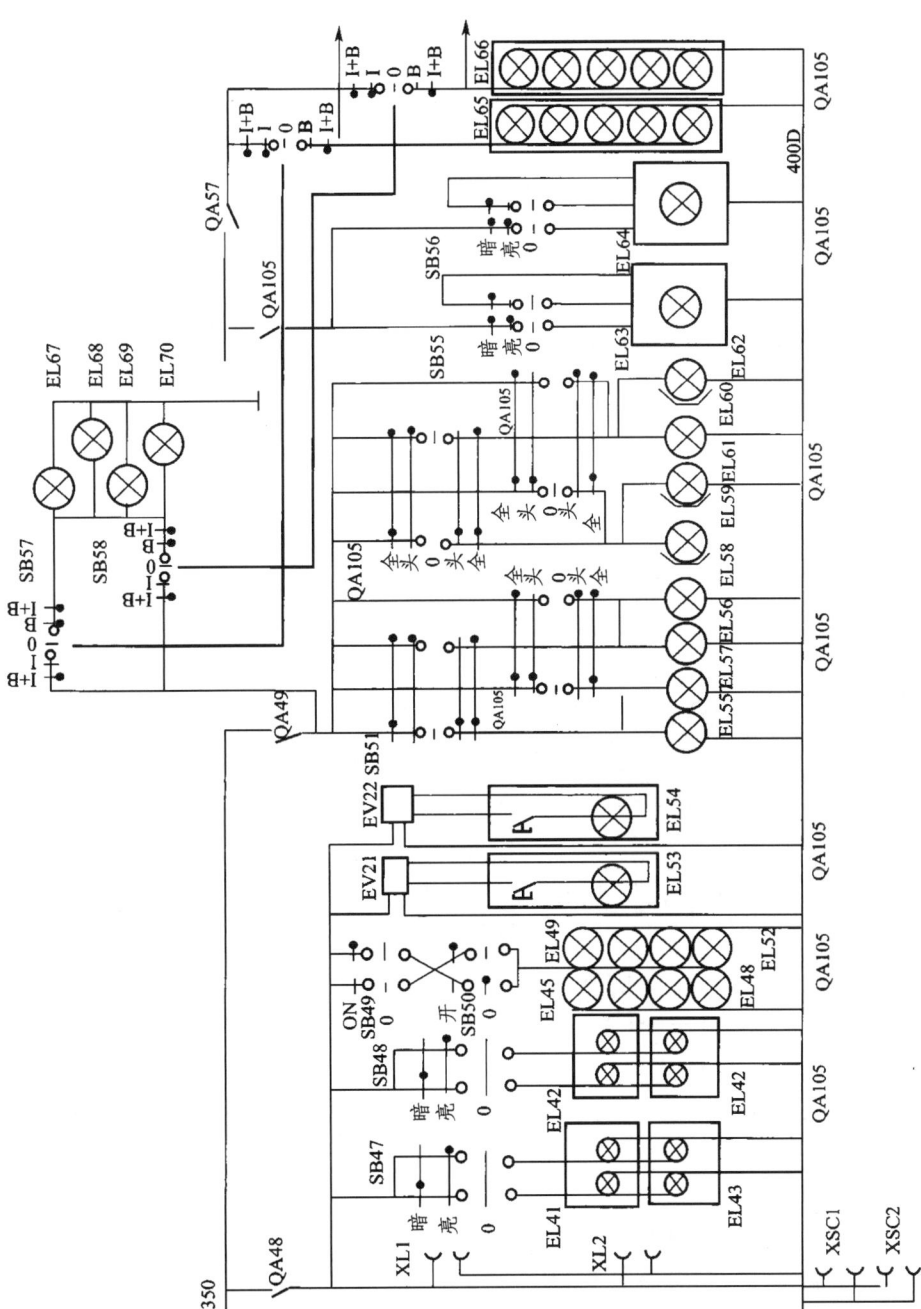

图 4.38 辅助设备控制——机车照明电路

（6）Ⅰ端司机室前照灯控制开关SB55实现Ⅰ端前照灯EL63的控制；Ⅱ端司机室前照灯控制开关SB56实现Ⅱ端前照灯EL64的控制。前照灯控制开关有"强""弱""0"3个位置。

（7）Ⅰ端司机室仪表灯控制开关SB57通过转至不同挡位，可实现Ⅰ端仪表灯EL65、车底灯EL67~EL70及Ⅰ端仪表灯EL65和车底灯EL67~EL70的同步控制；Ⅱ端司机室的仪表灯控制开关SB58通过转至不同挡位，可实现Ⅱ端仪表灯EL66、车底灯EL67~EL70及Ⅱ端仪表灯EL66和车底灯EL67~EL70的同步控制。

五、其他设备的控制电路

HX_D3型电力机车刮雨器及风扇等电路如图4.39所示。

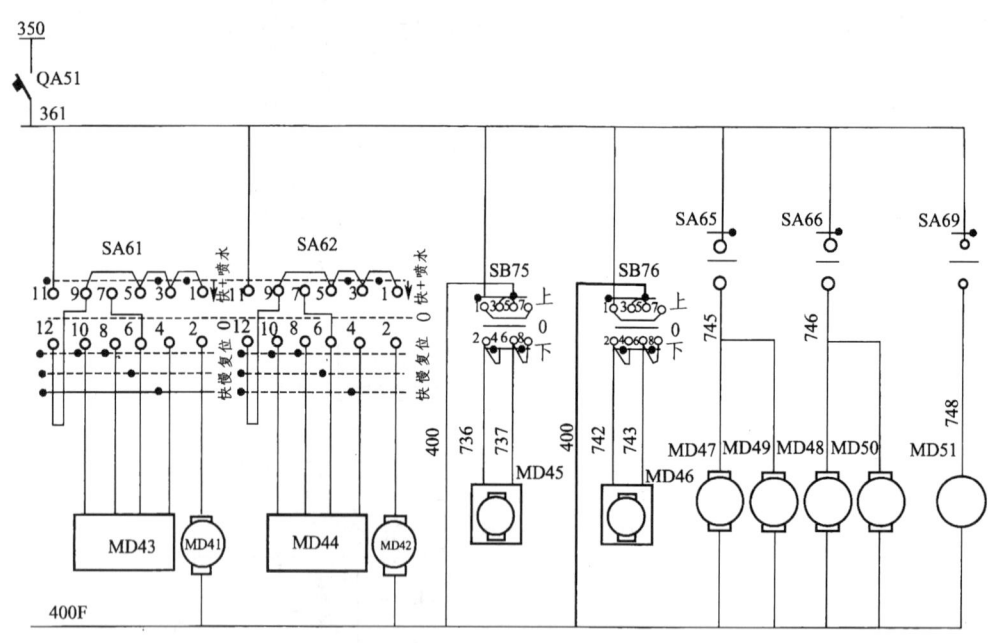

图4.39 刮雨器、风扇等电路

（1）Ⅰ端司机室刮雨器开关SA61，实现对Ⅰ端司机室刮雨器MD43工作状态转换控制和Ⅰ端司机室刮雨器水泵MD41喷水洗涤控制；Ⅱ端司机室刮雨器控制开关SA62，实现Ⅱ端司机室刮雨器MD44工作状态转换控制和Ⅱ端司机室刮雨器水泵MD42喷水洗涤控制。

（2）Ⅰ端司机室遮阳帘开关SB75，实现对Ⅰ端司机室遮阳帘MD45的控制；Ⅱ端司机室遮阳帘控制开关SB76，实现Ⅱ端司机室遮阳帘MD46的控制。

（3）Ⅰ端司机室电风扇开关 SA65，实现Ⅰ端司机室电风扇 MD47、MD49 的开关转换控制；Ⅱ端司机室电风扇开关 SA66，实现Ⅱ端司机室电风扇 MD48、MD50 的开关转换控制。

（4）Ⅰ端司机室电冰箱控制开关 SA69，实现Ⅰ端司机室电冰箱 MD51 的控制；Ⅱ端司机室电冰箱控制开关 SA70，实现Ⅱ端司机室电冰箱 MD52 的控制。

（5）控制电器柜内的辅助压缩机开关 SB95，可对辅助压缩机 MD53 的运行进行控制。

六、全自动过分相控制系统

HX$_D$3 型机车全自动过分相控制系统

HX$_D$3 型机车装有全自动过分相检测装置，如图 4.40 所示。该装置 EV33 设有四个信号感应接收装置 T1、T2、T3 和 T4，用于进行分相区前后的信号检测。EV33 与微机 TCMS 之间有以下开关量的传递：信号 497 表示 EV33 状态正常；信号 498 表示机车通过分相区前的预告信号或者是通过分相区后的恢复信号；信号 499 表示机车通过分相区前的强迫信号；信号 491 是 TCMS 送给 EV33 的机车Ⅰ端向前运行指令；信号 492 是 TCMS 送给 EV33 的机车Ⅱ端向前运行指令。

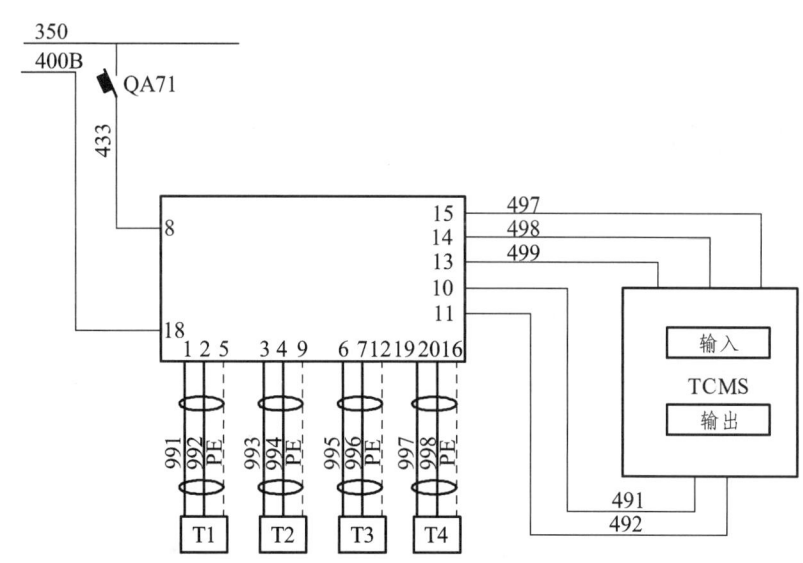

图 4.40 全自动过分相检测装置电路

当机车运行的线路区段在分相区前后装有地面感应器时，机车全自动过分相检测装置将起作用。该装置通过向微机控制系统提供过分相区的信息：预告信号或者恢复信号 498、强迫信号 499，保证机车每次通过分相区时，司机不需要做任何操纵，机车微机控制系统即可自动跳主断，待通过分相区后，又能自动合主断，并保证机车恢复至通过分相区前的运行状态。

七、机车发生惩罚制动的故障处理

1. 故障判断

（1）A、B端识别错误。

（2）制动系统管路发生泄漏。

（3）监控装置发出常用、紧急制动指令。

（4）机车控制系统相关断路器跳开。

（5）操纵端自阀失效。

2. 故障处理

（1）确认制动显示屏右下方机车号的A、B端是否与TCMS的Ⅰ、Ⅱ端对应，若不对应则进行修改。

（2）由于制动系统泄漏引起的惩罚制动应设法消除泄漏源。

（3）监控装置常用放风引起的惩罚制动，应将自阀制动手柄置于"抑制位"1 s以上并缓解监控装置常用制动。

（4）显示屏黑屏并伴有惩罚制动时，应检查电器柜上电空制动自动开关QA55、司机控制1、2自动开关QA43（44）、机车控制自动开关QA45状态，并断合几次，仍无效，可开关电钥匙几次，看能否激活显示屏。

（5）操纵端处理无效，确认"IPM"上"CPU OK"指示灯绿色显示时，换端操纵维持进站。

故障现象与故障原因是多种多样的，以上只是一般性的介绍，只有全面了解机车，并在实际运用中积累经验，不断总结和提高，才能做到有的放矢，手到"病"除。

思考题

1. 在 HX_D3 型电力机车的每一端，分别设置了（　　）个机车重联控制插座和（　　）个虚拟插座。

2. HX_D3 型电力机车制动系统是基于（　　）控制的电空制动系统。

3. 简述 HX_D3 型电力机车发生惩罚制动的故障判断处理。

任务六　HX_D3 型电力机车操纵

任务提出

机车操纵是机车乘务和检修人员必备的专业技能。HX_D3 型电力机车是大功率交流传动机车，用于牵引货物列车。货物列车是铁路运输的重要组成部分，在我国运输行业占主导地位。为了完成运输生产任务，支援社会主义经济建设，必须掌握好货运列车的操纵。

> 任务目标

（1）能描述 HX_D3 型电力机车的操纵步骤。
（2）通过机车操纵，进一步掌握 HX_D3 型电力机车的电气线路。
（3）提高逻辑分析能力和观察总结能力。

> 任务内容

一、机车起动前的注意事项

机车起动前需先确认以下几项：
（1）停放制动指示器应为缓解状态。停放制动作用时，操纵台的故障显示屏显示"停车制动"，解除操纵台的中央操作面板上的停放制动操作开关。（此开关可自动复位）
（2）总风缸压力应在 470 kPa 以上。
（3）空气制动处于缓解状态。
（4）网压表显示数值为 25 kV 左右，控制电压为 110 V。
（5）确认辅助电源装置工作正常，无故障。
（6）确认机车空气制动系统作用良好。

二、HX_D3 型电力机车的操纵

1. 机车起动前的准备

将控制电器柜里的控制电路接地自动开关（QA59）、蓄电池输出自动开关（QA61）闭合，此时，电器控制柜和操纵台的控制电压表显示应大于 98 V。再将其他与机车运行相关的自动开关闭合。

注意：正常情况下，低温预热开关 QA56 不允许闭合，否则会造成蓄电池亏电。只限在环境温度太低，机车各系统出现故障无法保证机车正常启机的情况下，才闭合自动开关 QA56 及交流加热自动开关 QA72，同时将低温加热开关 SA71 打到低温加热位，此时机车首先使用蓄电池对机车 110 V 电源装置、LC 滤波装置、TCMS 与 APU 加热，当机车可以正常升弓合主断后，机车就转由交流 110 V 电源对整车进行低温加热。

将司机钥匙插入操纵台电源扳键开关 SA49（或 SA50），旋转至启动位置，设定机车的操控端操纵台。此时，操纵台故障显示屏上"微机正常""主断路器断开""零位""欠压""主变流器""辅变流器""水泵""油泵""牵引风机""冷却风机"等显示灯亮，如图 4.41 所示。

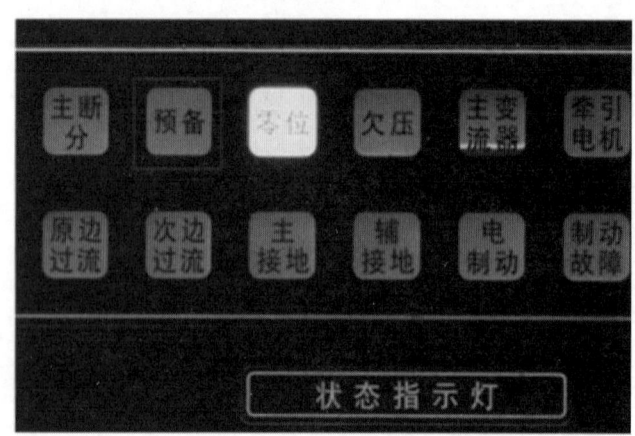

图 4.41 机车操纵台指示灯显示

TCMS 经过初始化，进入牵引/N 动画面，显示"原边电压"、"原边电流"、"控制电压"、"机车各轴牵引力"、"主断分/合"等机车状态信息，故障显示区可以显示主变压器、主辅变流器、各辅助电机的故障信息，如果故障解除，故障信息画面将消失。触摸 TCMS 显示屏按钮，可切换为其他状态画面。例如，主变流器/牵引电动机画面、开关状态画面、通风机状态画面、辅助电源画面、故障记录画面等，能够调查机车的各个电力设备的相关详细信息。

机车操纵端一经设定，即使另一端的电钥匙状态为"ON"，其操作也会被判定为无效，无法进行操纵。同时，一台机车只配备一把钥匙，以防止Ⅰ端和Ⅱ端的钥匙开关同时处在"ON"状态。

2. 升弓、合主断以及各辅助电动机的启动

升弓前，首先需确定总风缸压力在 480 kPa 以上。若不满足，到空气管路柜前查看辅助风缸压力表。若显示的风缸压力值低于 480 kPa，则按下控制电气柜里的辅助压缩机启动按钮，辅助空气压缩机启动，待辅助风缸的气压上升到 735 kPa 时，辅助空气压缩机自动停止。为防止损坏辅助压缩机，辅助压缩机打风时间不得过长，若超过 10 min 需要人为断开自动开关 QA51 和 QA45，来切断辅助压缩机回路，间隔 30 min 再投入使用。

当机车需要升后弓时，将受电弓手柄开关 SB41（或 SB42）置于"后位"后，位于前进方向后面的受电弓升起。弓网接触后，两端操纵台上的网压表显示网压（1 次）的同时，在 TCMS 显示屏上也显示了网压（1 次）和受电弓升起。

将操纵台上的主断路器开关 SB43（或 SB44）置于"闭合"位置，主断路器接通，此时操纵台上故障显示灯中的"主断开"显示灯灭。微机监控器的"主断合"灯亮。主断路器闭合后，辅助电源装置 APU2 开始运行，油泵、水泵、辅助电源装置用通风机等分别开始工作。

将主空气压缩机扳键开关 SB45（或 SB46）置于"压缩机"位。当总风缸压力低于 750 kPa 时，两个空气压缩机依次启动，当总风缸压力升至（900 ± 20）kPa 时，

空气压缩机自动停止工作。当风压降至 825 kPa 时，只有靠近操纵端的空气压缩机工作。将主空气压缩机扳键开关 SB45（或 SB46）置于"强泵"位，空气压缩机 1、2 启动。此时，不受总风缸压力继电器控制，待总风缸压力上升至（950±20）kPa 时，高压安全阀运作，持续排风。

将主控制器换向手柄由"0"位转换为前进或后退，此时辅助电源装置 APU1 开始工作，牵引电动机用通风机、复合冷却器用通风机均采用软启动方式投入工作。

3. 机车的起动操作

（1）主控制器换向手柄的操作。

主控制器换向手柄的操作如图 4.42 所示。将主控制器的换向手柄打至"向前"或"向后"位，辅助电源装置 APU1 工作，牵引电动机用通风机及复合冷却器用通风机均采用软启动方式开始工作。同时，主变流器的充电接触器、工作接触器相继转为"闭合"状态，当主变流器中间回路电压高于 36 V 时，主变流器"预备"指示灯亮，当调速手柄离开零位，主变流器"预备"指示灯灭。

图 4.42　机车的调速手柄与换向手柄

（2）主控制器调速手柄的操作。

将调速手柄由"0"位进到牵引位，主操纵台故障显示屏上"零位"显示灯灭，机车进入牵引状态。

注意：调速手柄可在 1~13 级位范围内任意选择，级位已设定成可连续控制。司机将调速手柄逐渐移至所需级位，机车遵循该级位的特性曲线，实现在准恒力范围内的运行。

4. 机车的准恒速运行

根据调速手柄的级位设定目标速度，机车将按准恒速特性来运行。机车的速度从速度范围的最低值缓慢加速行驶，当机车速度接近设定的目标速度范围时，牵引电动机的牵引力自动减小。当机车速度达到目标速度时，牵引电动机的牵引力为零。当线路条件发生变化时，机车的速度会有少量变化，若超过线路允许速度，为维持目标速度，开始再次牵引。如果机车进入下坡线路时，机车的速度就会上升，需将调速手柄回复"0"位，通过电气制动或者空气制动，调整列车速度。

5. 电气制动操作

速度调节手柄从"0"位置推到制动位置，电气制动开始作用。当机车处于定速控制，机车速度比目标速度低时，电气制动不起作用。当机车处于定速控制，机车速度比目标速度高时，电气制动起作用，以维持目标速度。

6. 定速控制操作方法

当机车速度大于或等于15 km/h，且机车未实施空气制动时，按下"定速"按钮[SB69（或SB70）]，如图4.43所示。当时的机车运行速度被认定为"目标速度"，机车进入"定速控制"状态。

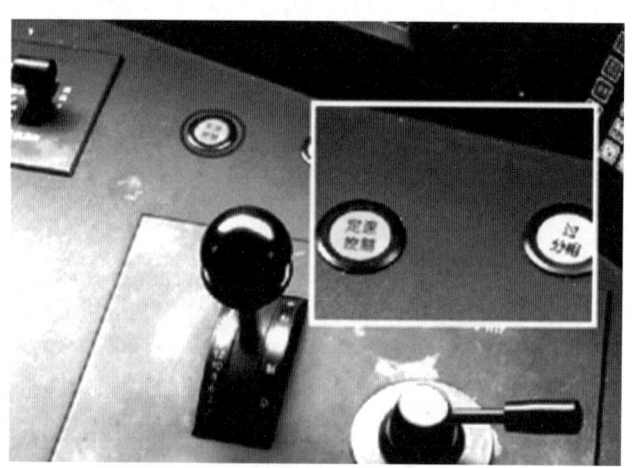

图4.43　机车操纵台上的定速与过分相按钮

当机车的实际速度高于"目标速度+2 km/h"时，微机控制系统（TCMS）发出指令，机车进入电制动状态，电制动力遵循机车速度-制动力特性（即机车电制动特性曲线）变化增大。当机车的实际速度降至"目标速度+1 km/h"时，电制动力为零。

当机车的实际速度低于"目标速度-2 km/h"时，TCMS自动控制机车进入牵引状态，牵引力遵循机车速度-牵引力特性（即机车牵引特性曲线）关系增大。当机车的实际速度加大到"目标速度-1 km/h"时，牵引力为零。

机车进入"定速控制"状态，若司机控制器调速手柄级位变化超过一个级位以上，则机车的"定速控制"状态自动解除。

7. 机车过分相时的控制操作

机车有半自动过分相和全自动过分相两种方式。

半自动情况下，当运行机车接近分相区时，司机控制器手柄回零并按下"过分相"按钮，机车的主断路器断开，受电弓仍保持升弓状态。通过分相区后，机车的微机控制系统（TCMS）检测到网压后，经过一定时间后自动合主断，重新启动辅助电源装置、主变流器，控制主变流器的输出电压、输出电流，从而控制牵引电动机的牵引力，使机车恢复至过分相前的状态。

机车自动过分相信号的感应、处理，由地面磁感应器、车载感应器和车感信号处理装置共同完成。机车通过分相区时，如果运行的线路区段在分相区前后装有地面感应器，机车全自动过分相检测装置将起作用。该装置通过向微机控制系统提供过分相区的信息：预告信号、恢复信号、强迫信号，保证机车每次通过分相区时，司机不需要做任何操纵，机车微机控制系统即可自动跳主断，待通过分相区后，又能自动合主断，并保证机车恢复至通过分相区前的运行状态。从而实现电力机车通过分相区时操作的自动化，减轻了乘务员的工作强度。

8. 冗余控制与故障隔离运行

当机车的主要设备发生故障时，微机显示屏的故障信息显示区显示相应故障。司机可根据故障信息的显示及处置方式，进行相应的故障处理操作。

（1）微机控制柜 TCMS 的冗余控制。

微机控制柜中有两组完全相同的控制单元设备。一组称为主控设备（Master），另一组称为备用控制设备（Slave）。在微机控制系统 TCMS 正常运行的条件下，主控单元工作，备用控制设备为通电热备状态。主控单元发生故障时，备用控制设备即刻自动投入使用。

（2）牵引电动机、主变流器故障隔离运行。

机车主电路采用六组主变流器，分别向六台牵引电动机独立供电。每三组主变流器和一组辅助电源装置收纳在一个变流器柜里，不过各个装置相互独立。因此，当发现某一牵引电动机或其对应主变流器单元发生故障时，可以通过微机显示屏隔离相应的故障部位。在这种情况下，先将微机显示屏设定为故障隔离画面，选择画面上相关部位，然后，按下画面的隔离按钮，这时所选部位的显示变为"隔离"，机车隔离故障部位，继续运行。

（3）DC 110 V 电源装置冗余控制。

DC 110 V 充电电源模块 PSU 含两组电源，通常只有一组电源工作，故障发生时另外一组电源自动启动，供给负载电源。

机车控制电源的核心是 DC 110 V 充电电源屏 PSU。机车 110 V 控制电源采用的是高频电源模块与蓄电池并联，共同输出的工作方式，再通过自动开关分别送到各条支路，如微机控制、机车控制、主变流器、辅助变流器、车内照明、车外照明等。

PSU 的输入电源来自 UA11 或 UA12 的中间回路电源，当 UA11 和 UA12 均正常时，由 UA12 向 PSU 输入 DC 750 V 电源，当 UA12 故障时，转由 UA11 向 PSU 输入 DC 750 V 电源。

电源屏上设有两个转换开关 SW1 和 SW2，其中 SW1 有两挡，"TCMS"和"手动控制"，SW2 也有两挡，"电源 1"和"电源 2"，其中"TCMS"挡表示由微机自动控制，奇数日，电源 1 工作，偶数日，电源 2 工作，当其中一组电源出现故障，可自动切换;"手动控制"表示人为设定,SW2 置"电源 1",表示电源 1 工作,SW2 置"电源 2",表示电源 2 工作,在手动状态下,当电源出现故障,不能自动切换。

(4) 辅助电源装置冗余控制。

机车设有两套辅助电源装置 APU1 和 APU2,其输出方式既可以选择变压变频(VVVF)方式,也可以选择恒压恒频(CVCF)方式,以满足不同负载的需要。辅助变流系统正常工作时,所有泵类负载如压缩机、油泵、空调机组由辅助变流器 APU2 供电,采用 CVCF 方式;而所有风机类负载如牵引风机、冷却塔风机等,由辅助变流器 APU1 供电,采用 VVVF 方式;当任何一组辅助变流器出现故障时,通过微机控制监视系统的信息传递和故障切换,可以实现由另一组辅助变流器以 CVCF 方式对全部辅助机组供电,完成了机车辅助变流系统的冗余控制,提高了机车辅助变流系统的可靠性。

(5) 发生接地故障时主变流器、辅助变流器装置隔离运行。

控制电器柜内分别设有主电路和辅助电路的接地故障隔离开关。机车主电路或辅助电路发生接地现象时,机车的接地保护装置动作,微机显示屏会显示接地故障信息。司机可将故障支路的主变流器或辅助变流器切除,继续维持机车运行,回段后再作处理。若确认只有一点接地,也可将控制电器柜上对应的接地开关打至"中立位",继续维持机车运行,回段后再作处理。发生此种情况时,司机应加强监控,防止接地故障进一步扩大。

(6) 辅助电动机隔离运行。

机车上各辅助电动机电路均设有自动开关进行短路和过载保护。当某一辅助电动机发生过流过载时,其对应的自动开关将断开,实施保护。

机车辅助电动机在故障运行时应注意以下几点:

① 若机车运行时仅一台空气压缩机工作运转(当任一 APU 故障时,只有靠近操纵端的压缩机工作),由于充气所需的时间很长,为保证主储气罐的压力不显著下降,运用时要注意。

② 当牵引电动机通风机发生故障隔离时,只有对应的主变流器和牵引电动机停止工作。

③ 复合冷却器用通风机发生故障时,其对应的 3 组主变流器单元和 3 台牵引电动机全部停止工作。

④ 主变压器用油泵发生故障隔离时,对应的 3 组主变流器设备和 3 台牵引电动机全部停止工作。

(7) 受电弓隔离运行。

受电弓升弓气路发生故障时,让该受电弓降下,并将侧墙升弓气路板上的阀门关闭,切断该受电弓的气路。

一组受电弓损坏且存在接地故障的情况下,将控制电器柜上的转换开关 SA96 打至相应隔离位,将车顶上相应受电弓的高压隔离开关 QS1 或 QS2 断开,该受电弓被隔离,机车需要升起另一组受电弓,继续维持运行,回段后再作处理。

9. 紧急制动

紧急时按下驾驶台的紧急开关（红色按钮），分主断，启用空气紧急制动。

10. 结束运行操作

运行结束、离开机车前需完成以下操作：

（1）将主控制器的换向手柄复至"0"位，自动制动阀手柄置"重联"位，单独制动阀置"全制动"位。

（2）断开主断路器，降弓。

（3）关闭驾驶台所有开关，取下司机钥匙。

（4）将停车制动器置于制动状态。（将操纵台控制面板上的停放制动开关设定为制动。停放制动启动，操纵台故障指示灯中"停车制动"灯亮）

（5）关掉电器控制柜的蓄电池塑壳断路器（QA61）。

思考题

1. HX_D3 型电力机车只配备一把钥匙的目的是（　　　）。

2. HX_D3 型电力机车进入"定速控制"状态，（　　　），"定速控制"状态自动解除。

3. 简述 HX_D3 型电力机车的操纵步骤。

项目五

HX$_D$1C 型电力机车电气系统

HX$_D$1C 型电力机车
电气线路

知识目标

（1）掌握 HX$_D$1C 型电力机车主线路的组成和特点。
（2）掌握 HX$_D$1C 型电力机车辅助线路的组成和特点。
（3）掌握 HX$_D$1C 型电力机车控制系统的组成和功能。

技能目标

（1）能正确分析 HX$_D$1C 型电力机车主电路。
（2）能正确分析 HX$_D$1C 型电力机车辅助电路。
（3）能正确分析 HX$_D$1C 型电力机车控制系统。
（4）能对 HX$_D$1C 型电力机车主电路常见故障进行判断处理。

素质目标

（1）弘扬社会主义核心价值观，弘扬中国传统文化。
（2）强化创新意识，培养职业道德，学习工匠精神。
（3）培养学生安全意识，责任担当思想和综合分析能力。

任务一 HX$_D$1C 型电力机车主电路

任务提出

HX$_D$1C 是中车株洲电力机车有限公司自主研发的交流传动电力机车，为大功率六轴客货两用 7 200 kW 机车。该机车电气线路关键设备皆采用国内自主研制的产品，电气系统稳定、结构紧凑、故障冗余度高，并具有良好的保护措施，提高了机车的可靠性。

任务目标

（1）掌握 HX_D1C 型电力机车主电路的结构。
（2）能描述 HX_D1C 型电力机车网侧电路的组成和功能。
（3）掌握牵引变压器、牵引变流器、牵引电机的技术参数和特点。
（4）能对主电路常见故障进行判断处理。
（5）弘扬社会主义核心价值观，勉励学生认真学习，报效祖国。

任务内容

一、主电路特点

HX_D1C 型机车主电路概述

HX_D1C 型电力机车电传动系统按照 AC 25 kV、50 Hz 牵引供电制设计，并能适应我国铁路接触网电压宽范围的变化，主电路的特点如下：

（1）采用传统的网侧电路结构，为了保证机车安全运行，每台受电弓后都设有隔离开关；主断路器与接地开关成整体设置，有利于车顶高压设备的检修和人身安全。

（2）采用交-直-交传动系统，整流环节采用四象限整流器，有利于提高机车的功率因数，减少谐波电流分量。

（3）采用轴控技术，采用 6 组相同的传动系统，当 1 组故障时，可以将其隔离，牵引力只损失 1/6，有利于机车运行。

（4）采用矢量控制技术。
（5）采用再生制动技术。

二、主电路组成

HX_D1C 型电力机车主电路由网侧电路、牵引变压器、牵引变流器、牵引电机和库内动车电路组成，如图 5.1 所示。

牵引变流器的 3 个四象限整流器通过隔离开关并联后向 3 个电压型 PWM 逆变器供电。每个牵引逆变器由牵引控制单元单独控制，向 3 台异步牵引电动机供电，从而实现单轴独立控制。制动工况时，能量传递过程相反。

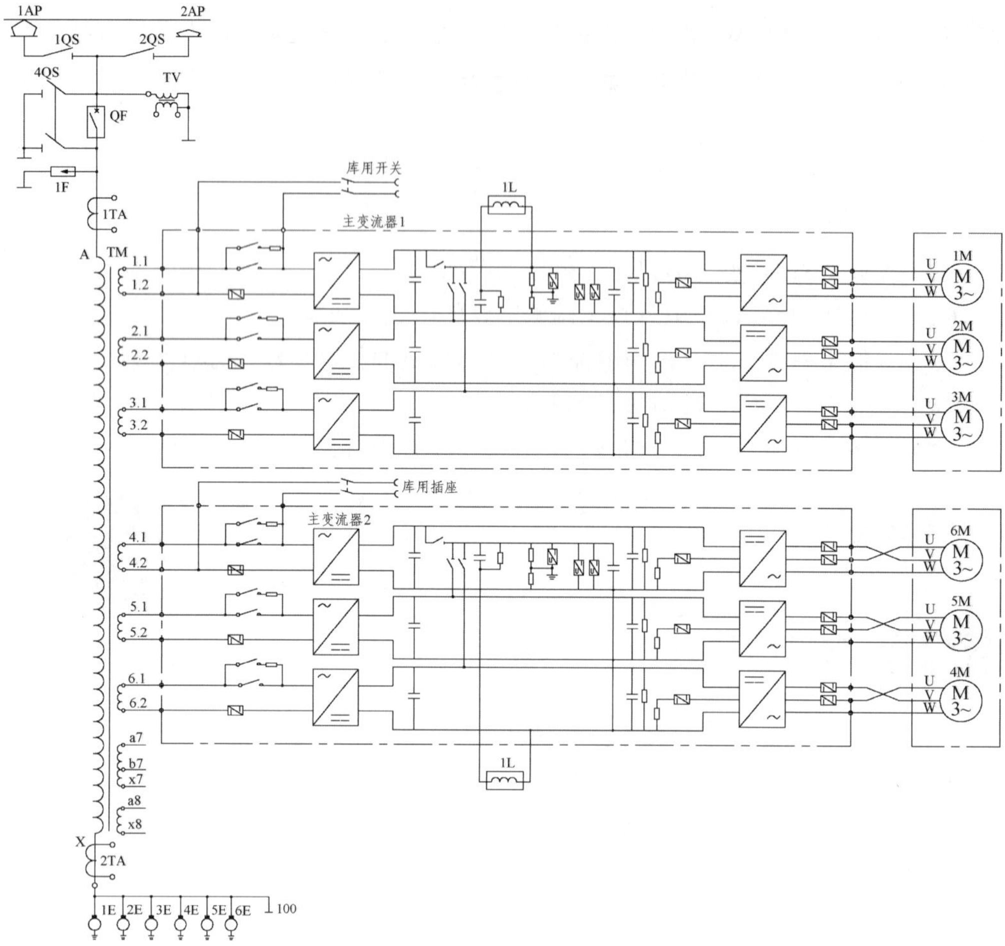

图 5.1　HX_D1C 型机车主电路结构示意图

三、网侧电路

网侧电路的主要功能是从接触网获取电能，属于 25 kV 电路，主要由受电弓 1AP、2AP，车顶高压隔离开关 1QS、2QS，主断路器 QF（带接地装置）、避雷器 1F、高压电压互感器 TV、原边电流互感器 1TA、回流电流互感器 2TA、接地装置 1E～6E 和能耗表等组成，如图 5.2 所示。按功能的不同，网侧电路可分为网侧受流电路、网侧检测电路和网侧保护电路。

1. 网侧受流电路

网侧受流电路的功能是从网侧获取电能，对主变压器的原边供电，主要部件有受电弓（=11-E07、=11-E08），高压隔离开关（=11-Q03、=11-Q04）、主断路器（=11-Q01）和接地装置 1E～6E。

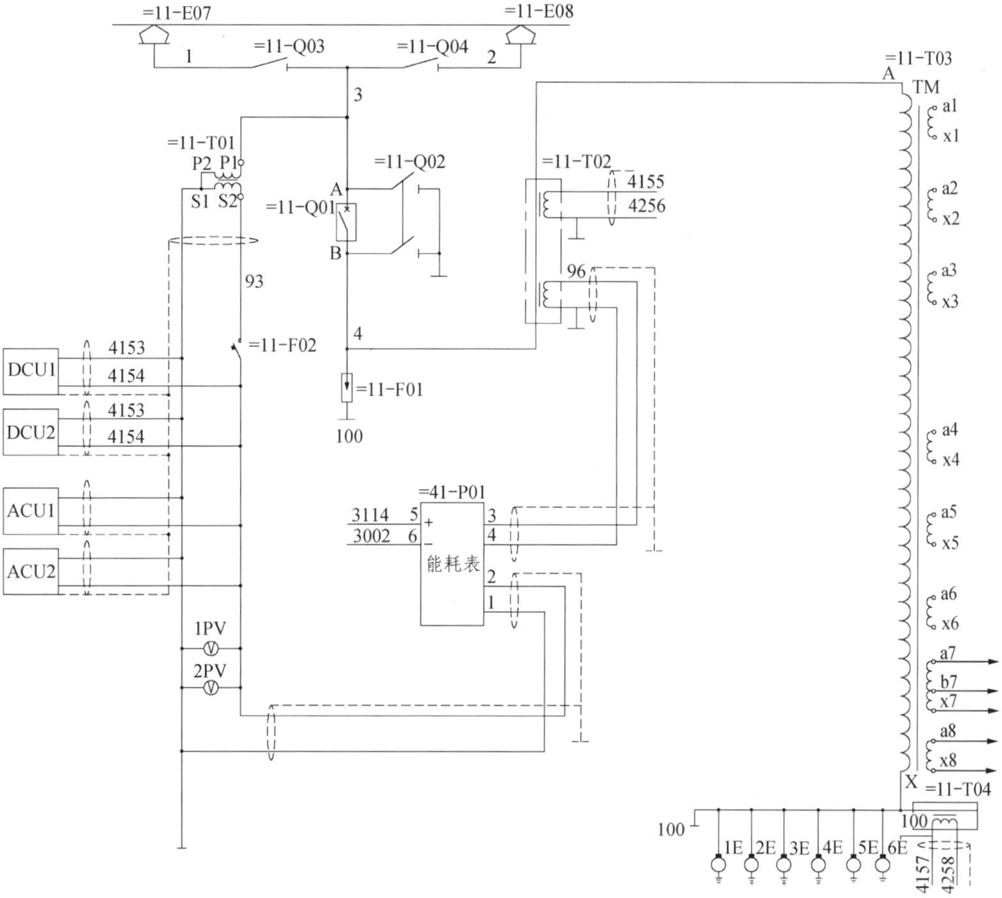

图 5.2 HX$_D$1C 型机车网侧电路

（1）受电弓。为了提高机车原边受流的可靠性，设置了两台相同的 TSG15B 型气囊式受电弓，分别安装在机车两端的顶盖上。

（2）高压隔离开关。车顶设置了两个高压隔离开关，连接在受电弓的后面，当受电弓故障时对其进行隔离。通常情况下，高压隔离开关处于闭合状态；当受电弓故障时，相应的高压隔离开关将隔离故障的受电弓。由于车顶高压隔离开关没有灭弧功能，因此只能在无电时操作。

（3）断路器。机车采用 BVAC.N99D 断路器，属于单极型交流真空断路器，具有灭弧功能，用于接通和分断网侧电流。为了避免网侧出现电弧，主断路器在升弓之后闭合，并在降弓之前断开。

（4）接地装置。是一个用于工作电流回流的装置，如图 5.3 所示。主变压器原边电流经接地装置和钢轨流回牵引变电所。

图 5.3 HX$_D$1C 型电力机车的接地装置

2. 网侧检测电路

网侧电路中设置有高压电压互感器（=11-T01）、原边电流互感器（=11-T03）和回流电流互感器（=11-T04）等测量器件，用于向机车的中央控制单元（CCU）、牵引控制单元（CI）和能耗表等提供网侧电压和电流信号。

能耗表用于显示机车从电网取得的电能和机车再生制动向电网反馈的电能，同时还可以显示网压。ACU 检测网压用的同步信号是 ACU1、ACU2 原边电压信号。DCU 检测网侧电流用的同步信号是 DCU1、DCU2 原边电流信号。

3. 网侧保护电路

当机车出现故障或外部条件异常需要切断网侧电源时，可通过给主断路器分断指令来实现网侧保护。网侧电路中的测量器件将测量的值提供给中央控制单元 CCU 或牵引控制单元 CI，由 CCU 或 CI 进行判断，并在必要时给出分断主断指令，其保护主要有：

1）网侧短路、过载保护

（1）网侧短路。流经回流电流互感器的电流超过整定值时，主断路器立即分断进行保护，以防止损坏机车电气设备。

（2）网侧过载。通过原边电流互感器的检测，在电流超过整定值，时间大于 2 s 时，主断路器动作。

2）网压监测保护

机车升弓后，通过高压电压互感器（=11-T01）检测网压，正常网压应为 17.5 ~ 31 kV。

（1）欠电压检测保护。如果网压低于 17 kV 超过 1 s，主断路器（=11-Q01）将被分断，只有当网压高于 17.5 kV 超过 1 s 后，主断路器才允许重新闭合。如果主断路器合上之后的 0 ~ 0.6 s 之内网压低于 15 kV，主断路器立即断开并锁定 2 min，如果 30 min 之内发生了两次，主断路器将被锁定。

（2）超电压检测保护。如果网压高于 31.5 kV 超过 40 s，主断路器将被断开；如果网压高于 32 kV，主断路器立即断开。只有当网压低于 31 kV 超过 20 s，主断路器才允许重新合上。

3）原边接地保护

检测原边电流和回流电流的差值，当大于整定值时，判定为原边接地，主断路器进行分断保护。

4）其他保护

除网侧保护外，主电路的其他部分、控制电路等出现故障需要保护时，也可以通过分断主断路器来实现。如遇主断路器失效而无法断开时，则采用强行降弓的方式切断网侧的电源。

避雷器和接地开关也是网侧电路中的保护器件。避雷器用于抑制主电路中的操作过电压和运行时的雷击过电压。接地开关用于在需要登车顶或接近其他高压区域时使网侧电路接地，以保证操作人员的安全。

四、牵引变压器

HX_D1C 型电力机车使用 TBQ35-8900/25 型牵引变压器，用来将 25 kV 的接触网电压变换为机车所需的各种低电压，以满足机车各种电机电器的工作需要。

TBQ35-8900/25 型牵引变压器为心式变压器，采用 A 级绝缘和普通矿物质油。变压器油箱内安装了 1 个牵引变压器器身和 2 个谐振滤波电抗器。

变压器采用卧式安装，吊挂在车体下，次边设有 6 个牵引绕组和两个辅助绕组，并且有 1 个辅助绕组带 220 V 电压抽头。6 个牵引绕组用于给 2 台变流器中的 6 个四象限整流器供电；2 个辅助绕组用于给两台辅助变流器供电；220 V 抽头用于给机车上的单相 220 V 负载供电。

2. 牵引变压器保护

牵引变压器设有油温监控、油流状态监控和压力释放阀监视。微机系统根据监控的情况进行相应的控制和保护。

1）油温检测及保护

牵引变压器有 2 个冷却回路，每一个冷却回路包含 1 个油泵用于驱动变压器油循环，1 个油流继电器用于检测油路的流动。在牵引变压器中安装有 2 个 PT100 温度传感器用于检测油温，油温由传动控制单元 TCU 读入，通过 MVB 网络传送至中央控制单元 CCU，并在微机显示屏 IDU 的主要数据页面上显示。中央控制单元 CCU 将 2 个 PT100 温度传感器最高温度用于控制，当温度达到动作值时（冷却风机已满功率运行），封锁主变流器，主断路器跳闸。

2）油流检测及保护

在辅助变流器启动完成 60 s 后，油流继电器开始检测油流。当油温低于 + 10 ℃

时,油流继电器并不检测油流信号。当 1 条油路故障时,机车辅助电机采用 60 Hz 通风,相应的故障信息显示在 IDU 上。当两条油路同时故障且超过 60 s 时,封锁主变流器,2 min 后断开主断路器。

3)压力释放阀监视检测及保护

在牵引变压器油箱上设有压力释放阀,压力释放阀动作后,向控制系统输出信号,中央控制单元 CCU 立即跳主断路器(断开蓄电池可以解除故障),在 IDU 上显示相应的故障信号,只有在排除故障后,才能重新起动机车。

五、牵引变流器

牵引变流器控制着牵引变压器和牵引电动机之间的能量传输,进而控制牵引电动机以获得所期望的转矩和转速。HX_D1C 型电力机车使用 TGA9 型牵引变流器。

1. 牵引变流器参数

牵引变流器主要技术参数如下:

中间直流电压/V	1 800
中间支撑电容/mF	6 × 4.3
谐振电容/mF	6 × 1.566
谐振电抗器电感/mH	2 × 0.27(±10%)
变流器效率	> 0.975

2. 牵引变流器电路

每台机车包含 2 台牵引变流器,每台牵引变流器作为 1 台完整的组装设备,装于 1 个柜体内,外观如图 5.4 所示。

图 5.4 TGA9 型牵引变流器外观(正面)

牵引变流器输入端与牵引变压器的次边牵引绕组相连,并通过接触器进行分/合控制。牵引变流器电路主要由三重四象限 PWM 整流器、中间直流回路和 3 个 VVVF 逆变器组成,如图 5.5 所示。图中,KM4 ~ KM6 为预充电接触器,R_1 ~ R_4 为预充电电阻,4QS1 ~ 4QS3 为四象限整流器,INV1 ~ INV3 为 PWM 逆变器。

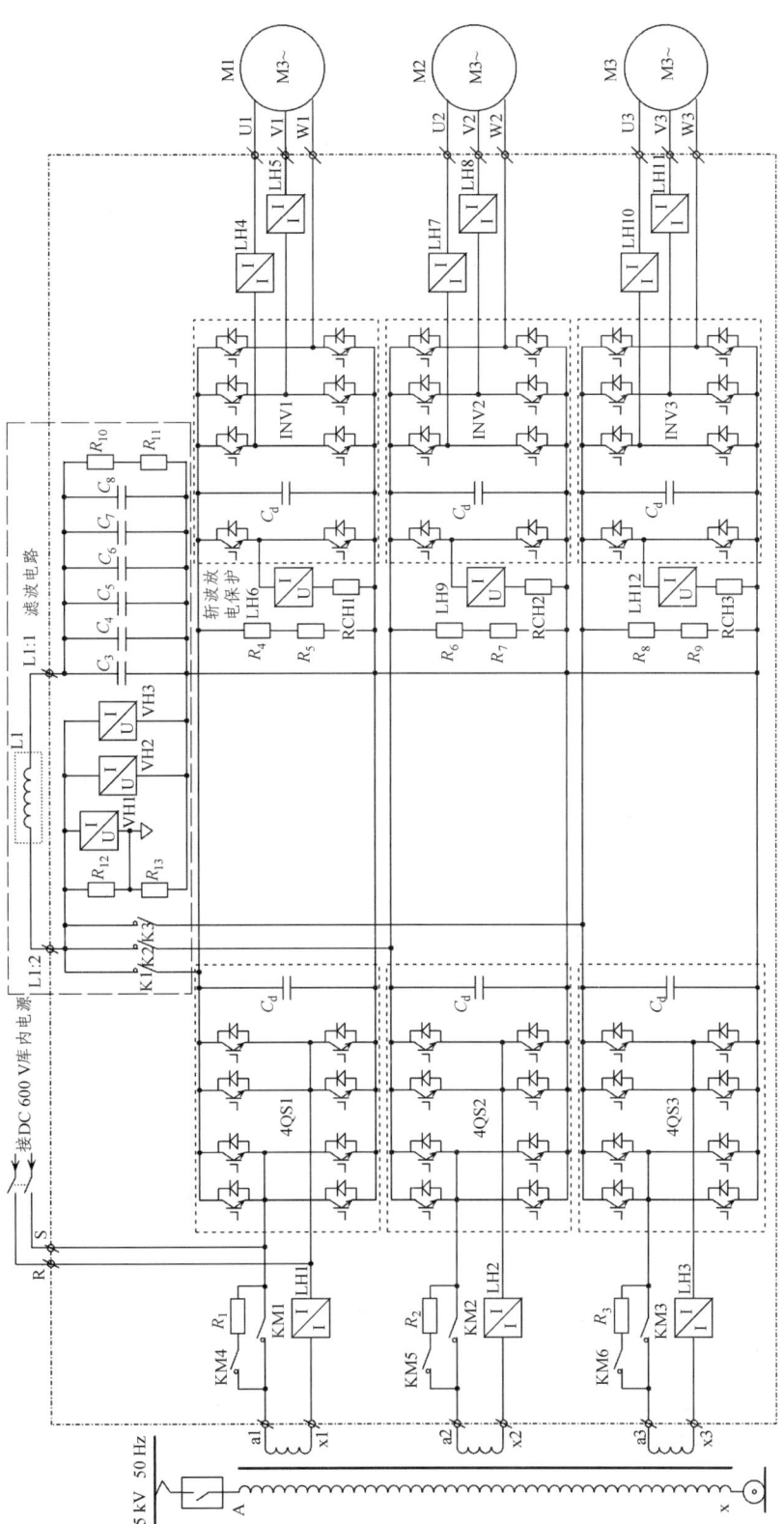

图 5.5 牵引变流器电路

1）四象限整流电路

四象限整流器是一个交-直流电力转换系统，在牵引工况时，进行交-直变换，为中间直流电路提供电能；在制动工况时，通过中间直流电路进行直-交变换，将电能回馈给电网。

每台牵引变流器中有3个四象限整流器4QS1~4QS3。每台四象限整流器通过1个预充电电阻R_1~R_4和两个交流接触器KM1~KM3、KM4~KM6与主变压器的1个牵引绕组相a1x1~a3x3连接。3个四象限整流器将交流电变换成直流电，并联向中间回路供电。四象限整流电路使得中间直流环节的电压保持稳定，并使变压器的功率因数接近于1。

当牵引变流器投入运行时，首先通过预充电电阻对中间直流电容进行充电，然后再闭合线路接触器KM1~KM3，以避免大的电流冲击。

2）中间直流回路

中间直流回路由中间支撑电容、二次滤波电路、斩波放电保护电路和接地检测电路组成。

（1）中间支撑电容。中间支撑电容C_d作为储能器，起缓冲和平滑中间直流回路电压的作用。因为在一个短的时间周期内输入和输出中间回路的能量不相等，需要支撑电容进行能量解耦。

（2）二次滤波电路。二次滤波电路是一个谐振电路，由谐振电容器和置于主变压器中的谐振电抗器组成，用来过滤中间直流回路中两倍于输入电压频率的能量流产生的波纹。它作为一个串联的谐振电路工作，其谐振频率为两倍基波频率。为了保证其谐振频率，谐振电容器分为固定电容器和可调电容器两部分。可调电容器可由用户定期调整，以避免频率漂移。

3）PWM逆变电路

PWM逆变电路根据机车运行要求，将中间直流电压变换为所需要的频率和幅值的三相交流电压，提供给牵引电机。

4）检测及保护电路

（1）接地检测电路。接地故障检测由分压电路和比较电路组成。分压电阻器的中心抽头接地，监控分压器上的电压。当发生接地故障时，被测电压发生变化，对应的牵引控制单元检测到接地故障信号，主断路器跳闸。

（2）四象限整流电路和PWM逆变电路的保护。过压保护：在直流回路电压大于整定值时，触发斩波放电保护电路。过流保护：当短路和其他故障导致过流时，在支路电流达到其允许的最大值之前自动封锁相关模块的触发脉冲。

六、牵引电机

牵引电机根据电压型PWM逆变器供电的特点进行设计，以保证在PWM逆变器的整个输出电压、频率范围内电机的脉动转矩、损耗和噪声均满足铁路牵引运用要求。牵引电机能承受由于机车运行时所产生的振动和冲击，以及由于突然短路时产生的短路转矩。牵引电机的两端均采用绝缘轴承，以防止电机轴电流的产生。

1. 牵引电机温度的检测及保护

牵引电机 M1～M3 的温度由传动控制单元 TCU1 检测，牵引电机 M4～M6 的温度由传动控制单元 TCU2 检测，检测到的牵引电机温度用于显示。传动控制单元 TCU 在线检测牵引电机定子和转子的最高温度，并以此观测值为依据进行相关保护。如果牵引电机的定子最高温度高于 230 ℃，应当降转矩运行，定子最高温度高于 240 ℃ 时，转矩被降至 0。如果牵引电机的转子最高温度高于 220 ℃，应当降转矩运行，转子最高温度高于 230 ℃ 时，转矩被降至 0。当牵引电机的定子最高温度低于 230 ℃ 且转子最高温度低于 220 ℃ 时，转矩不应减小。

2. 牵引电机隔离开关

在机械间安装有牵引电机隔离开关，通过隔离开关可以隔离故障的牵引电机。要隔离某台牵引电机，必须先断开主断路器。牵引电机被隔离后，牵引变流器中相应模块的触发脉冲被封锁。

七、库用动车电路

库内动车电路采用在四象限整流电路的输入端施加一个 600 V 的直流电源，该直流电源通过四象限整流器的续流二极管加在中间回路上，同时再通过 PWM 逆变器在牵引电机上产生驱动力矩，驱动机车的一个电机运行。机车中没有设置预充电电路，需要配备专门的直流 600 V 电源，由直流 600 V 电源实现预充电及相关保护功能等。

八、常见故障判断及处理

1. 某台牵引电机无扭矩输出时的处理

（1）某台牵引电机无扭矩输出，而其他牵引电机扭矩输出正常时，可维持运行到前方停站或回段后再进行处理。

（2）若某台牵引电机故障，引起主断路器断开时，可利用其对应的牵引电机隔离开关将故障牵引电机切除后维持运行。

（3）若切除该牵引电机即无法维持运行时，应尽量运行到前方停车站后进行处理。
① 检查、恢复该台牵引电机对应的牵引风机自动开关至"闭合"位。
② 进入"现存故障"界面，按其提示对症处理。
③ 无明确故障时的处理办法：

方法1：司机控制器调速手柄回"0"，断开再闭合其对应的"TCU电源"自动开关（牵引电机1、2、3对应TCU1；牵引电机4、5、6对应TCU2）后，按压1次"复位"按钮。

方法2：在停车状态下断开再闭合控制电源柜"控制电源输出"自动开关，使微机复位，消除故障恢复运行。若故障不能消除，应及时请求救援。

2. 运行途中，主电路接地时的处理

运行途中，主断路器断开，微机显示屏提示"原边接地""TCU1主回路接地""TCU2 主回路接地"时，机车乘务员应立即将司机控制器手柄回"0"位，按压司机台"复位"按钮进行复位操作后，重新闭合主断路器，进行牵引、电制动操作。若故障消除或微机控制系统自动将接地主变流柜隔离时，即恢复或维持运行；若故障仍然存在，则按以下方法处理：

（1）若微机显示屏提示"TCU1（2）主回路接地"时，司机控制器调速手柄回"0"位，断开低压电器柜"TCU 1（2）电源"自动开关，按压3次"复位"按钮。隔离主变流柜1（2），利用主变流柜2（1）维持运行。

（2）经以上处理，故障仍无法消除时，应尽量维持进站，请求救援。若确无法维持运行到车站时，在逼迫停车后，立即请求救援。

思考题

1. HX_D1C 是大功率交流传动（　　）轴客货两用（　　）kW电力机车。
2. HX_D1C 电力机车库内动车使用（　　）V的直流电源。
3. HX_D1C 电力机车主电路由哪些部分组成？

任务二　HX_D1C 型电力机车辅助电路

任务提出

机车辅助电路主要为主电路提供冷却，为空气制动系统提供风源，改善司乘人员的工作环境。辅助电路的正常工作与否直接影响到主电路的工作状态，是机车稳定、安全运行的关键。

任务目标

（1）掌握 HX_D1C 型电力机车辅助变流器的应用和特点。
（2）能描述 HX_D1C 型电力机车辅助电路的主要设备。
（3）掌握 HX_D1C 型电力机车辅助负载电路。
（4）能对 HX_D1C 型电力机车辅助电路常见故障进行判断处理。
（5）树立正确的人生观、择业观，培养学生综合分析能力、书写表达能力。

任务内容

一、辅助设备

HX$_D$1C型电力机车辅助电路主要为机车的辅助设备（如牵引风机、冷却塔风机等）和生活服务设备（如卫生间、冷藏箱等）提供电源。按每个辅助机组/辅助设施的使用要求，辅助电气系统分成四个负载组。

（1）辅助逆变器变频变压供电支路。负载包括6个牵引通风机组和2个冷却塔通风机组。

（2）辅助逆变器恒频恒压供电支路。负载有压缩机、水泵、油泵、空调等。

（3）主变压器辅助绕组供电220 V/50 Hz支路，负载包括蓄电池充电机、电炉、前窗玻璃加热器、撒砂加热器等。

（4）蓄电池充电机直流负载供电支路，负载包括照明灯、辅助压缩机、冷藏箱等。

HX$_D$1C型电力机车辅助系统由集成在牵引变流器内的辅助逆变器供电。2个辅助逆变器分别从牵引变流器的一路中间直流环节取电，通过滤波变压器和1组滤波电容器滤波后向2个三相支路供电。

二、辅助电路

1. 辅助变流器

HX$_D$1C型电力机车使用TGF54型辅助变流器，用来为机车辅助设备提供电源，外观如图5.6所示。每台机车配备两台辅助变流器，每台辅助变流器由主变压器单独的辅助绕组供电。

辅助变流器通过主变压器辅助绕组获取单相交流470 V输入电压，中间直流回路通过1个预充电单元（预充电接触器处于闭合状态时）向2个并联的整流桥臂供电，中间直流回路中包含中间支撑电容、接地检测电路、保护接地电路及中间电容放电回路，通过PWM逆变器，中间直流回路中的电能被转换为三相交流电能，提供给机车的辅助负载。

图5.6 辅助变流器外观

两组辅助变流器回路采用冗余设计，当一组电源故障时，另一组电源能维持交流440 V电路的供电。每个辅助变流器的输出侧设置1个供电接触器，用于在冗余转换时隔离故障的辅助变流器，同时在辅助电路发生故障时参与保护。2个辅助变流器的输出之间设置1个冗余转换接触器，用于在冗余模式时的负载配置，当1台辅助变流器故障时，由另外1台辅助变流器给全部辅机供电。此时，该辅助变流器按照CVCF方式工作。

2. 辅助负载电路

HX_D1C 型电力机车辅助电路按电压等级分为交流 440 V 电路和交流 220 V 电路。

1）交流 440 V 电路

交流 440 V 电路的原理如图 5.7 所示。交流 440 V 电路设有两组三相辅助电源回路，每组回路由辅助变流器、接触器、自动开关、相序继电器及负载等构成，两组回路中的辅助变流器分别集成在两个柜体中。为了避免辅助变流器电压互相影响，由两个独立的牵引变压器辅助绕组分别给两个辅助变流器供电。

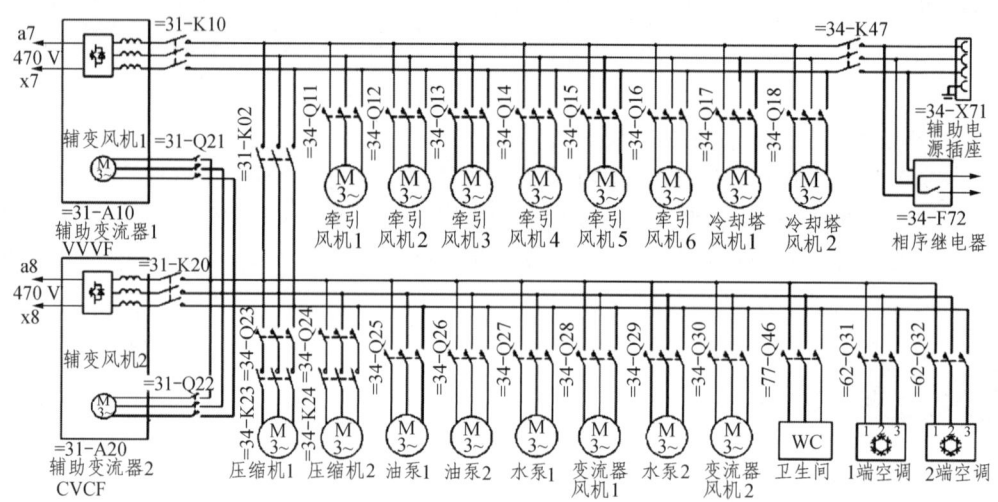

图 5.7　交流 440 V 电路原理结构图

出于节能和降噪声方面的考虑，辅助变流器 1 工作在变频变压（VVVF）模式，为机车上的变压变频负载供电，变压变频的辅助负载包括 6 台牵引风机和 2 个冷却塔，控制系统根据各牵引电机的温度、牵引变压器油温和牵引变流器水温给定其工作的电压和频率，从而无级地调节辅机的输出功率，VVVF 输出电压与频率关系如图 5.8 所示。辅助变流器 2 工作在恒频恒压（CVCF）模式，为机车上的其他负载供电。

交流 440 V 电路具有较完备的保护功能，每条辅助电源支路的自动开关可对其负载进行缺相、过载和短路保护，两组

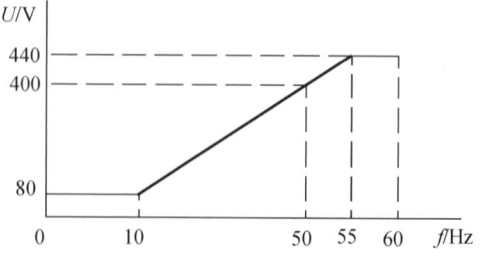

图 5.8　辅助变流器输出电压与频率的关系

三相辅助电源回路都具有自保护功能，包括过压保护、欠压保护、过载保护、过热保护、接地保护、输出三相不平衡保护和短路保护等功能，辅助变流器同时还为接在后面的三相负载提供接地检测与保护功能。

交流 440 V 辅助电路中设置了辅助电源插座、相序继电器和库内供电接触器，用于满足在试验时交流 440 V 辅助电路的电源需求。辅助电源插座安装在机车车体两侧，可以通过选择机车模式，连接三相 380 V 交流电源且相序正确等操作来进行辅机试验。

2）交流 220 V 电路

交流 220 V 电路原理示意图如图 5.9 所示。电路采用在主变压器辅助绕组上加抽头的方法来获得 220 V 电源。220 V 电源除给蓄电池充电机供电外，主要给机车加热负载供电，包括砂箱加热、司机室取暖 1/2、端前窗加热 1/2，并为防寒加热预留接口。

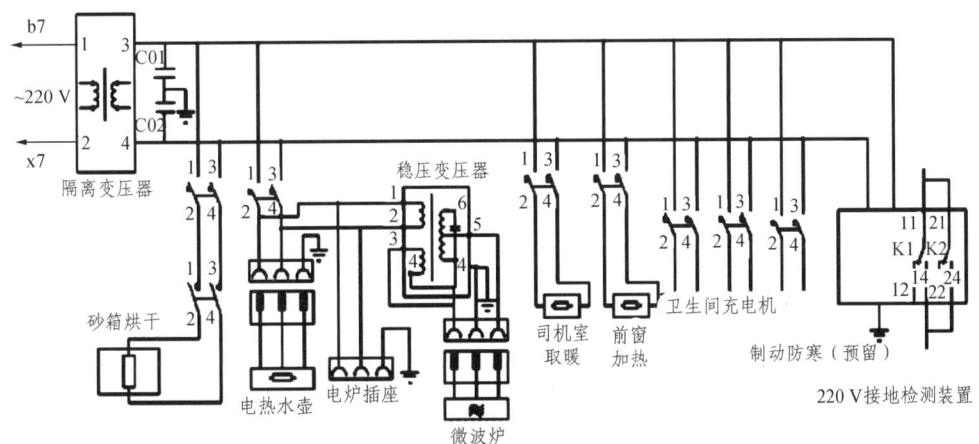

图 5.9　交流 220 V 电路原理结构图

交流 220 V 电路与交流 440 V 电路的辅助变流器 1 电源回路共绕组，由电磁感应原理可知，当 440 V 回路负载较重或者负载变化时，a7x7 绕组产生的磁场对铁心主磁场有增强或削弱效果，导致 b7x7 抽头的输出感应电压波动较大，220 V 回路容易受到交流 440 V 电路的辅助变流器 1 电源回路的影响。因此，在 b7x7 抽头的输出端增加隔离变压器，使一次侧与二次侧的电气完全绝缘，也使该回路隔离，不仅减弱了辅助变流器 1 回路对电路的影响，还隔离了非线性负载引起的电流波形畸变，同时避免电网中的谐波和干扰信号对负载造成的不良影响。

机车内部布线复杂，交流 220 V 电路与其他回路之间容易产生分布电容，拉高线路的对地电压，对交流 220 V 电路输出负载产生不良影响，因此在隔离变压器输出端增加 2 个接地电容，不仅降低了悬浮电压，还旁路部分高次谐波，对电路负载起到很好的保护作用。微波炉作为民用品，很容易受网压波动的影响，为了避免其因输入电压和电流波动引起损坏，在其输入端增加稳压变压器，不仅起到了稳定电压输出的作用，而且减小了输出谐波对微波炉的干扰，提高了微波炉输入电压品质，减小了网压波动的不良影响。

交流 220 V 电源回路具有独立的接地检测装置，起到了电路的接地保护功能，同时每个负载支路的自动开关可对其负载起到过载、短路和缺相的保护功能。

三、常见故障判断及处理

1. 压缩机三相自动开关断开时的处理

运行途中，微机显示屏故障信息显示区显示"！三相开关"，进入"现存故障"界面，提示某一压缩机三相自动开关断开时，按以下方法及时进行处理：

（1）机车正在牵引或电制动（带载）运行，可利用压缩机扳键开关置"强泵风"位，通过另一压缩机泵风维持运行。

（2）机车正在惰行或在车站停车时，则按以下方法进行处理：

① 司机控制器手柄回"0"位，断开主断路器。

② 根据微机显示屏提示，恢复断开的压缩机自动开关后，再闭合主断路器，进行压缩机工作试验，若压缩机工作正常，则恢复正常运行；若压缩机自动开关随即断开，则不再进行处理，利用另一台压缩机维持运行，回段报修。

（3）切除一台压缩机后，全车压缩机的泵风速度将减小一半，故机车运行中，应随时注意观察总风缸风压，并使其保持在 800 kPa 以上。缓解列车制动前，应将压缩机扳键开关置"强泵风"位提前泵风，以保证缓解用风的需要。站停列车，可向车站申明，由车站提前通知开车准备，以保证出站信号机开放后，及时将列车开出。

2. 辅接地故障

（1）辅助变流器检查。分别切除 ACU1、ACU2 脱扣电源开关进行排查，确定故障辅助变流器后，再隔离故障的辅助变流器。

（2）辅助变流器负载排查。首先切除所有辅助变流器负载（除油泵外），再升弓合主断，并在主断闭合的情况下，在进行逐一投负载进行负载故障排查。

思考题

1. HX_D1C 型电力机车辅助电路按电压等级分为交流（　　）V 电路和交流（　　）V 电路。

2. HX_D1C 型电力机车变压变频的辅助负载包括（　　）和（　　）。

3. HX_D1C 型电力机车直流 110 V 电源的作用是给（　　）提供电源，同时转化为直流（　　）V 给照明、仪表电路供电。

任务三　HX_D1C 型电力机车控制系统

任务提出

HX_D1C 型电力机车控制系统由控制监视系统（TCMS）、机车行车安全综合信息监控系统、克诺尔的 CCB-Ⅱ 电控制动系统、机车外围电路等构成。TCMS 包括 1 个主控制装置和 2 个显示单元。主控单元采用冗余设计，1 套为主控制环节（Master），1 套为热备控制环节（Slave）。

任务目标

（1）能描述 HX_D1C 型电力机车网络控制系统的组成和功能。
（2）能分析 HX_D1C 型电力机车控制电路。
（3）能对 HX_D1C 型电力机车常见故障进行处理。
（4）弘扬中国传统文化，培养学生独立思考、解决问题的能力。

一、读图说明

正确识读电气线路图是使用和维护机车的基础，为了读图方便，对 HX_D1C 型电力机车电气线路图的标示说明如表 5.1 所示。

表 5.1 电气线路图标示方法说明

标示（举例）	含义
位置号：+101.01	+—附加符号；101.01—位置描述
电气部件代号：=11-E08	=11—功能块代码； E—部件代码；08—序列号
图纸区域：=11/1 .2	=11—功能块代码；/1—功能块中页码；.2—图纸分块（1~8）
线号：34 01 31 .01	34—功能块代码；01—功能块中页码；31—序列号；.01—流水号

机车电气设备种类繁多，电气线路复杂，为了读图方便，对 HX_D1C 型电力机车主要电气设备的代号、种类进行归纳，如表 5.2 所示。

表 5.2 主要电气部件代码及含义

代码	定 义
=01	功能区说明
=02	位置说明
=03	更改记录
=11	主电路
=12	接地方案
=21	辅助压缩机、受电弓、主断路器控制
=22	主司控器信号输入 CIO、网关 1/2、牵引电机隔离选择
=23	牵引变流器控制电源、牵引电机速度检测、牵引电机温度检测、MVB 连接 TCT
=24	CIO 电源、SKS3 电源、MVB 连接 SKS3/CIO、MCB 反馈信号、CIO DC 控制系统

续表

代码	定 义
=28	制动系统
=31	辅助电路电源
=32	控制电路、控制电源柜、库内行灯插座
=34	辅助负载电路
=41	网压、原边电流、DC 110 V 电压检测、主变压器监控
=42	HIM 电源、力矩表、USB 诊断插座
=43	机车信号、监控信号、无人警惕
=45	机车综合无线通信设备、机车重联电话
=46	重联电缆

二、网络控制系统

HX_D1C 型电力机车的车载网络控制系统（TCMS）采用株洲南车时代电气股份有限公司研制的 DTECS 模块式网络控制平台。机车通信采用符合 IEC 61375 标准的 TCN 网络，由 WTB 列车总线、MVB 车辆总线两级构成，部分调试端口采用工业以太网总线。

HX_D1C 型机车控制电路概述

1. DTECS 网络控制平台

DTECS 网络控制平台的硬件模块分为控制模块和 IO 模块。其中控制模块包括：车辆控制模块 VCM、故障记录模块 ERM、网关模块 GWM；IO 模块包括：数字量输入输出模块 DXM、数字量输入模块 DIM、模拟量输入输出模块 AXM。

1）车辆控制模块 VCM

VCM 主要完成网络的逻辑控制和网络协议的转换，主要功能如下：

（1）过程控制：执行诸如牵引/制动控制、空电联合控制、超速保护和顺序起动等一系列控制功能。

（2）总线管理：具有多功能车辆总线 MVB 的管理能力，并且能够进行主权转移以实现热备冗余。

（3）显示控制：与智能显示单元 IDU 有关的数据传输。

（4）数据通信：与 TCMS 系统的其他设备及非 TCMS 的智能设备进行数据交换。

（5）故障对策：两个 VCM 以热备方式工作，一个为主控制环节（主控机），一个为备用控制环节（辅控机）。当主控机发生故障时，系统将自动切换到辅控机上，切换完成后应恢复机车原来工作状态，不能损失功能和动力。

VCM、ERM、GWM 模块的内部电路框图及对外电气接口基本相同，如图 5.10 所示。

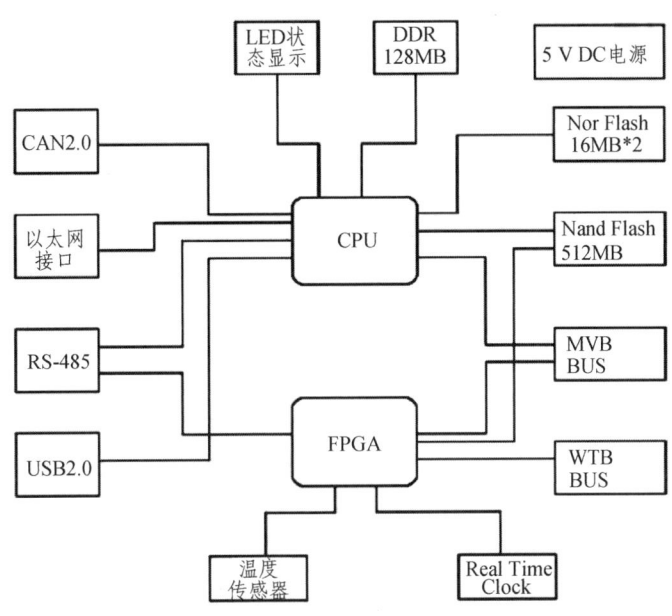

图 5.10　VCM、ERM、GWM 模块的电路框图

2）故障记录模块 ERM

ERM 是完成故障诊断、数据记录与转储的核心模块，主要功能如下：

（1）故障诊断：完成车载的故障诊断，并通过司机显示屏 IDU 报告给司机。

（2）数据记录：司机操作数据、故障数据、事件数据的记录，将 VCM 的故障数据具体化。

（3）数据转储：通过车载的工业以太网将记录的数据下载，供便携式维护工具分析。

3）WTB/MVB 网关模块 GWM

GWM 主要提供列车总线 WTB 和车辆总线 MVB（ESD+）的网关通道，是实现机车重联运行的核心模块，主要功能如下。

（1）列车级过程控制：执行诸如牵引/制动控制等一系列与机车重联运行有关的控制功能。

（2）列车总线管理：具有绞线式列车总线 WTB 的管理能力。

（3）列车级数据通信：与 TCMS 系统的 VCM 进行与机车重联运行有关的数据交换。

4）数字量输入输出模块 DXM

DXM 模块实现现场开关数字量状态信号的采集处理和网络控制指令的输出，并通过 MVB 总线与 MVB 设备互连。DXM 模块具有 16 路 DC 110 V 数字量输入通道、8 路数字量输出通道，输出通道的电压等级由外接电源决定，通常为 DC 110 V、DC 24 V 或者 DC 12 V。

5）数字量输入模块 DIM

DIM 模块实现现场开关数字量状态信号的采集处理，并通过 MVB 车辆总线与 MVB 设备互连。DIM 模块具有 32 路 DC 110 V 数字量输入通道。

6）模拟量输入输出模块 AXM

AXM 模块实现模拟量的采集和模拟量的输出，通过 MVB 总线与 MVB 设备互联。在 HX_D1C 型机车上，AXM 主要用于采集司机控制器的手柄级位信号。AXM 有 6 个输入通道，4 个输出通道，信号范围是 DC 0～10 V，DC 0～20 mA，精度是 1%。

2. 网络控制系统结构

机车网络控制系统由 1 个中央控制单元 CCU，2 个司机室数据输入输出单元 CIO，2 个智能显示单元 IDU，1 个机械室数据输入输出单元 MIO 等功能单元组成，通过 MVB 总线与传动控制单元 TCU、辅助变流器控制单元 ACU、制动控制单元 BCU 等进行通信。系统的网络拓扑结构如图 5.11 所示。

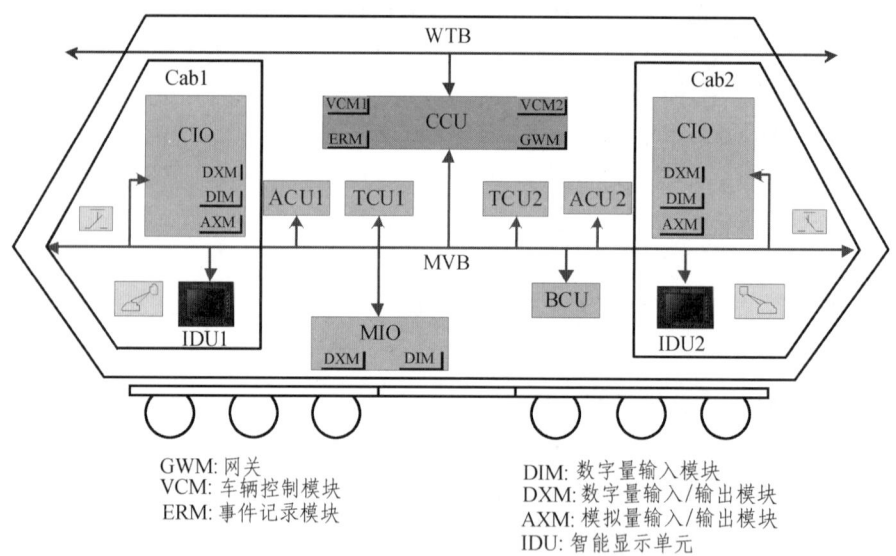

GWM：网关
VCM：车辆控制模块
ERM：事件记录模块
DIM：数字量输入模块
DXM：数字量输入/输出模块
AXM：模拟量输入/输出模块
IDU：智能显示单元

图 5.11　HX_D1C 机车控制系统拓扑图

1）中央控制单元 CCU

CCU 安装在机械室的低压电器柜内，是机车网络控制系统 TCMS 的核心，由 VCM、GWM 和 ERM 构成，其中 VCM 模块有 2 个。各个模块之间通过 MVB 车辆总线连接，如图 5.12 所示。

CCU 对整个机车进行控制，具备以下功能。

（1）车辆级过程控制：执行如牵引/制动控制、空电联合控制、超速保护等控制功能。

（2）通信管理：具有 MVB 的管理能力，并且能够进行主权转移功能。

（3）显示控制：与微机显示屏 IDU 显示有关的数据传输。

（4）故障诊断：状态数据、故障数据的采集处理，并通过 IDU 报告司机。

（5）列车级过程控制：执行诸如牵引/制动控制等与机车重联运行有关的控制功能。

（6）列车总线管理：具有绞线式列车总线 WTB 的管理能力。

图 5.12　中央控制单元 CCU

（7）列车级数据通信：与车辆控制模块 VCM 进行与机车重联运行有关的数据交换。

（8）数据记录：事件数据的记录，将车辆控制模块 VCM 的事件数据具体化。

（9）数据转储：通过转储接口将记录的数据下载，供便携式维护工具分析。

机车上设置有 2 个 CCU，即 CCU1 和 CCU2。正常情况下，1 个 CCU 单元工作；如果发生故障，第二个 CCU 单元就会自动替代执行所有功能。

2）司机室数据输入输出单元 CIO

CIO 安装在每个司机室的操纵台右柜内，每个 CIO 单元由 1 个 DXM、1 个 DIM 和 1 个 AXM 组成，主要用于读取司机的操纵指令（例如司机控制器、扳键开关等），同时还可输出控制信号用于自动换端指示、无人警惕装置声音报警等。

3）机械室数据输入输出单元 MIO

MIO 安装在机械室的低压电器柜中，由 6 个 DXM 和 1 个 DIM 组成，它主要是通过 MVB 车辆总线实现机械间的电气设备与 CCU 的通信连接。

MIO 的主要功能是负责采集机车部件的状态信息（受电弓、主断路器、电磁阀、接触器和自动开关等）和输出控制逻辑指令，例如断合接触器、电磁阀等控制部件。

4）智能显示单元 IDU

每台机车装有 2 个 IDU，分别安装于每端司机室。IDU 是网络控制的人机界面设备，通过 MVB 与其他设备通信，IDU 的主要功能如下：

（1）列车信息显示。向车辆驾驶人员和维护人员提供车辆综合信息、各设备的工作状态、故障信息的综合与处理等功能。

（2）参数设定。对轮径值、列车重量、站点、时间日期等参数进行设定。

（3）模拟测试。在静止情况下，对辅助变流器系统的相关部件进行模拟测试。

（4）数据转储。通过以太网接口，将故障信息转储地面进行统计分析。

5）牵引控制单元 TCU

每台 HX$_D$1C 型机车装有 2 个牵引变流器柜，每个牵引变流器柜内安装 1 个 TCU，每个 TCU 负责一个转向架的传动控制，其外形如图 5.13 所示。

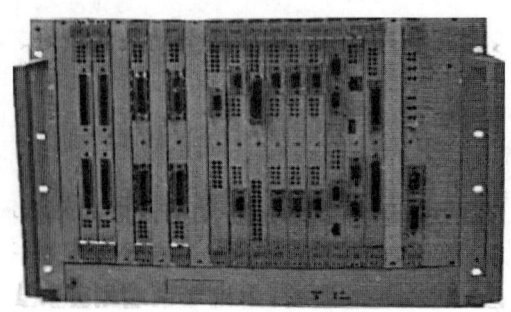

图 5.13　牵引控制单元 TCU

TCU 的主要功能是完成对机车的牵引/制动特性控制、逻辑控制、故障保护，实现对四象限整流器和牵引逆变器及交流异步牵引电机的实时控制、黏着利用控制。

6）辅助变流器控制单元 ACU

每台 HX$_D$1C 型机车装有 2 个辅助变流器柜，每个辅助变流器柜内安装 1 个 ACU。ACU 通过接收外部控制信号，实现辅助变流器正常起动、停机、故障保护，实现对输入网压的四象限整流、逆变，确保辅助变流器输出稳定。

7）制动控制单元 BCU

BCU 装在制动柜内，负责对空气制动系统进行控制。BCU 到 CCU 的接口设计为 MVB，如图 5.14 所示，用来接收和发送到 CCU 的信号，其他的制动信号由 CCU 通过 MIO 进行控制。

图 5.14　制动控制单元

3. 网络控制系统功能

HX$_D$1C 型机车采用 TCN 列车通信网络，由绞线式列车总线 WTB 和多功能车辆总线 MVB 组成。

1）主要控制功能

机车网络控制系统可实现列车控制级、机车控制级、部件控制级的功能，主要包括网侧高压部件控制、牵引/电制动控制、空电联合控制、重联运行控制、辅助电路冗余控制、自动过分相控制、无人警惕控制等。

（1）网侧高压部件控制。网侧高压部件控制包括受电弓控制、辅助压缩机控制、真空断路器控制、主变压器保护等。

（2）牵引/电制动控制。主司机控制器的手柄级位与机车的牵引/制动特性曲线相对应。当机车处于牵引工况时，系统根据司机控制器级位设定速度；机车处于制动工况时，系统根据司机控制器级位设定制动力相对制动黏着限线的百分比。CCU 根据牵引/制动特性曲线给定的目标牵引/制动力，机车实际速度、实际输出的牵引/制动力，并考虑机车的黏着保护控制及轴重转移等情况，结合重联控制方法进行牵引/制动力的动态分配，实现牵引/制动特性控制。

网络控制系统还支持"定速控制"模式，通过内部数学算法自动调整机车实际运行所需要的牵引/电制动力，以达到或保持机车实际运行在允许速度整定值误差范围内，实现机车的定速控制功能。

（3）空电联合控制。HX_D1C 型机车装备有电制动系统和空气制动系统。调速时，一般使用电制动系统。紧急制动和进站停车时，一般使用空气制动系统，空气制动系统包括：自动制动、独立制动和停车制动。

自动制动（间接制动）是机车网络控制系统通过电子制动阀（EBV）进行列车制动操作，通过制动管（BP）排风来实现对整列车的制动。在自动制动期间，机车自身可使用电制动系统进行再生制动，而车辆仍然是空气制动。机车自动制动直到来自 BCU 的电制动设定值有效才缓解。

独立制动是基于位置控制空气制动。当独立制动手柄放置到制动区（本务/切除模式 BCU），CCBⅡ系统直接对手柄位置做出反应，来控制用于在本务和重联机车施加制动的制动缸平均管压力（BCEP）。CCBⅡ系统将对制动缸平均管压力做出反应来控制本机制动缸预控压力。

停放制动是通过弹簧蓄能装置来实现的。每个司机室有两个控制按钮，一个施加停放制动，另一个缓解停放制动。

（4）重联运行控制。网络控制系统支持重联牵引模式下完成最多 3 台机车的重联牵引。实现重联牵引，需连接机车重联电缆后，起动所有机车的蓄电池和微机系统。然后在本务机车的司机室进行操作，机车组配置自动进行。操纵端机车的 CCU 通过列车总线 WTB，向附挂机车传输重联牵引所必需的整定值和控制命令。

（5）辅助电路冗余控制。辅助电路负载分为 VVVF 负载和 CVCF 负载，分别由两组辅助变流器供电。当一组辅助变流器发生故障时，控制系统通过控制相关接触器实现隔离故障、重组辅助系统负载，使机车维持运行，提高系统的可靠性。在冗余状态，全部辅助负载都工作在恒频恒压状态。

（6）自动过分相控制。机车具有自动通过分相区的功能：当机车通过分相区时，系统根据当时机车的速度、位置，自动平滑卸载和分断主断路器。通过分相区后，自动闭合主断路器、控制牵引电流平滑上升，从而实现机车通过分相区时操作的自动化，以减轻乘务员的工作强度。在自动过分相装置故障时，可采用手动或半自动方式通过分相区。

（7）无人警惕控制。当机车速度不小于 3 km/h 并且司机控制器的方向手柄不在零位时，起动无人警惕控制功能。间隔 60 s 无人警惕控制装置开始起动声音报警，并且在微机状态显示屏显示提示信息，如果 10 s 后无操作，无人警惕装置实施常用最大减压量制动。

（8）其他控制功能。HX_D1C 型机车还具有紧急运行、自动换端、微机复位、库内动车、辅机测试等功能。

2）机车故障诊断、显示及保护功能

机车网络控制系统能够对机车重要功能部件进行故障诊断及触发相应保护功能，诊断信息经系统评估后，按严重程度划分为 A 级、B 级、C 级并在司机台的 IDU 显示。车载诊断系统是机车网络控制系统的重要组成部分，可分为列车级、车辆级及部件级故障诊断。故障诊断建立故障日志，自动存储带有时间、公里数和相关运行数据的故障信息。故障诊断信息可以通过以太网接口，从诊断系统记忆存储器中读出相关信息，方便机车检修人员对机车发生的故障进行深入分析。

三、控制电路

HX_D1C 型电力机车控制电路的主要功能为：顺序逻辑控制、机车特性控制、定速控制、辅助电动机的控制、机车黏着控制、故障诊断、显示与保护、机车重联控制（最多可以实施同型号 三台机车重联）。

1. 直流 110 V 电源

直流 110 V 电源的作用是给控制系统提供电源，同时转化为直流 24 V 给照明、仪表电路供电。机车控制系统要求一个稳定的 110 V 工作电压。在起动阶段，机车的蓄电池保证了电源供电。每台机车配置一个 96 V 直流供电系统（蓄电池），为机车提供直流电源，蓄电池的容量总计为 170 A·h。

直流 110 V 电源主要有两个功能。一个是为机车内部电器提供控制电压，即充电功能：AC/DC 模块将单相交流 220 V 电源变为直流 110 V 电源，为机车提供 110 V 电源，并为蓄电池组充电，同时电源柜上的 DC/DC 模块将机车上的直流 110 V 电源变为直流 24 V 电源，为应急灯、仪表等设备提供电源；直流 110 V 电源的另一个功能针对 110 V 输出和 24 V 输出进行一定的低压配电。

控制电源主要技术参数如下：

额定输入电压/V　　　　　　　　　　　AC（220±11）

额定输出电压

　快速充电电压/V　　　　　　　　　　DC 115.2±1.152

浮充电压/V	DC 108.0 ± 1.08
直流 24/V	DC 24 ± 0.48
最大持续输出电流/A	90（DC 110 V）
	12.5 × 2（DC 24 V）
蓄电池最大充电电流/A	DC 35

2. 司机室占用

一台机车设置两个司机室，司机室占用电路如图 5.15 所示。

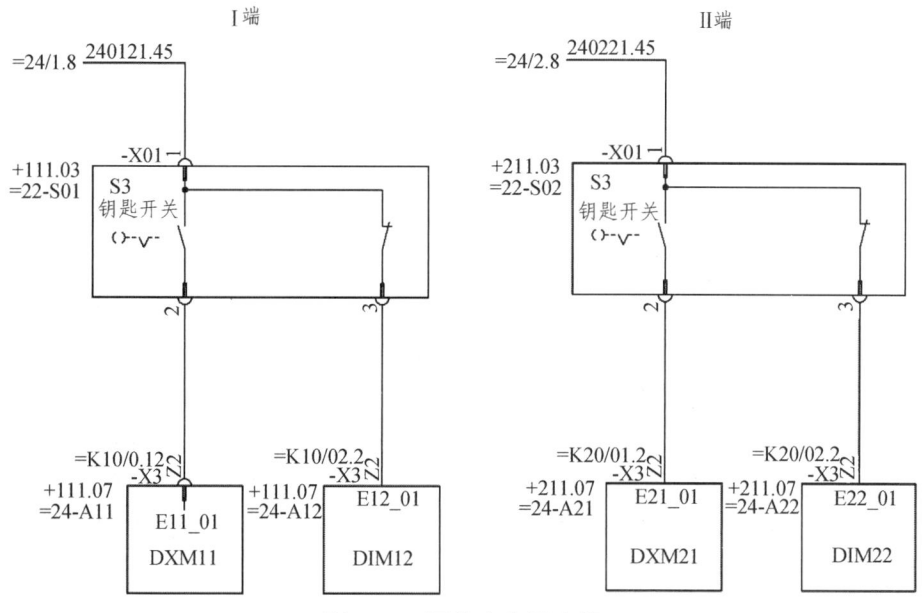

图 5.15 司机室占用电路

闭合Ⅰ端司机室钥匙开关，Ⅰ司机室占用，电路分析如下：闭合 = 22-S01-S3，E11_01 = 1，E12_01 = 0，Ⅰ端司机室占用。

闭合Ⅱ端司机室钥匙开关，Ⅱ司机室占用，即闭合 = 22-S02-S3，E21_01 = 1，E22_01 = 0，Ⅱ端司机室占用。

3. 受电弓控制

1 台机车安装 2 台受电弓，靠近Ⅰ端司机室的受电弓为 = 11-E07，靠近Ⅱ端司机室的受电弓 = 11-E08。司机可以通过受电弓模式开关 = 21-S51 来选择受电弓的升弓模式，受电弓有 4 种模式：受电弓 1、自动、受电弓 2、双弓。

受电弓升起时，在 IDU 上有信息通知司机去改变受电弓模式。在重联模式下，每台机车根据自身选择开关的位置选择受电弓。只有当主断路器断开和受电弓降下时，改变受电弓模式才有效。

1）升弓条件

机车的升弓条件在占用端司机室的 IDU 上采用"状态总览"的方式显示。在受电弓升起之前，以下条件必须完全满足：

（1）低压柜受电弓模式置升弓模式。
（2）机车操作模式选择开关在正常位。
（3）Panto/HVB 的自动开关在闭合位。
（4）高压隔离开关闭合。
（5）总风大于 400 kPa。
（6）主断路器 HVB 断开。
（7）传动控制单元 TCU 与中央控制单元 CCU 通信正常。
（8）受电弓切断阀在打开位（cut in）。
（9）"升弓气路隔离"塞门打开。
（10）受电弓自检已经完成。

2）升弓控制

在每端的司机操纵台上都有受电弓扳键开关，它有"升弓"和"降弓"两个自复位和一个锁定的"0"位，在Ⅰ端司机室为 = 21-S11，Ⅱ端司机室为 = 21-S11。如果所有升弓条件都满足，在占用端司机室，司机将受电弓扳键开关推至"升弓"位，升弓电磁阀得电，受电弓升起。这个命令在所有重联机车上都有效。如果受电弓已经升起，这个命令将不再起作用。

如果受电弓升起 2.0 s 后 TCU 没有检查到网压，在 IDU 显示信息提示司机无网压，司机应进一步检查受电弓是否升起。如果需要再试一次，司机应先给"降弓"命令，再给"升弓"命令。如果受电弓已经升起 15 min，但没有检测到网压或主断路器没有闭合，CCU 控制受电弓自动降下。

3）降弓控制

降弓操作可以通过推动"降弓"扳键开关 = 21-S11 或者 = 21-S21 进行，当升弓条件不满足（受电弓禁止）时，受电弓也会自动降落。降弓时，如果主断路器是闭合的，应先断开主断路器，受电弓延时 0.6 s 后降下。本务机车的降弓命令同样导致重联机车降弓。

4）故障检测

受电弓安装有滑板检测装置，它能得到受电弓的状态反馈信号。

升弓故障：控制受电弓电空阀升弓后，没有检测到压力存在的反馈信号（延时 15 s），故障由 CCU 储存，同时 CCU 封锁故障受电弓。

降弓故障：有降弓请求后，仍然检测到存在压力的反馈信号（延时 15 s），故障由 CCU 储存，同时 CCU 封锁故障受电弓。

如果发生升弓故障、降弓故障，在 IDU 上显示相关信息。

4. 主断控制

每台机车安装 1 台主断路器（高压断路器），主断路器控制由硬件电路和软件部分组成。当传动控制单元 TCU 发生故障时，由 CCU 对故障的 TCU 进行旁路，保持主断路器回路闭合。

1）合主断条件

机车的合主断条件在占用端司机室的 IDU 上采用"状态总览"的方式显示。在主断路器闭合之前，以下条件必须完全满足：

（1）Panto/HVB 的 MCB 闭合。

（2）总风大于 400 kPa。

（3）紧急按钮没有按下，且没有过分相请求。

（4）没有降弓命令，受电弓隔离开关在"cut in"位。

（5）网压在 17.5～31 kV 的范围内。

（6）原边电流保护没有动作，没有"水位"保护信号，且油温在正常范围内。

（7）HVB 自检完成并且没有故障，没有合 HVB 禁止。

（8）司机控制器手柄在"0"位（过分相过程除外）。

（9）机车模式选择开关在"正常操作"位。

（10）没有蓄电池欠压。

2）合主断控制

在每个司机室操作台安装 1 个主断路器扳键开关。主断扳键开关有 1 个自复位"ON"、锁定的"0"位和"OFF"位。在 I 端司机室为 = 21-S12，在 II 端司机室为 = 21-S22。如果满足所有合主断的条件，在占用端司机室，司机可以通过推动"合主断"扳键开关给出"合主断"命令，这个命令在所有重联机车上都有效。"合主断"命令通过 WTB 传送到重联机车，为了避免给供电网带来过大的合闸电流，在 WTB 重联机车上的主断路器 HVB 延迟 5 s 闭合。如果主断路器已经闭合，"合主断"命令将不起作用。

3）分主断控制

每一个失效的允许合主断条件，都会导致主断路器断开，同时来自司机的指令或者过分相请求也能分断主断路器。如果主断路器已经由 CCU 控制分断，当引起分断的原因消失后，主断路器不能自动合上，应由司机控制手动合上。

机车控制系统有 HVB 分断次数记录，即使在下载了新程序的情况下，这个数据也应保存，同时在 IDU 上显示，只有维修人员才能将此数据重置。

如果已经通过 MIO 发出了合 HVB 命令，1 s 后 HVB 反馈状态还是断开的，当所有的 HVB 条件再次完全满足时，可以再一次合 HVB，如果情况仍一样，就定义为主断路器故障。

如果给出分 HVB 命令或者已经断开 HVB 超过 0.5 s，但原边回路电流大于 30 A，降下受电弓，如果这种故障持续超过 1.3 s，HVB 锁定，定义为主断路器故障。

在每天零点后机车第一次起动时,HVB 自动进行自检;通过断开再闭合"受电弓/HVB"的 MCB 也能使主断路器进行自检。

5. 机车过分相

1)自动过分相

机车安装有自动过分相装置。机车的每端安装两个磁感应线圈(T1、T2 和 T3、T4),一个(Ⅰ端的 T1 和Ⅱ端的 T3)用于检测右侧的磁信号传送器 G1 和 G3,另外一个(Ⅰ端的 T2 合Ⅱ端的 T4)用于检测左侧的磁信号传送器 G2 和 G4,如图 5.16 所示。

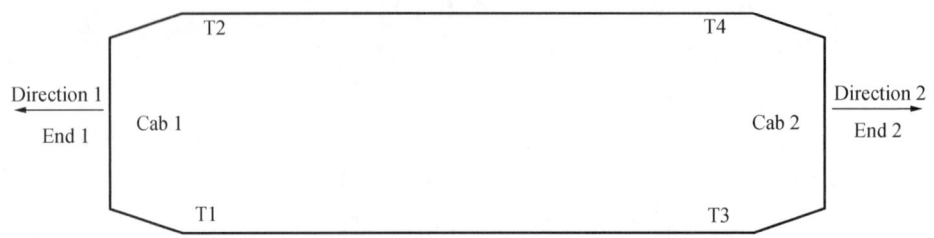

图 5.16 磁感应线圈的配置

磁信号传送器用于指示分相区的位置。沿着轨道,在每个分相区前面有两个磁信号传感器,一个(G1)在右侧,另一个(G2)在左侧,如图 5.17 所示。在每个分相区的尾部,有另外两个磁信号传送器(G3 和 G4)。来自磁信号传送器的信号经过 MIO 传送到 CCU。

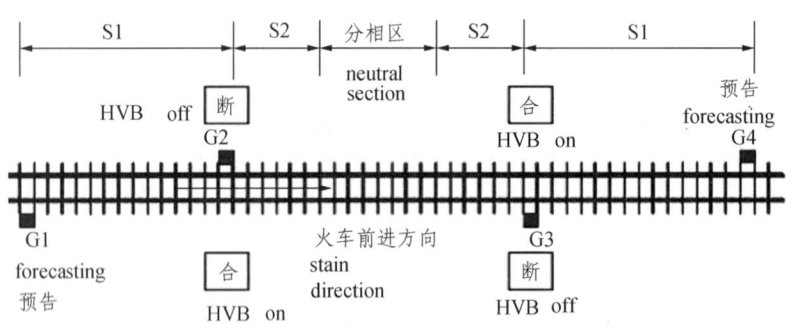

图 5.17 分相区磁信号传送器

当机车按照从左向右运动时,自动过分相过程如下:

(1)机车首先到达 G1 端,T3 将检测 G1 并发信号给信号处理器,信号处理器发送"预告"信号给机车控制系统。在 CCU 接收到预报信号后,牵引/制动设定值将通过斜率 45 kN/s 下降到 0。当牵引/制动力值为 0 时,主断路器断开。

(2)当机车到 G2 点,Ⅱ端的 T4 将检测 G2 并发送信号给信号处理器。如果已经从 T3 接收到预告信号,信号处理器将忽略该信号。如果前面没有从 T3 接收到预告信号,信号处理器将发送一个强迫断主断信号到机车控制系统,主断路器应立即断开。在 CCU 即将断开主断路器之前,牵引/制动立即被封锁。此后,主断路器将立即断开(延时 200~400 ms)。

（3）当机车到达 G3 点，Ⅱ端的 T3 已经检测 G3 并且再次发送信号给信号处理器。信号处理器将通过预警通道，发送信号给机车控制系统。然后 CCU 闭合 HVB，并再次给出主司控器当前设定值的牵引力或来自速控制功能的设定力。在这个方向，信号处理器将忽略来自 G4 的信号。然后信号处理器为再次过分相而自动重设。

2）手动过分相

当信号处理器失效（包括 T3 和 T4 或者 T1 和 T2 失效），它将发送一个故障信号到机车控制系统。IDU 显示自动过分相故障信息。机车接收到故障信号后，将忽略所有来自信号处理器的信号，机车自动过分相装置不能再用，过分相必须手动完成。司机可以按手动过分相按钮 =21-S04/=21-S24 实现手动过分相。当司机给出手动过分相的指示给 CCU，过分相过程立即起动，此过程与收到从信号处理器发来的预报信号相同。过分相的自动检测将在随后的 90 s 内被忽略。

当机车通过了分相区，如果正确地检测到网压（过完分相区后，网压必须先下降到 0 再升高到正常值），司机应给出合"主断"命令，并再次给出主司机控制器当前设定值的牵引力或来自定速控制功能的设定力。

在分相时，辅助变流器的中间回路不放电。在过分相结束，主断路器闭合后，由辅助变流器供电的辅助负载应立即正常起动。

在重联运行的情况下，如果过分相指令来自处理盒，每台机车将单独动作；如果过分相指令来自手动扳键，WTB 重联的机车将一起动作。如果 WTB 重联的任何一台机车收到了故障信号，在本务机车的 IDU 上有信息通知司机"过分相必须手动完成"。

6. 紧急制动

在 CCBⅡ制动系统中，从外部有两种途径触发紧急制动。一种是使用紧急电空阀得电，另一种是使 RIM 模块的紧急输入继电器得电。当 CCBⅡ制动系统触发或检测到紧急制动时，它通过 RIM 模块的输出继电器发出紧急制动命令。紧急制动回路如图 5.18 所示。

紧急制动由以下条件触发：机车自动保护 ATP 发出紧急指令；制动控制单元 BCU 发出紧急制动请求；中央控制单元 CCU 发出紧急制动指令；司机按下紧急按钮开关；来自重联机车的紧急制动请求。

制动柜紧急制动阀的得电线路有 3 条，分别是紧急 804 中继、CCU 紧急中继和紧急制动请求中继，无论哪一个紧急中继得电，都会触发紧急制动。机车紧急制动，只有在停车超过 60 s 才能缓解。

1）紧急 804 中继

以下任一条件满足时：按Ⅰ端紧急按钮 =28-S10；按Ⅱ端紧急按钮 =28-S20；ATP 发出紧急指令（J145）；重联机车产生紧急指令，紧急 804 中继 =28-K02（电气柜设备板的 105KA）得电，其常开联锁 =28-K02 闭合，紧急制动阀得电。

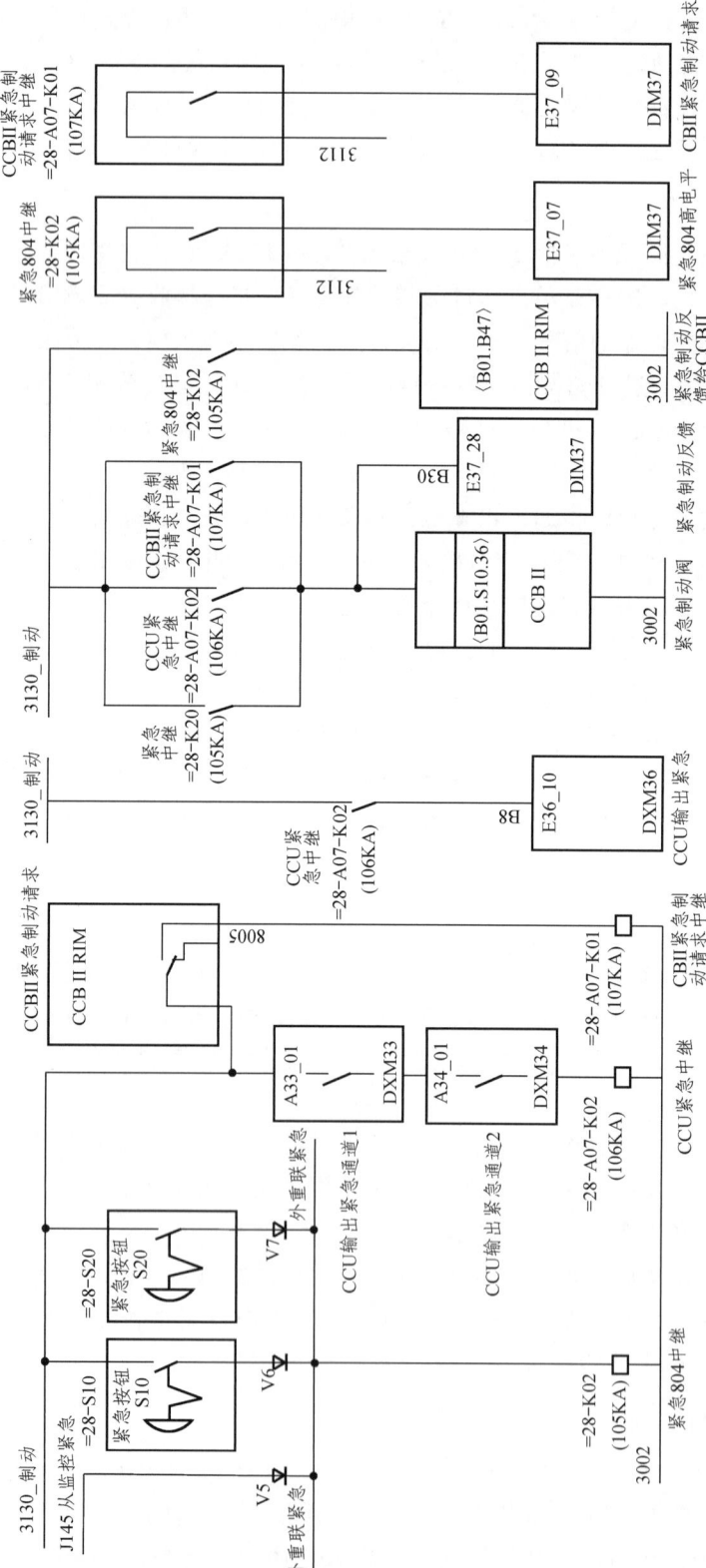

图 5.18 紧急制动回路

2）CCU 紧急中继

严重故障（过流、接地故障等）发生，CCU 发出紧急制动指令，A33_01（通道 1）和 A34_01 同时闭合（通道 2），CCU 紧急中继 = 28-A07-K02（电气柜设备板）得电，其常开联锁 = 28-A07-K02 闭合，紧急制动阀得电。

3）紧急制动请求中继

CCB Ⅱ 发出紧急制动请求时，CCB Ⅱ 紧急中继 = 28-A01-K01（电气柜设备板的 107KA）得电，其常开联锁 = 28-A07-K01 闭合，紧急制动阀得电。

7. 惩罚制动

在 CCB Ⅱ 制动系统中，RIM 模块有两个惩罚制动中继。如果机车控制系统或者监控系统想要触发一次惩罚制动，CCB Ⅱ 将执行这次惩罚制动。

惩罚制动由以下条件触发：无人警惕装置触发惩罚制动请求；监控系统触发惩罚制动请求；CCU 发出惩罚制动请求；停放制动没有缓解同时机车速度大于 5 km/h；制动系统设置模式错误，重联机车发出惩罚制动请求。如果惩罚制动正在实施，全列车的牵引将被封锁。

8. 压缩机控制

1）辅助压缩机控制

辅助压缩机用于辅助风路打风。通常情况下，只有在起动过程中，辅助风路的风压过低不能升起受电弓的情况下辅助压缩机才工作。

辅助压缩机由受电弓扳键开关控制。如果升弓的气压不足，当有"升弓"命令时，辅助压缩机自动起动工作，在 IDU 上有信息通知司机。当气压足够时，CCU 控制受电弓电空阀升起受电弓（升弓条件完全满足）。如果受电弓已经升起同时气压变低，辅助压缩机自动投入工作，防止受电弓降落。如果司机给出降弓信号，辅助压缩机立即停止工作。

2）主压缩机控制

在机车上安装两台主压缩机，压缩机 1 靠近 Ⅰ 端司机室，压缩机 2 靠近 Ⅱ 端司机室。司机可以通过 Ⅰ 端司机室的控制开关 = 34-S13 或者 Ⅱ 端司机室的控制开关 = 34-S23 控制压缩机，此控制开关有 3 个位置："停止""自动"和"强泵"。

辅助系统已经启动完成，并且没有故障或者故障部分已经隔离，压缩机就可以启动。若总风压力低于 750 kPa 时，启动远离操作端的压缩机（如果此时相应的压缩机有故障，应启动另一台压缩机），当总风压力大于 900 kPa 停止；在总风压力低于 680 kPa 时，两端压缩机同时启动，总风压力达到 900 kPa 时同时停止。

在重联运行模式下，启动命令可由任何机车发出，每台机车将根据自己总风缸压力大于 900 kPa 时发出停止命令。

在制动柜有两个总风缸压力开关用于主压缩机的控制，一个是单台压缩机起动请求 E37-19（0 = >900 kPa，1 = <750 kPa），另一个是双台压缩机起动请求 E37-27（0 = >750 kPa，1 = < 680 kPa）。

强泵模式：如果在占用司机室选择强泵模式，整列车的所有压缩机（可用、无故障）应立即启动。

停止模式：如果在占用司机室选择停止模式，整列车的所有压缩机应立即停止。

如果总风压力小于 650 kPa，CCU 触发牵引封锁，禁止牵引。主压缩机被关闭，在随后的 20 s 内封锁重启压缩机命令。

由 CCU 来监控压缩机每小时的起动次数，如果压缩机超过每小时起动 30 次，这台压缩机被锁定 10 min。每台压缩机总的运行时间在 IDU 上显示并由 CCU 储存。

9. 风机、泵控制

1）牵引风机、冷却塔风机控制

辅助变流器起动后，所有的牵引风机和冷却塔风机按照选定的频率起动。在正常情况下，牵引风机和冷却塔风机按照 VVVF 运行，如果一台辅助变流器故障，牵引风机和冷却塔风机按照 CVCF 运行。如果机车静止并且选定的频率低于 20 Hz，为了降低噪声，所有的牵引风机和冷却塔风机均停止运行。如果选定的频率高于 20 Hz，所有的牵引风机和冷却塔风机均启动。

2）牵引变流器风机、水泵控制

辅助变流器起动后，牵引变流器风机和水泵以 CVCF 运行。

四、常见故障判断及处理

1. 受电弓无法升起

（1）按压"主要数据"→"受电弓"键（按键在显示屏下方）。

（2）按照背景颜色变白提示条进行处理或进行微机复位处理。

（3）如果处理无效，则进行"大复位"处理。

2. 主断路器不闭合或自动断开时的处理

进入微机显示屏"主断状态"界面，查出造成主断路器不闭合或自动断开的原因（底色变白条目）后，再对症进行处理。

（1）若"主断/受电弓自动开关断开"底色变白。到低压电器柜检查，活动主断/受电弓自动开关 = 21-F114，使其处在闭合位。

（2）若"控制风缸风压不足"底色变白，则检查控制风缸塞门在开放位、控制风缸排水塞门在关闭位，消除控制风缸风压低的原因。

（3）若"紧急按钮按下"底色变白，则检查、恢复两端司机室紧急按钮至"运行"位。

（4）若"受电弓塞门关闭"底色变白，则到制动控制柜检查受电弓隔离塞门，确保其在开放位。

（5）若"过分相"底色变白，则在低压电器柜右侧面的自动过分相处理器上，将过分相故障钮子开关置"故障"位，切除自动过分相装置维持运行。

（6）若"原边电压过压"底色变白，应立即查看接触网网压，若接触网网压过高时，则等待网压恢复正常后再闭合主断路器。

（7）若"原边电压欠压"底色变白，应立即查看接触网网压，若接触网网压过低时，则等待网压恢复正常后再闭合主断路器。

（8）若"变压器油温过高"底色变白，消除变压器油温高的原因，待变压器油温降低后再闭合主断路器。

（9）若"变压器油温过低"底色变白，设法提高变压器油温，待变压器油温提高后再闭合主断路器。

（10）若"主断闭合/断开故障"底色变白，在消除主断路器故障后，进行复位操作。

（11）若"主变流器水位保护"底色变白，切除对应的主变流柜后，进行复位操作。

> **思考题**

1. HX_D1C 型电力机车 CCU 安装在机械室的（　　）柜内。
2. HX_D1C 电力机车如果受电弓升起 2.0 s 后（　　）没有检查到网压，在 IDU 显示信息提示司机无网压。
3. HX_D1C 型电力机车控制系统有哪些功能？

项目六

HX$_N$5 型内燃机车电气系统

HX$_N$5 型内燃机车
电气线路

知识目标

（1）掌握 HX$_N$5 型内燃机车牵引电机传动系统的组成和原理。
（2）掌握 HX$_N$5 型内燃机车辅助电气系统的组成和原理。
（3）掌握 HX$_N$5 型内燃机车网络控制系统的组成和原理。

技能目标

（1）能指出 HX$_N$5 型内燃机车主牵引变流器的构成和功能。
（2）能正确分析 HX$_N$5 型内燃机车辅助电动机供电的电路。
（3）会 HX$_N$5 型内燃机车网络控制系统的操作。
（4）能对 HX$_N$5 型内燃机车的常见故障进行判断处理。

素质目标

（1）弘扬社会主义核心价值观，牢固树立为人民服务的思想。
（2）强化安全意识、创新意识和责任意识。
（3）培养学生精益求精的工匠作风，培养学生逻辑分析能力。

任务一　HX$_N$5 型内燃机车牵引电机传动系统

任务提出

HX$_N$5 型内燃机车采用交-直-交电传动方式，即柴油机带动交流主发电机发出三相交流电，由整流器整流成直流电，再经 6 个逆变器变成可调频调压的三相交流电，供给 6 台牵引电动机驱动轮对转动。

任务目标

（1）能描述 HX_N5 型内燃机车牵引传动系统的原理和组成。
（2）掌握 HX_N5 型内燃机车整流器、逆变器的参数及安装位置。
（3）能判断及处理 HX_N5 型内燃机车牵引电机传动系统典型故障。
（4）弘扬社会主义核心价值观，树立为国增光的思想。

任务内容

我国重载与快速机车技术

一、HX_N5 内燃机车的主要特点

HX_N5 型内燃机车以中车戚墅堰机车有限公司与美国通用电气（GE）公司合作生产的交流传动 AC6000 型内燃机车为原型车，实现了 6 000 马力（1 马力 = 735 W）大功率交流传动内燃机车国产化制造和技术创新。机车采用系统化、模块化、高可靠性设计理念，成功运用先进的交流传动控制技术、微机控制及故障诊断技术、电空制动技术等。

（1）先进的交-直-交传动控制技术。采用"单轴"控制方式，即每个牵引电机由单独的逆变器控制，这为优化机车牵引性能提供了良好的技术基础并使机车获得更高的可靠性。

（2）微机控制及故障诊断技术。使用多台微机控制机车的运行，具有足够的冗余度，如发生故障系统可进行重新组合，使机车获得更高的可靠性。微机控制中具有先进的故障诊断和记录功能。

（3）电空制动技术。采用国际领域领先的 CCB Ⅱ 电空制动机。

（4）为提高柴油机工作可靠性，改善机车排放以及适应环境保护的要求，机车采用先进的 GEVO16 型柴油机。

（5）为了优化机车动力性能，对机车进行轻量化设计。

（6）提升燃油容量。根据机车运用实际情况，将燃油箱容积提升为 9 000 L。

（7）加装 6A 系统。为了提高机车运用安全保障，加装针对机车绝缘、防火、视频、列供、制动、走行部的集成防护平台，实现从车顶到车下关键部件的覆盖检测。

（8）改进为双司机室机车。结合我国铁路运用实践，由单司机室车体改进为双司机室车体，对制动系统、电传动系统及司机室操纵台等进行适应性改进，机车辅助系统和柴油机与单司机室 HX_N5 型内燃机车完全一致。

215

二、HX$_N$5 型机车牵引传动系统

HX$_N$5 型内燃机车牵引传动系统主要由交流牵引发电机、整流及逆变装置、交流牵引电动机、制动电阻装置组成，具体布置如图 6.1 所示。

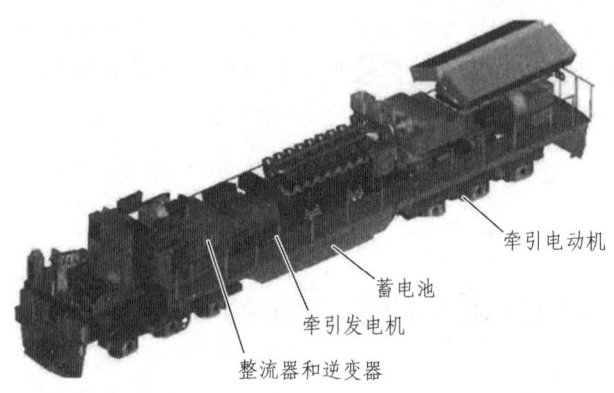

图 6.1　HX$_N$5 型内燃机车牵引电传动系统具体布置图

1. 牵引发电机

HX$_N$5 型内燃机车采用凸极转子的同步发电机，牵引发电机与辅助发电机同轴，相当于一个机座内有两个电机，结构复杂，其外形如图 6.2 所示。

图 6.2　5GMG201E1 同步牵引发电机外形

同步发电机由固定的定子和旋转的转子组成。定子铁心的圆周均匀分布着定子槽，槽内嵌放着按规律排列的三相对称绕组，也称电枢绕组。转子铁心上装有一定形状的磁极，磁极上有励磁绕组，励磁绕组通以直流电会在电机气隙形成极性相间的励磁磁场。当柴油机拖动转子旋转，极性相间的励磁磁场随轴一起旋转并依次切割定子各相绕组。由于电枢绕组的相对切割，电枢绕组将会感应出大小和方向按周期性变化的三相交流电。

牵引发电机主要数据：

型号	5GMG201E1
容量（功率因数为 0.955）/（kV·A）	4 690
输出电源/V	1 380
输出电流/A	3 082
频率/Hz	87.5
绝缘等级	H 级
励磁绕组电压/V	74
励磁绕组电流/A	400
效率	0.96
质量/kg	9 068
冷却方式	轴向强迫通风

2. 整流器和逆变器

HX_N5 型内燃机车的主牵引变流器主要由 1 台三相二极管整流器和 6 台 IGBT 逆变器构成，它将同步牵引发电机发出的三相交流电压整流成脉动直流电，再逆变成变压变频的三相交流电以驱动 6 台交流牵引电动机。此外，主变流器还包括检测电路、保护电路等部分。

1）电气原理

电气原理如图 6.3 所示。整流器由 3 个二极管整流桥构成，分别是 RMA、RMB、RMC。逆变器一共有 6 台，为 INV1～INV6，它们电气结构完全一致。

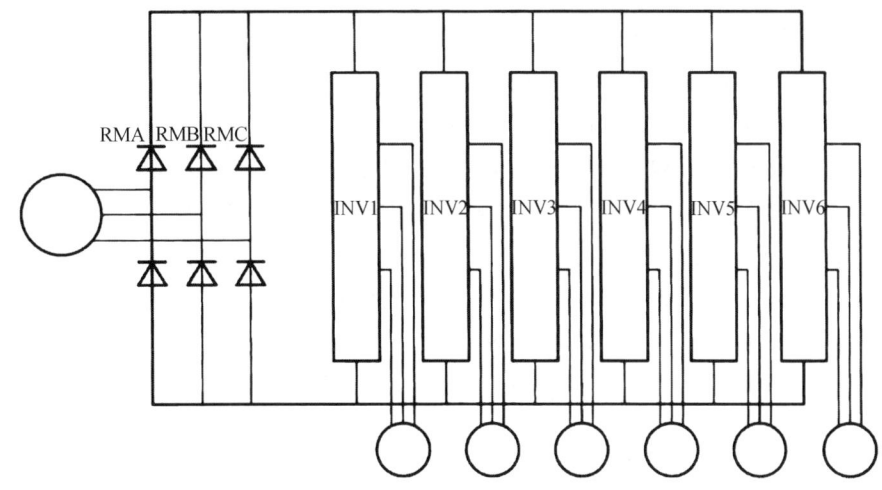

图 6.3 电气原理图

逆变器 INV1 的电气原理如图 6.4 所示，主要由支撑电容（C11、CA2）、IGBT 器件（P1AP～P1CP、P1AN～P1CN）、电流传感器（CM1A、CM1B）、电压传感器（VAM10）、快速熔断器（F1A1～F1C1、F1A2～F1C2）、IGBT 驱动电源（GDP1）、牵引控制器（TMC）构成。

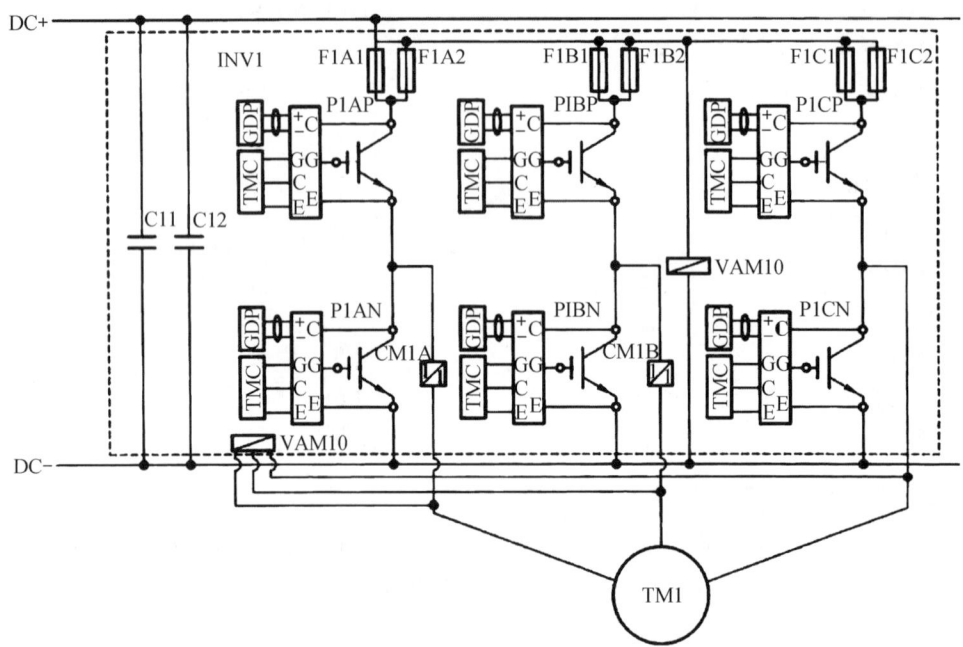

图 6.4 INV1 逆变器电气原理图

（1）支撑电容的作用是稳定中间直流电压，防止逆变器开关动作时直流电源的浪涌电流和尖峰电压。

（2）IGBT 是逆变器的核心开关器件。按照一定顺序开关相应的 IGBT 器件，就能产生驱动牵引电机的三相电压。

（3）电流传感器用来检测两个桥臂的电流。该电流信号经过牵引控制器 TMC 计算后，产生控制逆变器工作的 PWM 调制信号。

（4）电压传感器 VAM10 测量中间直流电压和牵引电机三相线电压。中间直流电压信号主要用于保护。牵引电机线电压信号则通过牵引控制器 TMC 产生控制逆变器工作的 PWM 调制信号。

（5）快速熔断器主要用于保护 IGBT 器件。当逆变器任一桥臂发生短路故障时，所在桥臂电流快速增大，达到快速熔断器的整定值，快速熔断器断开该桥臂，避免该桥臂上的 IGBT 器件被短路电流损坏。

（6）IGBT 驱动板电源 GDP1 将机车蓄电池电压 74 V 转化为 100 V、25 Hz 的方波电压为 IGBT 的门极驱动板提供工作电源。

（7）牵引控制器 TMC 是该逆变器的核心控制单元。主要由 6 块微机插件板和 2 块光纤驱动板构成，将电压传感器、电流传感器和速度传感器等输送的信号经过数模转换后，按照矢量控制的算法产生 PWM 调制信号，通过光纤驱动板将信号传送给 IGBT 驱动板，以控制相应的 IGBT 器件的通断，产生满足司机指令要求的三相交流电压，驱动牵引电机工作。

2）整流器

3 个整流器模块安装在电器室右后侧，CA5（控制区 5）内，如图 6.5 所示。

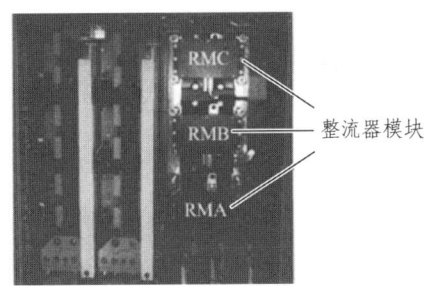

图 6.5　整流器模块在电气室 CA5 内的安装位置

基本参数如下：

输出电压（结温 175 ℃ 时）/kV	3.2
输出电流（结温 175 ℃ 时）/kA	2.9
工作温度 /℃	−40 ~ 175
储存温度 /℃	−40 ~ 175

3）逆变器

6 个逆变器的工作部件安装在 CA3（控制区 3）和 CA5（控制区 5）内，CA3 和 CA5 位于电气室后部机车的对边。主要部件包括逆变器开关和直流滤波电容。逆变器布置如图 6.6 所示。

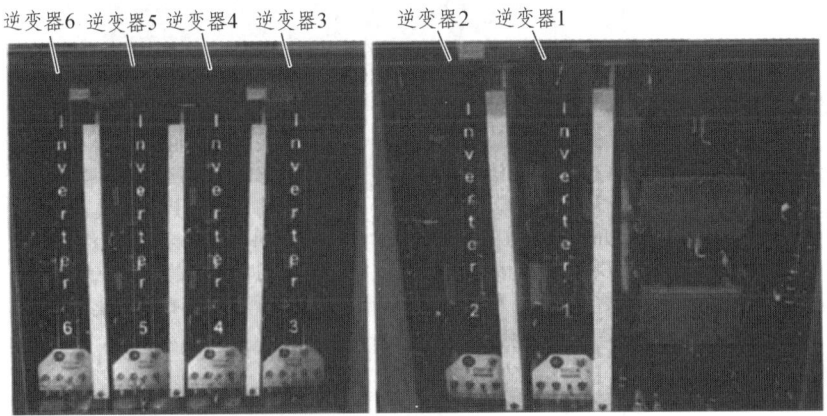

图 6.6　安装在 CA3 和 CA5 内的逆变器

控制这些开关的计算机板安装在 CA2（控制区 2）内的牵引电动机控制器 TMC 上，位于电气室的左边。用于测量供给每台牵引电动机相电流的器件安装在 CA4 和 CA5 的底部。测量牵引电动机相电压的元件安装在 CA5 的左右侧壁上，位于电气室的右后边。

基本参数如下：

输入电压（基波有效值）/V	1 100
输出电流（基波有效值）/A	850
输出容量/kV·A	709
输出频率（最大值）/Hz	200
IGBT 参数	2.4 kV·2.2 kA
效率	≥0.98
模块构成	1 个 IGBT，1 个反并联二极管
冷却方式	1 个散热器，1 个门极驱动电路 强迫空气冷却

4）牵引控制器

智能显示屏为 HX_N5 型内燃机车上每台牵引电动机提供指令信号，而牵引电动机控制器 TMC 的任务是将这些信号转换成可用于驱动逆变器的信息。TMC 通过驱动其内部的 6 个微机 I/O（CPU-I/O）卡和 2 个光纤卡来实现这项工作。TMC 位于 HX_N5 型内燃机车电气室内 CA2 的左上部，如图 6.7 所示。

图 6.7　安装在 CA2 内的 TMC 示意图

为了控制 HX_N5 型内燃机车上的 6 台牵引电动机，智能显示屏通过有线连接的网络发送转矩和车轮打滑指令到 TMC。TMC 中的光纤卡被连入，充当这些指令的接收器/传感器通道。在 TMC 中的每个 CPU-I/O 卡积累关于逆变器及牵引电动机 TM 运行的数据，并将这些信息送到智能显示器中。智能显示器利用这些数据来优化牵引系统的运行及防止其损坏。

3. 交流牵引电动机

HX_N5 型内燃机车的牵引电动机型号为 5GEB32，为铸钢机座的六极异步电动机，滚动抱轴承鼻式悬挂方式，其外形如图 6.8 所示。

1）牵引电机原理

5GEB32 电机采用单边直齿轮传动，转子是鼠笼型的。当流经定子绕组的三相交流电流产生的电磁场在牵引电机内旋转时，旋转的电磁场会扫过每个导电回路。磁场将产生电流并在回路中流过，建立几乎与感应到它的定子电磁场相等的电磁场，但方向相反。因为与定子磁场方向相反，受感应的转子电磁场被定子磁场吸引，也跟着旋转。由于转子磁场产生在转子的铜条回路里，当转子磁场跟着定子磁场旋转时，就为转子提供了转矩而引起转子转动，从而驱动车轮旋转。

图 6.8　5GEB32 牵引电机外形

2）牵引电动机的主要技术参数

型号	5GEB32
极数	6
电机功率/kW	693
持续电流（基波有效值）/A	647
持续频率/Hz	41.7
持续转速/（r/min）	823
转矩/N·m	7 606
转差率	0.013
冷却方式	强迫风冷
效率	0.946

4. 制动电阻装置

1）电阻制动原理

由电机学原理可知，在异步电机中，当转子转速高于定子旋转磁场转速时，牵引电机将由电磁功率输入状态变成电磁功率输出状态，也就是发电机状态。发电机的机械驱动力矩便由行驶的机车供给，而发电机给机车提供的反作用力便是机车的制动力。牵引电机此时发出交流电，经过逆变器整流后，直接施加在制动电阻上，转化为热能，产生的热量被电阻制动风机吹入的冷却空气带走，消散于大气中。这是一个机械能→电能→热能的转化过程。所以，电阻制动常常称为能耗制动。

2）制动电阻装置

HX_N5 型内燃机车制动电阻装置采用卧式结构，它由两部分组成，分别置于辅助电气柜上的单节电阻制动柜和置于交流电动机室上的双节电阻制动柜，如图 6.9 所示。在整个装置中，每"节"均为一组完整、独立的电阻制动单元，因此共有 3 组制动电阻单元。

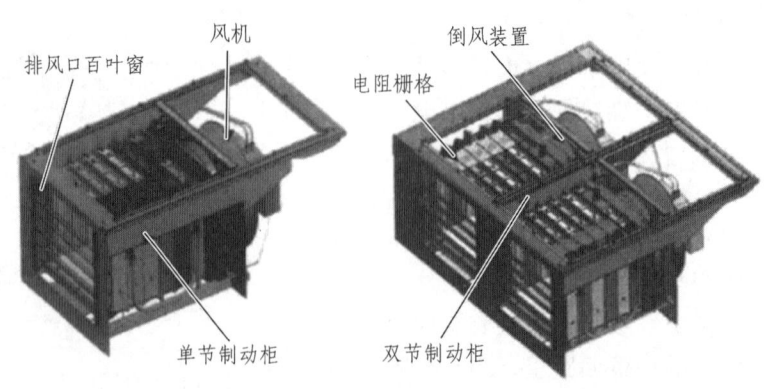

图 6.9　HX_N5 型内燃机车制动电阻柜

3 组制动电阻单元在柜中的安装情况大致相同。每组制动电阻单元均包括 6 只电阻栅格，一套散热系统以及相关引出线。

三、典型故障判断及处理

1. 牵引电机切除故障处理

1）故障现象

故障代码分析时，频繁出现以下提示：（以第五电机为例）25-2301VAM5（逆变器 5A 相电压传感器失效）。

2）故障判断

显示器登录二级界面依次按显示器按钮→开关→电机切除→查看第五电机切除。

（1）检查 VAM 电压传感器状态。

（2）校验 VAM 电压传感器线路。

（3）根据故障记录，检查相关牵引电机连线是否有磨损处所。

（4）根据故障记录，拆下相关牵引电机连线，测量牵引电机绝缘及三相阻值。

3）故障处理

（1）根据检查结果，更换相应的电器部件。

（2）以上没有故障，根据故障记录进行分析查找。

2. 动力系统断开故障处理

1）故障现象

（1）机车运行中显示器屏幕左上部信息栏提示"动力系统断开"。

（2）牵引、电阻制动无效。

2）故障判断

（1）检查主副操作台控制、主发励磁、控制脱扣开关是否正确→检查主副操作台大闸、司机控制器手柄位置是否正确，如果不正确恢复后故障消失。

（2）检查 PCR 继电器是否吸合，如果不能吸合进行查找：

① 检查 PCR 继电器线圈、抑制器及接线端子→检查 PCR 继电器的联锁、接线及接线端子。

② 测量 PCR 继电器线圈电压→没有负电→检查 BIPM 插头状态或更换 BIPM。

③ 测量 PCR 继电器线圈电压→没有正电→检查主副操作台司机控制器手柄位置是否在零位或司机控制器零位联锁故障。

3）故障处理

（1）根据检查结果，更换相应的制动系统主机 BIPM、司机控制器、PCR 继电器。

（2）以上没有故障，检查网络状态，总风缸风压是否符合要求、校验线路。

思考题

1. HX_N5 型内燃机车每个牵引电机由单独的逆变器控制，称为（　　）控制方式。

2. HX_N5 型内燃机车主牵引变流器的作用是：将同步发电机发出的（　　）三相交流电变成（　　）的三相交流电以驱动交流牵引电机。

3. HX_N5 型内燃机车牵引电传动系统主要由哪些部分组成？

任务二　HX_N5 型内燃机车辅助电气系统

任务提出

为了保证机车正常功能发挥和提供舒适的司乘环境，HX_N5 型内燃机车配备了相应的辅助机组和辅助设备，构成了辅助电气系统。

任务目标

（1）掌握辅助电气系统的组成和功能。

（2）掌握辅助交流发电机的位置、特点、启动及其励磁电路。

（3）会分析蓄电池充电电路和辅助电动机供电电路。

（4）了解柴油机起动控制电路和燃油控制电路。

（5）能对机车辅助电气系统典型故障分析及处理。

（6）弘扬中国传统文化，培养学生遵章守纪，诚实守信的思想品德。

任务内容

一、HX$_N$5 型机车辅助电器设备布置

HX$_N$5 型内燃机车的辅助发电机（AA）与牵引交流发电机（TA）集成在一起，如图 6.10 所示。统称发电机组件，其型号为 5GMG201E1。其中，辅助发电机包括 1 套励磁绕组和 3 套互相独立的输出绕组。柴油机启动后，在 AA 励磁绕组通有励磁电流的情况下，3 个输出绕组分别输出不同等级的交流电源供给机车辅助电路。主要包括（但不限于）励磁供电系统、辅助电动机供电回路、蓄电池充电系统以及控制系统等。

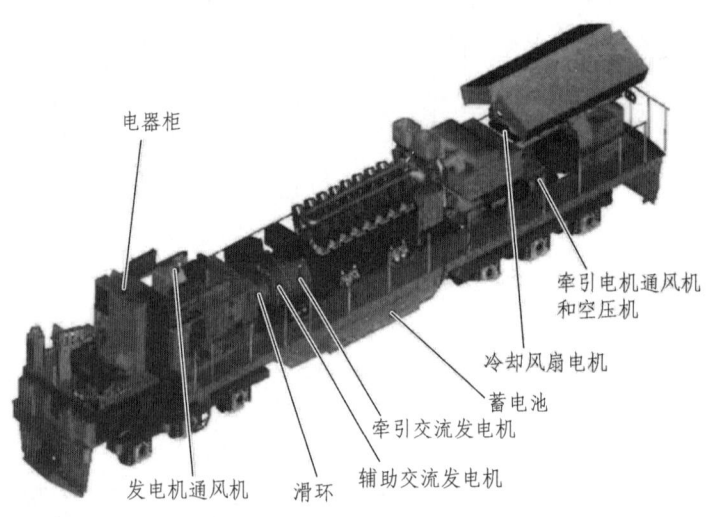

图 6.10 机车辅助电器设备布置

二、HX$_N$5 型机车辅助电气系统

1. 辅助交流发电机

辅助发电机 AA 位于机车的交流发电机间内，与牵引发电机 TA 一起连接在柴油机后部，见图 6.11。

1）辅助发电机特点

辅助发电机 3 套绕组输出 3 个不同等级的三相交流电源，分别供给不同的辅助电路。即主辅发电机励磁电路、冷却风扇等辅助发电机回路、蓄电池充电电路。按负载的不同，可将这 3 套绕组分为：励磁供电绕组、辅助电动机供电绕组、蓄电池充电供电绕组，如图 6.11 所示。

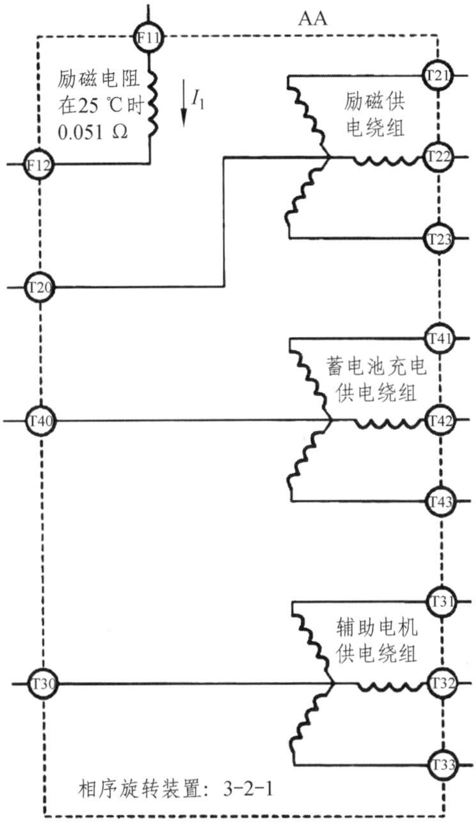

图 6.11 辅助发电机内部原理图

当柴油机旋转时,由于辅助发电机的转子与柴油机曲轴连在一起,所以辅助发电机 AA 的转子也在旋转。如果此时给辅助发电机的励磁绕组通一直流电,则辅助发电机发电的两个外部条件均已满足,在电枢绕组上便产生了电动势,从而产生了电压。由于磁场是旋转的,反映到输出绕组上便产生交变的电压。这样就输出了交流电。由于每套绕组均为三相,所以便产生了三相交流电源。

2)辅助发电机的起动

辅助系统决定辅助发电机(AA)何时起动。AA 的起动必须满足三个条件,机车上的 CCA 可检测到这些条件并做出反应。

(1)柴油机转速在 400~1 050 r/min,并至少持续 20 s。

(2)所有辅助柜的柜门关闭并锁好,门联锁开关 1~4(DIS1~DIS4)触点闭合。

(3)智能显示器的第二级开关显示屏上,辅助发电机的输入/切除开关必须打到"投入"位置。

当起动辅助发电机的 3 个条件得到满足时,控制系统便开始起动辅助发电机。

2. 发电机励磁电路

辅助发电机有 3 套输出绕组,其中一套为励磁供电绕组。该绕组输出的交流电经励磁控制器转换成直流，提供给牵引发电机 TA 和励磁发电机 AA 的励磁绕组，使 TA 和 AA 输出交流电分别供给牵引回路和辅助回路，如图 6.12 所示。

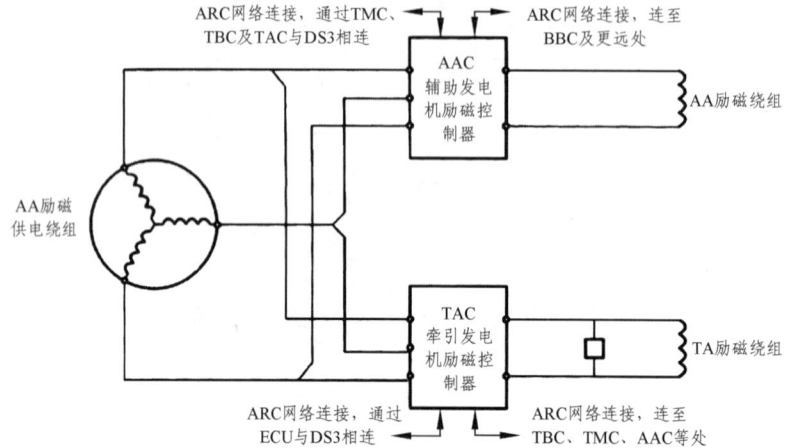

图 6.12　辅助交流发电机励磁供电电路原理图

1）辅助发电机励磁电路

（1）电路设备。

辅助发电机励磁电路由 AA 励磁供电绕组、辅助发电机励磁控制器 AAC 和 AA 的励磁绕组组成。另外 AAC 还通过 TMC、TBC 及 TAC 与 DS3 相连。智能显示器 DS3 控制 AAC 的运行。表 6.1 为这些器件在 HX_N5 型内燃机车上的安装位置及其功能。

表 6.1　辅助发电机励磁电路中的器件

项目	安装位置	功能
AA 辅助供电电路	交流发电机间（ALT）	提供三相交流电给 AA 励磁
AAC 辅助发电机励磁控制器	CA4（控制区 4）	将 AA 励磁供电绕组输出的三相交流电变换为直流并加以控制
AA 励磁绕组	ALT	利用 AAC 提供的直流电建立磁场
DS3	HCN（副司机操纵台）	控制 AAC 的运行

（2）工作原理。

当司机控制器控制柴油机转速到第 8 位时，AA 励磁供电输出其最大值 AC 67 V（线电压）。在 DS3 的控制下，该交流电被 AAC 转换为直流电并加以控制。在 DS3 对 AAC 正常控制且供给 AA 励磁绕组直流电流的情况下，AA 给机车所有控制器、辅助系统提供电源。由于某种原因需要停止 AA 时，DS3 可通过使 AAC 停止工作来实现。当 CA2~CA5 的柜门敞开或门的联锁开关断开时，DS3 可自动完成该工作。此外，关断 AAC 的工作也可由操作人员手工完成。

AAC 除了接受 DS3 命令控制辅助发电机励磁电流外，还可通过读取 AA 的反馈信息对自己的工作状态进行监控。

2）牵引发电机励磁电路

（1）电路设备。

牵引发电机 TA 励磁绕组电路由 AA 励磁绕组、牵引发电机控制器（TAC）、牵引发电机保护板（TAP）、TA 励磁绕组组成。DS3 控制 TAC 的运行，其线路连接见图 6.13。表 6.2 给出了这些器件在 HX_N5 型内燃机车上的安装位置和功能。

表 6.2　牵引发电机励磁电路中的器件

器件	安装位置	功能
AA 励磁供电绕组	交流发电机间 ALT	提供三相交流电给 TA 励磁
牵引发电机励磁控制器（TAC）	CA2（控制区 2）	将 AA 励磁供电绕组输出的三相交流电变换为直流电并加以控制
牵引发电机保护板 TAP	ALT	保护 TA
TA 励磁绕组	CA2	利用 TAC 提供的直流电建立磁场
DS3	HCN（副司机操纵台）	控制 TAC 的运行

（2）工作原理。

当司机控制器控制柴油机转速到第 8 位时，AA 励磁供电输出最大值 AC 67 V（线电压）。该交流电被施加到 TAC 的输入端。在 DS3 的控制下，TAC 将交流电转换为直流电，并控制直流电流输出的大小和开断。通常 TAC 输出的直流电直接被送到 TA 的励磁绕组，在必要时可由 TAP 加以短路。只有在 TA 的励磁绕组获得直流供电后，牵引发电机才能为牵引系统提供电源。当牵引系统出现某种故障需使牵引发电机停止工作时，DS3 可自动通过 TAC 断电来完成此项操作，从而确保人员和设备的安全。使 TAC 关断的另一个方法是将柴油机控制开关处于"隔离"或"起动"位。

如果 TA 的输出端出现异常有可能损坏发电机，ATP 此时将进行保护，它会给 TAC 的输出端提供一个短路通道，从而使 TA 的励磁绕组中无电流流过。

3. 蓄电池充电电路

辅助发电机 AA 三个输出绕组中的第二个是蓄电池充电供电绕组。在起动柴油机后，该绕组可给蓄电池充电。同时蓄电池充电电路也为其他的低压电器设备，如加热器、空调、计算机电源等供电。蓄电池充电电路原理如图 6.13 所示。

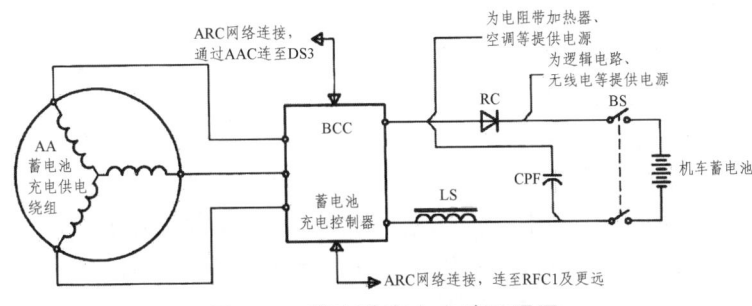

图 6.13　蓄电池充电电路原理图

1）电路设备

在蓄电池充电电路中，除 AA 的蓄电池充电供电绕组外，还有另外 6 个器件。分别是蓄电池充电控制器 BBC、防迂电二极管 RC、起动/蓄电池充电电感器 LS、控制电源滤波器 CPF、蓄电池开关 BS 和蓄电池。图 6.13 中除了给出各器件外，还给出了 BCC 到 DS3 的网络连接。DS3 直接控制 BCC 的工作，各器件位置及功能见表 6.3。

表 6.3 辅助发电机励磁电路中的器件

器件	安装位置	功能
AA 蓄电池充电供电绕组	交流发电机间（ALT）	为蓄电池充电提供三相交流电
蓄电池充电控制器 BBC	CA4（控制 4 区）	将 AA 蓄电池充电供电绕组输出的三相交流电转换为直流充电电源，并进行调节
RC	CA4	防止蓄电池向大负载供电
LS	CA6	减小蓄电池充电电流的波动
CPF	CA1	减小蓄电池充电电压的波动
BC	CA1—开关箱区域	切除或投入蓄电池电源
蓄电池	蓄电池箱	提供机车初始直流电源
DS3	HCN（副司机操纵台）	控制 TAC 的运行

2）工作原理

当司机控制器手柄提到第 8 级位时，辅助发电机 AA 的蓄电池充电供电绕组输出最大值 AC 201 V（线电压），该交流电输入 BCC，在 DS3 的控制下，BCC 将交流电转换为直流电，同时对输出的直流电压进行调解。为了减弱 BCC 输出中的交流脉动成分，线路中设计有滤波设备。LS 具有阻止电流变化的特性，CPF 具有平稳电压波形的作用，经过 LS 和 CPF 的滤波，BCC 施加到负载的电源将拥有较好的品质。当机车起动后，蓄电池开关 BS 处于闭合状态，而经过滤波的直流电源则为蓄电池充电。

除了给蓄电池充电，BCC 还给机车的其他辅助电路、控制电路供电。有些设备需要在 BCC 关断的情况下仍然有电源输入，需要接在蓄电池的两端，而另外一些设备则由 BCC 通过滤波供电。在蓄电池充电线路中串有防迂电二极管 RC，防止蓄电池向一些只能由 BCC 供电的设备提供电源，以避免蓄电池的深度放电。

BCC 通过监视蓄电池两端的电压来判断自己的工作状态，同时也检测其向低压电路供电电流的大小以防止过流。

4. 辅助电动机供电电路

辅助发电机的最后一个输出绕组是辅助电动机供电绕组，该绕组为机车的七台辅助交流电动机供电，包括两台冷却风扇电机、一台牵引电动机通风机电机、一台交流发电机通风机电机、一台排尘风机电机和一台空压机电机。

由于运行条件和要求的不同，对这 7 台电机的驱动方式有所不同。其中，排尘风机电机、交流发电机通风机电机的驱动方式为直接驱动，空压机电机为接触器控制驱动方式，冷却风扇电机和牵引电机通风机电机采用跳波控制器来驱动。

1）跳波控制电路

HX_N5 型内燃机车的冷却风扇和牵引电机通风机采用跳波控制器驱动。交流电动机的转速取决于输入电源的频率。而在机车上，由于辅助交流发电机与输入电源的频率与柴油机有关。所以，如果采用直接接到辅助交流发电机的方式，那么电动机就会一直随着柴油机的转速而保持最高转速，这样会造成能量和燃油的浪费。为了让冷却风扇和牵引电机通风机在保持冷却能力的情况下，以最经济的方式运行，机车配置了跳波控制器。在微机控制下，跳波控制器可以控制相关电机按四种设定转速运行，从而根据需要合理发挥冷却能力。按照跳波控制器输入和输出电源频率的比较，设定4种情况，见表6.4所示。

表 6.4　冷却电机四种设定

序号	跳波控制器输入和输出电源频率比较	冷却电机运转设定
1	输出电压、频率为"0"	电动机停止运转
2	输出电压、频率为输入值的 1/4	电动机按照 1/4 最大转矩运转
3	输出电压、频率为输入值的 1/2	电动机按照 1/2 最大转矩运转
4	输出电压、频率与输入值相同	电动机全速运转

（1）牵引电机通风机电路。

在牵引电机通风机电路中，除了跳波控制器，还有 AA 电动机供电绕组、牵引通风机电机，如图 6.14 所示。图中除了给出牵引电机通风机电机的电路外，还给出了冷却风扇电机电路及到 DS3 的网络控制连接。表 6.5 列出了这些设备的安装位置和功能。

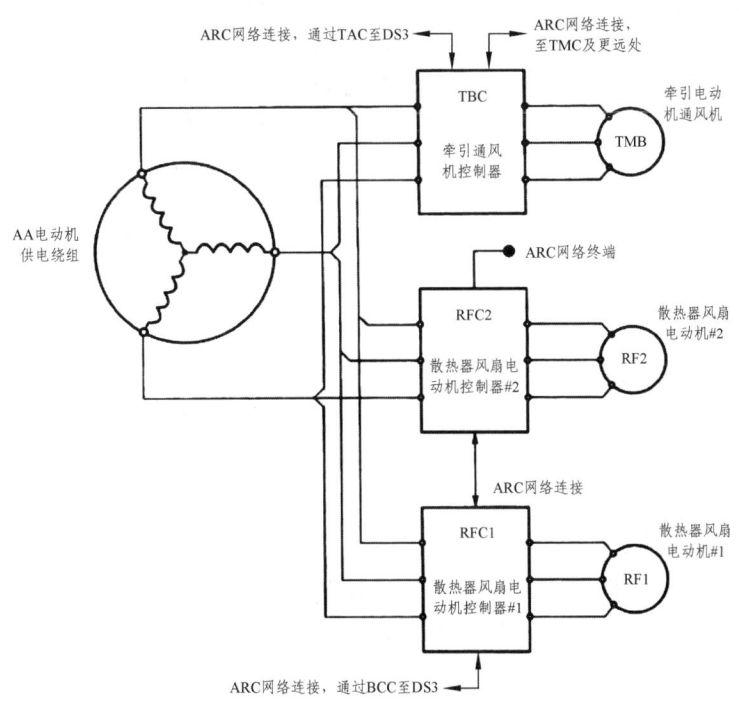

图 6.14　辅助交流发电机 AA 供电绕组回路

表 6.5　牵引电机通风机电路

器件	安装位置	功能
AA 电机供电绕组	交流发电机（ALT）	给辅助电动机提供交流电
TBC	CA2（控制区 2）	将来自 AA 的交流电变换为不同频率和幅值的输出值
TMB	冷却室（RAD）	驱动牵引电机通风机电机
DS3	HCN（副司机操纵台）	控制 TBC 频率电压变换，使 TBM 以正确的转速运行

AA 电机供电线圈输出三相交流电，在柴油机第 8 手柄位时达到 402 V 的最大线电压。该交流电信号被施加到 TBC 的输入端，DS3 根据多种因素，计算出牵引电动机的温升，确定 TMB 需要提供冷却空气量。由于 DS3 同时检测柴油机的转速，因此可计算出与要提供的冷却空气量相对应的跳波比率。然后，DS3 控制 TBC 以正确的变换模式输出所需的频率和电压。通常，TBC 仅采用前面提到的转速设定中的两种，即 1/2 转速与全速。

TBC 检测自身给牵引电机通风机电机的输出，然后将自身的这种工作状态送给 DS3。

（2）冷却风扇电路。

在冷却风扇电路中，除了 AA 电机供电线圈外，还有另外两个设备：一个风扇电路为 RFC1（冷却风扇电动机控制器 1）和 RF1（冷却风扇电动机 1）；另一个风扇电路为 RFC2（冷却风扇电动机控制器 2）和 RF2（冷却风扇电动机 2）。表 6.6 是这些设备的清单，同时也给出它们在 HX_N5 型内燃机车上的位置和功能。

表 6.6　牵引电机通风机电机电路

器件	安装位置	功能
AA 电机供电绕组	交流发电机（ALT）	给 RF1 提供交流电
RFC1、RFC2	CA4（控制区 4）	在 DS3 控制下，变换 AA 输出的频率和电压
RF1、RF2	冷却室（RAD）	驱动冷却风扇
DS3	HCN（副司机操纵台）	控制 RFC1、RFC2 的输出频率与电压，从而使 RF1、RF2 以正确的转速运行

AA 电机供电线圈输出三相交流电，在柴油机第 8 手柄位时达到 AC 402 V 的最大线电压。该交流电被施加到 RFC1、RFC2 的输入端。DS3 通过传感器监测柴油机冷却水温度，传感器通过 ECU 将测得的数据传送给控制系统。如果温度过高，DS3 便计算出需要由散热器提供的冷却能力，同时确定与之相应的冷却风扇电动机的转速。由于 DS3 也监测柴油机转速，因此能够计算出与该冷却能力相对应的跳波比率。DS3 将该信息传输给 RFC1 与 RFC2，用来控制频率和电压。在 RFC1 与 RFC2 工作过程中，可能用到前面提到的 4 种速度设定，即关断、1/4 转速、1/2 转速和全速。另外冷却风扇电机还有一种不常用的转速设定，即全速反向运行，该功能也由 RFC1 与 RFC2 在 DS3 的指令控制下实现。

RFC1 和 RFC2 工作中也检测自身对冷却风扇的输出，并将电动机的工作状态信息传送给 DS3。

2）直接驱动电路

辅助电动机电路的直接驱动部分如图 6.15 所示。这些电路为排风扇电机和交流发电机通风机电机供电。直接驱动的含义为所有电动机电路由 AA 电机供电线圈直接供电。在任何时候，所有 3 台电动机运转所需电能均由辅助发电机产生。原因如下：

排风机电动机 EM 可以对燃烧空气系统和牵引电动机冷却空气系统中的旋风筒式除尘器进行真空清理。由于 EM 直接由 AA 供电，所以它与 AA 同时运行（通常，柴油机也在运行）。

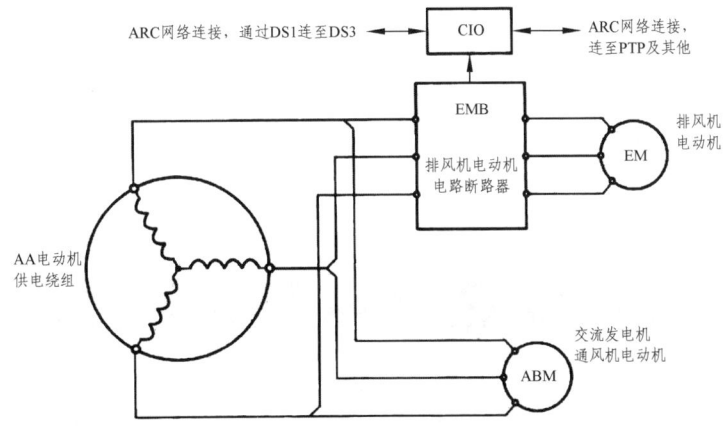

图 6.15 直接驱动电源电路

交流发电机通风机为 TA 和 AA 提供冷却空气，所以当这两个发电机工作时，通风机必须对它们进行通风。由于交流发电机通风机电动机直接由 AA 供电，所以只要 AA 在提供电源，通风机电动机便总在工作。

（1）排风机电路。

尽管排风机电路直接由 AA 供电，但它并不包括 AA 电动机供电线圈和排风机电动机（EM），有一个排风机电动机断路器 EMB 接在 AA 与 EM 之间。DS3 通过 CIO 中的一个输入信号监测 EMB 的状态。表 6.7 给出了这些设备的清单。

表 6.7 排风机电动机电路中的器件

器件	位置	功能
AA 电动机供电线圈	ALT	给 EM 提供三相交流电
EMB	CA9	在 EM 或接线电缆发生故障时保护 AA 免受损坏
EM	RAD	将灰尘从螺旋形除尘器中吸出
CIO	CA1	为 DS3 读取 EMB 的状态
DS3	HCN	检查 EMB 是否断开

AA 电动机供电线圈输出的三相交流电，在柴油机第 8 手柄位时达到 AC 402 V 的最大线电压，该交流电通过 EMB 施加给 EM。由于排风机电机是三相交流感应电动机，故它的转速取决于施加交流电的频率。当柴油机转速上升时，AA 转速升高，从而导致 AA 输出频率增大。这样，排风机电机的转速就上升，从而能将更多的灰尘从螺旋除尘器中吸出。当柴油机对空气滤清有更大的需求和除尘器中堆积污物较多时，排风机电机由于直接由 AA 供电，能够提供更大的滤清能力。

为了保护 AA 电动机供电线圈，在辅助发电机与 EM 之间接入了排风机电机断路器，如果排风机电机或电路接线发生短路或接地故障，断路器 EMB 会断开。DS3 可从 CIO 读取 EMB 的状态数据，如果 EMB 断开，DS3 会显示排风机电机停止运行的故障信息，提醒维修人员检查 EMB、EM 及它的电源电路。

（2）交流发电机通风机电路。

交流发电机通风机电路包含直接驱动电路中显示的两个器件，即 AA 电动机供电线圈和交流发电机 ABM。表 6.8 列出了这两个装置。

表 6.8　交流发电机通风机电动机电路的器件

器件	位置	功能
AA 电动机供电线圈	ALT	给 ABM 提供三相交流电
ABM	ALT	给 TA 和 AA 提供冷却空气

AA 电动机供电线圈输出三相交流电，在柴油机第 8 手柄位时其达到 AC 402 V 的最大线电压，它被直接施加给 ABM。由于交流发电机通风机为三相交流感应电动机，故它的转速取决于施加交流电的频率。当柴油机转速上升时，AA 转速升高（输出频率与电源容量增大），交流发电机通风机电动机转速也随之升高，这就使其提供更多的冷却空气。意味着，当牵引发电机和辅助发电机发出更多的电能而产生的热量也增多时，发电机通风机提供的冷却空气也增多。

3）接触器控制电路

HX_N5 型机车的空压机 CDM1、CDM2 由 AA 电动机提供绕组供电。3 个一组的接触器控制每台空压机的运行。为了让空压机在柴油机整个转速范围内都获得较高的打风速率，DS3 通过控制接触器的连接方式来改变电机 CDM1、CDM2 的磁极对数，从而达到改变空压机转速的目的，接线原理如图 6.16 所示。

空压机驱动电路由 AA 电动机供电绕组、电流接触器（CDC11 ~ CDC13、CDC21 ~ CDC23）和 CDM1、CDM2 组成。而 DS3 决定哪个接触器工作，以便空压机以适当转速运行。表 6.9 列出了这些装置的安装位置和功能。

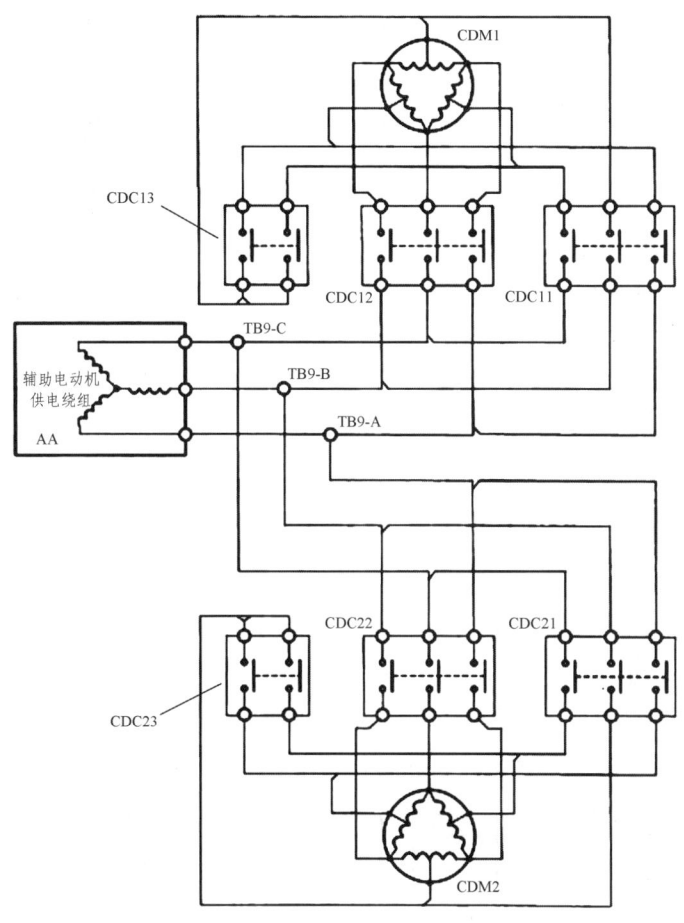

图 6.16 空压机接线原理图

表 6.9 空压机驱动电机电路中的器件

器件	位置	功能
AA 电动机供电线圈	ALT	给 CDM 提供三相交流电
CDC11、CDC21	CA9	在低速模式（LSM），转换 CDM1 和 CDM2 内部接线（用内部四极接线结构）
CDC13、CDC23	CA9	在高速模式（HSM），转换 CDM1 和 CDM2 内部接线，使电机内部呈现两极接线结构。
CDC12、CDC22	CA9	在高速模式（HSM），通过两极接线结构给 CDM1 和 CDM2 提供交流电源
CDM1、CDM2	RAD	空压机驱动电动机，其内部接线方式可变
CIO	CAI	驱动 CDC11 或 CDC13 之一运行 CDM1，驱动 CDC21 或 CDC23 之一运行 CDM2
DS3	HCN	依据柴油机转速选择适当的电流接触器并驱动

辅助发电机 AA 电动机供电绕组输出三相交流电，当柴油机在 8 位时达到 AC 402 V 的最大线电压，通过交流接触器被施加到每台空压机的驱动电机。如果主风缸 MR1 的压力降低到规定的极限值下，CIO 通过压力传感器接收到此信息，向 DS3 发出信号，DS3 综合以下各种信息来确定 CDM1 和 CDM2 以两个速度设定值之一运行。

（1）两台空压机排出的空气温度。

（2）柴油机的冷却水的温度。

（3）柴油机的转速。

（4）MR1 的压力（与 7 个设定值相比较）。

5. 柴油机起动

HX_N5 型内燃机车牵引电机与辅助发电机共用一个转子，这个转子直接连接到柴油机的曲轴上。以蓄电池为电源提供直流电给牵引电机转子上的励磁绕组，同时供给 5 号、6 号逆变器中的一个产生三相交流电给牵引电机定子三相绕组，从而产生旋转磁场，拖动牵引电机转子旋转，起动柴油机。

1）机车控制系统（CCA）电路

DS3 是机车的"大脑"，其他的设备，诸如集成式输入/输出（CIO）控制板、牵引电动机控制器（TMC）和柴油机控制单元（ECU）均受其控制。负责柴油机起动的 CCA 电路中的装置如图 6.17 所示。

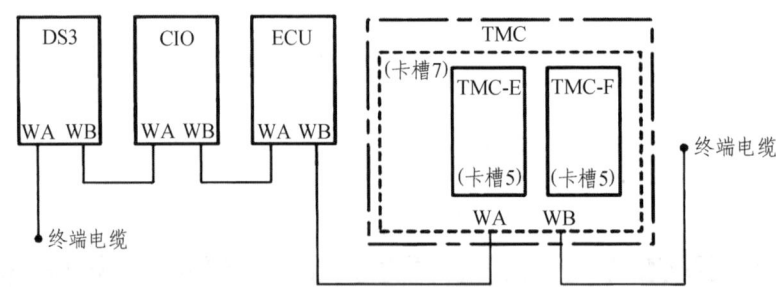

图 6.17　CCA 电路各装置

DS3 控制起动过程。DS3 通过 CIO 控制各个起动接触器和柴油机起动转换开关 CTS 动作。TMC 为 DS3 提供方法，控制主、辅起动逆变器运行，与此同时监视逆变器功能是否出现问题。DS3 同时控制着柴油机的燃油供给，并通过柴油机控制单元 ECU 在起动过程中监视它的性能。

2）起动主电路

HX_N5 型内燃机车使用牵引逆变器来起动柴油机。两个逆变器，一个为主，另一个为辅助，以便提供一定的故障冗余。在实际运行中选择逆变器 6 作为主起动逆变器。通常情况下，逆变器 2 和逆变器 5 比其他逆变器工作的时间要短，所以将其中的一个设为辅助逆变器。由于牵引交流发电机的电缆布置与牵引电动机 TM5 的电缆布置趋于同一方向，因此选择逆变器 5 作为辅助起动逆变器。牵引电路中设有用于选择主或辅助起动的转换开关，即：柴油机起动转换开关 CTS。这些设备均示于图 6.18。图 6.18 还显示了起动接触器和限流电阻是如何集成到起动电路中的。

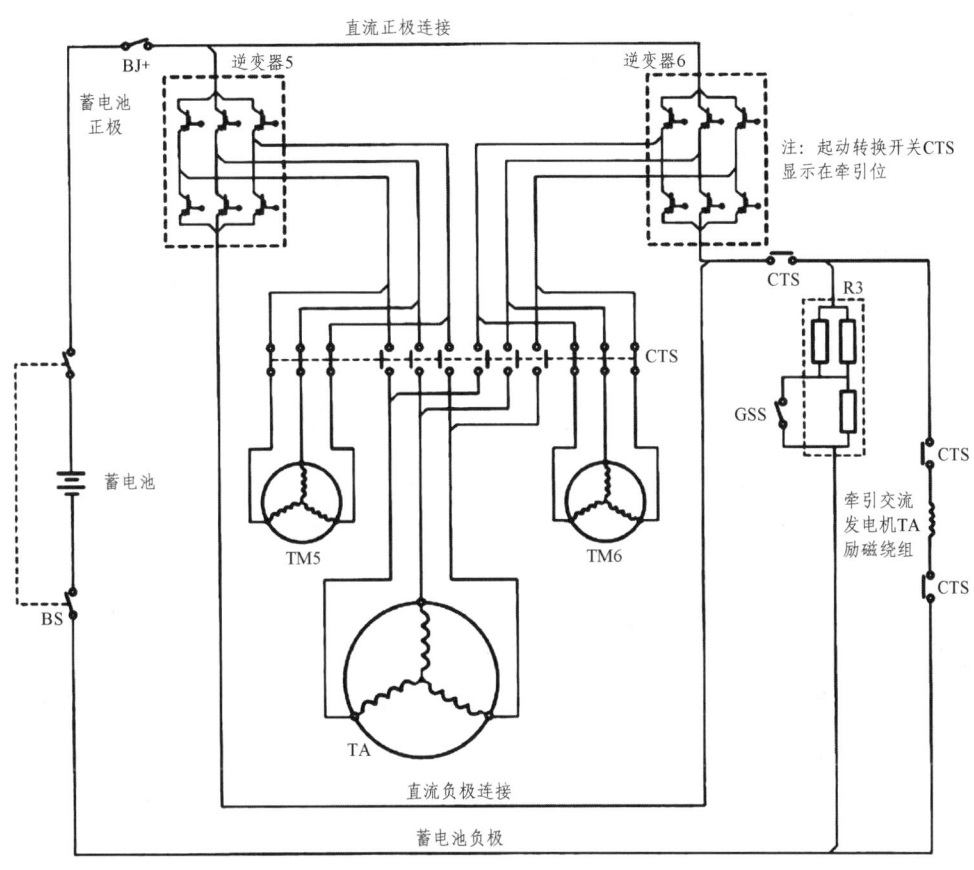

图 6.18　与柴油机有关的牵引电路

3）起动控制电路

在图 6.19 中，有几个部件是起动电路的一部分，必须在 CCA 的调节和控制下来执行柴油机的起动控制任务，包括柴油机起动转换开关 CTS 和起动程序接触器 GSS。所有这些装置均由 DS3 通过 CIO 板来控制。

大部分的装置都由 CIO 直接驱动。然而，CTS 却是被间接控制的。CIO 的输出被连接到两个继电器 C5R 和 C6R 上，这两个继电器用来控制 CTS 中的直流电动机运行。从而使得 CTS 将牵引系统设置为 3 种工作模式中的一种：牵引、主起动或辅助起动。

CRBL 是位于辅助间的 CA2 中的一个警铃。它在 CCA 起动柴油机之前响铃 30s。RCBL 是一个备用警铃，它也位于交流电动机室。

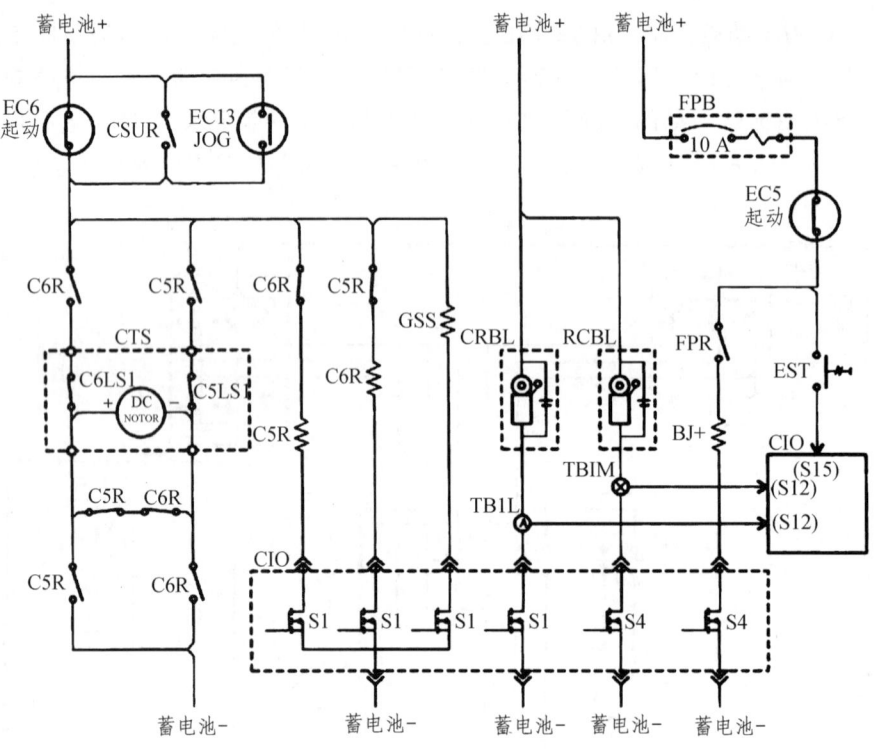

图 6.19 柴油机起动控制电路

4）燃油控制电路

在 HX_N5 型内燃机车上，柴油机的运行和禁止是通过燃油泵控制低压燃油系统的燃油供给来完成的，如图 6.20 所示。

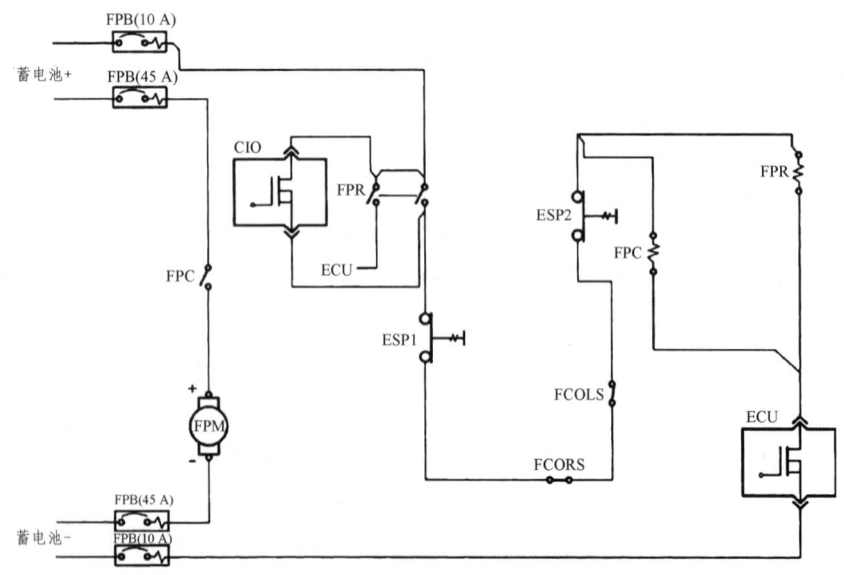

图 6.20 用于柴油机起动的燃油控制电路

通过 CIO 和 ECU 控制板的联合操作，DS3 根据司机室内操作人员的指令接通燃油泵。DS3 发送停车信号给 ECU，ECU 通过 FPC 直接控制柴油机停机。同时机车上或周围的操作人员也可以通过柴油机停机按钮来停机。

5）ECU 检测电路

为了正确控制柴油机的起动过程，CCA 必须检测曲轴位置和测量柴油机的转速。同时 CCA 还对起动电路进行更换。图 6.21 给出了曲轴转速传感器 EC1S 和 EC2S，这两个传感器给柴油机控制单元 ECU 提供曲轴的位置和转速。

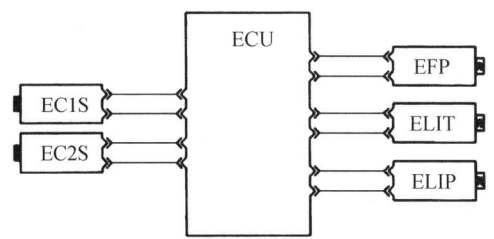

图 6.21　输入到 ECU 的传感器信号

ECU 还有其他 3 个传感器，以检测柴油机起动的其他条件，分别是：柴油机燃油压力传感器 EFP，柴油机润滑油进口温度传感器 ELIT 以及柴油机润滑油进口压力传感器 ELIP。

6）CTS 位置反馈电路

DS3 在起机时重新分配牵引系统，使 6 台逆变器中的一台为驱动提供交流电源。而另一台逆变器作为备份。在柴油机起动后 DS3 再将逆变器恢复到牵引状态。所以必须有一些反馈信号来检测 DS3 是否分配正确。图 6.22 显示这些反馈，当 C6LS2 闭合时，SPPS 和 C5LS2 必须断开，表明 DS3 选择牵引逆变器 6 起动柴油机，而牵引逆变器 5 作为备用。当 SPPS 闭合时，表明牵引系统中无论牵引逆变器 6 还是逆变器 5 均处于牵引模式。

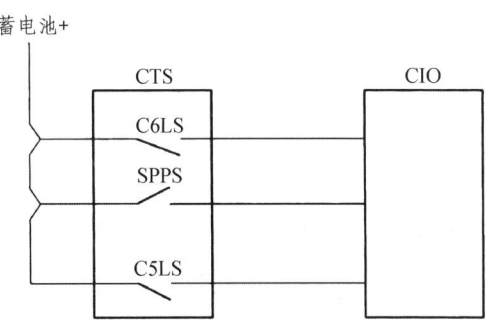

图 6.22　牵引系统配置反馈开关

三、典型故障分析及处理

1. 起动后辅助发电机不能发电

1) 故障现象

（1）柴油机正常起动后，后续辅助发电机不能正常发电，此时显示屏或显示 04-5008AAC 源电压丢失等故障信息。

（2）不显示任何故障，从显示屏查看辅助发电机输出电压特别低或者没有输出

2) 故障判断

（1）各辅助柜门联锁闭合不良或 FDCR1、2 放电继电器状态不良，辅助发电机的逻辑不成立。

（2）励磁接触器 FFR 动作，导致辅助发电机无预励磁电流。

（3）蓄电池亏电预励磁电流过小，辅助发电机励磁绕组输出电压过小，不能开启辅助发电机励磁控制器使其输出励磁电流，最终使励磁发电机不发电或一直输出特低的电压。

（4）空气压缩机接触器触头粘连或卡滞，辅助三相电流不平衡使辅助发电机切断保护。

（5）辅助发电机励磁控制器 AAC 状态不良，无输出导致励磁电流一直由蓄电池供电。

（6）辅助发电机 AA 状态不良。

3) 故障处理

（1）如故障显示屏没有故障显示，则检查门联锁、放电继电器、励磁接触器、空压机接触器等通断状态及其线路，也可参照日志故障提示查找原因。

（2）检查蓄电池电量，如亏电可通过暂时切除不同的用电设备（含 EMB 排尘风机断路器），待发电正常后再投入。

（3）人为提高柴油机转速，通过增加辅助发电机转速来提升辅助发电机的输出电压。

（4）如以上手段均无效，可通过更换辅助发电机励磁控制器 AAC 解决此问题。

2. 空气压缩机不打风

1) 故障现象

（1）显示器提示"总风缸压力低"。

（2）总风缸的压力低于 750 kPa，空气压缩机仍不打风。

（3）机车自动实施停车制动，从显示屏观察总风缸 2 压力高于 750 kPa，显示屏提示实施停车制动。

2) 故障判断

（1）两个空气压缩机全部故障或油缸无油。

（2）两个空气压缩机压力或温度传感器故障。

（3）总风缸压力传感器故障。

（4）空气压缩机接触器故障。

3）故障处理

（1）在主显示屏"诊断功能"菜单里按重置按钮，进行重置；仍有故障则进行复位。

（2）检查空气压缩机油位，如无油或泄漏严重，应请求救援。

（3）检查空气压缩机是否工作，如压缩机不工作，检查压缩机接触器触头是否粘连。如果粘连，应撬开触头，回段后更换。

（4）检查压力传感器和温度传感器插头，如有插接不良，应重新插接。

思考题

1. HX_N5 型内燃机车的辅助发电机与（　　）发电机安装在一起，统称发电机组件。

2. HX_N5 型内燃机车的（　　）电机和（　　）电机采用跳波控制器驱动。

3. HX_N5 型内燃机车辅助发电机起动须满足哪 3 个条件？

任务三　HX_N5 型内燃机车微机网络控制系统

任务提出

HX_N5 型内燃机车采用分布式微处理机控制系统，简称分布式系统。这种控制系统以微型机为核心，采用单元组合方式，根据不同需要灵活组合成一个完整系统。分布式控制系统既有计算机控制系统算式先进、精度高、相应速度快的优点，又有仪表控制系统安全可靠、维护方便的优点。

任务目标

（1）能描述 HX_N5 型内燃机车控制系统的特点。

（2）掌握 HX_N5 型内燃机车系统模块组成及位置布置。

（3）掌握 HX_N5 型内燃机车系统模块功能。

（4）能对 HX_N5 型内燃机车典型故障分析及处理。

（5）学习机车先进的控制理论，发扬精益求精的工匠精神。

任务内容

一、微机网络控制系统概述

HX$_N$5 型内燃机车的微机控制系统 CCA 在很大程度上基于在 GEAC6000 机车（带智能显示器）上使用的控制系统。智能显示器 DS1、DS2、DS3 是主要的控制计算机，通过使用串行通信网络控制机车上其他计算机和功能模块。所有模块之间通过该网络实现采样数据共享，分级控制。该网络基于 ANSI ACR Net 标准，被称为 ARC Net（或 ABC 网）。ARC Net 将计算机控制单元 DS、柴油机控制单元 ECU、辅助系统控制单元 AAC、牵引系统的控制 TMC 等连接起来，共同实现牵引电动机等设备的控制，并且为第三方设备提供通信接口，公开通信协议，方便了设备的加装和协调控制。

二、控制系统结构

1. 系统模块组成及位置分布

图 6.23 运用拓扑的方式，展现了微机控制系统中各模块单元之间的连接方式和等级关系。可以看出系统的网络连接从位于机车司机室端的智能显示屏 DS3 一直到位于机车电气室的 CA4 中的零部件。具体连接次序为：司机室操纵台（DS3→DS2→DS1）→CA1 电器柜（CIO）→PLA 无线电电器柜（PTP）→CA2 电器柜（ECU→TAC→TBC→TMC）→CA4 电器柜（AAC→BCC→RFC1→RFC2）。控制系统模块单元功能如表 6.10 所示。

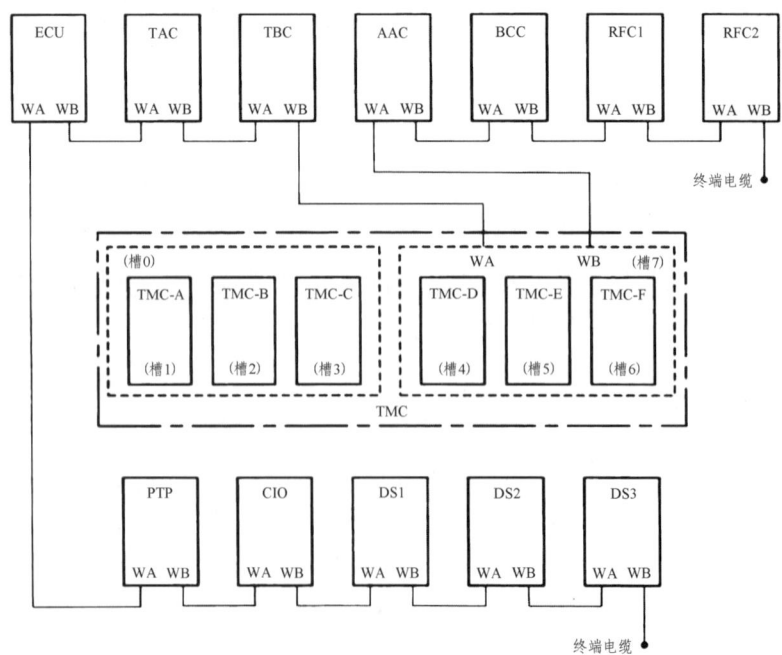

图 6.23 控制系统拓扑结构和网络连接

表 6.10　控制系统模块单元介绍

设备	名称	位置	功能
DS1	智能显示器 1	CON 操纵台	机车控制计算机及显示装置
DS2	智能显示器 2	CON 操纵台	
DS3	智能显示器 3	HCN 副操纵台	
CIO	集成输入/输出装置	CA1 电器柜	为智能显示器 DS 与机车常规运行部件提供输入和输出通道
PTP	协议转换板	RLA 无线电电器柜	第三方设备和 CCA 之间进行通信协议转换
ECU	柴油机控制单元	CA2 电器柜	根据牵引系统和辅助系统的负载控制柴油机的转速
TAC	牵引发电机控制器	CA2 电器柜	控制牵引发电机的励磁电流
TBC	牵引电机通风机控制器	CA2 电器柜	控制向牵引电动机提供冷却空气的通风机运行
TMC	牵引电机控制器	CA2 电器柜	将智能显示器的指令转换为控制信号，通过逆变器向牵引电机提供能量
AAC	辅助发电机励磁控制器	CA4 电器柜	控制辅助交流发电机的励磁
BCC	蓄电池充电控制器	CA4 电器柜	用于蓄电池充电的电压调节器
RFC1	散热器风扇控制器 1	CA4 电器柜	控制 1 号散热器风扇运行
RFC2	散热器风扇控制器 1	CA4 电器柜	控制 2 号散热器风扇运行

2. 系统模块硬件

1）智能显示器 DS

智能显示器 DS 是 HX_N5 型内燃机车上的控制微机单元，它们既是控制系统终端显示接口，又是整个系统的处理核心。DS 接收机车操作者（司机）的指令，并读取机车的运行状态。在协调这些信息后，DS 产生一组指令并将之传送到机车控制系统其他模块单元上，以实现操作人员的命令，达到对机车智能控制和保护。除了针对机车的控制功能外，DS 还作为显示和诊断设备，以服务机车操作人员和铁路维修人员的工作。

由于 DS 本身的输入/输出能力有限，其接口扩展也受到一定的限制，因此经由 CIO 控制板收集来自操作人员的指令信息，也可通过 CIO 收集一些有关机车工作状态的重要信息，以便于机车整个系统的自动控制。其他信息可以从机车的各种电子控制板获得，例如：TAC、AAC 和 TMC 等。

除了针对机车的控制功能外，DS 还作为显示和诊断设备。它们在机车上提供如下功能：

（1）机车运行状态的信息显示。柴油机起动，用户数据监视器，专用数据监视器屏：柴油机、牵引系统、辅助设备、自负荷、机车编组。

（2）事故记录和故障诊断。DS 能够显示所有发生在机车上的事故，包括那些由于司机误操作引起的事故；如果事故是由设备故障引起的，DS 能显示该故障的诊断和推荐的修复措施。

（3）装置和设备的自检测。

2）牵引电动机控制器 TMC

DS 为机车上每台牵引电动机提供指令信号，而牵引电动机控制器 TMC 的任务是将这些信号转换成可用来驱动逆变器的信息。换言之，TMC 为执行单元的"大脑"，通过其内部的 6 个微机-I/O（CPU-I/O）卡和两个光纤卡来实施这项工作。

3）集成输入/输出控制板 CIO

作为整个机车的各种电子——机械装置之间的一个主要接口，集成输入/输出装置 CIO 输入数据给 DS 或接受来自后者的控制信号。它也是输入来自几个传感器的数据，这些数据报告由 CIO 的输出控制系统的状况。CIO 安装在司机室后部 CA1 中的左上部，如图示 6.24 所示。

图 6.24　CIO 控制柜示意图

4）柴油机控制单元

燃油传送系统采用电子燃油喷射 EF1，EF1 系统包含一个微机板，它控制安装在各个高压泵上的螺线管。当螺线管被激励时，燃油从高压泵被供送到喷油器。这种单板机被称为柴油机控制单元，即 ECU。ECU 位于 CA2 的中间靠近顶部，如图 6.25 所示。

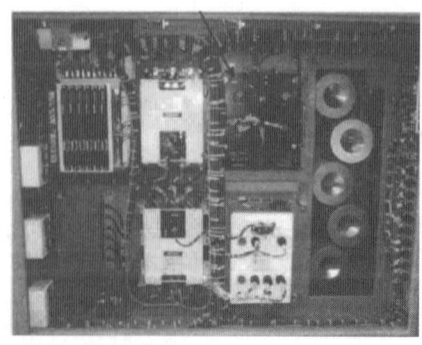

图 6.25　ECU 在 CA2 中位置示意图

5）协议转换板 PTP

HX_N5 型内燃机车装有许多第三方设备，包括电子空气制动机、全球定位系统、事故记录仪以及燃油液位计等。这些装置发送信息到 DS 用于显示和控制，并根据机车乘务人员的输入从 DS 那里接受操作和设置指令。所有这些数据的传送都通过协议转换板 PTP 来进行。PTP 充当信息翻译和传输渠道。PTP 位于司机室后部司机侧的无线电机柜区 RLA 内，见图 6.26。

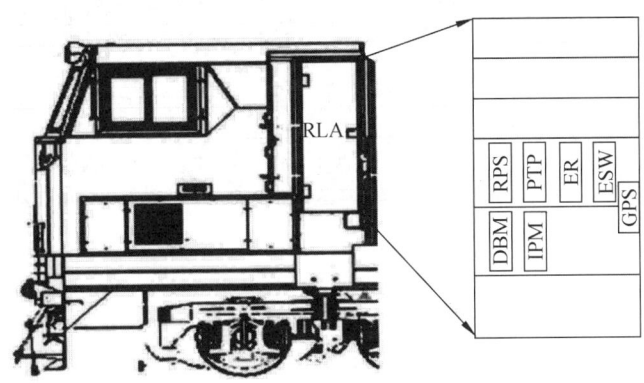

图 6.26　PTP 在 RLA 中位置示意图

三、微机显示及操作

1. 智能显示器的任务分工

表 6.11 列出了 HX_N5 型内燃机车控制系统操作终端的分工及其控制系统软件的功能。

表 6.11　DS 的功能分布

DS1	DS2	DS3
列车控制、网络、下载到控制屏、非易失存储器、统计文件	诊断记录、远程监视和诊断、统计文件	车辆控制、网络、数据记录、非易失存储器、统计文件

2. 智能显示器的主界面

在 HX_N5 型内燃机车的主要操作模式中，智能显示器是以所谓 1 级模式完成其任务的。在该模式下，以最低、最受限的级别访问计算机和控制系统的运行。当对智能显示器最初加电时，1 级访问级别为默认级别。

智能显示器作为其软件的一种补充执行操作系统，加电后智能显示器就呈现 1 级主操作界面如图 6.27 所示。这是由美国铁路协会（AAR）标准化了的一种格式。智能显示器提供两排菜单选项，以确定通过按动智能显示器前面板上的按钮选定的内容。

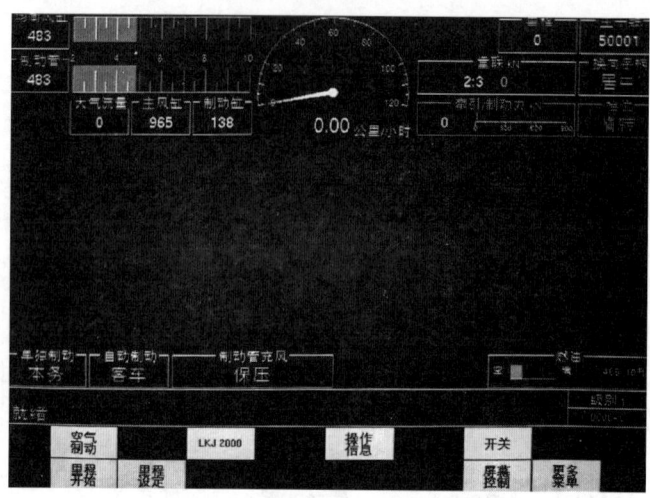

图 6.27　Ⅰ级主界面

3. 智能显示器的二级界面

主操作界面上的菜单选项是多样化的,对屏幕菜单的操作,通过彩显薄膜开关 F1~F8 以及数字 1~8 来执行,其中上排 F1~F8 对应屏幕上排的菜单选项,下排的数字 1~8 对应下排的菜单选项。

1)智能显示屏的屏显选择

(1)计量表屏幕选择。首先,通过按动按钮 F1 和 F2 来选定功能,控制司机控制台上两台智能显示器的屏幕状态。这两个智能显示器都可以显示主操作界面的计量表,或者其中一个显示计量表,而另一个呈现所谓人/机交互界面,即 HMI 形式。主操作界面的 HMI 形式如图 6.28 示。用户可通过移动"显示计量表区"中的高亮条来选定每一种屏幕形式。

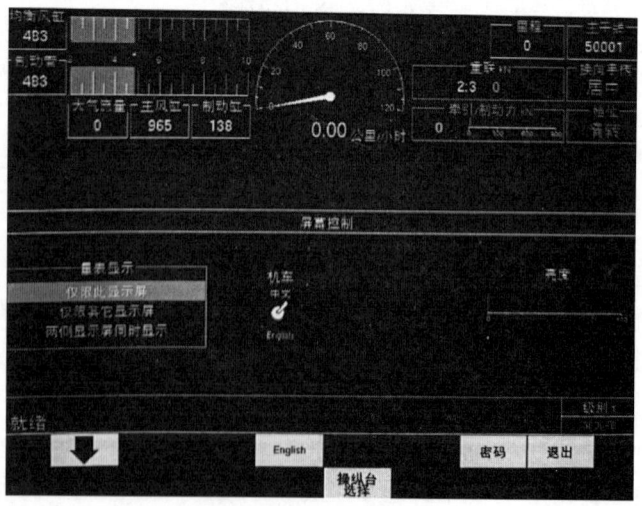

图 6.28　屏幕模式选择界面

图 6.28 显示出高亮条在"仅限此显示屏"上,可以使用 F1 和 F2 钮使高亮条向下或向上移动,计量表屏幕选择被定义为:

① 本显示器。在司机操纵台上,右智能显示器 DS2 将显示计量表界面,而左智能显示器 DS1 显示 HMI 界面。

② 另一显示器。左智能显示器 DS1 将显示计量表,而右智能显示器 DS2 显示 HMI 界面。

③ 两台显示器同时显示。当某具体选项被高亮显示时,其在司机控制台上的两台智能显示器将同时被激活。在操纵台上,两台智能显示器 DS1 和 DS2 均被显示计算表界面。

在司机操纵台上任何时候,两台显示器中必须至少有一台智能显示器显示计算表。

主操作界面的 HMI 形式在屏幕上留出空间用于提供其他信息,诸如有关机车运行的实际限制等。应注意:所有按钮菜单选项保持不变。计算表显示区已成空区,提供空间用于显示其他信息。

(2)语言选择。通过按钮 F4 选定的另一功能是控制出现在智能显示器上的语言。所有智能显示器可呈现中文或英文。用户通过按 F4 使图 6.27 中出现的虚拟扳钮开关指示中文或英文,为屏幕选定一种语言。一旦做出语言文字的选择,则选定的语言适用于机车上的所有功能。

(3)操纵台选择。操作人员由两个控制台中的一个来控制机车。使用 F5 按钮,操作人员可以选定两个控制台中由哪一个来担当使命。当按钮被按时(激活操纵台选择界面)显示屏上会出现信息,指示能否在柴油机控制板上实现控制台的选择。

当所有条件(由"绿灯"指名的)在两个控制台上均满足时,机车司机就可以在柴油机控制板的选择开关上改变司机控制台,具体界面如图 6.29 所示。

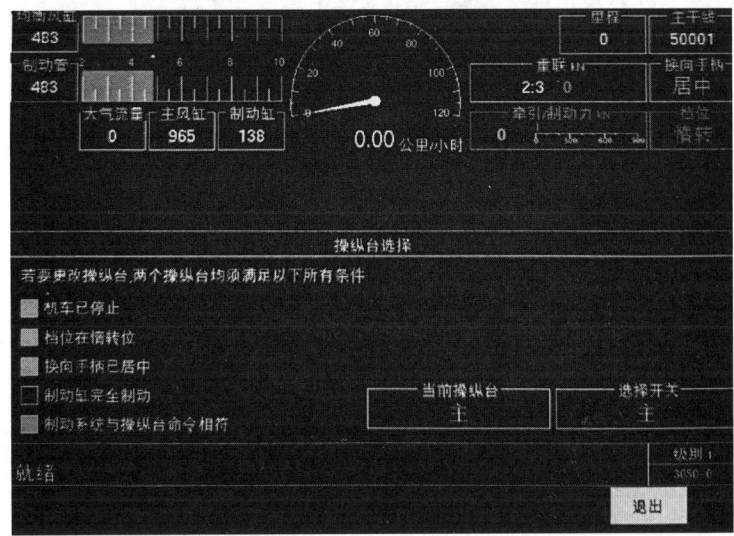

图 6.29 控制平台选择界面

（4）口令（或密码）。屏幕控制界面的另一可用功能通过F7钮选定。这种选择会使显示屏进入"口令"界面。从这里，机车操作人员可进入计算机的2级或3级加密访问。

改变机车的访问级别，需要输入相应级别口令。在"口令"界面上，如果正确地输入了2级口令智能显示器就会进入2级状态。对于3级口令也是一样。2和3级口令是8位数字，用数字（0~9）输入智能显示器。它们在口令界面上的输入是通过按智能显示器底下一排按钮实现的。当一个口令数字输入时，将显示一个"×"，正如目前的计算机使用的口令界面。

在任何情况下，一旦口令输入完毕，用户应按动F7钮以确认口令。如果口令正确，智能显示器将进入2级，如果输入不同的但也正确的口令，智能显示器将进入3级。

2）智能显示器的主要开关操作界面

在图6.28中，按动智能显示器上的F7钮，将激活"开关"界面，如图6.30所示，即在智能显示屏上可以得到一个开关界面。

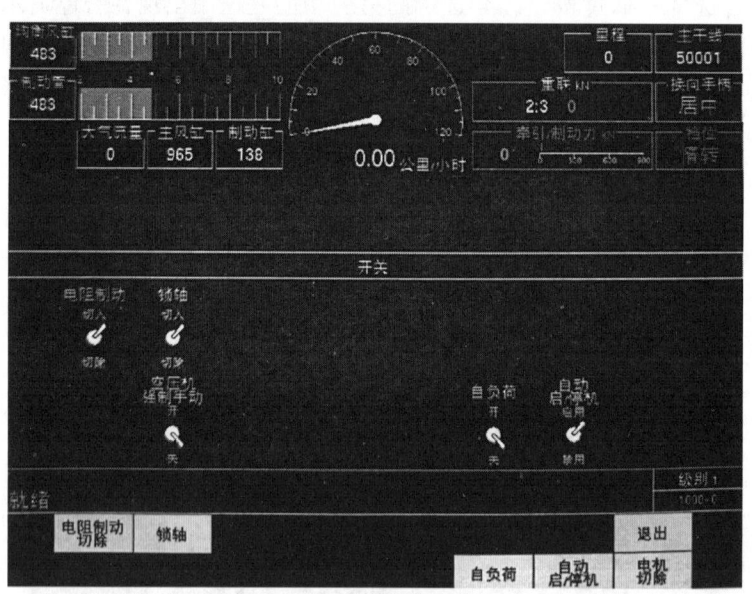

图6.30 开关量状态界面

（1）电阻制动（DB）。按动F1按钮影响电阻制动状态。当它们接通时（即激活），虚拟DB开关将指向"接通"（In）位。按F1将使它们断开，虚拟DB开关将下指到"断开"（Out）位。当电阻制动断开时（即非激活状态），按F1钮将会使它们接通，使虚拟开关上指到"接通"（In）位。

（2）轴抱死。按F2钮影响轴抱死报警状态。如果警报是激活的，按F2钮使其断开（Out），处于非激活状态。如果是非激活状态，按F2钮会激活它，使之接通（In）。

（3）POP（爆音）试验。按动数字1会启用POP试验运行功能。当处于"启用"状态时，将对柴油机运行POP试验，而按动1将使用"停用"（关断）。当POP试验为"停用"，按动1会使之起动。"停用"为智能显示器最初加电时，POP试验的设备状态。

（4）压缩机优先。当智能显示器加电时，压缩机优先虚拟开关处于Off（断开）模式，压缩机正常按CCA软件运行。按动数字2钮将不考虑软件的控制，而使压缩机处于接通（On）状态。再次按动数字2钮，会改变其运行模式，迫使压缩机转入正常运行状态。

（5）自负荷。数字6按钮被按动时，机车会进入自负荷状态。作为向自负荷模式转换的组成部分，正在显示计算表界面的智能显示器将显示自负荷界面，用户通过F8钮退出自负荷模式。

（6）柴油机自动起动/关机（AESS）。HX_N5型内燃机车具备当条件允许时自动起动和关停柴油机运行的能力。其目的是节省机车处于维持运行状态时的燃料消耗。当智能显示器加电时，AESS功能默认状态为"禁用"。按压数字7按钮AESS变为"On"或者说是起用它。如果这样做，主操作界面如图6.31所示。如果AESS"启用"，按动开关界面上的数字7按钮会使之停用。

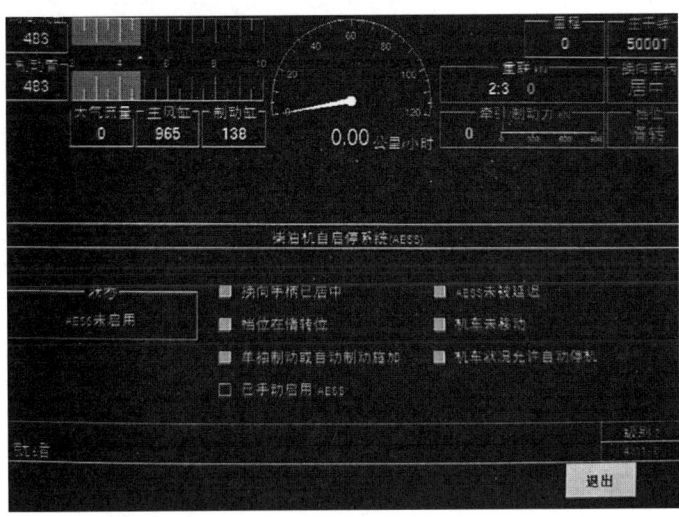

图6.31 主操作界面（带有AESS指示器）

（7）牵引电动机断开。在界面图6.30（从开关界面按数字8按钮进入）可实现牵引电动机和速度传感器的断开。这样会建立"电动机和速度传感器关断"界面，如图6.32所示。

① 速度传感器关断。按F1~F6中相应的按钮将改变机车上相应车轴的牵引电机和速度传感器状态。例如，若4号轴牵引电机和速度传感器为接通，操作人员按F4钮，则4号轴牵引电机和速度传感器将被断开。若它们已经断开，按F4会使它们变为接通。

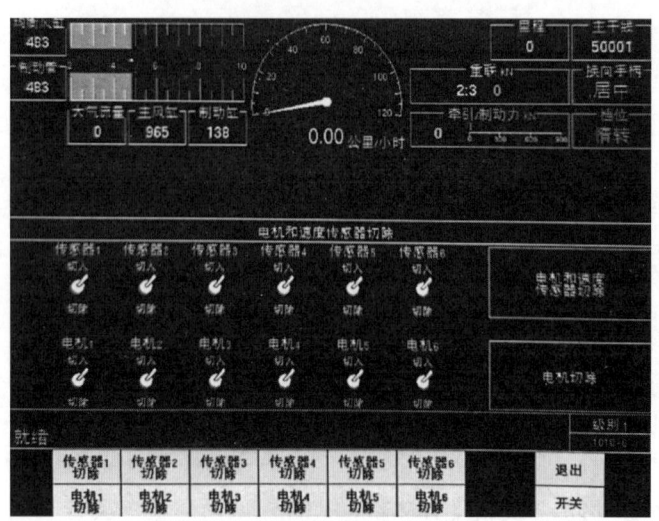

图 6.32 传感器操作界面

② 牵引电机关断。按数字 1~6 中相应的钮,仅改变机车 6 根轴中任何一根轴上的牵引电机状态。例如,若 2 位牵引电机处于接通状态,操作人员按数字 2 钮,则 2 位牵引电机将被断开,但其速度传感器仍处于激活(接通)状态用于机车控制,而且机车仍将监视已被断开牵引电机的速度传感器。若牵引电机 2 已经断开,按 2 键将使其变为接通。

③ 开关。按数字 8 按钮将使显示器返回到图 6.30 所示的开关界面。

④ 退出。使用 F8 按钮使显示器退回到主操作界面。

3)机车数据处理界面

通过"数据下载"选项将会进入智能显示器 "机车数据下载"界面。从这一界面,储存在 HX_N5 机车智能显示器中的数据文件可下载到插在智能显示器 USB 口的 USB 存储设备。通过该选项,可以全面地分析机车各种运行状态,对机车提出合理有效的维护方案和相应的优化措施,从而达到对机车的智能维护。

四、典型故障分析及处理

1. 机车控制系统软件不匹配

1)故障说明

显示屏显示 04-5008ACC 源电压丢失等故障,该故障一般发生在软件更新之后,但有时会在机车正常运用时偶尔出现,日志记录此故障提示不停地发生和重复。

2)故障分析

(1)更新软件与其不匹配。此时必须进入 2 级界面的机车配置界面查看各个软件的状态和版本信息,确认是否前后一致。

（2）可能是通讯不良造成的。

3）处理方法

（1）机车配置前后不一样，有"*"的要将软件重新更新。

（2）日志报软件不匹配，但查看机车配置里软件实际一致，此时进行一次机车大复位即可。

（3）网络通信不良，查看 PTP 控制网络。

2."小复位"的使用时机及操作方法

1）使用时机

（1）机车发生通信中断时。

（2）显示屏死机、乱显示（如白屏、花屏等）。

（3）自动切轴影响运行需要解除时。

（4）无法设置"制动管充风非保压"时。注意："小复位"处理无效，应进行"大复位"。

2）操作方法

（1）常用制动停车。

（2）断开"蓄电池充电器及计算机"断路器（BCCB）。

（3）等待 3 台显示器完全关闭，左下角的绿灯熄灭。

（4）闭合"蓄电池充电器及计算机"断路器（BCCB）。

（5）等待显示屏起动后，按在"操作信息"（F5）按钮观察提示消息。

（6）在"请等待……系统诊断正在运行"提示消除后。

（7）将自阀手柄移至"抑制"位，消除由于上电引起的惩罚制动，可恢复运行。

3."大复位"的使用时机及操作方法

1）使用时机

（1）按正常操作柴油机不能起动，无故障信息提示时。

（2）辅助发电机不发电处理无效时。

（3）转速不升不降时。

（4）电空制动系统故障，正常检查、操作处理无效时。

（5）产生锁轴或他车报警，切除传感器无效时。

（6）无故障信息提示，牵引受限或无法加载时。

（7）动力控制系统断开，牵引、电阻制动、自负荷无效时。

（8）空路管路无泄漏处所，空压机持续泵风、总风缸压力下降、安全阀排风不止，不能维持运行时。

（9）机车出库前。

2）操作方法

（1）停车、停机。

（2）断开柴油机控制面板（ECP）上的蓄电池充电及计算机断路器（BCCB），等待3个显示屏完全关闭（左下角的绿灯熄灭）。

（3）断开柴油机控制面板上的多重功能断路器（MTB）、机车控制断路器（LCCB）、燃油泵断路器（FPB）、电空制动断路器（ABCB）。

（4）等待3 min（系统放电及冷却）。

（5）先闭合多功能断路器（MTB），然后依次闭合电空制动断路器（LCCB）、燃油泵断路器（FPB）、机车控制断路器（LCCB）、蓄电池充电及计算机断路器（BCCB）。

（6）观察显示器完全起动无故障提示信息。

（7）起动柴油机完成机车复位。

思考题

1. HX_N5型内燃机车采用（　　）控制系统，这种控制系统以（　　）为核心，采用单元组合方式。

2. HX_N5型内燃机车的主要的控制中心是（　　），通过（　　）控制机车上其他电气设备的动作，从而控制机车运行。

3. 简述HX_N5型内燃机车3个智能显示屏的任务分工。

项目七

机车自动控制系统

机车自动控制系统

知识目标

（1）掌握自动控制的基本概念和分类。
（2）了解机车自动控制系统的组成及特点。
（3）熟悉机车微机控制系统的基本原理和特点。

技能目标

（1）能分析 SS_4G 型电力机车自动控制系统的功能和组成。
（2）能分析 SS_{7E}、DF_{8B} 型机车微机控制系统的功能和组成。
（3）能描述交流电力机车微机控制系统各控制级的名称及功能。

素质目标

（1）弘扬社会主义核心价值观，树立崇高的理想。
（2）培养学生爱岗敬业、精益求精、严谨认真的作风。
（3）提高学生的安全意识和责任担当。

任务一　直流传动机车的闭环自动控制

任务提出

随着科学技术的飞速发展，机车的自动控制日趋完善。SS_4G、DF_4 型机车采用电子柜自动控制；SS_9、SS_{7E}、DF_6、DF_{11}、DF_{4D} 采用微机自动控制；交流传动机车和动车组则采用微机控制系统。本节主要介绍自动控制的基本概念，以 SS_4G 型电力机车为例阐述电子柜自动控制过程和各环节的作用。

任务目标

（1）了解自动控制的基本概念和分类。
（2）能描述相控机车闭环自动控制的组成和工作原理。
（3）关注科学技术发展，激发学生的爱国主义情怀。

任务内容

一、自动控制的基本概念

自动控制的特点是无须人的直接参与，系统可以按照一定的规律变化自动进行调节。自动控制系统一般有 3 个要素，即控制对象、控制器（信息处理机构）和执行机构。控制对象给出控制目标；信息处理机构将目标值和实际情况进行比较运算，给执行机构发出动作指令；执行机构根据发出的动作指令进行调节，以求达到尽量接近控制目标。

自动控制系统按照是否引入反馈，可分为开环控制和闭环控制两种，闭环控制比开环控制更易于稳定并具有较高的精度。

1. 开环自动控制

在开环控制系统中，输出量对系统本身的执行过程没有影响，当由于某种原因影响了控制过程的进行，输出量不能达到既定目标时，系统本身没有调节能力。开环控制系统由输入信号、控制器、被控制对象、输出信号等部分组成，其结构如图 7.1 所示。

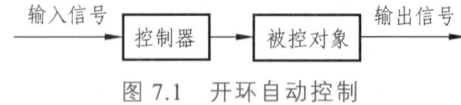

图 7.1 开环自动控制

图中的方框表示部件，箭头表示控制作用的方向，这种图称为方框图。

2. 闭环自动控制

在闭环自动控制系统中，将输出量以一定的方式反馈到输入量，控制器根据给定目标和反馈信息的差值进行控制，当输出信号未能按既定目标完成时，系统本身能自动予以调整，闭环控制系统的方框图如图 7.2 所示。

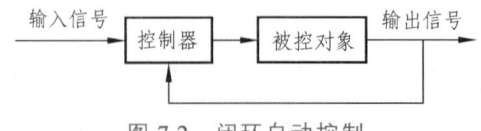

图 7.2 闭环自动控制

应当指出，控制器并不一定是一个单一的设备或元件，在闭环控制系统中，控制器应包括测量机构、比较机构、控制机构和执行机构（在开环系统中没有比较机构和测量机构）。

一个复杂的控制系统可以由多个闭环系统组合而成，如速度环、电流环、电压环等。在 SS 型电力机车微机控制系统中，不论在正常工况还是在故障工况下都采用闭环控制，由系统自动调节，从而减轻了司机的劳动强度，简化了司机的操纵程序。

3. 衡量控制系统的指标

在控制系统中，对输出量产生影响的其他方面的因素称为扰动。例如，在压缩机控制系统中，随着压缩空气的消耗以及管路的泄漏，会引起总风缸风压的降低，也就是使系统的输出量发生变化，那么这些因素就是对系统的扰动。

一个控制系统受到扰动时，输出量就要发生变化。对于闭环控制系统来说，可通过自动调节返回它原来的平衡状态，而对开环控制系统则不然。就闭环系统而言，若通过调整能返回平衡状态，那么这个系统便是稳定的。反之，若系统在扰动的影响下，输出量向一个方向连续变化或呈现连续振荡性变化，那么系统就是不稳定的。因此，稳定性是衡量控制系统特性的一个重要指标。对一个系统最基本的要求就是稳定，不稳定的系统是无法正常工作的。

一个稳定的控制系统，当它受到扰动时，返回原来的平衡状态或达到新的平衡状态并不是瞬时完成的，而是需要经过一个过程，需要一段时间。在这段时间内，系统输出量的变化过程称为瞬态响应，可以用输出参数的振荡次数、最大振幅（也叫过调量或超调量）、达到稳定值所需要的时间（也叫调整时间）等来衡量系统的特性，通常将这些衡量系统的因数称为系统的品质因数。

当系统瞬态响应结束达到稳定状态时，输出量与参考输入量并不一定完全符合初始时的情况，可能产生一定的误差。因此误差也是衡量系统特性的重要指标。

综上所述，系统的稳定性，瞬态响应的品质因数以及误差是衡量一个控制系统特性优劣的基本指数。毫无疑问，闭环控制比开环控制更易于稳定并具有较高的精度。

机车自动控制的目标主要是电机电枢电流和电机转速（机车速度），信息处理机构是微型计算机或电子柜，执行机构是变流装置。即电子柜或微机根据司机给定的手柄级位以及实际机车速度来调节变流装置，从而使机车稳定运行在司机希望的工况和速度上。自动控制的优越性表现在可以缩短起动时间，充分利用黏着条件，运行平稳，操纵简单，减小司机劳动强度。

二、机车自动控制系统的分类

机车控制系统的根本任务是控制列车运行速度，列车运行速度由机车加速度调节，加速度可由牵引电动机转矩与车轮轮周空气制动力矩控制。由以上 3 点可知，机车自动控制系统的基本任务是控制电机与空气制动系统。

1. 恒流控制系统

恒流控制系统的结构框图如图 7.3 所示。系统的输入是司机发出的指令即给定电流值，这一给定电流值在误差检测器处与牵引电动机实际电流的反馈信号进行比较，偏差信号作用在电流调节器上，经调节后送到晶闸管的移相触发线路中，调节整流电路输出电压的大小，使牵引电机电流趋于给定电流值。注意在这个控制系统中，给定电流信号是通过司机控制器的电位器给出的一个代表电流大小的电压值，而不是电流值。

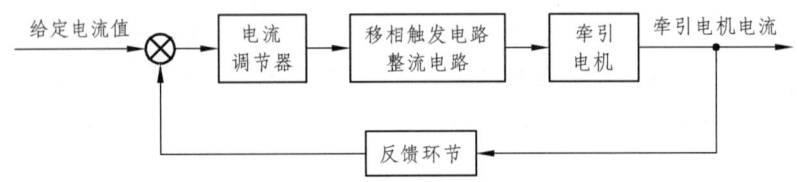

图 7.3 恒流控制系统方框图

2. 恒流起动与恒速运行控制系统

根据自动控制的要求，相控机车分别装设恒流起动与恒速运行两套独立的自动控制装置，为了简化控制系统与设备，通常将两套自动控制装置合并起来组成具有电流调节器的速度自动调节系统。这种双闭环自动控制系统的结构框图如图 7.4 所示。

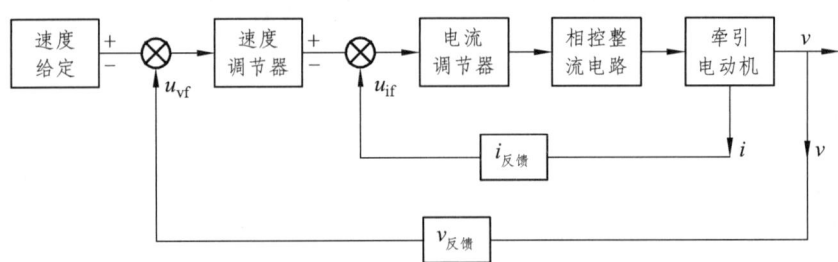

图 7.4 恒流起动与恒速运行控制系统

在双闭环控制系统中，速度反馈为外环是主反馈，电流反馈为内环是局部反馈。电流反馈可以保证系统在起动时，以所需的最大起动电流作恒流起动控制，从而大大缩短机车的起动时间。当起动过程结束，机车速度达到给定值时，速度调节器发挥作用，使机车在给定速度范围内作恒速运行。

SS 系列相控电力机车除采用速度与电流的双闭环控制外，还采用电压的限制环节作为辅助控制，其框图如图 7.5 所示。

框图中，虚线框内为电子控制部分，由电子柜或微机柜来完成，其作用是进行比较计算、数值变换——由偏差值控制晶闸管的导通角，以达到机车恒电流起动、准恒速运行，电机限制端电压的控制目的。

比较图 7.4 和图 7.5 可以看出，SS 系列相控电力机车闭环控制系统多了一个电压限制环节。这主要是因为机车牵引变流器的输出有裕度，远高于牵引电机绝缘结构决定的额定电压,加上限制电压环节起到超压保护作用,同时从电机额定电压到限制电压为线性调整,此时电机电流线性下降,可充分利用电机的恒功率范围。

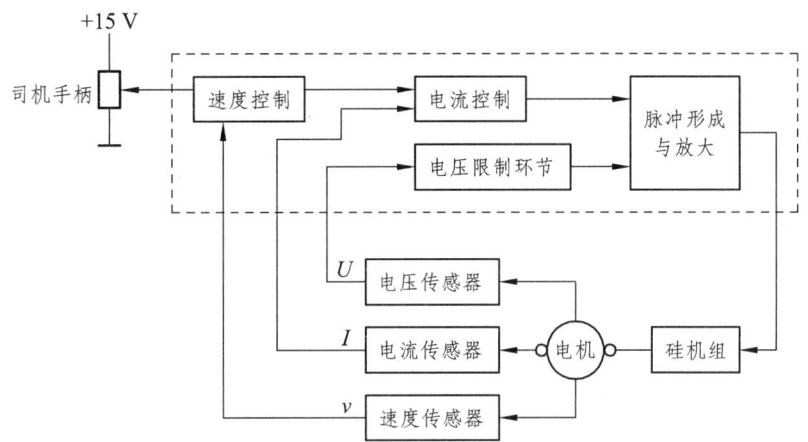

图 7.5　SS 系列相控电力机车双闭环控制

三、SS_4G 型电力机车自动控制系统

国产交-直传动电力机车电子控制系统的原理、结构和功能基本相同,以 SS_4G 型电力机车为例来说明。SS_4G 型电力机车有 A 组电子控制系统和 B 组电子控制系统。其中 A 组控制系统为闭环控制,B 组为开环控制。在正常情况下由 A 组工作控制机车运行,B 组为故障工况的后备控制。本节重点介绍 A 组控制系统的工作原理。

1. 自动控制过程说明

A 组控制系统框图如图 7.6 所示,该系统可以实现对机车的牵引控制、制动控制及空转/滑行保护控制。

1）牵引控制

由主台牵引用电位器 W1 或调车用电位器 W3 二者中取最大值形成牵引级位指令 α,α 与机车速度反馈信号一起输入至牵引特性形成环节。其输出经给定值积分器后进行脉宽调制,调制成幅值为 110 V 的调制波,调制波送至本务机车及重联机车的解调环节,经解调后又还原成给定值积分器输出的直流电压信号。该电压信号与黏着限制环节的输出比较取最小值即形成牵引给定电流信号 I_s。

当电机电流大于某规定值后,轴重补偿环节就会产生电流差值信号,此信号只加于前转向架,以达到前架减载的目的。

I_s 信号经空转保护系统后即成为 I_{ss} 信号,无空转时 $I_{ss} = I_s$;发生空转时,空转保护系统的减载功能起作用,I_{ss} 瞬时下降,然后再按一定的上升率回升,回升后仍有空转时则再次下降,直至空转被抑制。

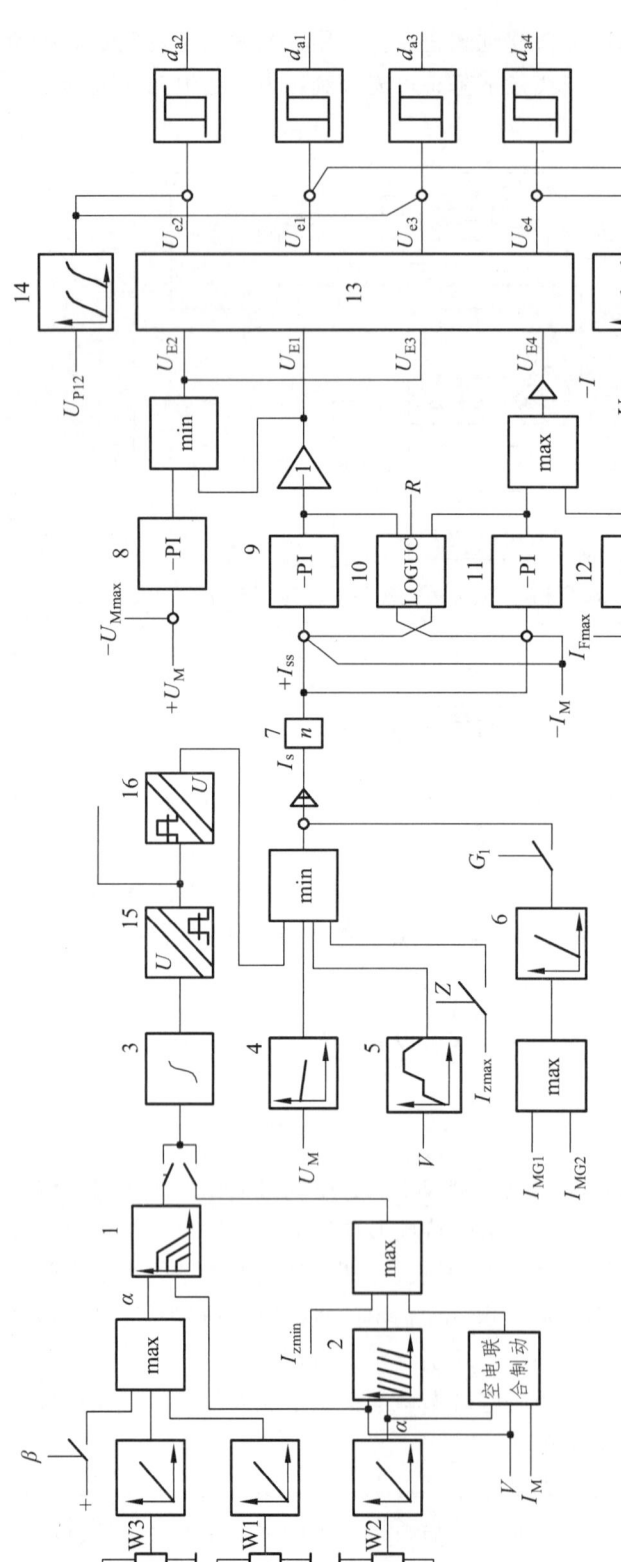

图 7.6 SS₄G 型电力机车恒流起动准恒速运行控制系统框图

1—牵引特性发生器；2—制动特性发生器；3—给定值积分器；4—粘着限制环节；5—制动电流限制环节；6—轴重补偿环节；7—防空转防滑行系统；8—最大电压调节器；9—电板调节器；10—控制逻辑器；11—磁场调节器；12—最大励磁电流调节器；13—移相电压变换环节；14—同步移相调制信号；15—调制；16—解调；β—制动信号；Z—制动信号；G₁—节转向架工作信号；W1—牵引电位器；W2—制动电位器；W3—调车电位器；α—级位给令信号；I_F—励磁电流反馈信号；U_{Mmax}—电机电压限制值；I_{Zmin}—制动电流最小限制值；I_{Fmax}—励磁最大限制值；U_M—电机电压反馈值；I_M—电机电流反馈信号；I_{Zmax}—励磁电流反馈值；+—加法；-—倒相；d_{a1}—一段桥移相触发电平信号；d_{a3}—三段桥移相触发电平信号；min—最小值选择；max—最大值选择；d_{a2}—二段桥移相触发电平信号；d_{a4}—励磁桥移相触发电平信号。

正信号 I_{ss} 与负的电机电流反馈信号 I_M 输入至电流调节器,二者不断比较,有差别则有负输出。该输出经倒相后即产生移相信号 U_{E1}、U_{E2}、U_{E3},经移相电压变换环节后成为直流控制电压 U_{e1}、U_{e2}、U_{e3},该电压与交流同步移相电压比较,其交点决定了主整流装置晶闸管移相角的位置。由于 U_{e1}、U_{e2}、U_{e3} 是顺序衔接的,所以三段桥能顺序开放。

在调压过程中,随着电机电压的不断升高,其反馈信号 U_M 上升。当电机电压达到最大电压限制值 U_{Mmax} 时,最大电压限制调节器的输出小于电流调节器的输出。由于最小值环节的作用,调节第二段、第三段的移相角,使电机电压维持在最大限制值。电机电压达到限制值后,如需继续提高机车速度,则要进行磁场削弱。

2) 制动控制

主台制动电位器 W2 送出制动级位指令。由于制动时是从高速到低速,手柄从高级位到低级位,为此先将 W2 的输出值反比例转换成制动级位信号 α。该级位信号与机车速度反馈信号一起输入至制动特性形成环节,其输出与最小制动电流给定信号比较后取最大值,再经给定值积分环节,然后经调制、解调,再与最大制动电流限制曲线比较,取最小值即形成制动电流给定信号 I_s。

I_s 信号经滑行保护系统后即成为 I_{ss} 信号,该信号与制动电流反馈信号 I_M 输入至磁场电流调节器,I_{ss} 与 I_M 比较后决定调节器的输出,该输出经倒相后形成移相信号 U_{E4},再变换成直流控制电压 U_{e4} 即可控制励磁桥的移相角。同时逻辑环节还送出一个信号至电枢调节器使之封锁。

随着机车速度的降低,励磁电流不断增加。当达到最大励磁电流限制时,最大励磁电流限制调节器开始工作,磁场调节器不起作用,逻辑环节解除送至电枢调节器的封锁信号使其工作。同时逻辑环节还送一个信号至磁场调节器使之饱和,以保持最大励磁限制调节器工作,使励磁电流一直为最大值。

电枢调节器输出经倒相后产生 U_{E1},经移相电压变换环节后与同步电压比较,其交点即决定了第一桥的开放角,此时机车进入加馈电阻制动工况。

3) 空转/滑行保护控制系统

系统通过对机车轮对转速的测量及对转速信号做一次、二次微分处理(即速度差和加速度),检测出各转向架空转/滑行程度,并据此产生校正信号,使各转向架电流自动减少 10%~20%,同时自动撒砂,从而有效地抑制空转/滑行;之后系统能以适当速度及特性恢复电机电流,寻找新的最大黏着点,减小牵引力或制动力损失。系统设有两个给定电流记忆环节,使机车尽量运行在最大的黏着值附近。

空转/滑行保护系统可保证机车在任何轨面起动、加速、制动运行时均不会擦伤车轮及钢轨,不会发生牵引电机超速。机车运行在有可能发生空转/滑行的区段时,由于空转/滑行保护系统的投入,可以使机车平均黏着利用系数提高 5% 以上。

2. 各环节的功能简介

（1）牵引特性形成环节。该环节的功能是使机车在牵引工况下运行时，具有恒流起动和准恒速运行的特点。

（2）制动特性形成环节。该环节的功能是使机车在制动工况下运行时，具有准恒速运行的特点。

（3）给定积分跟踪环节。牵引与制动工况公用该环节，该环节作为一个缓冲环节，可以防止由于给定信号突变时引起的电流冲击。

（4）黏着限制环节。该环节的作用是使机车运行过程中牵引力不大于黏着限制线而破坏黏着。

（5）制动电流限制环节。该环节的功能是使机车在制动工况下运行时的制动电流受到限制。

（6）轴重转移电气补偿环节。该环节的功能是使机车电机电流随轴重转移而变化，从而达到黏着不被破坏的目的。

（7）空转/滑行保护环节。通过该环节，机车可以在任何轮对发生空转时削减相应转向架牵引电机电流，使空转/滑行被抑制，然后使电机电流缓慢回升，寻找下一个黏着极限值。用这种方法可以使轮对在较高的黏着值附近运行。该环节还有自动撒砂功能，是维持机车牵引力所采取的辅助手段。

（8）最大电压调节器环节。该环节的功能是通过调节第二段、第三段桥的晶闸管移相角使牵引电机端电压维持在最大限制值。

（9）电枢调节器环节。该环节的功能是自动调节电机电枢电流值使其不过载。

（10）控制逻辑环节。该环节的功能是形成3段桥顺序开放的逻辑信号。

（11）磁场调节器环节。该环节的功能是当机车在制动工况运行时，通过调节励磁电流来调节电阻制动的制动力，使机车具有准恒速的特性。

（12）最大励磁电流调节器环节。该环节的功能是当励磁电流达到最大值时一直维持不变，机车制动力的调节由加馈制动来控制。

（13）移相电压变换环节。该环节的功能是形成移相信号，该信号与同步移相信号比较后决定晶闸管控制角的大小。

（14）同步移相信号环节。该环节的功能是使控制系统产生的触发脉冲信号与被控制的信号同步。

（15）调制环节。该环节的功能是对本务机车的电流给定值进行定频调宽的PWM调制。脉冲宽度对应给定值，电平为蓄电池电平。

（16）解调环节。调制脉冲经各重联机车独立解调后，形成原司机给定模拟量。

3. 控制系统的总体功能

A组闭环控制系统有3方面的控制功能：

1）牵引控制

（1）对三段桥顺序开放控制，具有电机电压最大限制。当电机电压达到最大值后，可以进行有级磁场削弱。

（2）具有恒流、准恒速的控制特性，电机电流按下式控制：

$$I_a = \min \begin{cases} 150X \\ 600X - 54v \\ 1\,096 \end{cases} \qquad (7.1)$$

式中　X——牵引级位数，$X = 0 \sim 10$；

　　　v——机车速度（km/h）；

　　　1 096——最大起动电流（A）。

在黏着限制范围内，机车先按特性的平直段恒流起动（$150X$），待机车速度升高进入特性的斜线段即准恒速控制区（$600X - 54v$）后，机车按准恒速运行，同一级位速度变化范围约 10 km/h；1 096 为牵引电机限制电流。最后输出电流取 3 者中的最小值。

2）制动控制

（1）加馈制动控制。当机车速度较高时，首先调节励磁电流来调节制动力。随着机车速度降低，励磁电流达到最大值后，自动转入调节加馈整流电压来调节制动电流，从而实现机车制动力调节，即进入加馈制动状态。

（2）具有准恒速的特性，制动电流按下式控制：

$$I_a = \begin{cases} 56v - 560(X-1) + 50 \\ 50 \end{cases} \qquad (7.2)$$

式中　X——制动级位数，$X = 10 \sim 0$；

　　　v——机车速度（km/h）；

　　　50——机车最小制动电流（A）。

3）空转、滑行保护控制

防空转、防滑行保护控制电路对各轮对之间的速度差 Δv、dv/dt 等进行监测，空转时，按转向架分别自动减载并撒砂来抑制空转。

> 思考题
>
> 1. 机车自动控制系统的基本任务是控制（　　　）与（　　　）系统。
> 2. SS_4G 型电力机车 A 组采用（　　　）控制，B 组采用（　　　）控制。
> 3. SS_4G 型电力机车自动控制系统有哪些功能？

任务二　直流传动机车的微机控制系统

> 任务提出

微机应用于机车控制系统是从 20 世纪 80 年代发展起来的，SS_8、DF_{11} 是国产电力机车、内燃机车首次采用计算机控制的车型。微机控制系统最初主要取代电子模拟控制电路,解决牵引和制动运行目标及相关的控制问题,后来发展成为包括列车监控、诊断、状态信息传输与显示,模块控制等在内的网络控制系统。随着电力电子技术、半导体集成技术的发展和控制要求的提高,用微机控制来取代模拟控制是牵引动力技术发展的必由之路。它标志着机车控制水平上升到了新阶段。

任务目标

(1)能分析 SS_{7E} 型电力机车微机控制系统的组成和功能。
(2)掌握 DF_{8B} 型内燃机车微机控制系统的结构和功能。
(3)弘扬社会主义核心价值观,培养学生综合分析能力。

任务内容

微机监测与
控制系统

一、微机控制的特点

机车采用微机控制与以运算放大器为基础的模拟电子控制相比,主要有以下特点。

(1)通用性强:硬件基本通用,依靠软件灵活性来满足不同车型的控制要求。
(2)可靠性高:数字控制,使用冗余设计技术。
(3)自动化程度高:充分利用计算机的逻辑判断功能,部分代替司机的工作。
(4)容易实现重联控制:利用网络通信技术,满足机车不同编组方式的控制要求。
(5)功能强:除牵引、制动控制功能外,容易实现自动过电分相、保护和空电联合制动等功能。
(6)故障诊断和记录功能:能实现机车出库前的检查诊断,运行中随机诊断并记录各种传感器信号,故障发生时能保存故障发生前后所有模拟量和数字量数据,机车回库后可进行故障原因分析。

微机控制的优点可以概括为:通用性、灵活性、重现性、可靠性和智能性。

二、直流传动机车微机控制的工作原理

机车微机控制系统的原理如图 7.7 所示,系统采用速度与电流双闭环,电压限制作为辅助手段,其中微机控制系统的作用是进行比较计算、数值变换——由差值去控制整流晶闸管的导通角,以达到恒电流起动、恒速运行、电机限压等控制目的。

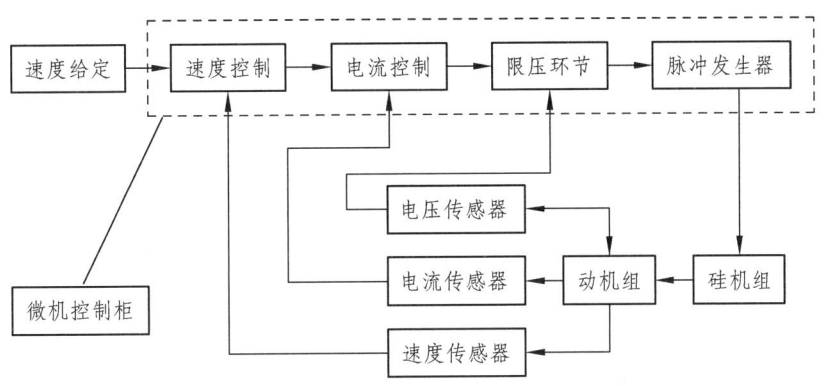

图 7.7 机车微机控制系统原理图

三、SS₇ₑ型电力机车微机控制系统

目前，国产交-直传动电力机车微机控制系统的原理、结构和功能基本相同，以 SS₇ₑ电力机车为例来说明。

1. 牵引制动控制

1）牵引性能

（1）由两段折线构成黏着限制线。由多段折线构成牵引控制外包络线（电流-速度限制曲线）。

（2）特性控制。在黏着范围内，机车先恒流起动，再按准恒速控制，同一级位速度变化范围 10 km/h。

（3）有最大电机电压限制。

（4）采用无级磁场削弱。

（5）复位时有电流下降率和上升率的限制，以防止电流冲击。

（6）具有电枢过压、电枢过流、超速、二次侧过流及小齿轮弛缓等保护。

（7）司机给定级位突变时，不会引起电流冲击。

2）制动性能

（1）特性控制。制动特性为一簇平行线。按准恒速要求自动调励磁电流。

（2）高速区调节励磁电流来维持制动电流；随着速度的降低，当励磁电流已达到最大值后，进行加馈来维持制动电流。

（3）有最小制动电流、最大制动电流、最大励磁电流限制。

（4）复位时有电流上升率和下降率的限制。

（5）除牵引时的各种保护外，还有制动励磁过流保护。

3）牵引、制动的控制

司机给定由司机控制器的电位器给出，经信号调整 1 调整，取四路最大值输出送微机采样，并根据牵引或制动工况分别处理得到 I_{sin}。微机根据 I_{sin} 及机车速度生成相应的特性控制曲线，如图 7.8 和图 7.9 所示。

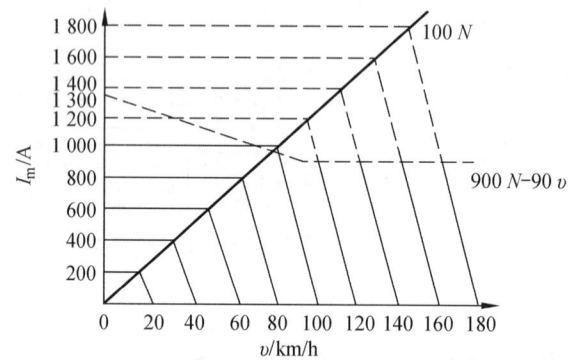

图 7.8　SS_{7E} 型机车牵引特性控制曲线

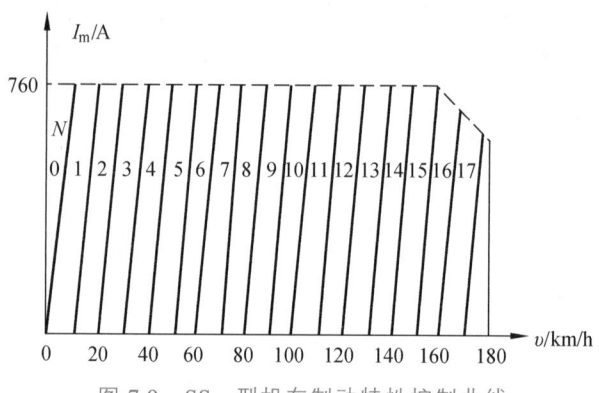

图 7.9　SS_{7E} 型机车制动特性控制曲线

在图 7.10 中，由特性控制曲线得到的控制值为 I_{SMOD}。I_{SMOD} 经积分延时环节；再与复位电流上升率限制环节、黏着和牵引包络线限制、换向限制、制动时最大制动电流限制等比较，取其最小值得控制值 I_s；最后考虑空转/滑行修正得到目标控制值 I_{ss}。若空转保护切除，则 $I_s = I_{ss}$。当既非牵引又非制动（或既牵引又制动）时，积分输出复位为 0，从而防止"窜车"现象。I_{ss} 是电枢电流调节和磁场调节器调节的基准。

由电枢电流调节器和最大电枢电压限制器产生主桥的移相电压信号 U_{E1}，如图 7.11 所示。牵引时由磁场调节器、恒功电流调节器及最深削磁调节器产生励磁移相电压信号 U_{E4}；制动时由磁场调节器和最大励磁电流限制器产生励磁移相电压信号 U_{E4}。β 为削磁信号，一旦进入削磁，电枢电流调节器输出饱和，从而维持电枢电压的恒定，防止进入削磁时可能产生的电流振荡现象。

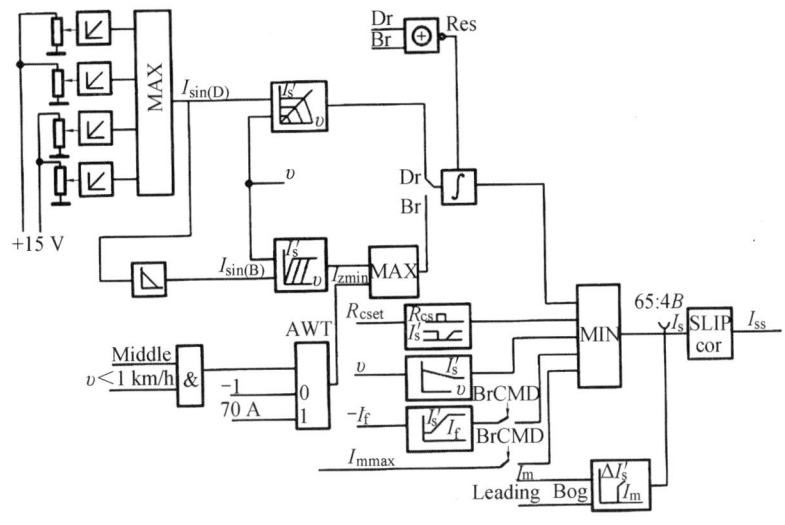

图 7.10 控制目标值的产生

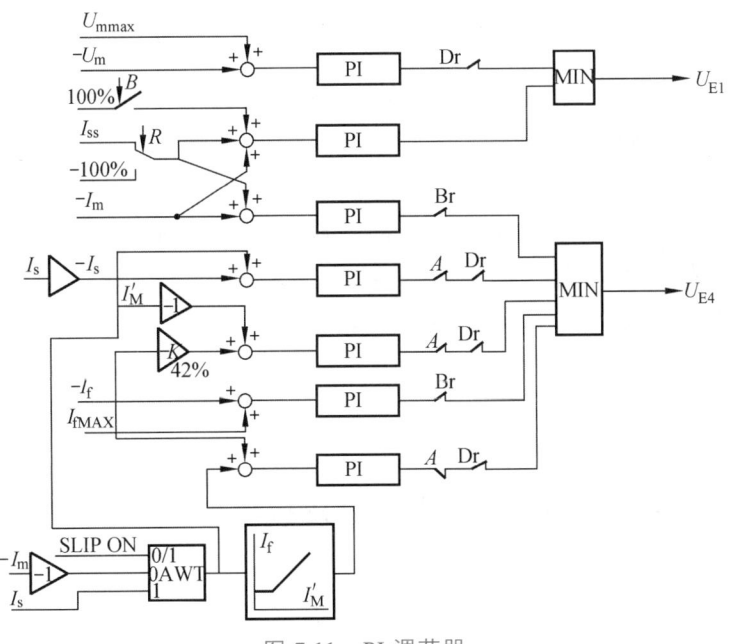

图 7.11 PI 调节器

以上工作都是由主 CPU 完成。经过级间通信,将 U_{E1} 及 U_{E4} 值以及工况等参数传到变流器控制级,变流器控制级根据 U_{E1}、U_{E4} 值及同步电压积分曲线,适时地给出各晶闸管的触发脉冲,从而实现牵引和制动的控制。

2. 空转/滑行保护

由速度传感器的速度(频率)信号,经信号调整 2 调整成电压信号,送微机采样。每个插件箱都有 4 个轴的速度信号。微机对 4 个速度采样后,分别计算加速度及加速度变化率,并把其量值限制在一定范围。

牵引时根据速度差、加速度和加速度变化率，制动时根据速度差和加速度，分别计算减流量，再求和得到目标减流量。在速度差达到一定程度，尚未实现减流前，或是加速度变化率达到一定程度，预测到有空转发生时，先进行撒砂来抑制空转。空转（滑行）发生到一定程度，发出的空转显示信号。

在微机柜副柜面板上设有钮子开关，用于切除防空转保护。一般空转频繁、速度传感器之一有故障时，可切除防空转保护。空转/滑行保护使机车运行在尽可能大的黏着附近，可保证机车起动、加速、制动时，不会擦伤车轮及钢轨、不会发生牵引电机超速。

3. 自动过分相区

SS_{7E}型电力机车采用自动过分相。由微机系统跟踪网压，在收到来自司机操纵过分相按钮的过分相信号，并确认无网压时封锁各晶闸管的触发脉冲，延时 200 ms 后发主断分信号。而在过分相区，机车微机控制装置检测并确认电网电压恢复后，再发主断合信号，并控制电流上升率。由于机车速度可达 160 km/h，整个过程不能再靠司机手动操作，司机不操作机车上的任何开关，主手柄不回零，主断也无需断开，从而简化司机操纵，提高行车安全性。

4. 列车供电控制

列车供电控制部分与列车供电整流柜配套使用，用于由机车向客车提供直流电源，将牵引变压器额定二次侧电压 870 V 变换为额定直流电压 600 V，额定直流电流 2×670 A，整流桥采用两组相同的单相半控制桥。

过压保护动作值：660（1±5%）V，并封锁脉冲；过流保护动作值：800（1±5%）A，并封锁脉冲。有关列车供电控制部分全部通过微机柜上的 N108 插座与外部连接。

四、DF_{8B}内燃机车微机控制系统

国产交-直传动内燃机车微机控制系统的原理、结构和功能基本相同，只是具体的控制参数和插件布置有区别，以 DF_{8B} 型内燃机车为例来说明。

1. 微机控制系统组成

DF_{8B}型内燃机车微机系统主要由微机控制柜、控制软件、2 个彩色液晶显示屏和各类传感器的软件、硬件系统组成，其工作原理如图 7.12 所示。

1）电气结构

微机控制柜采用标准屏柜结构如图 7.13 所示。机柜面板上装有万能转换开关、扳钮开关和 56 芯矩形插座。机柜内分三层：上层辅机电源插件箱/电源插件箱；中间为风扇插箱；下层为 EXP 功能板插件箱。

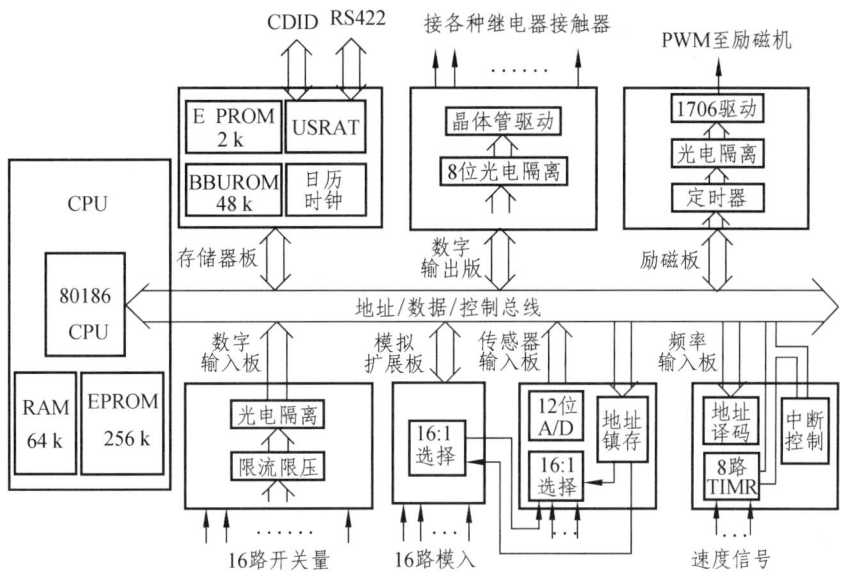

图 7.12　DF$_{8B}$型内燃机车微机系统组成

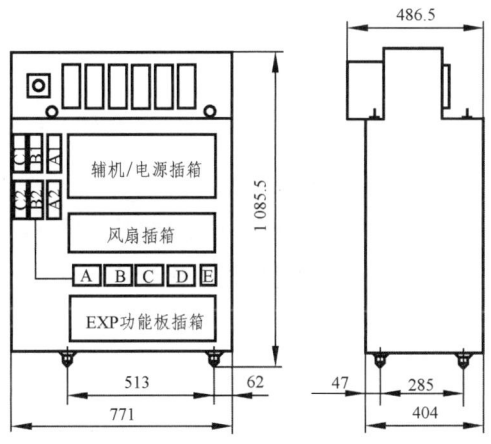

图 7.13　微机控制柜结构

（1）面板组成。

面板上有万能转化开关,用于切换微机柜内辅机插件(注意严禁带电转换);扳钮开关分别用于切除或投入"空转保护"和"油压低保护"两个功能;56芯插座是微机屏与机车电气线路接口。

（2）辅机/电源插箱。

插箱内装有:

① 信号变换插件。用于对 LEM 式传感器采集的信号进行变换,然后送 EXP 功能插件箱。

② 电源插件板。两块电源板互为冷备份,只有一块处于工作状态,故障时更换另一块。

③ 辅助控制插件板。两块互为热备份，其中一块故障时可通过面板上的万能转换开关转换。

（3）风扇插箱。

在风扇插箱内，微机箱顶部各装有风扇，它们供机柜内空气全封闭循环散热用，保险丝安装在风扇插箱面板上。

（4）EXP 功能插件箱。

EXP 功能插件箱分别由箱体、总线母板、功能模块和信号连接器四部分组成。其中，功能模块是 EXP 的基本功能部分，每一个功能模块完成一个具体的功能，各功能模块组合起来构成 EXP 工业控制计算机。

2）通信结构

微机控制柜对外界有多种通道向联通，如下所示：

数字量输入　　　　　　　　32 路
数字量输出　　　　　　　　8 路
模拟量输入　　　　　　　　31 路（其中 6 路为高压通道）
频率量输入　　　　　　　　12 路
信号变换　　　　　　　　　8 路
辅机控制　　　　　　　　　包括辅发电压调整和辅机过压保护。

2. 软件控制

控制软件主要有：恒功特性控制功能、防空转/滑行保护、多功能诊断及保护功能、传送数据供显示屏显示功能。控制软件固化在四片 ROM 芯片中，芯片安装在 CPU 功能板中的 ROM 板中。

1）恒功特性控制功能

（1）机车牵引特性的修正。
（2）功率加载率的控制。
（3）功率减载率的控制。
（4）电流上升速率的限制。
（5）电流下降速率的限制。
（6）电压上升速率的限制。
（7）电压下降速率的限制。

2）电阻制动特性的控制

机车实施电阻制动时，微机控制系统使牵引电动机电枢电流和励磁电流的最大值限制在预定的极限内。当牵引电动机转速超出 1 768 r/min（相当于机车速度 75 km/h）时，牵引电动机电枢电流以最大值呈线性减少，直至电动机转速 2 385 r/min（电机允许的最高转速）时的电流值。当牵引电动机转速超过 707 r/min（相当于机车速度 30 km/h）时，切除二级电阻制动；当牵引电动机转速低于 509 r/min（相当于机车速度 25 km/h）时投入二级电阻制动。

3）防空转/滑行控制

黏着控制系统是与牵引电动机转速相关的控制系统。每台牵引电动机换向器端装有转速传感器，牵引电动机每旋转一周，发出 68 个脉冲，由转速传感器频率信号输入微机系统。微机连续的监测所有转速信号并进行比较，如果速度差大于预置的限制值，就实行相应的校正保护。

4）故障诊断与保护

微机系统持续地通过传感器检测机车电气系统的电压、电流、频率信号和柴油机系统的温度、压力信号（这些信号被定义为监控参数），与预置门限值相比较。如果检测到的检测参数超限，则产生一条故障信息，并将此信息送到显示屏，显示屏显示相应的故障信息。同时，微机系统根据故障类别及严重程度的不同，产生相应的保护动作：报警（指示灯亮）；记录故障；柴油机减载；柴油机卸载；柴油机停机。

当机车故障被排除后，EXP 根据故障的不同，产生相应的复位方法：

自动方式——被监控参数低于门限值，微机自动复位；

自动回零——主手柄回零位，微机自动复位。

微机系统主要保护功能如下：

（1）主发电机过流、过压保护。机车在牵引、电阻制动或自负载工况下，主发电机过电流或过电压时均受到保护。主发电机总电流为 6 台牵引电机电枢电流之和。如果总电流大于 7 500 A 时，则主发电机功率限制为 0，显示屏显示"主发电机过流"，微机记录数据，"微机报警"指示灯亮。如果主发电机电压高于 1 100 V 时，则机车功率限制为 0，显示屏显示"主发电机过压"，微机记录数据，同时"微机报警"指示灯亮。

（2）主发电机励磁过流保护。机车在牵引、电阻制动或自负载工况下，如果主发电机磁场电流大于 380 A，则显示屏显示"主发电机励磁过流"，微机记录数据，"微机报警"指示灯亮。当此电流小于 380 A 后，报警指示灯自动熄灭。

（3）牵引电动机过流保护。机车在牵引工况下，如果某电机电流大于 1 500 A，则机车主发电机功率减小到零，显示屏显示"#*（*表示 1～6 中的某一台）牵引电动机过流"，微机记录数据，"微机报警"指示灯亮。

（4）牵引电动机切除。机车在牵引、电阻制动或自负载工况下，如果某台牵引电动机被切除，则机车主发电机的功率降低 1/6，如果切除 N 台牵引电动机，则机车主发电机的功率相应降低 N/6。

（5）制动电阻过流保护。机车在电阻制动或自负载工况下，如果制动电流或单元电阻自负载电流大于 740 A，则自动限制主发电机功率为 0。同时显示屏显示"制动电阻过流"并记录，"微机报警"指示灯亮。当制动电流小于 740 A 时，又恢复至挡位允许功率。

（6）牵引电动机磁场过流保护。机车在电阻制动工况下，牵引电动机磁场过电流受到保护。如果牵引电动机磁场电流小于 840 A，则主发电机电压限制在 60 V 内；如果牵引电动机磁场电流大于 840 A，则主发电压限制为 0，主发电机功率为 0，显示屏显示"牵引电动机磁场过流"，记录数据，同时"微机报警"指示灯亮。

（7）主回路接地、漏电保护。机车在牵引、电阻制动或自负载工况下，如果接地电流大于 950 mA，则主发电机功率限制为 0，显示屏显示"主回路接地"，并记录参数，同时"微机报警"指示灯亮。如果接地电流大于 500 mA，且在 30 min 时间内发生三次，则主发电机功率限制为 0，显示屏显示"主回路活接地"并记录，同时"微机报警"指示灯亮。如果接地电流在 30 min 内连续大于 500 mA，则主发电机功率限制为 0，显示屏显示"主回路漏电"并记录，同时"微机报警"指示灯亮。

（8）柴油机油压力低保护。机车在任何工况下，当柴油机转速高于 390 r/min 时，如果前或后增压器机油进口压力小于 60 kPa，则延时 5 s，若在 5 s 内其压力始终小于 60 kPa，则柴油机停机，显示屏显示"前（或后）增压器机油压力低"并记录，同时"微机报警"指示灯亮。

停机保护动作后，柴油机转速小于 100 r/min，则微机认为柴油机已经停机，且自动进行停机故障复位。

机车在负载工况下，柴油机转速高于 720 r/min 时，如果前或后增压器机油进口压力小于 180 kPa，则延时 5 s，若在 5 s 内其压力始终小于 180 kPa，则柴油机卸载，主发电机功率限制为 0，显示屏显示"前（或后）增压器机油压力低"并记录参数，同时"微机报警"指示灯亮。软件或硬件中可切除亦可恢复此保护功能，一旦被切除，则可以查询。

（9）柴油机机油、水温高保护。机车在负载工况下，如果柴油机机油出口温度或高温水系统出口温度高于 88 ℃，则主发电机功率降至挡位允许功率的 70%，显示屏相应显示"柴油机机油温度高降功 30%"或"柴油机水温高降功 30%"，同时"微机报警"指示灯亮。延时 5 min，若温度低于 88 ℃，则主发电机功率恢复至挡位允许功率，显示信息及指示灯全恢复正常工况。若 5 mim 后，其温度仍高于 88 ℃，主发电机功率限制为 0，显示屏显示"柴油机温度高卸载"或"柴油机水温高卸载"。同时记录参数，"微机报警"指示灯亮。软件或硬件中可切除亦可恢复此保护功能，一旦被切除，则可以查询。

（10）柴油机曲轴箱超压保护。机车在任何工况下，当柴油机曲轴箱压力超过 588 Pa，则差示压力开关动作，柴油机停机。微机接受此压差开关动作信号后，显示屏显示"柴油机曲轴箱超压"，记录参数，同时"微机报警"指示灯亮。

（11）柴油机超速保护。机车在任何工况下，如果柴油机转速超过 1 130 r/min，则柴油机停机，显示屏显示"柴油机超速"，记录参数，同时"微机报警"指示灯亮。

（12）柴油机压力低保护。机车在任何工况下，当柴油机燃油末端压力小于 150 kPa 时，显示屏显示"燃油压力低"，记录参数，同时"微机报警"指示灯亮。软件或硬件中可切除亦可恢复此保护功能，一旦被切除，则可以查询。

思考题

1. 微机控制的优点可以概括为：通用性、灵活性、重现性、（　　）和（　　）。
2. SS_{7E} 型电力机车微机控制系统有哪些功能？
3. DF_{8B} 型内燃机车微机控制系统有哪些功能？

任务三　交流传动列车的微机控制

任务提出

现代列车控制是由挂在列车通信网络（TCN）上的多微机系统来实现的，包括机车或动力车中的微机系统和拖车上的微机系统。它们各自耦合在机车或车辆总线上，并通过列车总线相互交换信息和数据。

任务目标

（1）了解列车信息系统的主要信息种类及功能。
（2）掌握交流电力机车微机控制系统各控制级的名称及功能。
（3）树立国家利益、人民利益高于一切的思想。

任务内容

动力分散的动车组和重联控制的交流传动机车是通过列车通信网络（TCN）获得所需要的指令和状态反馈信息，并发送控制信号。交流电力机车的微机控制一般分为三级：列车控制级、机车控制级和驱动控制级。

一、列车控制级

在重联控制的列车或动力分散的电动车组中，列车控制级涉及与整个列车有关的给定值和控制变量。从司机所在的"本务车"发出的控制指令，通过列车控制级处理后传送到其他各机车或动力车中，实现统一指挥。借助列车控制级的这些指令，司机可以准确地保持列车运行速度，避免加速或减速时出现冲击，并且在目标制动时，能够迅速准确地停靠在站台上。

列车控制级的输入信号来自司机操纵台，包括运行状态子指令，牵引或制动，前进或后退以及速度或牵引力给定值。其中，最重要的输入信号是牵引力或制动力给定值，它直接决定着列车的运行速度。在采用转向架控制及重联的情况下，列车控制级可以保证各个动力单元的负载均匀分配，而无须采取其他附加措施。

二、机车控制级

机车控制级涉及与机车或车辆正常、有效运行的所有功能。在设有列车控制级装置的机车上，机车控制级的主要任务是优化黏着控制，分配制动力，对牵引力和制动力进行处理后发送给驱动控制级装置。机车控制级主要功能如下：

（1）限制冲击。通过限制牵引力或制动力给定值的变化，来提高列车运行的舒适性。

（2）监视主要设备的过电流、过电压、欠电压、过热，必要时可切断主断路器。

（3）通过保护逻辑控制，保证列车在接触网分相处的安全运行。

（4）通过辅助传动控制装置，实现辅助机械的最佳控制方式。

（5）对所测得电压、电流、速度、制动压力等实际数值进行处理。

在没有安装列车控制级的机车上，列车控制级实际上是机车控制级装置。它的任务是处理来自轨道感应装置的指令或给定值，变成驱动控制级装置所需要的转矩给定值。此外还对受电弓、主断路器和辅助传动机械进行控制，监视运行状态，实现人机通话。

机车控制级装置一般采用冗余设计，一套装置出现故障，可由另一套装置继续工作，保证列车运行的可靠性。

三、驱动控制级

驱动控制级可以实现对每个动力单元的开环和闭环控制，包括牵引电机控制和牵引变流器控制。驱动控制级装置有以下基本功能：

（1）输入端变流器。四象限脉冲整流器的开环和闭环控制。

（2）负载端。牵引电动机控制，空转/滑行保护及黏着优化利用控制。

（3）电动机侧变流器（逆变器）的控制。

（4）变流器回路的监视与保护。

（5）整个传动单元的故障检测与诊断。

四、列车信息系统

现代列车的控制和诊断功能主要包含以下几种信息。功能如图 7.14 所示。

1. 控制信息

列车或机车控制的主指令：牵引力或制动力的给定值，来自机车的司机操纵台或列车自动控制装置。

控制系统和信息传输采取分层管理模式，列车控制级处于最上层，机车控制级处于中间层，驱动控制级处于最底层。控制信息在所有三级之间相互交换，部分信息还参与司机台、诊断及显示装置的信息交换。控制信息的主要任务如表 7.1 所示。

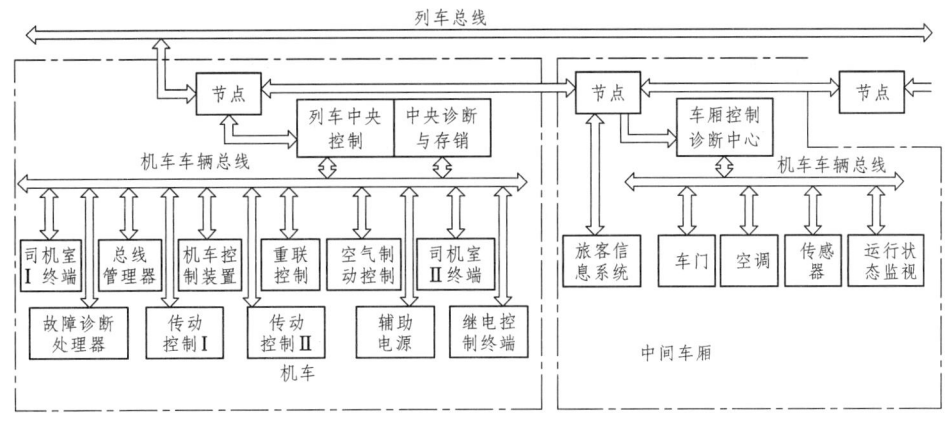

图 7.14 列车的控制和诊断功能

表 7.1 控制信息的主要任务

名 称	控制信息的主要任务
列车控制级	任务一：处理来自司机台或列车自动控制装置的信息，产生相关的控制变量 任务二：实现对总线的控制
机车控制级	主要任务：根据列车控制级传来的指令和给定值，实现对本机车的控制功能
驱动控制级	主要任务：对主变流器和牵引电机实现控制

2. 诊断信息

车载诊断包括发车前（停车状态下）的检测，以确定机车、车辆状态是否良好；运行过程中对被控对象及相关装置进行功能诊断和记忆；在地面与其他设备连接作维修性诊断。

车载诊断分为二级结构，各自提供相应的诊断信息，如表 7.2 所示。

表 7.2 车载诊断信息

名 称	主要诊断信息
部件诊断	由微机控制各部件的自诊断以及对被控对象的监控诊断。部件诊断信息经编码后传输到车辆诊断计算机中
车辆诊断	机车或中间车辆的诊断经计算机通过总线或 I/O 口搜集、分类、评估、存储在本车中，由微机控制各部件的诊断数据，监测处理环境参数和时间标准，编码后传输到列车诊断装置中
列车诊断	搜集、分类、评估、存储全列车的诊断结果，并在本务车上显示

3. 服务信息和语言信息

服务信息是指车厢控制与诊断中心，一方面是对本车厢的服务功能如车门的开闭、空调、照明、旅客信息系统等进行控制，另一方面对这些功能装置的特征量进行诊断和检测，并把结果通过列车总线传送到列车诊断中心。

语言信息是指旅客信息系统向旅客提供运行信息、通信、娱乐和其他服务。根据信息的结构、功能及传输特点，在列车通信网络中传送 三类数据，如表 7.3 所示。

表 7.3　列车通信网络传输的数据

名　称	主要数据和信息
过程数据	表征列车状态的过程变量的值，如电机电流、制动力等
消息数据	诊断数据和旅客信息等
管理数据	仅限于同一总线上装置的状态检查或其他管理功能

思考题

1. 现代列车控制包括机车或动力车中的（　　）系统和拖车上的（　　）系统。
2. 交流电力机车的微机控制一般分为三级：列车控制级、（　　）控制级和（　　）控制级。

项目八

机车相关试验程序

知识目标

（1）掌握电力机车高、低压试验的方法和注意事项。
（2）通过机车试验操作来理解相应的控制电路。
（3）掌握 SS_4G、XH_D3、HX_D1C 型电力机车高、低压试验程序。
（4）了解 HX_N5 型内燃机车智能显示器检测操作程序。

技能目标

（1）能完成 SS_4G 型电力机车的高、低压试验。
（2）能完成 HX_D3、HX_D1C 型电力机车高、低压试验。
（3）能完成 HX_N5 型内燃机车智能显示器的检测操作程序。

素质目标

（1）弘扬爱国主义精神，树立国家利益至上的思想。
（2）培养学生综合分析能力，团队合作能力。
（3）强化学生的安全意识、责任担当和严谨认真的作风。

机车高低压试验和电气动作试验

任务一　SS_4G 型电力机车高、低压试验程序

任务提出

电力机车高、低压试验是机车组装后对机车各部件进行调整和整定必不可少的工作，是机车检修和乘务人员必备的专业技能。

> **任务目标**

(1) 能描述 SS_4G 型电力机车高、低压试验程序。
(2) 通过高、低压试验操作来理解相应的控制电路。
(3) 强化学生的安全意识、责任担当和严谨认真的作风。

> **任务内容**

一、电力机车高低压试验概述

电力机车高、低压试验是机车全面检查的一个重要部分，它不仅是对机车检修后及运用前的技术安全检查，而且也是保证机车运用质量的必要手段。通过试验可以确认机车电气部件是否正常工作，相互配合是否正确，可以说，机车试验是用动态检查的方法对机车进行全面的质量检验。

1. 低压试验

低压试验在机车组装完成之后进行，其目的是检查机车各电气设备的连接是否正确、各电气设备的执行机构动作是否正常、相互逻辑关系是否正确，消除检修中造成的错接、漏接等现象。在接通库内辅助电源时，还可以试验各辅助机组的工作状态。

低压试验前应对机车上安装的各种电器部件或组件以及电气线路做一次一般性整备检查，并对某些电气和机械设备进行必要的操作。

进行低压试验的人员必须熟悉机车的电气线路和各部件的位置及其作用。在整个低压试验过程中，参加试验的人员应精力集中、密切配合，使整个试验的过程尽量缩短，以便使机车尽早投入运用。

根据机车所处状态及修程的不同，低压试验的具体过程也不完全相同。正常运用的机车，某些试验项目可以简化，某些电器动作仅在司机室内凭听觉即可判断是否正确，但对于检修后的机车，由于在检修过程中某些部件被更换、解体或部分解体，因而可能发生安装及接线错误或者更换后的部件本身不良等现象，对这些电器部件的动作情况必须予以确认。机车的修程越大，所换部件越多，就越容易存在隐患。如果在试验中发现故障，应该安全、准确、迅速地予以处理。

2. 高压试验

高压试验是指机车在工频 25 kV 接触网压下进行的升弓试验。高压试验是在完成低压试验的基础上进行的，其主要目的是检查某些在低压试验中无法检查的线路及电器部件，观察仪表的显示情况，检查牵引电机和各辅助机组转向是否正确、工作是否正常，并进行牵引和制动试验。高压试验完成以后才能进行试运行或投入运用。

高压试验前应再次对机车进行检查。对于在低压试验中或排除故障中曾拆除的部分应予以恢复，各闸刀均恢复正常运行位，带有熄弧装置的电器其熄弧装置应齐全，各保护继电器的指示件均应恢复正常位，清理各器室、各柜中的遗留物品，检查完毕后将车顶门、高压室门及各器室门关好。在高压试验中，为了确保人身安全，试验人员在升弓前必须确认各高压室无人，并经高呼和鸣笛后，方可升弓。试验中需进入高压室时，必须确认受电弓已落下。进入高压室的人员应将司机台电源开关钥匙带在身上。任何时候不允许用其他物体代替司机台电源开关钥匙和换向手柄进行操作。在整个高压试验过程中，试验人员要精力集中，加强巡视，从听觉、嗅觉和视觉等发现是否有异常现象，如有异常现象应立即通知司机室内试验人员断电进行故障处理。

二、SS_4G 型电力机车低压试验

1. 低压试验准备工作

（1）总风压力在 700 kPa 以上，闸缸压力 300 kPa；关闭两节车车顶门及高压室门；各管路塞门在正常工作位。

（2）闭合整流闸刀 666QS、负载闸刀 667QS；闭合全部自动开关，屏内电压表及副台电压表显示不少于 90 V。

（3）逆变电源置 A 或 B 组，确认 15 V、24 V、48 V 信号灯亮；主台显示屏"前节车、后节车、预备、主断、零压"灯亮。

（4）两节车电子柜转换开关均置"A"组。

（5）将两节车零压隔离开关 236QS 置"故障"位；牵引风速故障隔离开关 573QS、574QS 及制动风速故障隔离开关 589QS、590QS 置"故障"位。

（6）劈相机选择开关 591 置"手动"位。

（7）全车各控制器均在"零"位，非操纵节 570QS 在断开位。

（8）合 412SK，检查信号灯。

2. 低压试验程序及要求

1）钥匙试验

（1）合 570QS。

① 听：门联锁动作声、287YV 吸合、568KA 吸合；看："零位"灯亮。

② 558KA、539KT、528KT、284KE、569KA、665KA 吸合。如 592QS 在重联位，则 545KA ~ 548KA 吸合。

（2）断 570QS。

① 听：门联锁释放排风声，287YV 释放；看："零位"灯灭，568KA 释放。

② 558KA、539KT、528KT、284KE、569KA、665KA 释放。如：592QS 在重联位，则 545KA ~ 548KA 释放。

（3）合 570QS：现象同（1）项。

2）主断路器试验

（1）合 401SK。听：主断闭合声；看："主断""零压"灯灭；自复后，"零压"灯亮。

（2）合 400SK。听：主断断开声；看："主断"灯亮。

（3）合 401SK。现象同（1）项。反复断合 2～3 次，检查 145# 塞门是否关闭。

3）劈相机试验

（1）手动试验。将 591QS 置"手动"位。合 404SK：

① "劈相机"灯亮，567KA 吸合。

② 同时：533KT、213KM、201KM、526KT、527KT、535KT、536KT 吸合。

③ 10 s 后，283AK 自动吸合（注：大同厂出产机车必须人为闭合 283AK）使 566KA 吸合，"劈相机"灯灭。同时：533KT、213KM、527KT 释放。

合 400SK。听：主断断开声；看："主断"灯亮。

（2）自动试验。将 591QS 置"自动"位。

合 401SK。主断闭合，"主断"灯灭；1 s 后，528KT 释放，劈相机自起，现象与手动相同。断 404SK，恢复 591QS 于"手动"位。

（3）牵引风机 1 代替劈相机试验：将 242QS 置"1FD"位，296QS 置"电容"位。合 404SK：

① 205KM 吸合，"劈相机""辅助回路""牵引风机 1"灯亮。

② 10 s 后，283AK 吸合后，"劈相机"灯不灭。

断 404SK：恢复 242QS 于"1PX"位，296QS 于"电阻"位。

重新闭合 404SK。

4）压缩机试验

（1）闭合 405SK（当总风压力高于 750 kPa 时，闭合 408SK），203KM 吸合。

（2）断 405SK 或 408SK，203KM 释放。

5）牵引风机试验

（1）合 406SK。

① 205KM 吸合，"辅助回路""牵引风机 1"灯亮。

② 3 s 后，535KT 释放，206KM 闭合，"牵引风机 2"灯亮。

③ 又 3 s 后，536KT 释放，211KM、212KM 吸合，"油泵"灯亮。

（2）断 406SK。现象与合位相反。

6）制动风机试验

（1）合 407SK。

① 209KM 吸合，"辅助回路""制动风机 1"灯亮。

② 3 s 后，526KT 释放，210KM 吸合，"制动风机 2"灯亮。

（2）断 407SK。现象与合位相反。

7）换向及牵引试验

（1）手柄置"后"位。

① 107QPBW、108QPBW、107QPT、108QPT 吸合，使 556KA 吸合，"预备"灯灭。

② 主手轮 1.5 级以上"零位"灯灭，532KT、525KT、549KA、12KM、22KM、32KM、42KM 吸合，牵引风机自起（现象与手动位相同）。

③ 25 s 后，525KT 释放，使 556KA 释放，"预备"灯亮。

④ 573QS、574QS、589QS、590QS 均置"故障"位，530KT、556KA 吸合，"预备"灯灭。

⑤ 主手轮回"0"，"零位"灯亮。

⑥ 合断 406SK，切除自起通风机电路。手柄置"0"位：404 号线失电，使 556KA 释放，"预备"灯亮。

（2）手柄置"制"位。

① 560KA、561KA、530KT、107QPB、108QPB 吸合。

② 合 407SK，闸缸缓至 150 kPa 以内。

③ 主手轮离"0"，"零位"灯灭，牵引风机自起，532KT、12KM、22KM、32KM、42KM、91KM、92KM 吸合，"预备"灯灭。"电制动"灯亮。

④ 闸缸增至 150 kPa 以上，91KM、92KM 释放，电制动失效，"预备"灯亮，"电制动"灯灭。

⑤ 主手轮回"0"，"零位"灯亮。

⑥ 断 407SK，合断 406SK，手柄置"0"位。

（3）手柄置"前"位。

① 107QPF、108QPF、107QPT、108QPT、556KA 吸合，"预备"灯灭。

② 主手轮离"0"，"零位"灯灭。

③ 主手轮 1.5 级以上，牵引风机自起。

④ 手柄置Ⅰ级：17KM、27KM、37KM、47KM 吸合。

Ⅱ级：18KM、28KM、38KM、48KM 吸合。

Ⅲ级：Ⅰ级和Ⅱ级的接触器同时吸合。

⑤ 手柄回"前"位，手轮回"0"，"零位"灯亮。手柄回"0"位，"预备"灯亮。

⑥ 合断 406SK，手柄置"0"位。

8）辅台试验

（1）"前"位试验。

① 手柄置"前"位，进级 1.5 级以上，牵引风机自起，"零位""预备"灯灭。

② 手柄取出，"零位""预备"灯亮。

③ 合断 406SK。

(2)"后"位试验。

现象与"前"位相同。合断 406SK,断开 404SK。

9)保护试验

(1)手动 285KE。主断跳闸,"主断""辅助回路""辅接地"灯亮。

重新合 401SK,"主断""辅助回路""辅接地"灯灭。

(2)手动 557KA。主断跳闸,"主断""牵引电机"灯亮。

重新合 401SK,"主断""牵引电机"灯灭。

(3)手动 564KA。主断跳闸,"主断""辅助回路""辅过流"灯亮。

重新合 401SK,"主断""辅助回路""辅过流"灯灭。

(4)手动 565KA。主断跳闸,"主断""原边过流"灯亮。

重新合 401SK,"主断""原边过流"灯灭。

(5)手动 594SB。主断跳闸,紧急停车,并自动撒砂。

重新恢复 594SB。

10)结 束

恢复试验前状态。

三、SS_4G 电力机车高压试验

1. 高压试验准备工作

(1)低压试验良好,各机械、电器作用良好。

(2)车顶作业、隔离开关作业完毕,锁好车顶门。

(3)各开关、闸刀、塞门均在正常工作位。

(4)A、B 节各室及地沟无人,无工具、杂物,锁闭各室门,拉下锁闭杆。

(5)人员齐全,均处于安全位置,操纵台无禁动牌。

(6)总风压力 700 kPa 以上,闸缸压力 300 kPa。

2. 高压试验程序及要求

1)闭合钥匙开关

闭合钥匙开关 570QS,听:门联锁动作声;看:"零位"灯亮。

注意确认主断路在断开位,"主断"灯亮。

2)升受电弓

(1)闭合后弓按键 402SK。

看:受电弓升起时间不大于 8 s,无冲网现象,网压表显示 19~29 kV。

注意:升弓前必须高声呼唤××道××机车升弓,并鸣笛一长声方可升弓;升、降弓必须两人确认升、降到位。

（2）断开 402SK。看：降弓时间不大于 7 s，无砸车顶现象，网压表降 0。

（3）闭合、断开 403SK。同后弓，试验正常后升起双弓。

3）合主断路器

闭合自复式按键 401SK，听：主断路器闭合声，主变压器交流声。

看：主台"主断"灯、"零压"灯灭，辅助电压表显示 310～460 V，辅台控制电压表显示上升至 110 V。

4）起劈相机

闭合劈相按键 404SK，另一手扶 400SK 按键。

听：劈相机起动正常；看：辅助电压表针波动 30～60 V，"劈相机"灯亮又灭。

注意：合主断路器，等辅助电压稳定后，再起劈相机；发现异常，立即断电。

5）起压缩机

闭合压缩机按键 405SK（风压高于 700 kPa 时，闭合 408SK）。

听：247YV 排风声，3 s 后停止，压缩机起动正常。

看：网压波动 30～40 V，总风压力达到 900 kPa 时自动停止泵风，如合 408SK 总风压力达 950 kPa 时，安全阀喷气，此时应关闭 408SK。

6）电制动试验

（1）闭合 406SK。

听：通风机 1、2，变压器风机，油泵依次起动声正常。

看：主台"辅助回路"、副台"牵引风机 1"灯亮又灭，3 s 后"辅助回路""牵引风机 2"灯亮又灭，再 3 s 后，"辅助回路""油泵"灯亮又灭。

（2）闭合 407SK。

听：制动风机 1、2 顺序起动正常。

看："辅助回路""制动风机 1"灯亮又灭，隔 3 s 后，"辅助回路""制动风机 2"灯亮又灭。

（3）换向手柄打"制"位，闸缸压力缓至 100 kPa 左右，调速手轮离 0，移至制区。

听：91KM、92K 励磁接触器吸合声；

看：主台"电制动"灯亮，"零位"灯、"预备"灭；励磁电流逐渐上升至 930 A、加馈电流上升至 50 A。

注意：闸缸压力不得降 0，以防加馈电流引起机车后溜。

（4）断开 406SK。

听：牵引风机 1、2 停转，变压器风机及油泵停转。

看："预备"灯亮，励磁电流、电机电流降 0。

因 560KA 制位吸合，常闭打开，530KT 又因风机关闭失电，故预备电路被切断。正常后重新闭合 406SK。看预备灯灭，励磁电流逐渐升至 930 A，加馈电流 50 A。

（5）断开 407SK。

听：制动风机 1、2 停转。

看："预备"灯亮，励磁电流、电机电流降 0。

正常后，闭合 407SK，看"预备"灯灭，励磁电流逐渐升至 930 A，加馈电流 50 A。

（6）小闸制动 300 kPa。

听：91KM、92KM 释放声。

看："预备"灯亮，"电制动"灯灭，励磁电流、电机电流降 0。

正常后，小闸缓至 100 kPa，看"预备"灯灭，"电制动"灯亮，励磁电流逐渐升至 930 A，加馈电流 50 A。

（7）正常后调速手轮回"0"，关闭 406SK、407SK，小闸制动 300 kPa。

7）牵引试验

（1）换向手柄置"前"位，调速手轮进 1 级。

听：两位置开关转换声，线路接触器吸合声。

看："预备"灯、"零位"灯灭，八台电机电流均升至 150 A。

注意：试验前必须确认闸缸压力 300 kPa，移动调速手轮时，另一手扶 400SK，发现电流非正常上窜，立即断电。

（2）调速手轮回"0"。听：线路接触释放声；看："零位"灯亮，电机电流降 0。

（3）后位试验：同前位。

（4）辅台试验。与主台同。注意：辅台手轮行程短，操纵时应缓慢移动，以防窜车。

8）B 组试验

（1）将两节电子柜 A、B 组转换开关均置 B 组，注意转换时在"零"位停留 3 s 以上，禁止快速转换。

（2）牵引试验方法同前。

（3）电阻试验，试风道继电器作用时，励磁电流不宜过大，取 200 A 左右，B 组无加馈电流。

（4）试验正常后，两节车电子柜 A、B 组选择开关重新恢复 A 组。

9）保护试验

（1）紧急制动。

自动切除"牵引力"的方法是：手轮离零，大闸非常位，此时"主断"应断开，列车管压力急剧降零。

（2）自动停车。

① 闭合自动信号开关。

听：警铃响 7 s 后，紧急放风阀排风，主断跳闸。

看：列车管压力急剧降 0，"主断""零压"灯亮。

② 大闸放至重联位解锁，15 s 后缓解，再合"主断"。

③ 试验正常后，关闭自动信号开关。

（3）按紧急按钮。

① 听：紧急放风阀排风，列车管压力急剧降零，主断跳闸。

看：列车管压力急剧降零，"主断""零压"灯亮。

② 大闸放至重联位解锁，15 s 后缓解，合"主断"。

（4）失压保护。

① 降下前、后受电弓。

看：网压降零；听：劈相机停转 2 s 后。

听："主断"跳闸声；看："零压""主断"灯亮。

② 最后关闭"PX"扳钮，取出电源钥匙，试验完毕。

思考题

1. 简述 SS₄G 型机车保护的低压试验程序。
2. 简述 SS₄G 型机车劈相机的高压试验程序。

任务二　HX_D3 型电力机车高、低压试验程序

任务提出

电力机车高、低压试验，是保证机车运用质量的重要手段，是检修和乘务人员的一项基本技能。电力机车试验中一旦出现故障，要求工作人员必须安全、正确、快速的予以处理，切忌凭猜测行事。

任务目标

（1）能描述 HX_D3 型电力机车高、低压试验程序。

（2）通过高、低压试验操作来理解相应的控制电路。

（3）培养学生综合分析能力，团队合作能力。

任务内容

一、低压试验

HX$_D$3型电力机车
低压试验

1. 低压试验准备工作

（1）确认车顶门、控制电器柜门锁闭良好，高压接地开关在"运行"位（两把黄色钥匙插入）；蓝色钥匙插入制动控制柜锁孔，开通受电弓风路（蓝色钥匙呈垂直状态）。

（2）确认各风路塞门在正常工作位置（空气制动柜：总风塞门A24、踏面清扫塞门B50.02、弹停塞门B40.06、撒砂塞门F41.02、制动缸塞门Z10.22在开放位；干燥器下：控制风缸塞门U77在开放位、总风缸排水塞门A12在关闭位；压缩机与Ⅰ端变流柜间侧墙：Ⅱ端受电弓塞门U98在开放位；压缩机与Ⅰ端变流柜间小地板下：弹停风缸排水塞门A14、控制风缸排水塞门U88均在关闭位；控制电器柜与Ⅱ端变流柜间侧墙：主断路器塞门U94、Ⅰ、Ⅱ端受电弓高压隔离开关塞门U95、Ⅰ端受电弓塞门U98均在开放位）。

（3）确认总风缸风压不低于750 kPa；机车控制电路电压不低于96 V。

（4）确认控制电器柜上的自动开关位置正确（除直流加热及自动过分相自动开关在"断开"位外，其余自动开关均在"闭合"位）。

（5）实施弹停制动。

（6）司机室各控制器在"0"位，打开机械室门。

2. 低压试验程序及要求

（1）机车照明试验。

依次闭合仪表、司机室、走廊、车底、前（辅）照灯、标志等照明灯开关，检查各照明灯照明良好、逻辑控制关系正确。

（2）辅机系统试验。

检查遮阳帘、风扇和刮雨器工作状态良好，功能与控制开关指示位置相符合。

（3）机车电钥匙试验。

① 机车电钥匙置"合"位。

观察制动显示屏起动正常，检查制动显示屏各数据、参数设置正确。

② 将自动制动手柄置"抑制"位1 s后回"运转"位、单独制动手柄置"全制"位。

观察制动显示屏"动力切除"消除，制动显示屏均衡风缸、列车管风压显示600 (500) kPa，机车制动缸风压显示300 kPa。

（4）微机显示屏试验。

① 状态指示屏"微机正常""主断分""零位""欠压""辅变流器""水泵""停车制动"灯亮。

② 按下状态指示屏自检按钮,所有状态指示灯亮。
③ 确认微机显示屏显示正常,其网压、控制电路电压显示与仪表模块显示一致。
④ 主、辅变流器切除试验。

利用微机显示屏触摸开关,分别将主变流器、辅变流器切除,恢复一次。

(5)弹停装置试验。

① 弹停转换开关置"缓解"位:确认弹停制动缓解,状态指示屏"停车制动"红灯灭。

② 弹停转换开关置"制动"位:确认弹停装置制动,状态指示屏"停车制动"红灯亮。

(6)主变流器试验。

将主变流器试验开关(SA75)置"试验"位,进行以下试验。

① 断路器试验。

将主断路器扳键开关(SB43或SB44)置"主断合"位。听:主断路器闭合声;看:状态指示屏"主断分"灯灭,微机显示屏显示主断"合"。

将主断路器扳键开关(SB43或SB44)置"主断分"位。听:主断路器断开声;看:状态指示屏"主断分"灯亮,微机显示屏显示"主断分"。

② 牵引试验。

"前"位牵引试验:换向手柄置"前"位。听:充电、工作接触器动作声;看:微机显示屏方向指示与手柄位置一致。

缓慢将调速手柄由"0"推向"牵引"区最大位。看:状态指示屏"零位"灯灭,微机显示屏级位显示从0.0升至13.0,各轴扭矩输出显示由0升至约950 kN。

缓慢将调速手柄退至"0"位。看:微机显示屏级位和牵引力显示逐步回"0"、状态指示屏"零位"灯亮。

换向手柄置"0"位。听:工作接触器断开声。

"后"位牵引试验:试验内容同"前"位牵引试验。

③ 电制动试验。

换向手柄置"前"位,将调速手柄拉向"制动区"并逐渐推至最大位。

看:状态指示屏"零位"灯灭、"电制动"灯亮;听:制动系统短暂排风声(机车制动缸有风时);看微机显示屏手柄级位由11.9~1级变化。

④ 调速手柄退回"0"位。

看:状态指示屏"电制动"灯灭、"零位"灯亮。

缓解机车制动,大闸置"初制动"位,将调速手柄置"制动区"。看:状态指示屏"零位"灯灭、"电制动"灯亮;观察机车制动缸缓解。

调速、换向手柄回"0"。试验完毕,主变流器试验开关(SA75)恢复至"0"位。

(7)撒砂试验。

分别将换向手柄置"前""后"位,脚踩撒砂开关 SA83(SA84),确认撒砂装置作用良好。

（8）警惕装置试验。

在微机显示屏牵引/制动画面点击〖检修状态〗→输入密码"000"→点击〖确认〗〖状态〗〖信号信息〗→进入信号信息画面→点击〖DI2〗→进入 DI2 画面第一页，手按警惕按钮或脚踩警惕开关，看521线底色变绿；松开后，底色恢复黑色。

二、高压试验

HX$_D$3型电力机车
高压试验

1. 高压试验准备工作

（1）确认机车各闸刀、试验开关、故障转换开关、风路塞门、车顶门、各屏柜门均在正常位。

（2）确认总风风压不低于 700 kPa，机车制动缸风压不低于 300 kPa。

（3）检查控制电路电压不低于 96 V。

（4）通过微机显示屏将主变流器 CI1 ~ CI6 全部切除。

（5）将非操纵端自动制动手柄锁定在"重联"位，单独制动手柄置"全制"位，锁闭非操纵端司机室门窗。

（6）确认操纵端司机控制器手柄在"0"位，电钥匙在"0"位。

（7）确认机车停留在有电区且接地线已撤除、隔离开关已闭合，机车两端地面防护牌、信号旗（信号灯）已撤除，机车周围无闲杂人员且均处于安全区域，高压试验人员均在司机室。

2. 高压试验程序及要求

1）制动显示屏试验

电钥匙置"合"位。

（1）确认制动显示屏起动正常，检查制动显示屏各数据、参数设置正确。

（2）将大闸置"抑制"位 1 s 后回"运转"位、小闸置"全制"位，确认制动显示屏"动力切除"消除，制动显示屏均衡风缸、列车管风压显示 600（500）kPa、机车制动缸风压显示 300 kPa。

2）升降弓试验

（1）后弓试验。

① 将受电弓扳键开关 SB41（SB42）置"后受电弓"位。

听升弓电磁阀得电充风声，观察受电弓上升正常，无冲网现象，升弓时间不得大于 5.4 s（从弓头动作时起），确认网压表及微机显示屏网压显示正常、状态指示屏"欠压"灯灭。

② 将受电弓扳键开关 SB41（SB42）置"0"位。

观察受电弓下降正常，无砸车顶现象，降弓时间不得大于 4 s（从弓头动作时起），确认网压表及微机显示屏显示网压低于 5 kV、状态指示屏"欠压"灯亮。

（2）前弓试验。

试验内容同后弓试验。

3）主断路器试验

将主断路器扳键开关 SB43（SB44）置"主断合"位。

（1）听主断路器闭合声及辅变流器 2（APU2）起动后，水泵、辅变流器风机、油泵投入工作声。

（2）看机车状态指示屏"主断分""辅变流器""水泵"灯灭。

（3）进入微机显示屏"风机状态"画面，确认变压器油泵 MA21、MA22 及水泵 MA27、MA28 投入工作。

（4）进入微机显示屏"辅助电源"画面，看辅变流器 2（APU2）输出频率为（50±1）Hz。

（5）观察控制电路电压表及微机显示屏，看控制电路电压显示 110 V。

（6）进入机械室确认冷却系统水流量计显示流量正常（黑色指针在 200 左右）。

4）压缩机试验

（1）总风风压低于 750 kPa（0001 ~ 0640 号机车）或 680 kPa（0641 号机车之后）时，将压缩机扳键开关 SB45（SB46）置"压缩机"位。

① 听空气压缩机 1、2 间隔 3 s 依次起动。

② 进入微机显示屏"空制状态"画面，看压缩机 CMP1、CMP2 正常投入工作。

③ 当总风风压升至 900 kPa 时，压缩机 1、2 同时停止工作。

（2）当总风缸风压高于 750 kPa 但又低于 825 kPa 时（0001 ~ 0640 号机车）或当总风缸风压高于 680 kPa 但又低于 750 kPa 时（0641 号机车之后），将压缩机扳键开关 SB45（SB46）置"压缩机"位，此时仅操纵端压缩机投入工作，当总风风压达到 900 kPa 时自动停止工作。

（3）将压缩机扳键开关 SB45（SB46）置"强泵风"位不松手。

① 看操纵端压缩机投入工作，总风风压升至 950 kPa 时，听高压安全阀喷气声。

② 松开压缩机扳键开关 SB45（SB46），操纵端压缩机停止工作。

5）换向手柄"前"位试验

（1）换向手柄置"前"位。

① 听辅变流器 1（APU1）起动后，牵引及复合冷却风机起动。

② 进入微机显示屏"风机状态"画面，确认牵引风机 MA11 ~ MA16 起动正常。

③ 进入微机显示屏"辅助电源"画面，看辅变流器 1（APU1）输出频率升至 33 Hz。

（2）换向手柄回"0"位。

待 1 min 之后，听各牵引、复合冷却风机停止工作。

6）电制动试验

（1）换向手柄置"前"位、调速手柄离开"0"位至"制"区最大。

① 看机车状态指示屏"零位"灯灭。

② 进入微机显示屏"辅助电源"画面，看辅变流器1（APU1）输出频率升至 $(50±1)$ Hz。

③ 看微机显示屏显示级位由 11.9～1 级间变化。

（2）调速手柄回"0"位。

看机车状态指示屏"零位"灯亮。

7）牵引试验

（1）弹停转换开关置"缓解"位，看机车状态指示屏"停车制动"红灯灭。

（2）通过微机显示屏触摸开关恢复主变流器 CI1～CI3。

看状态指示屏"预备"灯亮。

（3）将调速手柄置牵引"＊"位。

① 看机车状态指示屏"零位""预备"灯灭。

② 微机显示屏显示"1.0"级、牵引电机 M1～M3 输出扭矩显示 13 kN 左右。

（4）调速手柄退回"0"位。

① 机车状态指示屏"零位""预备"灯亮。

② 看微机显示屏牵引电机 M1～M3 输出扭矩变为 0，手柄级位显示"0"级。

（5）通过微机显示屏触摸开关切除主变流器 CI1～CI3、恢复主变流器 CI4～CI6，将调速手柄置牵引"＊"位。

① 看机车状态指示屏"零位""预备"灯灭。

② 微机显示屏显示"1.0"级、牵引电机 M4～M6 输出扭矩显示 13 kN 左右。

（6）调速手柄退回"0"位。

① 机车状态指示屏"零位""预备"灯亮。

② 看微机显示屏牵引电机 M4～M6 输出力矩变为 0，手柄级位显示"0"级。

（7）换向手柄置"0"位，通过微机显示屏触摸开关切除主变流器 CI4～CI6。

8）辅变流器故障切换试验

（1）断开主断路器，通过 TCMS 屏"开放状态"栏手动切除 APU1，看 APU1 栏变红。重新闭合主断，听 APU2 起动声，各风机起动运行，通过 TCMS 屏"机器状态"栏"风机状态"界面，确认 WP1～WP2 水泵、MA21～MA22 油泵工作正常，MA11～MA16 牵引风机、MA17～MA18 复合冷却风机起动正常。

（2）通过 TCMS 屏"机器状态"栏"辅助电源"界面看 APU2 输出电源频率为 50 Hz，看 PSU1（PSU2）装置投入工作，观察控制电压表及 TCMS 屏显示控制电压 110 V。

（3）断开主断路器，恢复 APU1，切除 APU2 试验（试验内容及步骤同上）。

9）PSU 装置转换试验

（1）断电降弓拉回电钥匙开关，通过 TCMS 屏确认试验时正常工作的 PSU 单元，并通过 TCMS 屏检修模式修改系统日期，修改完毕后脱开蓄电池开关，30 s 后恢复蓄电池开关。

（2）重新升弓闭合主断，确认控制电压表及 TCMS 显示屏显示控制电压 110 V，通过 TCMS 屏"辅助电源"界面，确认另一组 PSU 投入工作。

（3）断开主断路器，采用手动转换 PSU 单元，将 PSU 装置柜侧面转换开关转至另一组 PSU 单元，重新闭合主断，确认控制电压表及 TCMS 屏显示控制电压 110 V，通过 TCMS 屏"辅助电源"界面，确认另一组 PSU 投入工作。

思考题

1. 简述 HX_D3 型电力机车电制动低压试验程序。
2. 简述 HX_D3 型电力机车受电弓高压试验程序。

任务三　HX_D1C 型电力机车高、低压试验程序

任务提出

机车高、低压试验是用动态的检查方法对机车进行全面的质量检查，机车试验过程中一旦出现故障，工作人员必须安全、正确、快速的予以处理。

任务目标

（1）能描述 HX_D1C 型电力机车高、低压试验程序。
（2）通过高、低压试验操作来理解相应的控制电路。
（3）培养学生的爱国主义精神和民族自豪感。

任务内容

一、低压试验

1. 准备工作

（1）确认机车车顶门、变流柜锁闭良好，车顶隔离开关在"合"位且锁闭良好，高压接地开关在"运行"位（黄色钥匙插入）、蓝色钥匙插入制动控制柜锁孔，开通受电弓风路，钥匙呈垂直状态。

(2)确认各风路塞门在正常工作位置。

(3)确认低压电器柜、控制电源柜上的自动开关均在闭合位置。

(4)确认总风缸风压不低于 750 kPa,机车控制电路电压不低于 90 V。

(5)实施停放制动。

(6)确认司机室各控制器均在"0"位并打开机械室门。

(7)检查冷却塔水位、油位正常与否。

(8)闭合蓄电池开关。确认电压大于 77 V,(如低于 77 V,2 min 后机车锁定)机车开始内部检查,可听到电器的动作声,大约 60 s 完成。此过程中,计算机系统对全车控制网络进行检测,应禁止其他操作,防止人为误动作而使检测系统进入保护程序。

2. 低压试验顺序及要求

1)微机显示屏试验

(1)微机显示屏主界面显示正常。

(2)进入微机显示屏"网络"界面,确认所有设备通信正常(绿色)。

(3)进入"辅助系统"界面,所有自动开关均在闭合状态(标识均为绿色)。

(4)进入"现存故障"界面,无任何故障显示。

(5)返回主界面。

2)停放装置试验

(1)按下"停放缓解"按钮,确认停放制动按钮红灯灭,微机显示屏停放装置框中"停放缓解标识出现"。

(2)按下"停放制动"按钮,确认停放制动按钮红灯亮,微机显示屏停放装置框中"停放缓解标识消失"。

3)机车照明试验

依次闭合仪表、司机室、走廊、前照灯、辅助灯、标志灯等照明灯开关,检查各照明灯照明良好、逻辑控制关系正确。

4)辅助设备试验

(1)检查刮雨器工作状态良好,功能与控制开关指示位置相符合。

(2)按下风笛按钮或踩下低音风笛开关,听鸣笛声音正常;看运记显示屏鸣笛记录标识出现。

5)机车电钥匙试验

(1)机车电钥匙置"合"位。

(2)进入微机显示屏"主要数据"界面,确认操纵端司机室Ⅰ(Ⅱ)占用。

(3)将大闸置"抑制"位 1 s 后回"运转"位,小闸置"全制"位。观察制动显示屏"动力切除"消除,制动显示屏均衡风缸、列车管风压显示 600(500)kPa、机车制动缸风压显示 300 kPa。

6）换向手柄试验

（1）换向手柄置"向后"位，确认微机显示屏主界面方向框显示"向后标识"（箭头向右）。

（2）换向手柄置"0"位，确认微机显示屏主界面方向框显示"0位标识"（箭头指向左、右）。

（3）换向手柄置"向前"位，确认微机显示屏主界面方向框显示"向前标识"（箭头向左）。

7）调速手柄试验

（1）缓解停放制动。

（2）调速手柄离开"0"位，进入牵引区最小位。

① 确认微机显示屏牵引电机输出框显示"允许输出"标识（绿底色，黄牵引电机图形）。

② 确认微机显示屏牵引/制动给定值指示箭头内显示的绿底色+图形。

（3）缓慢将调速手柄由"0"位阶段推向"牵引"区最大位。

① 确认微机显示屏机车"设定速度"由0阶段升至120 km/h。

② 确认微机显示屏两转向架"给定牵引力输出百分比"阶段升至90%以上。

③ 20 s后，微机显示屏两转向架"给定牵引力输出百分比"逐渐降低到0。

（4）调速手柄由"牵引"区最大位回到"0"位。

① 确认微机显示屏机车"设定速度"降低到0。

② 确认微机显示屏牵引电机输出框显示"禁止输出"标识（黑底色打红斜线的黄牵引电机图形）；

③ 确认牵引/制动给定值，指示箭头内显示底色变为灰色。

（5）调速手柄由"0"位移至"制动"区。

① 确认牵引电机输出框显示"允许输出"标识（绿底色黄牵引电机图形）。

② 牵引/制动给定值指示剪头内显示红底色+图形。

③ 牵引/制动力输出值（数字）变为红色。

（6）调速手柄退回"0"位。

8）撒砂试验

分别将换向手柄置"前""后"位，脚踩撒砂开关，确认撒砂装置作用良好。

9）警惕装置试验

（1）按下警惕按钮或踩下警惕开关60 s后。

① 听蜂鸣器响。

② 看微机显示屏故障信息显示区提示警惕装置部件未操作或持续操作。

③ 10 s后，机车产生惩罚制动，蜂鸣器声响停止，提示消失。

（2）大闸手柄移至"抑制"位，1 s再回"运转"位，消除惩罚制动。

低压试验完毕，确认机车制动、司机控制器、机车电钥匙置"0"位。

二、高压试验

1. 准备工作

（1）检查确认机车走行部各部件正常，防溜设置正确，安全防护符合高压试验要求。

（2）所有维修、检查工作已经完成；没有工具、更换的零部件遗留在工作区域。

（3）确认总风风压不低于 700 kPa、制动缸风压不低于 300 kPa、机车已实施停放制动。

（4）确认各闸刀、试验开关、故障转换开关、风路塞门、车顶门、各屏柜门均在正常位。

（5）空气管路柜内 B01.U99 上无钥匙。

（6）确认操纵端司机控制器手柄在"0"位，机车电钥匙在"0"位。

（7）确认控制电路电压不低于 90 V。

（8）检查冷却塔水位、油位正常。

（9）机车电钥匙、方向手柄、接地开关的钥匙要求齐全到位。

（10）低压试验已经完成。

2. 高压试验顺序及要求

1）升降弓试验

（1）后弓试验。高声呼唤"×道×××机车升弓了"并鸣笛一长声，将受电弓扳键开关置"升"位后松手。

① 听升弓电磁阀得电充风声。

② 观察后受电弓上升正常，无冲网现象，升弓时间不得大于 5.4 s（从弓头动作时起）。

③ 确认网压表及微机显示屏网压显示正常。

④ 微机显示屏主界面受电弓框显示后受电弓升起标识。

将受电弓扳键开关置"降"位后松手。

① 观察受电弓下降正常，无砸车顶现象，降弓时间不得大于 4 s（从弓头动作时起）。

② 确认网压表及微机显示屏显示网压低于 5 kV。

③ 微机显示屏主界面受电弓框显示后受电弓降下标识。

（2）前弓试验。在Ⅰ端司机室操纵时，将受电弓模式开关置"弓 1"位；在Ⅱ端司机室操纵时，将受电弓模式开关置"弓 2"位。

试验内容同后弓试验。

（3）受电弓模式开关置"自动"位，升起后弓。

2）主断路器试验

（1）将主断路器扳键开关置"合"位松手。

① 听主断路器闭合声。

② 看微机显示屏主断框显示主断路器闭合标识。

③ 听辅助变流器 2 起动后，水泵、油泵投入工作声及牵引风机、冷却风机变频起动声。

④ 进入微机显示屏"辅助系统"界面，看辅助变流器 2 输出频率 60 Hz、电压 430 V 左右；辅变流器 1 输出频率、电压逐渐增加至 60 Hz、430 V 左右。约 15 s 后，辅变流器 1 输出电压、频率逐渐降低至 0。

⑤ 观察控制电路电压表，看控制电路电压显示 103 V 以上。

（2）将主断路器扳键开关置"分"位。

① 听主断路器断开声，辅变流器、辅机均停止工作。

② 看微机显示屏主断框显示主断路断开标识。

（3）主断路器扳键开关置"合"位后松手。

3）压缩机试验

（1）将压缩机扳键开关置"合"位。

总风风压低于 680 kPa 时：

① 听空气压缩机 1、2 同时起动。

② 进入微机显示屏"辅助系统"界面，看压缩机 1 接触器 34-K23、压缩机 2 接触器 34-K23 闭合。

③ 当总风缸风压升至 900 kPa 时，压缩机 1、2 同时停止工作。

总风缸风压高于 680 kPa 但又低于 750 kPa 时：

① 听非操纵端压缩机投入工作。

② 当总风缸风压达到 900 kPa 时自动停止工作。

（2）将压缩机扳键开关置"强泵风"位不松手。

① 看压缩机 1、2 投入工作，总风缸风压升至 950 kPa 时听高压安全阀喷气声。

② 松开压缩机扳键开关，压缩机均停止工作。

注意：为了保证压缩机的正常起动，要求压缩机停止工作后，必须等待 20 s 后其压缩机接触器才能闭合。故压缩机停止工作 20 s 后，才能使其重新投入工作。

4）换向手柄"向前"位试验

（1）换向手柄置"向前"位。

① 听辅助变流器 1 变频起动后，牵引及冷却风机也随之变频起动。

② 进入微机显示屏"辅助系统"界面，看辅助变流器 1 输出频率逐渐升至 60 Hz，电压升至 430 V 左右，15 s 后，辅助变流器 1 输出频率逐渐降至 20 Hz，电压降至 160 V 左右。

（2）换向手柄回"0"位：听牵引冷却风机转速逐渐降低停止工作，确认辅助变流器输出频率逐渐降到0。

（3）换向手柄置"向前"位。

5）牵引试验

（1）按下"停放缓解"按钮，看停放制动按钮红灯灭，微机显示屏停放装置框停放缓解标识出现。

（2）确认机车空气制动 300 kPa，调速手柄置"牵引区"，设定速度增加到 10 km/h 时，确认机车牵引力输出值逐渐增加至 40 kN 左右。

（3）调速手柄退回"0"位，看微机显示屏，机车牵引力输出值变为0，设定速度显示"0"。

6）连挂试验

（1）换向手柄置"向前"位，微机显示屏"连挂"按钮（软键）弹出。

（2）按压"连挂"（软键），微机显示屏故障信息显示区显示"连挂模式"。

（3）调速手柄置"牵引"区

① 牵引电机输出框显示允许输出标识（绿底色，黄牵引电机图形）。

② 设定速度显示 1～3 km/h（在列车参数界面人为进行设定）。

③ 机车有牵引力输出。

（4）调速手柄回"0"位，确认机车牵引力及设定速度回0，牵引电机输出框显示禁止输出标识（打红斜线的黄色牵引电机图形）。

（5）换向手柄回"0"位，微机显示屏"连挂模式"显示消失，连挂模式结束。

7）自动换端试验

（1）司机控制器手柄回"0"位，机车制动后，按下"自动换端"按钮。

① 自动换端按钮白灯亮。

② 微机显示屏提示"停车换端有效"。

③ 看受电弓双弓升起。

（2）拔出机车电钥匙，确认机车产生惩罚制动。

（3）机车电钥匙置"合"位。

① 自动换端按钮白灯灭。

② 微机显示屏提示"停车换端结束"。

③ 确认操作端受电弓降下，自动换端结束。

注意：若受电弓模式开关在"弓1位"或"弓2位"，自动换端时，受电弓状态不发生变化。

思考题

1. 简述 HX_D1C 型电力机车调速手柄低压试验程序。

2. 简述 HX_D1C 型电力机车压缩机高压试验程序。

任务四　HX$_N$5 型内燃机车智能显示器检测操作程序

> 任务提出

智能显示器是 HXN$_5$ 型内燃机车上的控制微机单元，它们既是控制系统终端显示接口，又是整个控制系统的核心。智能显示器的检测操作是保证机车运用质量的重要手段，是机车检修和乘务人员的一项基本技能。

> 任务目标

（1）能描述 HXN$_5$ 型内燃机车智能显示器检测操作程序。
（2）能完成 HXN$_5$ 型内燃机车智能显示器检测操作。
（3）培养学生的安全意识、责任意识和严谨专注的工作作风。

> 任务内容

一、机车电子空气制动设置为本务机车

单阀全制位，自阀缓解位→按 F1 键（空气制动）
　　　　↓
　　　按 F3 键（更改设置）
　　　　↓
　　　按 F1 键↓或 F2 键↑（进行管压设置）
　　　　↓
　　　按 F3 键（选择客、货）
　　　　↓
　　　按 F5 键（选择本务）
　　　　↓
　　　按 F7 键两次（保存设置）
　　　　↓
　　　按 F8 键（返回主操作界面）

二、机车电子空气制动设置为重联机车

主手柄惰转位、换向手柄取出，单阀手柄、自阀手柄全制位排完风后：

按 F1 键（空气制动）
↓
按 F3 键（更改设置）
↓
单阀缓解
↓
按 F5 键（选择重联）同时切除自动制动
↓
按 F7 键两次（保存设置）
↓
按 F8 键（回到主操作界面）
↓
自阀重联位锁闭（此时，自、单阀已被切除）

三、切入/切除电阻制动的操作

在主显示屏操作界面：按 F7 键（开关）
↓
按 F1 键（电阻制动切入/切除）
↓
按 F4 键（是）进行确认
↓
按 F8 键（返回主操作界面）

四、空气压缩机强制手动操作

在主显示屏操作界面：按 F7 键（开关）
↓
按 2 号键（空气压缩机强制手动）
↓
按 F4 键（确认开关转换）
↓
按 F8 键（返回主操作界面）

注意：仅当 1 号总风缸的压力为 827~903kPa 之间时，才有 2 号键；一旦空气压缩机已手动起动，按键 2 将消失。

五、自负荷开关操作：(仅限主操纵台)

在主显示屏操作界面：按 F7 键（开关）
↓
按 6 号键（打开/关闭自负荷功能）界面会出现"机车正在自负荷"，如未自负荷，显示"自负荷开关已开"
↓
按 F8 键（返回到开关界面）
↓
再按 F8 键（返回主操作界面）

六、启用/禁用柴油机"自动起/停机"功能

启用自动起/停机功能必须符合的条件：停车、换向手柄中立位、主手柄惰转位、制动缸压力大于152kPa，闭合蓄电池闸刀和计算机断路器、各室门关好。

在主显示屏操作界面：按 F7 键（开关）
↓
按 7 号键（自动起/停机）
↓
按 F4 键（确认开关转换）
↓
按 F8 键（返回主操作界面）

注意：紧急重联停机后自动起/停机开关被强制置于禁用位置。

在主显示屏操作界面：按 3 号键（自动起/停机）
↓
显示 AESS 界面，所有操作条件以绿色显示
↓
按 F8 键（返回主操作界面）

注意：AESS 警铃位于机车右侧靠近主发电机的高压柜/电器室后，它不是司机室警铃。AESS 延时的设置：按一下柴油机控制面板中的自动停机延时按钮，可对 AESS 进行延时。以下任何一项操作均会取消延时模式：

（1）挡位手柄推离惰转位；
（2）换向手柄推离居中位；
（3）缓解自、单阀；
（4）移动机车；
（5）打开高压室柜门；

（6）部分机车限制；
（7）进入自我测试模式；
（8）柴油机控制开关设置位移车。

七、切除牵引电机或牵引电机速度传感器

在主显示屏操作界面：按 F7 键（开关）
↓
按 8 号键（电机切除）
↓
按 1~6 键（切除相应电机）F1~F6 切除相应速度传感器
↓
按 F4 键（确认开关转换）
↓
按 F8 键（返回到开关界面）
……↓
再按 F8 键（返回主操作界面）

注意：切除牵引电机速度传感器自动切除相应牵引电机，手动切除牵引电机不会影响相应的牵引电机速度传感器。

八、显示器屏幕控制

在主显示屏操作界面：按 7 号键（屏幕控制）
↓
按 F4 键进行中英文转换
按 F5 键（操纵台选择）
按 F7 键（密码）访问高级界面
↓
在界面上选择：其中 F4 为退格键（可输入更改数字）
↓
F6 键将屏幕返回到屏幕控制界面
↓
F7 键为接受键、F8 键为取消键
↓
数字 1~8 用于输入
↓
按 F8 键（返回主操作界面）

当显示器在屏幕保护模式下时,执行以下操作可恢复屏幕显示:
(1)在任一显示器上按任意键;
(2)改变 EC 面板上的操纵台选择开关;
(3)执行警报器重置;
(4)改变 EC 面板上柴油机控制开关的位置;
(5)改变换向手柄位置;
(6)改变本务机车档位手柄;
(7)本务机车移动。

九、显示器重联监控器操作界面

在主操作界面:按 8 号键(更多菜单)
　　　　　　↓
　　　按 F5 键(重联监控器)
　　　　　　↓
　　　其中:F1(下箭头)、F2(上箭头),滚动"机车摘要框":
　　　F3 键(查看报警)
　　　如按下 F3 键
　　　　　　↓
　　　其中:F1(下箭头)、F2(上箭头),滚动"机车摘要框":
　　　F3 键(查看数据)
　　　F8 键(退出)
　　　　　　↓
　　　再按 F8 键(返回主操作界面)

参考文献

[1] 全国铁道职业教育教学指导委员会. 高等职业学校铁道机车专业建设指导标准[M]. 北京：中国铁道出版社，2020.

[2] 中国铁路总公司. 铁路技术管理规程[M]. 北京：中国铁道出版社，2014.

[3] 中国铁路总公司. 铁路技术操作规程[M]. 北京：中国铁道出版社，2013.

[4] 张喜全. 列车电力传动与控制[M]. 成都：西南交通大学出版社，2010.

[5] 付娟，林辉. 电力机车控制（第3版）[M]. 成都：西南交通大学出版社，2020.

[6] 于彦良. 内燃机车电传动[M]. 北京：中国铁道出版社，2009.

[7] 张中央，李益民，江利国. 机车新技术（第3版）[M]. 成都：西南交通大学出版社，2017.

[8] 张有松，朱龙驹. 韶山$_4$型电力机车[M]（上下册）. 北京：中国铁道出版社，1998.

[9] 杨永林. 韶山$_{7E}$型电力机车[M]. 北京：中国铁道出版社，2004.

[10] 张春雨，胡敏，钟铁柱. HX_N5型内燃机车原理与操作[M]. 北京：北京交通大学出版社，2016.

[11] 铁路职工岗位培训教材编委会. 机车电工[M]. 北京：中国铁道出版社，2020.

[12] 铁路职工岗位培训教材编委会. 电力机车司机[M]. 北京：中国铁道出版社，2012.

[13] 铁路职工岗位培训教材编委会. 内燃机车司机[M]. 北京：中国铁道出版社，2022.

[14] 铁路机车乘务员专业培训教材编委会. DF_4型内燃机车乘务员[M]. 北京：中国铁道出版社，2016.

[15] 铁路机车乘务员专业培训教材编委会. HX_N5型内燃机车司机[M]. 北京：中国铁道出版社，2016.

[16] 高首聪，刘可安，李鹏. HX_D1C型电力机车电传动系统设计及运用[J]. 机车电传动，2012（2）：70-73.

[17] 康明明,张彦林. HX_D1C 型大功率交流传动电力机车主电路[J]. 电力机车与城轨车辆,2012,35(5):35-38.

[18] 刘华,蓝正升. HX_D1C 型大功率交流传动电力机车辅助电路[J]. 电力机车与城轨车辆,2011,34(3):9-11.

[19] 温中建,蔡海翔. HX_D1C 型大功率交流传动电力机车网络控制系统[J]. 电力机车与城轨车辆,2011,34(6):10-14.